Georg Friedrich Louis Stromeyer

Erinnerungen eines deutschen Arztes

Georg Friedrich Louis Stromeyer

Erinnerungen eines deutschen Arztes

ISBN/EAN: 9783744671514

Hergestellt in Europa, USA, Kanada, Australien, Japan

Cover: Foto ©ninafisch / pixelio.de

Weitere Bücher finden Sie auf **www.hansebooks.com**

Erinnerungen
eines deutschen Arztes

von

Dr. Georg Friedrich Louis Stromeyer,
früherem Professor und Generalstabsarzt.

Motto:
Wenn das Leben köstlich war,
so ist es Mühe und Arbeit gewesen.
Psalm 90, V. 10.

Zweiter Band.
Leben und Lehren.

Hannover.
Carl Rümpler.
1875.

Druck von August Grimpe in Hannover.

Leben und Lehren.

In Hannover,
vom October 1828 bis October 1838.

Seit meines Vaters Tode hatte ich mich an den Gedanken gewöhnt, daß ich nach Beendigung meiner Studien in Hannover meinen Wohnsitz nehmen müsse, um meiner Mutter und den Schwestern nahe zu bleiben. Es schien sich von selbst zu verstehen, ich brachte damit auch kein Opfer, es entsprach meiner Sinnesart, die sich auch später nicht verleugnete, mein Lebensschifflein treiben zu lassen, wohin es wollte, ohne mich um eine fernere Zukunft zu kümmern. Ich kann nicht sagen, daß ich für meine Vaterstadt je sehr geschwärmt hätte, aber ich ließ ihr Gerechtigkeit widerfahren. Auf Reisen lernt man es schätzen, wenn man in einer Stadt geboren und erzogen ist, wo ein reines Deutsch gesprochen wird. Man freut sich darüber schon in Göttingen, dann in Berlin, Dresden, Wien und München, nicht minder in der Schweiz und nun gar in England und Frankreich, wenn man so viele junge Deutsche englisch oder französisch radebrechen hört, welche darin nie eine gute Aussprache bekommen, weil ihr Dialect immer durchscheint.

Zur Zeit meiner Rückkehr in die Vaterstadt konnte man dort sagen: Hannover bricht sich — Bahn. Das Wasser der Leine sah freilich noch immer aus wie Erbsensuppe, aber das konnte man ja nicht ändern, das ist eine berechtigte Eigenthümlichkeit, die alle Umwälzungen überdauert. Von den vielen Tausenden hölzerner Häuser waren seit meiner Abwesenheit einige wenige mit frischer Oelfarbe angemalt worden, und sahen ganz munter aus, aber das dauerte nicht lange. Der Verbrauch von Steinkohlen hatte so zugenommen, daß die Farbe nicht lange vorhielt, und das Malen wurde deshalb aufgegeben. Man fing dafür an massiv zu bauen, anfangs nur schüchtern, blos massive Façaden, für welche an der Georgstraße die Steine unentgeltlich geliefert wurden. Aber das hörte auch bald auf; neue hölzerne Häuser wurden gar nicht mehr gebaut. Man fing an die Wälle abzutragen und die Stadtgräben zuzuwerfen. Der neugeschaffene Waterloo-Platz gab eine Ahnung davon, was Hannover nach den Plänen des genialen Hofbauraths Laves werden sollte. Er ist großartig angelegt und eröffnet eine freie Aussicht in eine anmuthige Landschaft mit dem Deistergebirge im Hintergrunde. Die 1832 vollendete schlanke Waterloo-Säule sieht herrlich aus, besonders wenn sie sich gegen einen von Gewitterwolken bedeckten Himmel absetzt, unter dem die Berge in tiefblauer Färbung näher gerückt zu sein scheinen. Sie steht der Mitte des königlichen Residenzschlosses an der Leine gerade gegenüber. Nach Vollendung dieses Schlosses würde die ganze Anlage in ihrer vollen Schönheit deutlicher geworden sein. Leibniz selbst würde sie billigen, obgleich sein Monument dabei übel weggekommen ist. Es steht jetzt an der Seite des großen Exercirplatzes, anstatt daß es sonst das point de vue des älteren, kleineren bildete. Als Historiker würde er nichts dagegen erinnern, daß man sein Monument stehen ließ zur Erinnerung an alte Zeiten und Zustände. Es läßt sich mehr dafür sagen, als dafür, daß man dem größten Universalgenie seiner Zeit ein Denkmal an einem Exercirplatze setzte. Es war im Buche des Schicksals geschrieben, daß Leibniz im Leben wie im Tode nicht den erwünschten Platz in Hannover finden sollte. Er sagte selbst: „Hier in Hannover findet man kaum Jemand, mit dem man sprechen kann. Ohne unsere Kurfürstin Sophie spräche man in der That gar nicht!" — Er mag wohl nicht ganz Unrecht gehabt hatten, die Hannoveraner sind sehr zurückhaltend und hatten früher wenig gemeinschaftliche Interessen. Dies war auch 1828 noch der Fall, Boston und Whist mußten die Conversation vertreten. Es zeigte fast Niemand das Verlangen, sich von unseren Reisen erzählen zu lassen. In Privatgesellschaften gab die Summe der Eingeladenen, mit vier dividirt, die Anzahl der Kartentische. Wehe dem, der wie ich nicht spielen konnte und übrig blieb. Im Museum, dem Herren=Club, ging es eben so; außer einigen Billardspielern saßen Alle an Kartentischen, im Lesezimmer oder im Wachsfigurencabinet, wo die alten Herren die Wände zierten, um zu rauchen und sich im Schweigen zu üben. Später wurde es anders. Literatur und Musik fanden mehr Eingang und man erfuhr etwas mehr von der Kunst, als daß sie, wie Detmold sagt, die Fontainen in Herrenhausen springen läßt. Zu dieser Wasserkunst hatte Leibniz die Mechanik erfunden. Hannover war die erste Stadt auf dem Continente, welche Gasbeleuchtung erhielt (1828). Es war schon lange vorher davon die Rede, ich erinnere mich, daß ich schon als Kind in den irdenen Pfeifen meines Vaters Gas bereitete, das ganz abscheulich roch, wenn man es brennen ließ.

Die bei ihrer Errichtung im Jahre 1830 wenig beachtete, aber bald glänzend hervortretende polytechnische Anstalt war die wichtigste Errungenschaft jener Zeit. Sie hat es gelehrt, wie viel davon abhängt, ein Institut dieser Art in die rechten Hände zu legen und von diesen, nicht von Bureaukraten pflegen zu lassen. Seit zweiundvierzig Jahren wirkt derselbe Mann, Director Karmarsch, an dieser Anstalt, welche Männer nach Hannover brachte, mit denen selbst Leibniz hätte reden können.

Ihrem Einflusse ist es zuzuschreiben, daß Hannover seinen Baustil erhielt. Das von 1835 bis 1837 erbaute polytechnische Institut an der Georgstraße und das 1833 eröffnete städtische Krankenhaus in Linden waren die ersten Gebäude im Rundbogenstil, der allmählich zur allgemeinen Geltung kam. Zwei geniale junge Baumeister, Andreae, der Stadtbaumeister, und Ebeling, der Lehrer an der polytechnischen Schule, waren die Führer. Andreae ist früh gestorben und hat Unglück gehabt, sein Hauptwerk, das neue Rathhaus, ist nicht vollendet worden, sonst würde es eins der schönsten Rathhäuser der Welt geworden sein. Das von Andreae gebaute städtische Krankenhaus wurde durch einen im Jahre 1857 vorgenommenen Aufbau eines Stockwerks architektonisch ruinirt.

Seit Jahrhunderten hatte die Gartenkunst in Hannover florirt, aber mehr im Gebiete des Nützlichen, durch Veredlung der Obstcultur. Dem Gartenmeister Schaumburg war es vorbehalten, die Landschaftsgärtnerei mit geschickter Hand zu pflegen. Er war in diesem Fache weit berühmt, es hat mich auf Reisen oft gefreut, die Spuren seiner Thätigkeit anzutreffen. Hannover ist ganz der Ort dazu, solche Talente zu cultiviren. Oestlich von der Stadt liegt der dreitausend Morgen große Wald, in dem der Künstler sieht, wie der liebe Gott es macht, um den Menschen eine anmuthige Stätte zu bereiten. Im Westen liegen die großen königlichen Gärten, in denen der Gärtner versucht, es nicht viel schlechter zu machen. Es gelingt ihm freilich nicht, der Wald wird immer den Sieg davon tragen. Ein Park mag noch so schön sein, nie wird ein guter Landschaftsmaler seine Studien darin machen, sondern den freien Wald aufsuchen, die Geschäftigkeit des Gärtners wirkt auf die Bäume, wie Jacke und Hosen auf den Apoll von Belvedere wirken würden. Es hat mir immer an den Hannoveranern gut gefallen, daß sie auf ihren Wald, die Eilenriede, so große Stücke halten, es zeigt, daß sie viel angeborenes poetisches Gefühl haben. Daß der Wald auf die Gesundheit der Stadt vortheilhaft wirkt durch Reinigung der Luft, durch Schutz gegen scharfe Winde, durch Anregung zu Ausflügen wurde erst allmählich erkannt, die Freude am Walde selbst lehrte ihn zu schonen. Mephisto würde sagen: es giebt auch Wirthshäuser in diesem Walde, aber nicht in Herren= hausen! Nirgends ist der Hannoveraner mäßiger, als in sei= nem Walde, eine Tasse Kaffee, ein Glas Milch oder Bier ist Alles, was er verlangt. In dieser Mäßigkeit und Einfach= heit liegt das Palladium der Eilenriede, möge man dasselbe stets mit eben so großem Eifer, wie die schönen Bäume be= schützen. Theater und Concerte waren 1828 in Hannover eben so vorzüglich wie früher, aber der große Geiger Kiese= wetter war fort. Im Jahre 1830 nahm sich der 1873 ver= storbene Oberbaurath Hausmann der bis dahin ganz vernach= lässigten bildenden Künste an, indem er in Hannover eine jährlich wiederkehrende Kunstausstellung zu Stande brachte, deren Eröffnung noch jetzt immer mit Freuden begrüßt wird. Ich war zugegen in der Versammlung, welche Hausmann veranlaßt hatte, um die ersten Einrichtungen zu besprechen. Ich machte damals einen Vorschlag, von dem ich bedauere, daß er keine Annahme fand. Ich wollte, daß man einen größe= ren Theil des Ertrages der Actien zu öffentlichen Kunstzwecken benutzen solle. Dies wurde aber für unpraktisch gehalten. An= dere Kunstvereine, wie der von Düsseldorf, thun das, was ich damals wünschte, mit dem besten Erfolge und haben dadurch das Publikum an den Gedanken gewöhnt, die Actie des Kunst= vereins sei kein gewöhnliches Lotterieloos, sondern ein kleiner Beitrag, um das Kunstleben zu fördern. Wie oft habe ich es hören müssen, ich habe meine Actie aufgegeben, weil ich doch nie etwas gewinne.

Ein angehender Arzt kann bei seiner Ansiedelung kaum mehr verlangen, als daß der Ort derselben im Aufblühen sei, nicht im Niedergange, er wächst dann mit. Daß Hannover sich gehoben habe und ferner heben werde, war nicht zu verkennen. Es war mir aber doch nicht sonderlich zu Muthe, wenn ich meine Aussichten prüfte. Vorläufig war ich den Hannoveranern ganz unnöthig, sie waren mit Aerzten reichlich versehen. Dem gewöhnlichen Laufe der Dinge nach konnte ich hoffen, bei eintretenden Todesfällen unter den älteren Aerzten theilweise deren Erbschaft anzutreten, und binnen zehn Jahren ungefähr so viel zu erwerben, daß ich heirathen könnte. Dieser etwas lange Weg ließ sich allerdings durch eine passende Heirath abkürzen; das Einfachste war, nach Geld zu freien, das weniger Einfache, die Tochter eines vielbeschäftigten Arztes zu heirathen. Zu Beidem war ich nicht geneigt, ich wollte zu keinem andern Zwecke heirathen, als um glücklich zu sein. Ich kann es meiner Mutter zum Ruhme nachsagen, daß sie mich nie in dieser Beziehung zu beeinflussen suchte, wie Mütter dies so oft thun; sie hatte selbst aus Liebe geheirathet.

Was mir in Hannover besonders mißfiel, war, daß ich keine Aussicht hatte, an einem Krankenhause wirken zu können. Holscher, der das städtische Krankenhaus dirigirte, war in seinen besten Jahren, und im Militairhospitale war nichts für mich zu hoffen. Obgleich ich gar nicht die Absicht hatte, Militairarzt zu werden, fing ich doch wieder an, das General-Militairhospital zu besuchen, um Wedemeyer wirken zu sehen. Aber er war nicht mehr derselbe wie früher, sein schwacher Körper neigte dem Grabe zu. Ich setzte meine Besuche nicht lange fort, es war mir peinlich, von dem allmählichen Vergehen meines theuren Lehrers Zeuge zu sein. Unter seinen Augen hatte ich aber doch noch Gelegenheit, meine Befähigung für die Chirurgie zu zeigen. Ein junges Mädchen hatte sich eines schönen Sonntag-Nachmittags beim Gähnen den Unterkiefer verrenkt, der Hausarzt hatte die Verrenkung verkannt und krampfstillende Einreibungen verordnet. Darüber waren Wochen vergangen, die alsdann gemachten Einrichtungsversuche hatten keinen Erfolg gehabt, sie suchte nun Hülfe im Hospitale, wo dieselben auch nicht gelingen wollten. Ich ließ binnen vierundzwanzig Stunden ein Instrument machen, mit welchem man durch Schraubenkraft den Unterkiefer langsam herabdrücken konnte. Nachdem die verrenkten Gelenkköpfe dreiviertel Zoll weit von ihrem Standpunkte entfernt waren, blieb das Instrument einige Minuten lang im Munde, um die gespannten Muskeln zu ermüden. Das Instrument war so eingerichtet, daß dasselbe durch Ausziehen eines Stifts rasch geschlossen werden konnte. Nach Entfernung desselben gelang die Einrichtung in gewöhnlicher Weise ohne Schwierigkeit, die Verrenkung hatte fünfunddreißig Tage bestanden. Ich habe das Instrument 1833 in Rust's Archiv, Vol. 39, abbilden lassen, es hat in Frankreich Beifall und wiederholte Anwendung gefunden.

Ich besuchte die älteren Aerzte der Stadt und wurde von Stieglitz und Heine sehr gütig, von den übrigen mit Höflichkeit empfangen. Holscher sah ich zweimal in dem alten städtischen Krankenhause operiren und dann nicht wieder, wir paßten nicht zu einander. Ich blieb mit ihm immer auf höflichem Fuße, ohne ihm je näher zu treten.

Am 14. Mai 1829 sah ich sämmtliche Aerzte der Stadt und einige der Umgegend beim Jennerfeste. Der Platz dazu war gut gewählt, auf Ochsenkopf's Garten, dem jetzigen Odeon, dem Nicolai-Kirchhofe gegenüber, wo mein Vater unter einem einfachen Rasenhügel beerdigt lag. Er hatte immer geäußert, er wolle nicht unter einem großen Steine liegen, meine Mutter hatte das respectirt. Ich habe ihm später einen Gedenkstein setzen lassen, dessen lateinische Inschrift sich auch auf die

Vaccination bezieht. Das Jennerfest war die einzige Gelegenheit, wo die Aerzte Hannovers zusammenkamen. Sie bildeten eine stattliche Gesellschaft, in welcher ein feiner Ton und eine heitere Stimmung zur Geltung kamen. Es wurden gute Toaste ausgebracht, ernste und heitere, auch meines Vaters wurde gedacht. Ich sagte zu meinem Tischnachbar, einem älteren Arzte, wie gut wäre es, wenn die Kenntnisse aller Anwesenden sich in einem Haupte vereinigen ließen. Nichts ist leichter als das, war die Antwort, Sie brauchen nur in der Apotheke die Recepte anzusehen, die die Herren verschreiben, dann erfahren Sie bald, was dieselben verstehen. Doch nicht ganz, erwiederte ich, es gehören auch die Diagnosen dazu, sonst kommen die Recepte nicht an den rechten Mann. Der alte Heim dachte sich die Fortschritte der Heilkunst auch ungefähr so, wie mein Nachbar, als er, auf Reisen befindlich, die Aerzte rühmte, welche ihm ihre Recepte anvertrauten. Es denkt jetzt noch Mancher so, und das indiscrete Suchen in den Recepten auf der Apotheke ist noch nicht ganz aus der Mode gekommen.

Das Jennerfest brachte mich auf den Gedanken, in Hannover einen ärztlichen Verein zu stiften, der mit großer Leichtigkeit zu Stande kam. Es lebten dort vier frühere Eleven meines Vaters und einige andere Aerzte, welche mit mir die chirurgische Schule besucht hatten. Sie luden ihre Freunde ein und wir constituirten uns ohne weiteres zu einem ärztlichen Vereine, der gar keinen Anspruch darauf machte, sämmtliche Aerzte an sich zu ziehen, sondern allmählich, besonders durch Hinzutritt der jüngeren wachsen sollte. Wir verbrachten keine Zeit mit Discussionen über die Statuten, der erste Paragraph war: der Zweck des Vereins wird als bekannt vorausgesetzt. Wir kamen alle vierzehn Tage zusammen, 7 Uhr Abends. Das Protocoll der vorhergehenden Sitzung wurde von dem Secretair verlesen, dann wurden Bemerkungen über

Epidemien und über den herrschenden Krankheitscharakter gemacht, dann folgte die Mittheilung wichtiger Fälle, über welche der Verein sich mitunter consultatorisch vernehmen ließ, zuletzt wurden ärztliche Novitäten besprochen, Abhandlungen wurden nicht vorgelesen. Um 9 Uhr wurde ein sehr einfaches Abendessen eingenommen, dessen Wirkung auf das Gedeihen des Vereins ich immer sehr hoch angeschlagen habe. Es hat das Gute, daß diejenigen, welche kommen, nicht vor dem Essen zu gehen pflegen und sich nicht gleich wieder drücken, wenn die Verhandlungen nicht ganz nach ihrem Geschmacke sind. Dann scheint das Essen und Trinken, wenn es mit Mäßigkeit geschieht, auf die Entfaltung der besseren Eigenschaften des Menschen günstig einzuwirken, wie Sokrates, Plato und andere große Philosophen schon wußten. Dr. Martin Luther's Tischreden sind ein sprechender Beweis dafür. Sine Cerere et Baccho friget Psyche!

Der ungebundene, aber höfliche Ton, welcher unter uns herrschte, erlaubte es Jedem, sich zu geben, wie er war, hielt aber alle diejenigen von uns fern, welche die Absicht hatten, die Carriere eines Wunderdoctors einzuschlagen, wobei es nöthig ist, collegiale Rücksichten bei Seite zu setzen. Der älteste unter uns war Dr. Gumprecht, der in Hamburg als Geburtshelfer eine große Praxis gehabt hatte und durch Lähmung der unteren Extremitäten invalide geworden in seine Vaterstadt zurückgekehrt war; er hatte im geburtshülflichen Fache viele Erfahrung und war ein Mann von Geist und Witz. Der zweitälteste war Holscher, welcher meistens erst kurz vor dem Essen erschien und dabei sein bedeutendes Conversationstalent auf angenehme Art geltend machte. Ich kann meinen dermaligen Collegen das Zeugniß geben, daß sie alle den Wunsch hegten, ihre Patienten gut zu behandeln und wo möglich zu heilen. Es war keiner unter ihnen, der sich durch Sonderbarkeiten hervorzuthun suchte oder zu den ärztlichen Stutzern gehörte, welche nur die allerneuesten Medicamente verschreiben. Es bildete sich unter uns allmählich eine gewisse Uebereinstimmung der therapeutischen Ansichten, neue Versuche wurden gleich von Mehreren gemacht, so daß sich das Urtheil darüber bald feststellte.

Das beste Resultat des Vereins waren die freundlichen Gesinnungen, welche er unter seinen Mitgliedern erhielt. Es ist oft hinreichend, daß Leute sich nur von Zeit zu Zeit sehen, um kleine Zwistigkeiten auszugleichen, die sonst Jahre lang fortdauern. Wenn ein ärztlicher Verein dies erreicht, so hat er schon viel geleistet und dies muß vorausgehen, wenn er sich höheren Zwecken widmen will. Fängt ein Verein damit an, gelehrte Forschungen, Standesinteressen, directen Einfluß auf das Sanitätswesen des Staates oder der Stadt zum Gegenstande seiner Bemühungen zu machen, so kommt gewöhnlich nicht viel dabei heraus. Stehen die Aerzte aber in gutem Vernehmen unter einander, so bildet sich mit ihrer Hülfe eine öffentliche Meinung, welche mehr vermag als einzelne Versuche des Vereins selbst, sich äußerlich geltend zu machen. Ich machte es mir zum Gesetze, den Verein mit theoretischen Ansichten zu verschonen, theilte die Erfolge meiner Versuche mit und stellte öfter Patienten oder Geheilte vor. Laennec sagt: man solle das Publikum nicht zum Vertrauten seiner Studien machen. Doctrinen müssen erst den gehörigen Grad von Reife erlangt haben, ehe man sie auf den Markt des Lebens bringen darf und zwar in einer Form, welche den Leser überzeugt. In kurzen wissenschaftlichen Vorträgen kann dies nicht geschehen, ich bin deshalb der Meinung, daß in ärztlichen Vereinen nichts vorgelesen werden sollte als das Protocoll.

Nach meinem Abgange von Hannover im Jahre 1838 stand der Verein in gutem Ansehen, viele ältere Aerzte wünschten demselben beizutreten, ohne sich den Chancen des Ballots zu unterwerfen, der Verein löste sich auf, um sich

sofort wieder zu constituiren. Mit Ausnahme einiger Wunder=
doctoren traten sämmtliche Aerzte dem Vereine bei. Dies
Experiment fiel nicht so gut aus, wie seine Urheber erwarteten.
Die berühmten alten Praktiker zeigten sich nur einige Male
aus Höflichkeit und blieben dann weg. Der Verein gerieth
aber unter die Botmäßigkeit einer Coterie von Exacten, welche
sich mit großem Erfolge geltend machte. Sie bestand aus
Männern von Verstand und vielseitigen Kenntnissen, aber der
eigentliche Beruf zum Arzte, die Nächstenliebe und die daraus
entspringende sorgsame Beobachtung am Krankenbette, die Be=
scheidenheit im Urtheile ging ihnen ab. Keine Krankengeschichte
war ihnen interessant, die nicht mit dem Sectionsberichte
endigte, aber auch die makroskopische pathologische Anatomie war
ihnen langweilig, die physikalische Diagnostik zu unsicher,
Anamnese und rationelle Zeichen waren ihnen höchst verdächtig,
die Therapie ganz gleichgültig. Kam man mit ihnen am
Krankenbette zusammen, so war man oft erstaunt über ihre
Unwissenheit, sie wußten eine Pneumonie nicht von einem
pleuritischen Exsudate zu unterscheiden, einen anfangenden Typhus
nicht vom Darmkatarrh, einen verschleppten Typhus nicht von
chronischen Darmgeschwüren. Bei chirurgischen Uebeln waren
sie stets mit dem Bandmaße zur Hand, eine Luxation ohne
Messungen zu erkennen und einzurichten, schien ihnen Ver=
messenheit. Fluctuation konnten sie nicht entdecken, weil sie
das feine Gefühl der Finger für zu wenig exact hielten. Einer
der Fahnenträger dieser Clique war einmal dabei zugegen, als
ich eine subcutane Tenotomie machte, und sagte mir nachher:
Es wäre doch viel besser, wenn Sie die Theile erst völlig frei=
präparirten, dann wüßten Sie doch sicher, was Sie durch=
schneiden. Ich blieb dem weisen Daniel die Antwort schuldig.
Im ersten Jahre meiner Praxis hatte derselbe Arzt ein Gut=
achten über einen Kunstfehler abzugeben. Der Angeklagte war

auf Grund desselben zum Verluste seiner Licenz verurtheilt worden. Die Justizcanzlei, als Obergericht, hatte ein neues ärztliches Gutachten verlangt, und zu dessen Abfassung drei in Hannover wohnende Aerzte, Leibmedicus Lobemann, Dr. Schneemann und mich, ausersehen. Da ich mich mehr, wie die anderen beiden Herren, mit Chirurgie beschäftigt hatte, überließen sie mir die Ausarbeitung. Ein junges kräftiges Bauermädchen hatte beim Dreschen eine Schenkelhernie bekommen, welche sich gleich beim Entstehen einklemmte und heftige Zufälle machte. Der Arzt war erst am dritten Tage gerufen worden, hatte den Bruch nicht erkannt, sondern den Fall als Unterleibsentzündung behandelt. Schon am folgenden Tage war der Tod eingetreten. Ich machte in meinem Gutachten geltend, daß die Patientin am dritten Tage nach Entstehung einer kleinen, sich sogleich einklemmenden Schenkelhernie und schon mit allen Zeichen einer heftigen Unterleibsentzündung behaftet nicht mehr zu retten gewesen sei, auch wenn der Bruch richtig erkannt wäre. Lobemann und Schneemann traten meiner Ansicht bei, und zufolge unseres Gutachtens wurde der Arzt freigesprochen. Dreißig Jahre später kam ein mir unbekannter Herr zu mir, der mir sagte: Ich bin im Begriffe nach Amerika auszuwandern, wohin meine Söhne mir schon vorangegangen sind, aber ehe ich Europa verlasse, möchte ich Ihnen persönlich meinen Dank abstatten. Sie haben mir in einer unglücklichen Sache durch Ihr Gutachten den allergrößten Dienst geleistet. Ich weiß nicht, was sonst aus mir geworden wäre. Jetzt habe ich eine ehrenvolle Vergangenheit hinter mir.

Armendistrict und ärztliche Praxis.

Die Stadt Hannover war damals in Districte getheilt, deren Arme von gewissen Aerzten unentgeltlich behandelt wurden. Diese übernahmen das Amt des Armenarztes meistens nur mich für sie zu verbürgen und hatte am Ende des Halbjahrs eine beträchtliche Summe zu zahlen, für die ich kaum Dank erntete. Ich habe mich dann nicht weiter verbürgt. Im dritten Jahre ging es mir besser. Ich würde auch schon früher Einnahmen gehabt haben, aber die Leute, welche mich anfangs consultirten, fragten schließlich: was sind wir schuldig, und dann hieß ich sie gehen. Auf diese Art gelangt man nicht schnell zur Praxis, eher durch das Gegentheil. Wer nach seiner Schuldigkeit fragt, dem sollte man etwas abfordern. Zahlungsfähige Leute beleidigt man dadurch, daß man nichts verlangt, und kommt nicht ohne Grund in den Verdacht, hoch=müthig zu sein.

Meine Vorlesungen an der chirurgischen Schule zu Hannover.

Im Januar 1829 kam der alte Stieglitz zu mir, um mich zu fragen, ob ich geneigt sei, Vorlesungen über Chirurgie an der chirurgischen Schule zu halten. Er bezog sich dabei auf meine bei der Staatsprüfung gemachte Clausurarbeit über Entzündung, die ihm gefallen hatte. Er wünschte, daß die chirurgischen Schüler bei zwei Lehrern Chirurgie hörten. Dies war auch bis dahin geschehen, aber Wedemeyer war invalide geworden. Ich zögerte nicht, auf seinen Vorschlag einzugehen. Eine Remuneration stand dabei nicht in Aussicht. Die Lehrer wurden nicht besoldet und die Schüler zahlten kein Honorar. Ostern 1829 fing ich meine Vorlesungen schon an. Ich las die Chirurgie in zwei Semestern, eine Stunde täglich, außer=dem übte ich im Sommersemester die jungen Leute zweimal wöchentlich im Bandagiren.

Die Schüler bestanden theils aus solchen, welche die chirurgische Schule nur als Vorbereitung zur Universität be=nutzten, theils aus einer größeren Zahl, welche von der chirur=gischen Schule in die Praxis traten. Die Mehrzahl derselben waren aufgeweckte junge Leute, mit denen sich viel mehr anfangen ließ, als mit den Studenten der Medicin, welche ich später als Professor in München kennen lernte.

Nach den Eindrücken, welche ich während meiner eigenen Studien empfangen hatte, war ich nicht darüber im Zweifel, daß es besser sei, freie Vorträge zu halten, als Hefte zu dictiren. Es läßt sich Manches für das Dictiren sagen, aber die Vortheile desselben liegen mehr auf der Seite des Lehrers, als auf der des Schülers. Der Lehrer braucht sich nicht so sorgfältig für das Dictiren, als für den freien Vortrag zu präpariren. Um diesen gut zu halten, muß er sogar dafür sorgen, daß er in heiterer Stimmung den Hörsaal betritt. Ist ein zu dictirendes Heft erst ausgeschrieben, so bestehen die Vorbereitungen nur in gelegentlichen Verbesserungen und Nachträgen, zu welchen Erfahrung und Lectüre Anlaß bieten. Der Professor gewinnt durch sein Heft ein Material, welches ihm bei schriftstellerischen Arbeiten sehr zu Statten kommt, aber die Lehrer, welche Hefte dictiren, pflegen über ihr Gesammtfach nichts zu veröffentlichen. Sie haben dadurch den Vortheil, daß ihr Wissen für unermeßlich gilt, ein Nimbus, der sofort verschwindet, wenn ihre Weisheit gedruckt vorliegt. Ein gutes Heft ist allerdings einem guten Buche gleich zu stellen, aber wie viele gute Hefte werden wohl nachgeschrieben? Vermuthlich sehr wenige, die meisten sind voll von Irrthümern und Lücken. Die wenigsten Aerzte sehen ihre Hefte noch im späteren Leben nach, und haben vermuthlich Recht daran. Ich bemitleidete immer diejenigen, welche in schwierigen Fällen sich auf ein altes Heft beriefen, anstatt auf ein gutes Buch, bei dem die Wahrscheinlichkeit doch viel größer ist, daß es keine durch Mißverstehen herbeigeführte Fehler enthält. Der Nutzen des Heftschreibens besteht also für die Mehrzahl doch nur in dem, was sie in der Stunde selbst lernen. Da ist denn wohl die

Frage aufzuwerfen: kann man in einer Stunde eben so viel begreifen und festhalten, wenn man unablässig schreiben muß, als wenn man dem Lehrer mit ungetheilter Aufmerksamkeit folgt? Gewiß nicht! Es ist mit dem Verstehen und Behalten eine eigene Sache; Verständniß und Gedächtniß knüpfen sich an viele, scheinbar unbedeutende Gegenstände. Ein Präparat, eine Zeichnung, ein Instrument, eine kurze Krankengeschichte geben dem Schüler oft erst ein deutliches Bild von dem, was er aus seinem Hefte nur als Gedächtnißkram herausliest und eben so schnell wieder vergißt, als er es sich eingeprägt hatte.

In England und Frankreich werden keine Hefte dictirt, in Deutschland scheint es fast, als ob eine gewisse Pedanterie die Sitte aufrecht erhielte. Ich habe selbst einen sehr vorzüglichen Professor der Anatomie gekannt, der bei großer natürlicher Beredsamkeit doch ein Heft dictirte. Man wird zugeben, daß zur Erlernung der Anatomie ein gutes Handbuch unentbehrlich sei, eben dasselbe gilt von der Chirurgie, die so viele anatomische Data in sich schließt.

Im Jahre 1829 war das Handbuch von Chelius allgemein verbreitet, es bedurfte in dieser Hinsicht keines langen Suchens; jetzt würde die Wahl schwerer sein, denn keins hat sich eines ähnlichen Ansehens zu erfreuen. Während meiner ganzen Thätigkeit als Lehrer der Chirurgie konnte ich immer voraussetzen, daß sich Chelius' Handbuch in den Händen meiner Schüler befände, und so folgte ich diesem in der Reihenfolge der Capitel, nahm darauf Bezug, hielt aber völlig freie Vorträge. Ich zeigte an Präparaten, Instrumenten und Abbildungen, was mir irgend zu Gebote stand. Froriep's chirurgische Kupfertafeln, die ich aus einander geschnitten und nach Capiteln geordnet hatte, waren mir lange von großem Nutzen. Ich habe es immer bedauert, daß dieses nützliche Werk nicht fortgesetzt worden ist.

Eine Stunde in der Woche verwendete ich in Hannover zum Examiniren und Repetiren. Auf Universitäten würde dies nicht angehen, so nützlich es auch für einen kleineren Kreis sein möchte, die Klinik bietet dafür Ersatz. In Hannover hatte ich aber keine Klinik und würde nie erfahren haben, ob meine Schüler etwas bei mir lernten, ob meine Vorträge ihnen verständlich gewesen wären. So ist mir dieses Examiniren von größtem Nutzen gewesen, theils als Vorbereitung zum Examiniren in der Klinik, theils um meinen Vorträgen den erforderlichen Grad von Deutlichkeit zu geben. Das beste Mittel dazu ist, sich selbst gehörig für die Stunde vorzubereiten, dann finden sich für die klaren und zusammenhängenden Gedanken leicht die passenden Worte. Ich brauche mich auf meine Vorlesungen gar nicht vorzubereiten, sagte mir ein sehr begabter Collega in Freiburg, wenn ich auf dem Katheder sitze, drücke ich auf einen Knopf in meiner Seite und dann schnurrt das Räderwerk ab bis zum Ende der Stunde. Ich konnte es ihm darin nicht gleichthun, habe es auch nie versucht; nur sehr selten legte ich mich Nachts zur Ruhe, ohne mich auf die Vorlesung des folgenden Tages präparirt zu haben. Die Vorbereitung am Abend fand ich immer viel nützlicher, als die zu jeder andern Zeit, man hat dann nicht mehr die Geschäfte des Tages im Sinne und denkt deshalb klarer.

Orthopädische Versuche.

Im Winter 1828/29 fiel mir das 1828 erschienene Werk von Delpech: L'orthomorphie par rapport à l'espèce humaine, 2 vol. mit Atlas, in die Hände. Der Verfasser war ein berühmter Professor der Chirurgie in Montpellier, der schon 1816 ein geschätztes Handbuch der Chirurgie unter dem Titel: Précis élémentaire des maladies réputées chirurgicales, herausgegeben hatte und als kühner und glücklicher

Operateur in ganz Frankreich bekannt war. Seine Schriften zeugen von einer vollkommenen allgemeinen, sowie ärztlichen Bildung und beruhen größtentheils auf eigener Beobachtung. Delpech war nicht blos ein vorzüglicher Chirurg, sondern auch ein vortrefflicher Schriftsteller, dessen Chirurgie auch jetzt Niemand ohne reichliche Belehrung aus der Hand legen würde. Seine Schreibart ist glatt und fließend, ein reiches Leben spiegelt sich darin ab. Sein Werk über Orthomorphie muß auf mich großen Eindruck gemacht haben, denn es veranlaßte mich, eine orthopädische Anstalt anzulegen, welche mir dazu dienen sollte, einen Zweig der Chirurgie zu cultiviren, der im Allgemeinen ganz vernachlässigt wurde. Während meiner siebenjährigen Studien hatte ich so gut wie nichts davon gelernt und scheute mich doch nicht davor, weil ich darauf rechnen konnte, daß Andere wenigstens nicht mehr wie ich davon verständen und daß es mir auf Grund einer allgemeinen chirurgischen Bildung möglich sein werde, darin etwas zu leisten.

Ich hatte früher nie etwas von Delpech gelesen, sonst würde ich wohl von Paris nach Montpellier gegangen sein, um ihn kennen zu lernen, anstatt in Havre meinen Träumen nachzuhängen. Die Bekanntschaft eines Mannes wie Delpech würde mich mehr gestärkt haben, wie ein Seebad. Nachher war es zu spät, schon am 19. October 1832 wurde Delpech ermordet. Ein übel berüchtigter Mann, den er von Varicocele durch eine Operation geheilt hatte, wollte ein Mädchen heirathen, deren Vater die Partie nicht wünschte. Er hatte den jähzornigen Menschen durch Zweifel über seinen Gesundheitszustand abzuwehren gesucht. Delpech gerieth dadurch in den Verdacht, ungünstig über ihn ausgesagt zu haben. Der Mörder lauerte ihm auf, als er in einem Cabriolet nach seinem vor den Thoren von Montpellier liegenden orthopädischen Institute fahren wollte und erschoß erst den neben ihm sitzenden Diener, dann ihn und zuletzt sich selbst. Ich suchte Delpech in meinen Schriften ein ehrenvolles Andenken zu stiften. Seine Landsleute haben es mir gedankt durch die freundliche Aufnahme, welche sie meinen Arbeiten angedeihen ließen, und selbst nach dem Kriege von 1870/71 nicht vorenthielten.

Der Entschluß zur Anlegung einer orthopädischen Anstalt und dessen Ausführung lagen nicht weit auseinander. Meine Mutter, welche mich gern bald in einer Wirksamkeit sehen wollte, wie sie dieselbe bei dem Vater gekannt hatte, sagte mir ihre Hülfe zu. Auf Ostern 1829 wurde ein Haus in der Nähe der Eilenriede mit großem Garten gemiethet, ein Turnsaal und ein Turnplatz im Freien eingerichtet. Meine Mutter bezog die eine Etage, die andere wurde zur Aufnahme junger Mädchen und kleiner Knaben bestimmt, welche unter Aufsicht einer Gouvernante stehen sollten. Nach einer in den öffentlichen Blättern gemachten Bekanntmachung meiner Absichten, erschienen sogleich Patienten mit Verkrümmungen. Der erste war ein hübscher junger Mann, der gern Officier werden wollte, aber einer hohen Hüfte wegen fürchtete, nicht angenommen zu werden. Seine Deformität verschwand im Sitzen, dadurch kam ich zu der Entdeckung, daß sein linkes Bein einen Zoll zu kurz war und daß deshalb im Stehen die rechte Hüfte höher erschien. Ein erhöhter Stiefelabsatz machte der Deformität ein Ende. „Mein lieber Sohn", sagte meine Mutter in Betreff dieses Falles, „wenn Du alle Deine Patienten so schnell herstellst, verspricht das Geschäft nicht sehr einträglich zu werden." Ich konnte sie leider darüber beruhigen. Es meldeten sich gleich junge Mädchen mit Skoliosen; ich ließ sie wie Delpech in Streckbetten liegen und fleißig turnen. Es kamen ein paar Fälle mit paralytischen Spitzfüßen; schon im Sommer 1829 erfand ich eine Extensionsmaschine, die mir seit vierundvierzig Jahren so gute Dienste geleistet hat. Ich habe seitdem manche andere versucht, bin aber immer zu der ersten zurückgekehrt. R. Volkmann belehrte uns 1872, daß sie leicht Druckbrand macht. Es scheint mir, daß es nicht die Maschinen und Verbände, sondern die Wundärzte sind, welche Druckbrand machen, und daß man sich nicht nach neuen Maschinen, sondern nach vorsichtigen Wundärzten umsehen sollte. Volkmann hat sich offenbar nie mit der Cur schwieriger Fußverkrümmungen abgegeben, sonst hätte er wohl einigen Respect vor einer Maschine, die in Little's, Dieffenbach's, meinen und vielen anderen Händen, Tausenden gute Dienste geleistet hat. Es kamen eine Menge Kinder mit einwärts gebogenen Knieen, die mir wenig Mühe machten, man behandelt sie wie junge Bäume, wenn sie schief wachsen mit einer Stange. Diese hat am Fuß und Hüftgelenke ein Charnier. Am Kniegelenke läßt man das Charnier durch einen Stift unbeweglich machen, bis die Deformität größtentheils gehoben ist und das Bein noch einer geringen Unterstützung bedarf. Auch diese höchst einfache Methode hat Volkmann zu discreditiren gesucht, indem er sagt, die Patienten vereitelten die Wirkung der Maschine, indem sie das Knie krumm hielten. Das ist ganz richtig, aber dafür ist der Stift.

Es kamen auch sehr bald ein paar Kinder mit angeborenen, einseitigen Klumpfüßen, deren Eltern in Hannover wohnten. Sie machten mir sehr viele Mühe. Ich besuchte sie täglich, wickelte ihre Füße mit Binden oder Heftpflasterstreifen, bis sie so weit gebessert waren, daß ich kleine Schienen von biegsamen Kupferblech mit Leder überzogen anlegen konnte. Ich kam natürlich bald dahinter, daß eine Hauptschwierigkeit darin bestehe, die Füßchen trocken zu erhalten, doch dafür wußten die guten hannoverschen Wartfrauen Rath, durch kleine improvisirte Schwimmhosen von Leinen und Flanell. Mit den Schienen brachte ich die Füße so weit, daß ein Scarpa'scher

Schuh angelegt werden konnte, den ich auf meine Art vereinfachte. Ich weiß nicht, ob er dadurch besser geworden ist; den ursprünglichen Scarpa'schen Schuh habe ich nie versucht, obgleich ich es mir oft vornahm. Im Laufe der letzten Jahre habe ich die beiden zuerst behandelten klumpfüßigen Mädchen wieder gesehen. Sie waren beide verheirathet, an ihren Füßen war nichts Krankhaftes zu bemerken, ein Fuß war bei ihnen wie der andere, aber wie viele Mühe hatte es gekostet, sie dahin zu bringen. Die jetzt von Volkmann und Anderen so viel gepriesenen Gypsverbände vermögen die Cur nicht wesentlich abzukürzen, sind aber in ungeschickten Händen sehr gefährlich. Die schlimmsten Fälle, welche ich in neueren Zeiten behandelt habe, betrafen immer Kinder, die durch Gypsverbände Druckbrand oder sogar entzündliche Exostosen am Fersenbein bekommen hatten.

Am meisten Kopfbrechen machten mir die Skoliosen, ich verstand ihre Pathologie nicht. Delpech's Erklärung derselben durch chronische Entzündung der Intervertebralsubstanz war mir gar nicht einleuchtend, sie widersprach der Behandlung durch gymnastische Uebungen. Stieglitz, den ich als väterlichen Freund von Zeit zu Zeit besuchte, ermahnte mich zum Schriftstellern, dies würde meine Ideen klarer machen. Ich erwiderte ihm immer: Ich weiß noch nichts, was der Mittheilung werth ist! Um ihn zufrieden zu stellen, wurde ich Mitarbeiter an kritischen Journalen und schrieb einige Recensionen für die Göttinger gelehrten Anzeigen und für Schmidt's Jahrbücher. Solche Arbeiten haben den Nutzen, daß man die Bücher gut kennen lernt, welche man anzeigt, aber man bekommt nicht immer gute Bücher zum Recensiren, von den schlechten hat man weder Nutzen noch Freude und macht sich viele Feinde, wenn man die Wahrheit sagt.

Naturforscher=Verein in Hamburg im September 1830.
Verlobung.

Der von Oken gestiftete Naturforscherverein stand damals in seiner Blüthe. Naturforscher und Aerzte kannten sich unter einander noch wenig und trafen sich bei den Vereinen auf neutralem Boden. Ein gelegentliches Zusammentreffen verpflichtet zu nichts, wie etwa ein Besuch am Wohnorte, der als Entgegenkommen aufgefaßt werden kann, durch welches man in eine Art von Vasallenverhältniß tritt. Hat man sich nur auf einem Naturforscherverein gesehen, so kann man sich hinterher noch hassen und bekämpfen nach Herzenslust. Wollte man die etwas in Miscredit gekommenen Naturforschervereine wieder heben, so brauchte man sie nur zehn Jahre lang zu unterbrechen. Das Verlangen, sich kennen zu lernen, würde die Oberhand gewinnen, die Koryphäen der Wissenschaft würden nicht mehr so blasirt und gleichgültig gegen die Wünsche ihrer Verehrer sein, die sie gern sehen und hören möchten, nachdem sie lange von den berühmten Männern gelesen haben. Man würde dann wohl nicht mehr daran denken, durch fade Vergnügungen die geistige Leere zu verstecken und Leute anzuziehen, die gar keine ernste Zwecke verfolgen, sondern sich nur ein paar Tage auf allgemeine Unkosten amüsiren wollen. Wenn der Ort der Zusammenkunft interessant ist, wie Hamburg, so schadet das dem Erfolge nichts, aber auch an minder anziehenden Plätzen kann der Verein gut ausfallen, wenn die Gesellschaft aus den wünschenswerthen Elementen besteht.

Hamburg hatte außer vielen angesehenen deutschen Aerzten und Naturforschern, wie Oken, Lichtenstein, Chamisso, Rust und Dieffenbach, auch Dänen, Norweger und Schweden, wie Berzelius, Eckström, Bang und Jacobsen angezogen. Diese fremden Elemente wirken vortheilhaft bei diesen Vereinen, weil sie der einheimischen Wissenschaft unbefangener gegenüber stehen. Man erfährt durch sie, wie weit die, im Inlande zu Tage gekommenen Leistungen ihre Lebensfähigkeit dadurch bewiesen haben, daß sie über die Grenzen des Vaterlandes gedrungen sind.

Bürgermeister Bartels, der erste Geschäftsführer, eröffnete die Versammlung durch eine kurze, eindringliche Rede, in welcher er mit großer Bescheidenheit die Ehre pries, welche Hamburg durch die Wahl zum Versammlungsorte widerfahren sei. Seine edlen Züge, seine tiefe kräftige Stimme, seine Worte selbst, die den geübten Redner kund thaten, machten großen Eindruck. Es kam mir vor, als sei damit für den ganzen Verein der richtige Ton angegeben und als ob dieser fortfährend nachklinge.

Zweiter Geschäftsführer war Dr. Fricke, dem man es zum Ruhme nachsagen konnte, daß er im städtischen Krankenhause, dessen chirurgische Abtheilung er dirigirte, Alles that, um die Aerzte passend zu beschäftigen, theils durch genaues Eingehen auf die guten Einrichtungen dieser berühmten Anstalt, theils durch Operationen und Vorstellen interessanter Kranken. Ich hatte alle Ursache Fricke dankbar zu sein! Unter den zur Operation Bestimmten befand sich ein niedliches Mädchen von zwanzig Jahren, welche mit einem Klumpfuße behaftet war; sie sollte amputirt werden. Ich hielt dies für ganz unnöthig und schlug vor, die Achillessehne zu durchschneiden, falls die Cur auf mechanischem Wege nicht gelingen sollte. Mein Vorschlag fand gar keine Beachtung, die Amputation wurde ausgeführt. Ich sah daraus, daß die in Hamburg glänzend vertretene Generation von Chirurgen noch weniger als ich von der Orthopädie verstehe, denn ich hielt die Cur des jungen Mädchens, auch ohne Tenotomie, für wahrscheinlich. Bisher hatte ich bei Schwierigkeiten, welche mir einzelne Fälle darboten, geglaubt, ich wisse mit der mechanischen Behandlung noch nicht recht umzugehen. Ich hätte vielleicht noch gezögert, die Tenotomie zu Hülfe zu ziehen, jetzt war ich dazu entschlossen, nachdem ich gesehen, daß Andere viel geringere Schwierigkeiten für unüberwindlich hielten und zur Amputation griffen.

Ich hatte in der medicinisch-chirurgischen Section einen Vortrag gehalten, wobei ich die von mir erfundene Extensionsmaschine für Fußverkrümmungen demonstrirte und den Fall von Einrichtung einer Kieferverrenkung am fünfunddreißigsten Tage erzählte. Das dabei gebrauchte Instrument, sowie den Fuß-Extensions-Apparat machte ich dem Krankenhause zum Geschenk. Nach meinem Vortrage machte mir der alte Dr. Steinheim aus Altona das ironische Compliment: Ihre Rede hat mir vieles Vergnügen gemacht; nicht als ob ich mich im geringsten für das interessirt hätte, was Sie sagten, aber Ihr hannöversches Deutsch war mir so wohlthätig! Fast in ähnlicher Weise äußerte sich Dr. Gerson: Legen Sie Sich nicht auf das Erfinden von Instrumenten; für die Patienten sind sie meistens entbehrlich und Ihnen werden sie wenig Ruhm eintragen. Ich hielt große Stücke auf Gerson, er war mir sehr freundlich gesinnt und meinte es redlich mit mir. So habe ich denn die Welt nicht gerade mit meinen mechanischen Erfindungen belästigt, man darf sie nicht empfehlen, sondern muß ihre Weiterverbreitung denen überlassen, die daran Geschmack finden. Gerson war Arzt in der englisch-deutschen Legion, zur Zeit des Krieges in Portugal und Spanien, hatte sich bei jeder Gelegenheit durch Bravour und Geschicklichkeit ausgezeichnet. Nach dem Frieden von 1815 hatte er sich in Hamburg niedergelassen, wo er einer der angesehensten Aerzte und Wundärzte war. Er nahm mich öfter mit, um mir interessante Kranke in seiner Privatpraxis zu zeigen, ich konnte dabei die Beschwerlichkeit der ausgedehnten Praxis in einer großen Stadt kennen lernen und fühlte kein Verlangen darnach.—

Zu den Annehmlichkeiten des Hamburger Naturforschervereins gehörten die Abends im Apollosaale stattfindenden Zusammenkünfte, bei denen die älteren Leute conversiren und die jüngeren tanzen konnten. Die Frau Bürgermeisterin Bartels, eine geborene Venetianerin, und ihre älteste Tochter, die Frau Syndica Banks, eine imposante blonde Schönheit, machten die Honneurs im Apollosaale, die um acht Jahr jüngere unverheirathete Tochter des Bürgermeisters sah ihrer italienischen Mutter sehr ähnlich. Sie tanzte vortrefflich, eben so wie ihre blonde Freundin Caroline, die mir durch ihre Aehnlichkeit mit Henriette Sontag auffiel. Sie war graziös wie diese, voll liebenswürdiger Schelmerei und redegewandt wie Beatrix in Shakespeare's „Viel Lärm um Nichts". Kaum hatte ich einige Male mit Fräulein Bartels getanzt, als ich das Opfer ihrer losen Reden wurde. Ich machte sie nicht zu meiner Vertrauten, aber konnte mich doch ihrem Einflusse nicht ganz entziehen. Bei einem schönen Gartenfeste, welches die berühmten Handelsgärtner Booth in Flottbeck den Naturforschern gaben, sah ich die Damen in strahlendem Sonnenlichte und fand sie nicht minder anziehend als im Apollosaale, wo der Sonnengott nur durch seine Abwesenheit glänzte. Die Stadt Hamburg hatte den Naturforschern ein Dampfschiff zur Verfügung gestellt, um eine Excursion nach Helgoland zu machen. Ich zog es vor, in Hamburg, zu bleiben und wurde dafür belohnt durch die Einladung zu einem Diner, welches Bürgermeister Bartels den Zurückgebliebenen gab. Ein patriotischer Schiffscapitain hatte zu diesem Feste eine riesige Schildkröte gestiftet. Oken, Lichtenstein und andere ausgezeichnete Gäste waren eingeladen. Ich fand meinen Platz zwischen den beiden Schwestern, die mich mehr als alles Andere interessirten. Als ich am folgenden Abend die Damen im Apollosaale wiedersah, erkundigte sich die schelmische Caroline mit erheuchelter Theilnahme nach meinem

Befinden, ich müsse wohl krank sein, weil ich gestern sogar die Schildkrötensuppe nicht angerührt habe. Ich suchte mich damit zu vertheidigen, daß ich von allen Kröten die Schildkröte am wenigsten liebe. Es half mir nicht viel. Wer in Hamburg Schildkrötensuppe vorübergehen läßt, muß entweder krank, verrückt oder verliebt sein; so kann es selbst schweigsamen Leuten ergehen, eine Schildkröte kann ihr Verräther sein! Daß Caroline Recht habe, wurde mir selbst klar, und ich hatte nun darüber nachzudenken, wohin das führen könne? Zu einer schnellen Abreise oder zum Dableiben? Da ich zur Flucht keinen hinreichenden Grund fand, so blieb ich, als alle Andern abreisten. Die sanfte, edle Frau Banks hatte mein ganzes Vertrauen gewonnen. Ich suchte sie auf und trug ihr meine Herzensangelegenheiten vor. Sie versprach mir Erkundigungen einzuziehen und schrieb mir am nämlichen Tage einen sehr diplomatischen Brief, in welchem sie mich ersuchte, am folgenden Morgen zu ihrem Vater zu gehen. Die Stunde hatte sie nicht bestimmt, ich ging um elf Uhr hin und fand eine freundliche Aufnahme. Bürgermeister Bartels wollte sich in Hannover nach mir erkundigen, wo er angesehene Verwandte hatte. Aber meine Angelegenheiten waren in zu gutem Zuge, um auf diese Erkundigungen warten zu können, die Freundin Caroline hatte wieder die Verrätherin gespielt und ausgeplaudert, daß man mich schon um neun Uhr Morgens im Bartels'schen Hause erwartet habe und daß eine gewisse junge Dame zwischen neun und elf Uhr öfter an die Treppe gelaufen war, wenn die Hausthür sich geöffnet hatte. Unter diesen Umständen konnte die so vernünftige väterliche Vorsicht nicht zur Geltung kommen, unsere Verlobung fand am 5. October statt. Der Brief von Hannover ließ übrigens nicht lange auf sich warten und fiel zu meinen Gunsten aus. In den drei Tagen, welche der Verlobung folgten, hatte ich Gelegenheit, die zahlreichen Freunde der Familie zu sehen, die uns zu besuchen kamen und uns wenig Ruhe ließen. Uebrigens gefiel es mir vortrefflich im Bartels'schen Hause. Das Verhältniß des Bürgermeisters zu seinem Schwiegersohne Syndicus Banks war so schön, wie es zwischen Vater und Sohn nur sein kann, die Gefühle, welche mir die Eltern meiner Braut gleich anfangs einflößten, haben sich im Laufe der Jahre nie geändert, ich hatte aber auch nicht ohne Grund darauf gerechnet, daß der Apfel nicht weit vom Stamme fällt. Die Liebe hatte mich in eine Familie geführt, wie ich sie mir nicht idealer denken konnte. Das Haus des Bürgermeisters hatte er selbst in guten Zeiten von einem italienischen Architekten bauen lassen, es war eben so originell, wie bequem, die Parterre in einem Flügel liegenden Gesellschaftszimmer, mit der Aussicht auf den Garten, machten durch ihre Wände von schönem Stuckmarmor einen ganz poetischen Eindruck, der durch die einfachen Möbeln des vorigen Jahrhunderts nur gehoben wurde.

Mit dem Versprechen, um Weihnachten wieder zu kommen und eine meiner Schwestern mitzubringen, reiste ich am vierten Tage nach der Verlobung ab. Ich war selbst nicht wenig erstaunt über den unerwarteten Erfolg meiner zu wissenschaftlichen Zwecken unternommenen Reise nach Hamburg. In den Weihnachtstagen hatten wir mehr Ruhe vor den theilnehmenden Freunden, und ich machte bei meiner Braut Entdeckungen, welche mich beglückten, aber auch überraschten. Ich hatte früher geglaubt, die Harmonie der Seelen beruhe vorzüglich in der Uebereinstimmung der Ansichten über Poesie und schöne Künste, und jetzt war ich mit einem Mädchen verlobt, die von Goethe nur wenig und von Shakespeare noch gar nichts gelesen hatte, und doch war mir das ganz gleichgültig. Ich hatte stets für Musik geschwärmt, meine früheren Inclinationen waren immer durch die Musik herbeigeführt worden.

Mit meiner Braut hatte ich noch nie von Musik gesprochen, und es kam zum Vorschein, daß sie nicht blos eine vortreffliche Clavierspielerin sei, sondern durch vorzügliche Lehrer eine gründliche musikalische Bildung erhalten hatte. So geht es mit der Liebe, sie kümmert sich wenig um Shakespeare und Beethoven.

Meine Schwester Caroline, welche mich um Weihnachten nach Hamburg begleitete, machte dort den angenehmsten Eindruck und blieb bis auf den heutigen Tag die getreue Freundin meiner Auserwählten.

Heirath,
am 11. Mai 1831.

Ehen werden im Himmel geschlossen, sagt das Sprichwort, dem man nur hinzusetzen sollte, wenn sie auf gegenseitiger Zuneigung beruhen. Diese entsteht durch Gaben der Natur und der Erziehung, für welche wir nächst den Eltern Gott unsern Dank schuldig sind. Es ist deshalb auch ganz in der Ordnung, sich an die Kirche zu wenden, um den Bund der Herzen zu befestigen. Welcher junge Ehemann wird nicht einmal im Leben wenigstens Gott dafür danken wollen, daß seine Frau liebenswürdig und schön sei? Kann er das nicht, so hätte er lieber gar nicht heirathen sollen. Geistliche Intoleranz hat es in unserer Zeit dahin gebracht, daß man aller Orten die Civilehe einzuführen strebt, und dieselbe als Mittel zur Abwehr nur willkommen heißen kann. Die kirchliche Ehe würde aber bald ganz verschwinden, wenn man die Civilehe obligatorisch machte. Diese würde den Gedanken wecken, die Ehe sei ein Geschäft, wie jedes andere, bei welchem der Civilbeamte dieselben Dienste leisten könne, wie der Geistliche. Es giebt Leute in Menge, die sich nichts daraus machen, wenn alle Poesie aus dem Leben verschwindet, die davon keinen Schaden für das geistige Leben der Nation besorgen, wenn Alles so recht praktisch-trocken von Statten geht. Der Gedanke, daß Gott die Herzen vereinigen solle, ist jedenfalls poetischer, als der, daß es sich nur um Vereinigung der Cassen handle. In Proletarierkreisen lautet die Werbung, besonders des Wittwers um die Wittwe, wohl: Sollen wir unsere Klatern zusammenwerfen? Das ist die geeignete Vorrede zur Civilehe, die unter gebildeten Leuten nur eintreten sollte, wo die geistliche Intoleranz dazu zwingt. In Frankreich hat die Civilehe viel größere Fortschritte gemacht, wie in England, wo die kirchliche Trauung allgemein hoch gehalten wird. Die Civilehe entbehrt dort jeder Würde, sie ist oft das Geschäft eines Gemeindebeamten, der allenfalls ein kleiner Krämer oder Barbier sein kann. Es wird Niemand behaupten wollen, daß die größere Tüchtigkeit der heutigen Engländer von der kirchlichen Trauung der Ehepaare abhänge; sie ist mehr ein Zeichen, als eine Ursache der höheren Würde des Familienlebens, die sich im Leben des Staates wieder abspiegelt.

Meine älteste Schwester Sophie begleitete mich auf der Reise zur Hochzeit; sie war durch eine ganz ungewöhnliche Geistesbildung und Klugheit wohl geeignet, den weiblichen Theil der Familie zu vertreten.

Am Polterabend hatte ich zuerst Gelegenheit zu erfahren, wie viele ausgezeichnete junge Männer meine Braut zu Freunden habe; sie sind theilweise später zu hervorragenden Stellungen gelangt, wie Ernst Merck, der spätere Reichsminister, Carl Merck, der jetzige Hamburger Syndicus, Dr. Ludwig Oppenheimer, der spätere Oberappellationsrath in Lübeck, Dr. Moritz Heckscher, der spätere Reichsminister, Dr. Carl Fallatti und Dr. Herzfeld. Zu ihren älteren Freunden gehörten die beiden liebenswürdigen alten Maler Gröger und Aldenrath, die beide unverheirathet, wie Brüder mit einander lebten. Alle diese Freunde hatten sich angestrengt, den Polterabend zu verherrlichen, wo außer anderen Scherzen auch die Rüpel-Comödie aus Shakespeare's Sommernachtstraum in sehr gelungener Weise vorgestellt wurde.

Am 11. Mai, 4 Uhr Nachmittags, wurde die Trauung im elterlichen Hause durch Pastor Rambach vollzogen. Am folgenden Tage fuhr ich mit meiner jungen Frau nach Wohldorf, in der Absicht, dort einige Tage zu verleben. In einem herrlichen Walde, an dessen Rande die Aue, ein Arm der Alster, vorbeifließt, liegt ein altes Jagdschloß, umgeben von einem breiten Graben, über den eine Zugbrücke führt. Es gehört zu einer Domaine Hamburgs und stand den Mitgliedern des Senats für die Sommerfrische zur Verfügung. Es ist ein ziemlich reizloses, hölzernes Haus, aber der umgebende schöne Wald und die Erinnerung an frohe, dort verlebte Tage machten es meiner Luise werth. Der Wald prangte im ersten Frühlingsgrün, als wir ankamen; wir fanden es herrlich dort. In der Nacht vom 12. zum 13. Mai trat heftiger Frost ein, am andern Morgen war das junge Grün vernichtet, die Bäume waren schwarz geworden; anstatt im Walde umherzustreifen, mußten wir am Kamine sitzen. Wir blieben aber nicht lange allein, die Ungeduld hatte meinen Schwiegervater hinausgetrieben, und mit ihm kamen lustige Freunde, auf deren Besuch wir vor der Hand gern verzichtet hätten. Da das Wetter unfreundlich blieb, kehrten wir am folgenden Tage nach Hamburg zurück, wo wir noch einige Tage im elterlichen Hause verweilten, dann fuhren wir über Harburg mitten durch die Lüneburger Heide nach Bennemühlen, wo die gute Tante Dorette uns erwartete. Dort war es sonnig und warm, der Nachtfrost hatte das junge Grün verschont und die Nachtigallen wetteiferten im Park, uns zu begrüßen. Die liebe Tante faßte bald eine herzliche Zuneigung zu meiner Frau und ist ihr eine treue Freundin geblieben bis an das Ende ihrer Tage.

Während meiner Abwesenheit hatte meine Mutter eine Wohnung an der Wilhelmstraße bezogen und das Haus am Schiffgraben zu unserm Empfange hergerichtet. Wir kamen am 25. Mai gegen Abend dort an und wurden auf das Angenehmste überrascht. Bei einbrechender Dunkelheit erschallten aus den mit farbigen Lichtern erhellten Gebüschen des Gartens die schönsten Lieder unsichtbarer Sänger. Es war die Hannoversche Liedertafel, welche uns begrüßte. Auf meine Frau, welche Gesänge dieser Art noch nicht kannte, machten dieselben großen Eindruck, und ich zweifle nicht daran, daß theilweise von diesem Empfange die Vorliebe herrührt, welche sie immer für Hannover gehabt hat, mehr als ich selbst, der ich dort geboren war. Ich gehörte zu den Stiftern der ersten Hannoverschen Liedertafel. Bremen war uns mit seinem Beispiele vorangegangen. Ich erinnere mich, wie ich 1829 in der Wohnung von Dr. Gustav Himly, Langestraße Nr. 56, mit diesem und dem Advocaten Dr. Wagner den Plan dazu machte. Wir suchten die Leute zusammen, welche sich dazu eigneten, an die Spitze zu treten; der spätere Bürgermeister Evers wurde Liedervater, Organist Enckhausen musikalischer Dirigent, Dr. Wagner Cassenmeister. Mit Hülfe eines brillanten Solo-Quartetts blühte die Liedertafel sehr schnell auf, zur Freude der Hannoveraner und zur Nacheiferung für andere Städte. Es gehörte zu den Statuten der Liedertafel, die Neuvermählten zu begrüßen und am Grabe der Verstorbenen zu singen. Ich war der erste, welcher als junger Ehemann begrüßt wurde, und habe mich stets dankbar daran erinnert.

Cholerareisen,
vom 5. August 1831 bis zum 9. November 1831.

Erste Cholerareise,
vom 5. August bis zum 9. October 1831.

Es war uns nicht beschieden, das neue häusliche Glück ungestört zu genießen. Am 27. Mai 1831 brach in Danzig die Cholera aus, welche aus Polen dahin verschleppt war, wo der Krieg mit Rußland wüthete. Ganz Deutschland gerieth in Sorge über den bisher unbekannten Feind, den man anfangs durch militairische Macht im Zaum zu halten hoffte. Der um Danzig gezogene Cordon erwies sich bald als machtlos gegen die weitere Verbreitung der Krankheit, und damit wuchs die allgemeine Unruhe. Es wurden überall Cholera-Immediat-Commissionen gebildet, um die nöthig scheinenden Anstalten zu treffen. Leibmedicus Lodemann, als Mitglied der hannoverschen Commission, kam auf den Gedanken, zwei junge Aerzte nach Danzig zu schicken, um die Cholera zu studiren, und hatte Dr. Schneemann und mich dazu ausersehen. Später wurde auf seinen eigenen Wunsch auch Holscher noch ausgesendet. So wenig erwünscht mir dieser Auftrag sein konnte, so zögerte ich doch nicht, ihn zu übernehmen, weil ich überzeugt war, daß meine Frau die Angelegenheit als Ehrensache auffassen werde, bei welcher ein weiteres Besinnen schlecht am Platze ist. Ich hatte mich nicht in ihr geirrt, aber die Aermste hatte meiner Familie gegenüber einen harten Stand. Diese hoffte, daß meine Frau mich von dem Gedanken abbringen werde, nach Danzig ins Verderben zu rennen, und beschuldigte sie der Lieblosigkeit, als sie es nicht that. Daß sie sich damals nicht irre machen ließ, habe ich ihr immer sehr hoch angerechnet, und baute im ferneren Leben noch oft auf die schon so früh bewiesenen guten Gesinnungen.

Ein ärztlicher Freund, Dr. Mannstädt, übernahm für die Zeit meiner Abwesenheit die Leitung meines orthopädischen Instituts und eine Schwester meines Schwagers Banks kam von Hamburg, um meiner Frau Gesellschaft zu leisten. Am 5. August reiste ich mit Dr. Schneemann per Extrapost nach Berlin, wo wir uns die nöthigen Empfehlungen nach Danzig verschaffen wollten. Bei dieser Gelegenheit lernte ich Dieffenbach zuerst näher kennen, den ich bei dem Naturforschervereine in Hamburg nur flüchtig gesehen hatte. Ich ließ mich von ihm in der Technik der Infusion und Transfusion unterrichten und kaufte mir die dazu nöthigen Instrumente, von denen ich jedoch Gebrauch zu machen keine Gelegenheit fand. Dann besuchte ich meine früheren Lehrer Rust, Gräfe und Jüngken. Wir erhielten überall sehr viel weise Lehren in Betreff der Cholera, über welche die Leute immer am klügsten sind, ehe sie dieselbe gesehen haben. Rust war die Seele der strengen Sperren gegen die Cholera. Er äußerte sich gegen mich sehr entrüstet über den Ober-Präsidenten von Schön in Königsberg, der durch seine Lässigkeit und sein Widerstreben die Wirkungen der Sperren paralysirt habe. Da wir in Berlin erfuhren, daß auch in Königsberg die Cholera ausgebrochen sei, beschlossen wir, daß einer von uns dahin, der andere nach Danzig gehen solle. Das Loos entschied dahin, daß ich nach Danzig kam. Wir reisten bis Dirschau zusammen, wo sich unsere Wege trennten. Schneemann ging nach Königsberg und ich nach dem nur eine Poststation davon entfernten Danzig, wo ich am 14. August Nachmittags ankam. Ich suchte zunächst meinen Freund Dr. Eduard Gnuschke auf, den ich in dem kleinen Seebade Zoppot fand, welches eine Stunde von Danzig entfernt liegt. Er versah dort die Stelle eines Arztes für eine große Colonie angesehener Danziger Familien, welche der Epidemie wegen dahin geflüchtet waren. Die Cholera war aber bald auch in Zoppot und dessen Umgegend ausgebrochen, so daß Eduard mit derselben schon ganz bekannt war. Er hatte auch eine kleine Abhandlung darüber geschrieben, welche er mir zur Verfügung stellte.

Am folgenden Tage führte er mich in die Cholera-Hospitäler, dann zu den angesehensten Aerzten und installirte mich in seiner Stadtwohnung, dem elterlichen Hause in der Heiligengeist-Straße, welches als ein Muster der sehr eigenthümlichen und bequemen Danziger Bauart gelten konnte. Das Haus stand leer, die Eltern wohnten auf ihrem Landsitze in Strieß, halbwegs zwischen Danzig und Zoppot. Am folgenden Tage zeigte mir Dr. Baum, der Dirigent des städtischen Krankenhauses, diese große Anstalt. Er hatte eben seinen ersten Steinschnitt gemacht, und verrieth schon damals das tiefe Interesse für Chirurgie, welches ihm als Professor der Chirurgie in Greifswalde und Göttingen so viele dankbare Schüler erworben hat. Er stand 1831 in der schönsten Jugendblüthe, aber in der Liebe für sein Fach ist er 1874 noch so jung wie damals. Die charaktervolle, malerische, alte Stadt mit ihrem Hafen, der durch die Gegenwart einer russischen Flotte belebt war, ihrem Dom, der Marienkirche, welche das herrliche Bild van Eyck's, das jüngste Gericht, enthält, mit dem schönen Rathhause und dem Artushof, der Börse von Danzig gefiel mir ausnehmend. Zoppot und der ganze Ostseestrand in seiner Nähe waren überaus reizend in meinen Augen. Ich hätte gern längere Zeit dort zugebracht, aber da die Epidemie im Erlöschen war und ich Cholerakranke nur in den Hospitälern sehen konnte, wohin dieselben erst in vorgerückten Stadien gelangen, so sah ich mich bald nach besseren Gelegenheiten um, sie im Entstehen zu beobachten und selbst Cholerakranke zu behandeln. Ich stellte mich deshalb dem Regierungs-Präsidenten zur Verfügung, welcher mein Anerbieten dankbar annahm und mich sogleich, mit Credit und Medicamenten versehen, nach Subkau schickte, welches von Dirschau südlich eine Stunde entfernt liegt. Am 23. August kam ich in diesem Dorfe an, wo die Cholera seit mehreren Wochen gewüthet hatte. Die Epidemie fing dort am 30. Juli an und war am 29. August beendigt. In diesen einunddreißig Tagen starben von den kaum 600 Einwohnern 93 an der Cholera, die meisten ohne ärztliche Hülfe. Es war freilich ein Chirurg am Orte, der aber aus Furchtsamkeit nicht in die Häuser ging, sich meistens nur auf zehn Schritte Entfernung berichten ließ, zuweilen die Patienten vom Fenster aus ansah, wobei er sich mit brennenden Wachholderzweigen räuchern ließ. Die Gutsherrschaft war geflohen und hatte sogar ihre Mobilien mitgenommen. Ich konnte in dem kleinen Schlosse anfangs kein Unterkommen finden und mußte bei einem jüdischen Krämer absteigen. Am folgenden Tage kam der Landrath und führte mir einen Herrn Dombrowski zu, der mit Ausführung polizeilicher Maßregeln beauftragt war und sich mir in jeder Beziehung hülfreich erwies. Er ließ mir im Schlosse ein Zimmer öffnen; da das Haus ganz ohne Dienerschaft war, so engagirte ich eine Köchin, die sich glücklich schätzte, für mich sorgen zu dürfen, weil sie sich in meiner Nähe sicher fühlte; ihr Schwager war eben der Krankheit erlegen. Es gab freilich in Subkau nicht viel zu kochen, fast nur Erbsen und Kartoffeln. Das Brod war für mich ganz ungenießbar. Glücklicher Weise war ein Schwarm Enten auf dem Hofe, denen meine Gegenwart verderblich wurde. Mittags eine gebratene Ente und Abends eine gekochte war stehende Regel; toujours canard ist schlimmer, als toujours perdrix! Ich konnte später Jahre lang keine Enten mehr essen.

Gleich nach meiner Ankunft in Subkau besuchte ich die noch vorhandenen Patienten. In den reinlichen Hospitälern von Danzig hatte der Anblick der Cholerakranken keinen beson=

dern Eindruck gemacht. Ich fand, daß Blatternkranke doch schlimmer aussähen. Auf dem Dorfe, in den elenden Hütten armer Häuslinge polnischer Abkunft war es anders. Die Staffage, welche bei einer cholerakranken Frau ein betrunkener Mann macht, der die schreienden Kinder prügelt und die Schweine ruhig im Zimmer gewähren läßt, giebt dem Ganzen etwas Schauerliches.

In der ersten Nacht hielt mich der Gedanke wach, wie ich mich zu benehmen habe, um Muth und Vertrauen zu erwecken und den Fortschritten des Uebels Einhalt zu thun. Ich schlief erst ein, als ich damit im Reinen war. In Begleitung des Chirurgen und des Schullehrers ging ich am andern Morgen von Haus zu Haus, erkundigte mich nach dem Ergehen der Bewohner, fand viele an Durchfall Leidende und gab ihnen Opium, wenn sie keine Zeichen von gastrischen Unreinigkeiten darboten. Ich befreite den Geistlichen aus seiner Gefangenschaft, man hatte ihm eine Wache vor die Thür gestellt. Im Anfange der Epidemie war er voll Muth und Hingebung in alle Häuser gegangen, um die Patienten zu besuchen; man hatte ihm deshalb die Verbreitung des Uebels zur Last gelegt, weitere Besuche untersagt, Schule und Kirche geschlossen. So hatte er sich in sein Schicksal gefunden. Er fing nun wieder seine frühere Thätigkeit an und begleitete mich sogar auf benachbarte Dörfer. Es kam bald Alles in ein besseres Geleise. Die Einwohner des Dorfes, welche, dem Beispiele des Chirurgen folgend, sich Hütten auf freiem Felde erbaut hatten, kehrten in ihre Häuser zurück. Subkau war bei meiner Ankunft noch mit einem Cordon umzogen, der auch die Mühle von dem Dorfe abschnitt, so daß die Leute sich nicht das nöthige Mehl verschaffen konnten. Der Cordon mußte zurückgezogen werden, weil sich in den Dörfern, auf welche er sich stützte, die Cholera gezeigt hatte; so konnten die Leute wieder zu ihrer Mühle gelangen. Am 24. August hörte die Epidemie in Subkau ganz auf, nachdem während meiner Anwesenheit noch neun Todesfälle vorgekommen waren.

Schon am Tage nach meiner Ankunft in Subkau, dessen Cordon eben aufgehoben wurde, holte man mich nach Rathstube, einem Vorwerke von Subkau, wo in den letzten drei Tagen zwölf Menschen an der Cholera gestorben waren. Seine Bevölkerung von dreihundert Seelen bestand nur aus armen polnischen Häuslingen, deren Verhältnisse ganz gleich waren, in Subkau lebten auch wohlhabende Bauern. Ich hatte in Rathstube zweiundfunfzig wirkliche Cholera-Patienten zu behandeln, von denen vierzehn starben. Die Gesammtzahl der Gestorbenen betrug einunddreißig, von denen siebzehn ohne ärztliche Hülfe geblieben waren. Das viel ärmere Rathstube, wo die Epidemie siebzehn Tage, vom 20. August bis zum 6. September, anhielt, kam also bei freundlichem Zuspruch und ärztlicher Hülfe besser davon, als das wohlhabende Subkau, wo binnen einunddreißig Tagen von sechshundert Einwohnern dreiundneunzig gestorben waren. Von den einundvierzig Feuerstellen in Rathstube blieben nur zwölf von wirklichen Cholerafällen verschont, Koliken und Durchfälle kamen in allen Häusern vor. In Rathstube konnte ich genaue Listen führen, weil mir der Schullehrer ein Verzeichniß sämmtlicher Einwohner gegeben hatte. Die Namen der übrigen Dörfer, in welche ich geholt wurde, waren Brusczk, Rothhof, Klein-Schlanz, Groß-Schlanz, Narkau und Veilchenau. In allen diesen Ortschaften wiederholte ich anfangs meine Rundgänge von Haus zu Haus, welche den guten Erfolg hatten, daß die Leute es lernten, frühzeitig ärztliche Hülfe zu suchen. Die Schullehrer mußten mich schon der Sprache wegen begleiten, weil ich kein Polnisch verstand. Sie lernten dabei mein Verfahren kennen und zeigten großen Eifer, als ich ihnen die nöthigsten Medicamente zur

Vertheilung anvertraute. Ein junger Schullehrer von Brusczk, dem das Laudanum ausgegangen war, kam einmal mitten in der Nacht zu mir, um neuen Vorrath zu holen, er hatte siebenundzwanzig Menschen davon gegeben. Als ich am andern Morgen hinkam, fand es sich, daß das Laudanum nur in zwei Fällen unnöthig gewesen war, wo es sich nur um kaltes Fieber handelte.

Diese armen Schullehrer, wie sehr habe ich sie damals bedauert und bewundert um ihre Hingebung bei kärglichem Lohne, unter einer rohen, trunksüchtigen Bevölkerung lebend, wo sogar die Weiber den Schnaps liebten und deshalb fast in gleichem Verhältnisse wie die Männer von der Cholera befallen wurden. Ich möchte diese Dörfer jetzt wohl wieder sehen, um zu erfahren, was zweiundvierzig Jahre für ihre Cultur gethan haben.

Da mit dem Erlöschen der Cholera in Subkau meine Verbindlichkeiten gegen die königliche Regierung in Danzig gelöst waren, so folgte ich am 3. September einer Einladung nach Dirschau, wo zwei Aerzte, ein Bataillonsarzt und ein Compagnie-Chirurg, an der Cholera gestorben waren und Hülfe sehr erwünscht zu sein schien. Der dortige Arzt Dr. Nollau hatte eine ausgedehnte Praxis in der Umgegend und deshalb keine Zeit, das für vierzig Patienten eingerichtete Cholera-Hospital zu dirigiren, in welchem ein Compagnie-Chirurg als Assistent wohnte. Bei meiner Ankunft fand ich fünfunddreißig Patienten vor, von denen jedoch in der nächsten Nacht schon elf starben. Bis zum Tage meiner Ankunft waren von den zweitausendneunhundert Einwohnern, mit Einschluß von vierhundert Mann Landwehr, in Dirschau hundertundneunzehn erkrankt, neunundsechszig gestorben. Auch in den nächsten Tagen blieb die Sterblichkeit sehr bedeutend.

In dem gastlichen Hause des Dr. Nollau fand ich die

liebevollste Aufnahme, mit mir auch der vortreffliche Medicinal=
rath Dr. Bremer aus Berlin, der uns aber sehr bald durch
den Ausbruch der Cholera in der Residenz entführt wurde.
Bremer besorgte die Patienten in der Stadt, Nollau die auf
dem Lande und ich die im Hospitale, fand aber mitunter
Zeit, noch die Dörfer um Subkau zu besuchen, wo die Krank=
heit noch nicht ganz erloschen war. Wir behandelten die
Cholera alle drei nach denselben Grundsätzen und konnten uns
deshalb gegenseitig vertreten. Dirschau war ein recht unge=
müthliches Nest, aber doch zähle ich die elf Tage, welche ich
dort verlebte, zu den angenehmsten der ganzen Reise. Es
gab viel zu thun, ich besuchte mein Hospital sechs Mal am
Tage, aber in der Zwischenzeit konnte ich mich erquicken durch
den Umgang mit gleichgesinnten, feinfühlenden Collegen.

Am 10. September hatte die Cholera so nachgelassen,
daß ich mit Dr. Nollau eine Excursion nach Marienburg machen
konnte, um das berühmte Schloß der deutschen Ritter zu sehen.
Seit drei Wochen hatte die Cholera in Marienburg geherrscht
und doch waren von den fünftausend Einwohnern nur zwanzig
gestorben, während in der gleichen Zeit in Dirschau von zwei=
tausendneunhundert, hundertundfunfzehn starben. Marienburg
war reinlich und wohlhabend, Dirschau arm und schmutzig.
An diese Reise nach Marienburg knüpft sich die Erinnerung
an einen raschen Cholera=Todesfall. Auf der Weichselbrücke be=
gegnete uns ein auffallend schöner alter Unterofficier, dessen Uni=
form mit vielen Decorationen geschmückt war, der uns freundlich
grüßte. Als ich nach sieben Stunden zurückkehrte, fand ich
ihn sterbend in meinem Hospitale. Zwei Stunden nach seiner
Ankunft in Dirschau war er erkrankt. In seinem Wohnorte
Mewe, welcher vier Stunden von Dirschau entfernt liegt,
war die Cholera. Er hatte also wohl die Krankheit schon im
Körper, als er den weiten Weg machte. Es kamen noch

schnellere Todesfälle vor, in denen sich das vorhergehende Wohlbefinden aber nicht so gut constatiren ließ.

Am 10. September kam Dr. Schneemann von Königsberg zurück nach Dirschau. Er hielt seine Expedition für beendigt und wünschte mit mir von Danzig aus nach Hannover zurückzukehren, unterwegs aber noch in Berlin zu verweilen. Ich folgte ihm am 14. September nach Danzig, wo wir vergebens auf weitere Instructionen der hannoverschen Immediat-Commission warteten. Am 17. September reisten wir ab und baten darum, uns die nöthigen Weisungen in Berlin zugehen zu lassen. Wir vermutheten wohl, daß man uns bald daheim sehen möchte, da die Cholera schon in Berlin herrschte, und waren deshalb gar nicht erstaunt, als wir dort die Weisung vorfanden, so schnell als möglich heimzukehren. Dr. Schneemann, der diesen Befehl wörtlich nahm, war in Berlin nicht länger zu halten, als um am folgenden Morgen 6 Uhr Romberg's Visite in seinem Cholera-Hospitale mitzumachen. Ich wollte doch gern etwas von den Berliner Anstalten kennen lernen.

Wir erreichten die Contumaz-Anstalt Herrenkrug bei Magdeburg in der Nacht vom 20. September und wurden dort fünf Tage lang eingesperrt, welche ich dazu benutzte, mich über den Contumaz-Schwindel lustig zu machen. Preußen hatte die Quarantaine schon auf fünf Tage herabgesetzt, Hannover verlangte noch zwanzig Tage, wir hatten also noch vierzehn Tage Zeit, uns nach der Entlassung vom Herrenkruge zu lüften und auszuruhen. Unsere Frauen kamen uns bis Halberstadt entgegen und dort verlebten wir in ihrer Gesellschaft und mit der Abfassung unserer Berichte beschäftigt schöne, sonnige Tage. Mein Jugendfreund Dr. Wilhelm Horn war damals Physikus in Halberstadt und trug mit seiner schönen jungen Frau nicht wenig dazu bei, uns Allen das Leben angenehm zu machen.

Am 9. October kamen wir Alle wohlbehalten wieder in Hannover an.

Zweite Cholerareise,
vom 14. October bis zum 9. November 1831.

Kaum hatte ich die erste Cholerareise beendigt, als ich die Aufforderung zu einer zweiten erhielt. Der Auftrag, welchen die drei von der Immediat-Commission ausgesendeten Aerzte erhielten, bezog sich vorzüglich auf Sperren und Contumaz-Anstalten. Wir waren alle Drei darüber einig, daß eine wirksame Sperre unausführbar sei, weil man sie nicht mit einer chinesischen Mauer, sondern mit ansteckungsfähigen Menschen ausführt. Ich selbst hatte besonders Gelegenheit gehabt zu sehen, wie durch die den Cordon bildenden Soldaten die Krankheit weiter verbreitet wurde. Außerdem waren wir darin einig, daß es besser sei, den Leuten Muth einzuflößen, als Furcht und Schrecken einzujagen, daß man sie so gut wie möglich nähren, aber nicht durch Sperren nahrungslos machen solle. Vom idealen Standpunkte kann man den Nutzen der Absperrung zugeben, aus praktischen Gründen ist sie verwerflich. Wer sich absperren will, der möge es thun, soll aber nicht verlangen, daß seiner Furcht zu Liebe Tausende elend werden. Nachdem die Cholera in Hamburg ausgebrochen war, hatte es mit der Sperre des Königreichs Hannover ein Ende, es war gar nicht mehr davon die Rede, aber die Immediat-Commission hielt es für gut, einen Arzt an die Elbe zu schicken, dessen ostensibler Auftrag war, die Anstalten zu inspiciren, der geheime jedoch, den Leuten Muth zu machen. Mir war diese ehrenvolle Aufgabe zugedacht, ich konnte sie wieder nicht von mir weisen, brach am 14. October schon wieder von Hannover auf und kehrte am 9. November zurück. Während dieser Zeit besuchte ich zuerst Harburg und Hamburg, ging dann über Lüneburg,

Uelzen, Lüchow nach Wustrow, Gartow, Dannenberg, Hitzacker, Bleckede, Artlenburg, zum zweiten Male nach Lüneburg, über Winsen nach Hamburg, dann über Buxtehude nach Stade und Otterndorf. An allen diesen Orten machte ich mich mit den Behörden bekannt, besah die Cholera-Hospitäler und besuchte die angesehensten Aerzte. Diese versammelten die übrigen um sich und ich hielt ihnen meine Vorträge über Natur und Behandlung der Cholera, wobei ich immer sehr aufmerksame Zuhörer fand. Ich schrieb damals meiner Frau, diese Reise werde mich von meiner gewohnten Schweigsamkeit curiren, weil ich den ganzen Tag reden müsse.

Im Allgemeinen gefielen mir die hannoverschen Aerzte sehr gut; selbst auf dem platten Lande fand ich gebildete Männer, in guten Verhältnissen lebend, die gegen Jedermann, mit Ausnahme ihrer benachbarten Collegen, sehr wohl gesinnt waren; die Doctoren Ellissen in Gartow, Münchmeyer in Lüneburg und Erythropel in Stade gefielen mir besonders. Ellissen war mir sehr interessant, Jedermann lobte ihn, Keiner tadelte ihn. Der Gutsherr von Gartow sagte von ihm, Ellissen ist ein vortrefflicher Arzt für große Krankheiten, aber nicht für kleine. Das ist meistens der Fall mit bedeutenden originellen Aerzten, sie mögen keine Schnupfendoctoren sein. Ellissen hatte eine merkwürdige Carriere gemacht, zuerst Jura studirt, als Advocat practisirt, war dann mehrere Jahre als Portraitmaler in Italien gewesen, dann erst Arzt geworden. Als solcher führte er neben der ärztlichen Praxis auch wohl noch Processe für sich selbst oder für arme Leute. Die Cholera hatte seine Philosophie etwas erschüttert, er konnte mir gegenüber seine Aengstlichkeit nicht verbergen. Seinen Sohn hatte er der drohenden Cholera wegen von der Schule in Hildesheim zu Hause kommen lassen. Der kluge Sohn hatte es aber durchgesetzt, daß ihn der Vater nach vier Wochen wieder hinschickte, er wollte die Schule nicht länger versäumen. Ich schrieb dies zur Warnung meiner Mutter, welche auch Lust hatte, ihren jüngsten Sohn von der Schule in Hildesheim nach Hannover kommen zu lassen. Der kluge junge Ellissen ist 1872, als Bibliothekar in Göttingen allgemein geehrt und beklagt, gestorben.

In Hamburg sah ich am 17. October die schönen Baracken, welche für Cholerakranke auf dem Hamburger Berge errichtet waren. Sie sind vielleicht die ersten Baracken-Hospitäler, die man in Deutschland gebaut hat, und ich hatte sie noch nicht vergessen, als ich 1866 in Langensalza Baracken baute.

Dann hatte ich an diesem Tage die Freude, meinen Schwiegervater in der General-Sanitäts-Commission präsidiren zu sehen und die Geschicklichkeit zu bewundern, mit welcher er die Debatten so leitete, daß ein brauchbares Resultat herauskam. Auf die Aerzte der Commission war er nicht gut zu sprechen; es fehlt ihnen an bon sens, wie er hinterher sagte, ohne daß ich ihm widersprechen konnte. Abends holte mich Dr. Gerson in den ärztlichen Verein, wo ich einen Vortrag halten mußte. Bei meiner zweiten Anwesenheit in Hamburg konnte ich am 1. November meiner Schwiegermutter zu ihrem Geburtstage Glück wünschen. Meine Anwesenheit an mehreren Orten, z. B. in Lüneburg, traf gerade in die Zeit des Ausbruchs der Cholera, wodurch meine Sendung sehr zeitgemäß erschien. Ich machte überall die Bemerkung, daß an den Orten, wo die tonangebenden Aerzte Muth hatten, alle anderen, mit Einschluß der Nichtärzte, eben so gesinnt waren und dachte mir dabei, man solle bei Anstellung von Medicinalbeamten nicht blos auf die Kenntnisse, sondern vorzüglich auch auf den Charakter sehen.

Eine kleine Stadt, die auch sonst nicht in glänzendem Rufe stand, machte sich berühmt, als ich gerade dort anwesend war. Eine fremde Frau war mit den Symptomen der Cholera behaftet angekommen; man wußte gar nicht, was man mit ihr anfangen sollte, bis der Physikus auf den Einfall kam, sie in den ganz isolirt liegenden Stall des Stadtbullen bringen zu lassen. Hier genas die Frau und insofern war Alles gut, aber man hielt jetzt den Stadtbullen für inficirt und fragte mich ganz ernsthaft, was mit demselben anzufangen wäre. Ich erwiderte eben so ernsthaft, der Bulle muß geräuchert werden. Und so wurde er geräuchert, aber lebendig und durfte dann seine Functionen wieder übernehmen. Man fand dies Alles ganz in der Ordnung und verzog keine Miene dabei.

Cholerabericht.

Nachdem ich in Hannover wieder warm geworden war, konnte ich meinen für den Druck bestimmten Cholerabericht um so leichter vollenden, da ich meine Ideen so oft mündlich hatte vortragen müssen. Sie gewinnen schon dadurch an Klarheit, daß man sie klugen Collegen gegenüber gelegentlich vertheidigen muß. Im Januar 1832 erschien meine Schrift: Skizzen und Bemerkungen von einer Reise nach Danzig und dessen Umgegend, im Verlage der Hahn'schen Hofbuchhandlung. Sie enthält auf den ersten 42 Seiten meine Reiseerlebnisse, von pag. 43 bis 105 die Pathologie und Therapie der Cholera.

Hinsichtlich der Hauptfrage, welche damals die Gemüther beschäftigte, ob die Cholera durch Ansteckung weiter verbreitet werde, oder miasmatisch am Orte selbst entstehe, war ich durch den Aufenthalt in Dörfern zu festen Ansichten gelangt. In Danzig wollte man über das erste Entstehen der Cholera in Zweifel sein, nicht als ob es an Gelegenheiten zur Einschleppung gefehlt hätte, sondern weil deren zu viele waren. Man legte auch keinen großen Werth darauf, weil es der lästigen Sperre wegen nützlicher schien, die Contagiosität zu bestreiten. Sogar mein Freund Eduard war ein Anti-Contagionist. Auf den

Dörfern wußte Jeder, wer die Cholera dahin gebracht und wo er sich dieselbe geholt habe. Die großen Nachtheile der Länder- und Häuser-Sperre waren mir in Danzig und Subkau so deutlich geworden, daß ich davor warnte und großen Nachdruck darauf legte, die theoretische Frage nicht mit ihrer praktischen Lösung zu vermischen. Die Cholera kann ansteckend sein, ohne daß es deshalb gut sein möchte, die Kranken abzusperren. Dies wollte man damals nicht begreifen und behauptete, wer die Cholera für ansteckend halte, müsse auch die Länder- und Häuser-Sperre gutheißen. Dies ist jetzt ein überwundener Standpunkt, aber 1832 beehrte mich ein Danziger Stadtrath mit einer heftigen Gegenschrift, in der er mich lächerlich zu machen suchte, weil ich als Contagionist gegen die Sperren auftrete.

Daß der Ansteckungsstoff vorzugsweise in den Darmausleerungen enthalten sei, glaubte ich 1831 noch nicht, weil dieselben bei der trockenen Cholera (Cholera sicca) in großen Massen zurückgehalten und vom Darmkanale aufgesogen werden, ohne daß die Genesung dadurch verhindert würde. Dieser Schluß war aber nicht richtig, wie die Folge gelehrt hat. Die Cholera-Excrete mögen meistens noch kein wirksames Gift enthalten, ehe sie mit der atmosphärischen Luft in Berührung getreten sind, können aber nach ihrer Ausleerung giftig werden. Dieser Punkt wurde erst 1856 durch Professor Thiersch aufgeklärt, dessen sinnreiche Versuche den Beweis lieferten, daß die Darmexcrete der Cholerakranken nicht im frischen Zustande, sondern vom dritten bis neunten Tage ein Gift enthalten, von welchem Mäuse erkranken oder sterben und daß dieses Gift schon in unendlich kleinen Dosen wirksam sei. Er hatte Papier damit getränkt, welches er den Mäusen vorwarf und konnte nach der Größe des zernagten Papiers die Dosis des Giftes genau berechnen.

Pettenkofer's Untersuchungen über den Antheil, welchen die Bodenbeschaffenheit an dem Auftreten endemischer Krankheiten hat, ergänzten nicht blos die Lehre von der Verbreitung der Cholera, sondern haben für das Sanitätswesen überhaupt eine tiefgehende Bedeutung. Bis auf ihn hatte man an das Grundwasser, die größere, geringere oder ganz fehlende Durchlässigkeit des Bodens wenig gedacht. Wenn ein Ort auf Felsen steht, so ist der Boden ganz undurchlässig; bildet sich oben über dem Felsen eine Lage von Erde und Unrath, so kann dieselbe die Brutstätte tödtlicher Gifte sein. Wo das Grundwasser frei zufließen und abfließen kann, setzt es die Brunnen durch das umgebende Terrain mit den durchlässigen Abtrittsgruben in Verbindung. In München, wo das Grundwasser besonders freies Spiel im Kiesboden hat, wurden durch ein zerbrochenes Gasrohr die Brunnen zweitausend Schritte im Umkreise mit Gas geschwängert, so daß man es riechen und schmecken konnte. Steht das Grundwasser hoch, so werden dadurch an einzelnen Orten Zersetzungen der in das Terrain eindringenden Stoffe gehindert, beim Sinken des Grundwassers treten sie wieder ein. Es verhält sich also mit dem Grundwasser ungefähr wie mit dem zu Tage tretenden Wasser. In sumpfigen Gegenden pflegen die kalten und remittirenden Fieber erst dann stärker aufzutreten, wenn der Wasserstand sinkt und dadurch der atmosphärischen Luft und der Sonnenwärme gestattet, die Zersetzung zu begünstigen.

Am deutlichsten für die Verbreitung der Cholera durch das Trinkwasser sprechen jetzt die Erfahrungen an den Quellen der Cholera in Calcutta. Mein Neffe Eduard Hantelmann, der dort als Kaufmann lebt, erzählte mir 1872, daß alle diejenigen von der Cholera verschont bleiben, welche kein Brunnenwasser, sondern das aus dem Gebirge hergeleitete Wasser benutzen. Unter den Hindus herrschte gegen dieses Wasser anfangs die größte Abneigung, sie sind aber durch Schaden klüger geworden.

Nach diesen und vielen anderen ähnlichen Wahrnehmungen ist es wohl nicht zu bezweifeln, daß in dem Trinkwasser die Hauptquelle für die Verbreitung der Cholera liegt, es ist damit aber nicht bewiesen, daß die Infection nur auf diesem Wege erfolge und nicht auch durch die Luft, welche ich 1831 für den Hauptträger der Ansteckung hielt. Man nimmt in der That auch diese Art der Verbreitung noch in neueren Schriften als wahrscheinlich an, ungefähr so wie ich damals, beschränkt auf den Dunstkreis eines inficirten Ortes. Sollte diese Frage durch neue Untersuchungen negativ entschieden werden, so würde dies den Nutzen haben, daß Niemand mehr die Nähe eines Cholerakranken fürchten würde und daß man seine ganze Aufmerksamkeit der Reinheit des Trinkwassers zuwenden würde, was jedenfalls praktischer ist und bis jetzt nicht genügend geschah.

Man will mit Recht jetzt in größeren Städten am liebsten Gebirgswasser oder anderes Wasser haben, welches durch Latrinen nicht verunreinigt werden kann, kommt aber der großen Kosten wegen nicht rasch damit vorwärts. Die Reinheit der Brunnen zu bewahren, hält man fast für ein vergebliches Bemühen und doch sind unendlich viele Menschen darauf angewiesen, und es giebt auch zuverlässige Mittel, das Grundwasser und damit die Brunnen von vielen Unreinigkeiten frei zu halten. Wenn man die thierischen Auswurfstoffe durch impermeable Schichten isolirt, so können sich ihre gefährlichen Bestandtheile nicht dem Grundwasser und nicht dem Brunnen mittheilen. Aber fast in allen Ländern zeigt sich in dieser Beziehung ein beklagenswerthes Schwanken und eine Neuerungssucht, bei der im Großen entweder nichts geschieht, oder oft das Verkehrte. Unsere Großväter wußten schon sehr gut, wie man eine Abortsgrube unschädlich macht. Man legt sie wo möglich nach Norden oder an einen beschatteten Platz, umgiebt sie mit einer Schicht Thonerde, die das Wasser nicht durchläßt. Man bedeckt sie mit einem Gewölbe, welches nur die zur Ausleerung bestimmte Oeffnung frei und die Zuleitungsrohre durchläßt. Die Ausleerungsöffnung wird durch eine Steinplatte oder durch eichene Bohlen und Erde luftdicht verschlossen. In einer solchen gehörig tiefen Grube vermodern die Excremente, bei theilweiser Verdunstung des Wassers, ohne faule Gährung; man kann sie Jahre lang ungeleert lassen, ohne daß sie sich durch ihre Ausdünstungen bemerklich machte.

Der steigende Werth des Grundeigenthums in den Städten und dessen Ausbeutung haben dahin geführt, daß man die älteren Erfahrungen bei Seite geschoben hat, die Fehler, welche man jetzt macht, sucht man durch allerlei Künste zu verbessern, die gar keinen Erfolg haben, weil sie auf falschen Principien beruhen. Eine Lieblings-Idee auf diesem Gebiete ist die Ventilation der Grube, die man zu dem Zwecke mit Lufträhren versieht, welche zum Dache hinausführen. Bleibt die Grube dabei unten fest verschlossen, so pflegen die Lufträhren keinen Schaden zu thun, weil sie gar nicht ziehen. Da man die Gruben im Hofe aber gern offen erhält, um allerlei Unrath hineinzuwerfen, so können die Lufträhren sehr schädlich wirken, indem sie Luft und Wärme in die Grube führen, faule Gährung einleiten und schließlich das Haus durch üble Ausdünstungen verpesten. Unter zehn neuen Häusern ist jetzt kaum eines, in welchem diese Anlagen tadelfrei wären, und doch ist oft so leicht zu helfen, wenn man nur darauf bringt, daß die Grube unten luftdicht verschlossen sei, so daß jede Lufterneuerung möglichst ausgeschlossen wird.

Von England kam das System der Waterclosets, welches man lange als das vollkommenste angesehen hat, ehe man seine schwachen Seiten kennen lernte. Man hatte dabei nicht berechnet, welche Verluste die Landwirthschaft dadurch erleidet, daß man die Auswurfsstoffe den Flüssen oder dem Meere zuleitete. In London hatte man nicht daran gedacht, daß selbst die Themse durch die Waterclosets in ganz unerträglicher Weise verunreinigt werden würde und daß es hinterher viele Millionen kosten werde, sie wieder erträglich zu machen. Die Waterclosets haben aber noch andere Gefahren, welche bei dem Tode des Prinzen Albert und bei der Krankheit seines Sohnes, des Prinzen von Wales, besonders zur Sprache gekommen sind. Nach dem Tode des Prinzen Albert sagten die englischen medicinischen Journale, derselbe beweise, wie falsch die Theorie sei, der Typhus entstehe durch Einathmen von faulen Gasen, denn nirgends sei die Einrichtung der Waterclosets besser als im Windsorschlosse. Aber der berühmte Toxikolog Dr. Taylor trat sogleich hervor und bewies, daß die Anlage der Closets im Windsorschlosse durchaus fehlerhaft sei, weil der Hauptcanal, welcher in die Themse führt, über dem Wasser ausmünde, so daß die Luft in das ganze Röhrensystem eindringen könne und gelegentlich den schwachen Wasserverschluß eines Closets überwinde. Bei der Krankheit des Prinzen von Wales kamen ganz dieselben Schädlichkeiten zum Vorschein. In Scarborough mündete der Abzugscanal in die offene See, so daß nur bei der Fluth das Wasser hineindrang. Dann wurde die Luft mit solcher Gewalt in die Closetröhren getrieben, daß ein Licht ausgelöscht wurde, welches man über den Wasserverschluß der Closets hielt. In solcher durch die Closetröhren verunreinigten Luft hatte der Prinz geschlafen. Waterclosets sind nur dann unschädlich, wenn der Luftdruck nicht auf ihr Röhrensystem wirken kann, und dies ist schwer durchzuführen, weil schwache Wasserverschlüsse keinen Schutz gegen starken Luftdruck gewähren.

Die beiden Beispiele aus der Geschichte der englischen Königsfamilie sind allgemein bekannt, ich könnte aus meinem praktischen Leben viel großartigere anführen, sie würden aber nicht so viel Eindruck machen, weil es sich dabei nicht um Prinzen handelt.

Vor dem Typhus fürchtet man sich nicht so, wie vor der Cholera, diese Krankheit hat deshalb erst neues Leben in die Untersuchungen über die Gefahren der Wasser- und Luftverpestung gebracht. Daß der Typhus durch die Luft ansteckt, ist eine ausgemachte Sache, man darf deshalb die Verbreitung der Cholera durch die Luft nicht ganz von der Hand weisen, bis die Sache spruchreif ist.

Ich betrachtete 1831 die Wirkung des Choleragiftes als irritirend für die Unterleibsganglien und construirte daraus das Krankheitsbild. Es erregt Hyperämie der Gedärme, Ausscheidung großer Quantitäten von Blutwasser, selbst in den Fällen, wo der Patient weder bricht, noch abführt (Cholera sicca). Dadurch dickt sich das Blut ein. Wenn die Irritation der Abbominalganglien nachläßt, pumpt das Herz wieder mit größerer Energie das verdickte Blut in die Organe; da dessen Rückfluß aber Schwierigkeiten findet, so entstehen Congestionen oder Stauungen, besonders im Gehirne, dadurch der betäubte Zustand, das sogenannte Cholera-Typhoid. Von wahrem Typhus ist dieses wesentlich verschieden, es hört oft nach kurzer Dauer plötzlich auf. Man kannte 1831 noch nicht die Bright'sche Nierenaffection der Cholerakranken, welche in einzelnen Fällen dem Typhoid zu Grunde liegt. Nichts desto weniger habe ich damals den Gebrauch der Säuren im Cholera-Typhoid sehr empfohlen, welche doch wohl das einzige sind, was man einer urämischen Intoxication mit Erfolg entgegensetzen kann. Sie haben mir auch gute Dienste geleistet. Man hat sie dessen ungeachtet fallen lassen. Die Therapie, welche Niemeyer seit 1848 empfahl (Die symptomatische Behandlung der Cholera, Magdeburg 1848), welche der kluge Pfeufer 1854 für die beste erklärte, stimmt übrigens mit der meinigen völlig überein, aber sie weiß nichts von Säuren. Ich finde dies begreiflich, weil Niemeyer größeren Werth auf Calomel als auf Säuren legte und noch Calomel gab, wo ich schon zu den Säuren griff, ohne mich um fortbestehende Durchfälle zu kümmern, wie man dies auch beim Typhus thun kann. Von Aderlässen will Niemeyer nichts wissen, das ist die Zeitströmung, welche ich auch bei der Cholera nicht für correct halte, weil ich schwangere Frauen dadurch vor Abortus bewahrt habe, während andere abortirten, die nicht zur Ader gelassen wurden. Im Jahre 1831 waren die Ansichten über das Opium sehr getheilt, man gab sich gern die Miene, nichts davon zu halten, verschrieb es aber doch. Ich trat deshalb für das Opium in die Schranken und habe davon gesagt, daß von einigen zur rechten Zeit gegebenen Dosen Opium das Leben abhinge. In der Periode der Asphyxie empfahl ich den Kampher und die Einreibung ätherischer Oele in die ganze Haut. Ich bin später noch vier Mal in verschiedenen Jahren mit der Cholera in Berührung gekommen und gegen die Reizmittel immer mißtrauischer geworden. Ein rascher Uebergang der Asphyxie in das Reactionsstadium scheint mir gar nicht wünschenswerth. Schon 1831 gab ich Reizmittel, wie Valeriana und Serpentoria, mit Säuren in Verbindung. Ich bin jetzt der Ansicht, daß Opium und Phosphorsäure die wichtigsten Mittel für die Cholera sind, und würde mich freuen, wenn in ihrer Behandlung eine eben so grandiöse Einfachheit herrschte, wie in der des Typhus, wo die Mittelchen neuerungssüchtiger Aerzte gar nicht mehr verfangen wollen.

Uebrigens ist man jetzt wohl darüber einig, daß man der Prophylaxis die größte Aufmerksamkeit zuwenden solle, nicht blos in Bezug auf Hygiene im Allgemeinen, sondern auch in Bezug auf die Beachtung der ersten Symptome der Krankheit. In dieser Beziehung sind mir meine Rundgänge von Haus zu Haus in den von der Cholera heimgesuchten Dörfern von Nutzen gewesen. Als Generalstabsarzt der königlich hannoverschen Armee veranlaßte ich an Orten, wo die Cholera ausbrach, nicht blos daß die Menage durch Zulagen verbessert wurde, sondern ich ließ die Soldaten täglich Mann für Mann durch Unterofficiere befragen, ob sie sich vollkommen wohl fühlten und nicht an Durchfall litten.

Operative Orthopädik. — Schriftstellerische Arbeiten von 1833 bis 1838.

Am 28. Februar 1831 machte ich meine erste Durchschneidung der Achillessehne bei einem neunzehnjährigen Jünglinge, dessen linker Fuß sich im vierten Lebensjahre zu verkrümmen anfing und allmählich so difform geworden war, daß derselbe zum Auftreten nicht mehr gebraucht werden konnte. Der Patient hatte schon seit fünf Jahren einen Stelzfuß benutzt. Sein linker Fuß zeigte den höchsten Grad des pes equino-varus, der rechte war auch etwas difform, aber zum Gehen zu gebrauchen. Frühere Curversuche anderer Aerzte hatten tiefe Geschwüre an der Fußsohle und Caries am Mittelfußknochen der kleinen Zehe zur Folge gehabt. Erst nach Jahre langen Bemühungen waren diese Geschwüre wieder geheilt, die Maschinenbehandlung war deshalb nicht wieder erneuert worden. Ehe ich zur Durchschneidung der Achillessehne meine Zuflucht nahm, hatte ich drei Monate lang mechanische Versuche gemacht, welche an der Empfindlichkeit der Fußsohle scheiterten. Ich nahm mir bei der Operation Delpech's Lehre zu Herzen, daß der Zweck derselben die Verlängerung der Achillessehne durch neugebildete Zwischensubstanz sei, operirte aber auf eine schonendere Weise, wie er, so daß die Heilung der kleinen Wunde durch erste Intention erfolgte. Zehn Tage nach der Operation legte ich den schon erwähnten Streckapparat an, in welchem binnen sechs Wochen der Fuß so gerade wurde, daß der Patient bequem auftreten konnte. Zwei Monate nach der Operation konnte der junge Mann schon weite Wege machen. Er ist jetzt einundsechszig Jahre alt, ich sehe ihn jeden Sonntag mit seiner alten Mutter in die Kirche gehen, wo er vermuthlich Gott dankt, daß er keinen Rückfall erlitten hat.

Obgleich ich wußte, daß die von mir gemachte Durchschneidung der Achillessehne nur wenige ihres Gleichen zähle, so beeilte ich mich doch nicht, dieselbe bekannt zu machen, sondern beschloß, erst weitere Erfahrungen abzuwarten. Am 12. Juni 1832 machte ich die zweite Operation bei einem zweiunddreißigjährigen Mo dav, dessen linker Fuß sich nach einer mit Krämpfen eit verkrümmt hatte und im Laufe der Jahr geworden war, so daß derselbe, wie in dem vorigen Falle, einen sehr hochgradigen Talipes equino-varus d stellte. Der Patient war aber bis vor Kurzem noch viel auf seinem verkrümmten Fuße gegangen, die Muskeln der kranken Extremität waren kräftiger entwickelt, wie bei dem ersten Patienten. Ich hielt es deshalb für nöthig, nach der Operation den Unterschenkel ganz einzuwickeln, damit die kräftigen Wadenmuskeln sich ruhig verhielten und die getrennten Sehnenenden nicht auseinanderzerrten. Aber diese Vorsicht hatte ganz die entgegengesetzte Wirkung, es traten schmerzhafte nächtliche Wadenkrämpfe ein, welche sofort aufhörten, als die Einwickelung entfernt war. Ich zog daraus den wichtigen Schluß, daß man gereizte, ihres festen Anheftungspunktes beraubte Muskeln nicht fixiren dürfe, weil dies gerade zu Contractionen Veranlassung giebt. Ein von seinem Anheftungspunkte getrennter Muskel hört bald auf, sich zu contrahiren, wenn er nicht gezerrt, nicht fixirt, nicht gedrückt wird. Dieser Gedanke ist mir für die Behandlung von Wunden und Fracturen von großem Nutzen gewesen, ich legte keine Muskelnähte an und nahm mich bei complicirten Fracturen sehr in Acht, die Muskeln auf mechanische Art zu reizen, wo es sich irgend vermeiden läßt. Nachdem auch dieser Fall einen so günstigen Verlauf genommen hatte, daß der Patient binnen zehn Wochen sehr gut gehen konnte, machte ich beide Fälle 1833 in Rust's Magazin, vol. 39, pag. 195, bekannt, und gab meinem Aufsatze die Abbildung der Extensions-Maschine bei. Ich wollte nichts weiter damit beweisen, als daß Delpech Recht habe, wenn er sagt: daß die Durchschneidung der Achillessehne in Fällen von Klumpfuß, wo die extendirenden Apparate auf unüberwindliche Schwierigkeiten stoßen, ein unschätzbares Mittel sei. Ich warnte vor ein Eilung und rieth, vor der Operation bereits den Ext so zulegen, theils um sich selbst Uebung in des erschaffen, theils um die seitliche Abweichung des zu verbessern, worüber einige Wochen hingehen können.

Meine ersten Mittheilungen über Durchschneidung der Achillessehne machten in Deutschland keinen Eindruck, wurden aber von französischen Journalen sehr freundlich aufgenommen. Dies veranlaßte mich, meinen zweiten Aufsatz über denselben Gegenstand gleichzeitig deutsch und französisch erscheinen zu lassen, in Rust's Magazin und in den Archives generales. In diesem berichtete ich über vier neue Fälle, von denen der erste mißlungen war, weil ich mit der Extension zu lange gewartet hatte. Bei dem siebenjährigen Knaben hatte sich, als die Extension am achten Tage anfing, die Zwischensubstanz schon zu sehr consolidirt, um nachzugeben; die Wadenmuskeln gaben dafür nach, die Achillessehne wurde aber nicht verlängert.

Dieser Fall führte mich dahin, in späteren schon früher, als bisher, mit der Extension zu beginnen, meistens am vierten bis fünften Tage. Die beiden folgenden Fälle waren Klumpfüße, bei denen ich außer der Achillessehne auch die Aponeurosis plantaris und die Sehne der Flexor hallucis longus durchschnitten hatte. Der letzte dieser vier Fälle betraf ein Mädchen von neunzehn Jahren mit Pes equinus.

In Betreff des Heilungsprocesses nach der Tenotomie waren mir die Versuche wichtig, welche mein Freund Günther, Vicedirector der königlichen Thierarzneischule in Hannover, an Pferden machte, die am Stelzfuße litten. Es werden dabei die Sehnen der Perforati und der Perforantes durchschnitten und, obgleich die Extension sogleich beginnt, indem das Pferd auf den operirten Fuß tritt, findet doch eine so feste Vereinigung der getrennten Sehnenenden statt, daß das Thier hinterher zu den schwersten Arbeiten gebraucht werden kann. Dies bewog mich aber doch nicht, beim Menschen gleich nach der Tenotomie Extension eintreten zu lassen, weil die dazu nöthigen Bandagen den Heilungsproceß stören können, indem sie Eiterung herbeiführen.

Meinem zweiten Aufsatze über Tenotomie zufolge fand die Operation in Frankreich sogleich Aufnahme. Dr. Cazenave in Bordeaux war der Erste, welcher sie öfter machte und mich von seinen glücklichen Resultaten in Kenntniß setzte. Ihm folgte Professor Bouvier in Paris, mit dem ich auch längere Zeit in Correspondenz stand. Dr. Leonhard in Bremen war der Erste, welcher mir in Deutschland folgte, aber noch im Jahre 1835 wurden in einer deutschen chirurgischen Klinik Klumpfüße amputirt, und der Dirigent sprach den Satz aus: wahre Klumpfüße werden nicht geheilt und müssen amputirt werden! Ich suchte ihn durch einen Aufsatz in Casper's Wochenschrift zu widerlegen; es wäre nicht nöthig gewesen, denn bald nachher kamen Dieffenbach's zahlreiche Operationen wie ein Platzregen über ihn. Um diese zu veranlassen, mußte sich aber erst ein junger englischer Arzt von mir operiren lassen und die dabei erlernte Kunst nach Berlin verpflanzen.

William John Little, in London geboren, wo er seit 1832 als Arzt und Wundarzt practisirt hatte und an der chirurgischen Schule von London-Hospital die vergleichende Anatomie vortrug, war fünfundzwanzig Jahre alt, als er in französischen Blättern von meinen tenotomischen Erfolgen las und die Hoffnung faßte, daß ich ihm helfen könne. In seinem zweiten Lebensjahre hatte er an Dentitionsbeschwerden und leichten Krämpfen gelitten, dann allmählich einen pes equino-varus linker Seite bekommen, welcher allen mechanischen Heilversuchen trotzte. Seine eigenen Studien hatten ihn zu der Ueberzeugung geführt, daß das Hinderniß für die Rectification seines Fußes in den Wadenmuskeln liege, daß also die Durchschneidung der Achillessehne Aussicht auf Heilung gebe. Seine ärztlichen Freunde hatten ihm dies auszureden versucht, ohne ihn zu überzeugen. Seine Existenz wurde allmählich immer lästiger durch Schmerzen beim Gehen und durch seine Unbehülflichkeit. Er wagte es nicht, in ein Treibhaus zu gehen, in einen Salon oder ein anatomisches Museum zu treten, aus Furcht, das Gleichgewicht zu verlieren und Alles umzustoßen. Sein linker Fuß berührte den Erdboden nur mit einer kleinen Stelle von dem Umfange eines Schillings in der Nähe der kleinen Zehe. Im März 1836 ging er zuerst nach Berlin, um Dieffenbach seinen Fuß zu zeigen; dieser war aber der Meinung, daß damit nicht viel zu machen sein werde. Dann kam er mit einer Empfehlung von Dieffenbach nach Hannover, wo ich am 6. Juni 1836 seine Achillessehne durchschnitt. Die Cur ging glücklich von Statten, erforderte aber große Aufmerksamkeit, weil der Patient äußerst empfindlich war und die Extension nicht leicht ertrug; es mußte z. B. ein Luftkissen unter die Planta gelegt werden. Nach sechs Wochen konnte er gut gehen und am Ende der siebenten nach Berlin zurückkehren. Er zeigte sich Dieffenbach wieder, der über den Erfolg der Cur sehr erstaunt war und sogleich beschloß, ähnliche zu unternehmen. Little blieb den ganzen Winter 1836/37 in Berlin, assistirte Dieffenbach bei fünfunddreißig Operationen und unterrichtete ihn in der Nachbehandlung. Er erwarb in Berlin den Doctorhut und schrieb eine Dissertation über Fußverkrümmungen (Symbolae ad talipedem varum cognoscendum. Berol. 1837), die meiner Ansicht nach bis auf den heutigen Tag nicht übertroffen wurde. Als Dr. Little nach London zurückgekehrt war, hielt er es für eine heilige Pflicht, die Kunst, welche ihm so wohlthätig gewesen, seinen Landsleuten zugänglich zu machen. Obgleich er entschlossen war, seine Carriere als Arzt und nicht als Wundarzt zu machen, trotzte er doch dem Vorurtheile des Publikums in sofern, daß er die Tenotomie ausübte und der Gründer der ersten öffentlichen Heilanstalt für Verkrümmte wurde, um deren Gedeihen sich besonders der Lordkanzler Eldon Verdienste erwarb.

Als ich 1872 zum dritten Male in London war, sagten mir verschiedene Fachgenossen, Dr. Little sei ein Thor gewesen, daß er 1837 nicht zur Chirurgie überging, er hätte mit der Tenotomie ein großes Vermögen erwerben können. Ich bin ihm sehr dankbar dafür, daß er es nicht that, es klebt kein ungerechtes Gut an der ersten Ausbreitung dieser wohlthätigen Errungenschaft der Chirurgie. Dr. Little dankte derselben eine schöne liebenswürdige Frau, die sich vor der Operation etwas spröde gezeigt hatte. Sie schenkte ihm eine Reihe trefflicher Kinder. Bei seinem dritten Sohne wurde ich zu Gevatter gebeten, mein Pathe erhielt nach englischer Sitte den Namen Louis Stromeyer Little und lebt jetzt als angesehener Wundarzt in Shanghay, wo er gelegentlich die Chinesen mit der Tenotomie beglückt, während man jetzt in Deutschland sich mitunter anstellt, als sei dieselbe ein todeswürdiges Verbrechen.

Dieffenbach entwickelte in der Ausbreitung der Tenotomie eine unglaubliche Thätigkeit, er schrieb an alle die Patienten, welche er früher ungeheilt lassen mußte, und stellte sie mit Hülfe der Tenotomie auf gerade Füße. Er machte ausgedehnte Reisen, auf denen er viel operirte. Prof. Strempel und Andere folgten darin seinem Beispiele. Diese Kunstreisen waren die Ursache eines baldigen Verfalls; man verstand die Nachbehandlung nicht, und so war die Tenotomie oft ohne Wirkung. Dieffenbach selbst erlebte noch ihre unangenehmen Folgen. Er konnte es lange nicht verschmerzen, daß er in St. Petersburg einem russischen Großfürsten die Achillessehne ohne Ruhm und Vortheil durchschnitten hatte. Die Tenotomie bei Fußverkrümmungen ist keine Operation, die man auf flüchtigen Reisen machen sollte, weil die Operation dabei leicht und die Nachbehandlung schwierig ist. Viele Aerzte, welche die Tenotomie einmal gesehen hatten, machten die Operation sogar ohne alle Kenntniß der Literatur des Gegenstandes; ich habe eine Menge Briefe gelesen, die an meine Instrumentenmacher gerichtet waren, des Inhalts: Gestern habe ich die Achillessehne durchschnitten, schicken Sie mir doch einen Extensions-Apparat. Alle solche geniale Unternehmungen sind natürlich mißlungen, denn wenn der Extensions-Apparat schließlich ankam, war der günstige Zeitpunkt vorüber.

Wenige Curen machen so viel Aufsehen, wie die mit Hülfe der operativen Orthopädik bewerkstelligten. Eine ganze Stadt kannte seit vielen Jahren den Hinkenden, und sieht ihn dann nach einigen Monaten ganz stolz einherschreiten. Ich fand deshalb bald Gelegenheit, diese Kunst weiter zu üben und auf verschiedene Körpertheile anzuwenden. Die angulären Verkrümmungen des Kniegelenks erwiesen sich dabei besonders dankbar; am meisten Vergnügen machten mir die Schiefhälse, bei denen mir ein Wink von Delpech von besonderem Nutzen war. Er sagt sehr richtig, wenn man dem Kopfnicker seine volle Länge wieder geben will, so muß man den Zitzenfortsatz möglichst weit vom Sternum entfernen; dies kann nur durch Drehung des Kopfes um seine Axe geschehen. Daraus ergiebt sich, daß die Nachbehandlung im Liegen geschehen muß, wenn man den Kopfnicker durchschnitten hat, denn nur so läßt sich die Drehung des Kopfes mit Leichtigkeit erzielen. Ganz abgesehen davon, sind außer dem Kopfnicker auch andere Muskeln verkürzt, die man ausdehnen muß, während sie sich in ruhendem Zustande befinden; dieser findet aber nur im Liegen statt.

Theorie der Skoliose.

Die Ursachen der Verkrümmungen am Halse und an den Extremitäten schienen mir ziemlich leicht wahrnehmbar zu sein. Sie zerfallen in fünf Classen:

1. **Difformitäten und Functionsstörungen**, als Folgezustände mechanischer Verletzungen, Fracturen, Luxationen, Muskel- und Nervenwunden.

2. **Rhachitische Verkrümmungen.** Sie entstehen durch Knochenerweichung, unter Mitwirkung mechanischer Verhältnisse; sie sind daher an den Beinen am stärksten, weil diese die Schwere des Körpers zu tragen haben. Ohne Verkrümmungen der Röhrenknochen an den Beinen ist deshalb Rhachitis selten.

3. **Verkrümmungen durch Erweichung der Bänder, Desmomalacie.** Plattfuß und Bäckerbein entstehen durch Schwäche der Ligamente, unter Mitwirkung einer relativ zu starken Belastung. Die schwachen Ligamente lockern sich auf, beim Plattfuß findet man mitunter seröse Ergießungen in den

Gelenken, welche dem Os naviculare angehören. Die Erweichung der Bänder ist also theilweise entzündlicher Art, und dabei kann die Deformität sich rasch entwickeln, so daß man von acutem und chronischem Plattfuß reden kann. Auch an den oberen Extremitäten kommen ähnliche Zustände vor.

4. Gelenkverkrümmungen durch Gelenkentzündungen. Sie entstehen, wie sich später ergab, durch Reflex. Die Neigung der sensiblen Nerven des Gelenks theilt sich durch Vermittelung des Rückenmarks den Muskeln mit. Die das Gelenk tragenden Muskeln gerathen in anhaltende Spannung, die stärkeren Muskeln erlangen das Uebergewicht und verkrümmen das Glied in ihrer Richtung. Auf ähnliche Art entstehen Reflex-Verkrümmungen durch entzündliche Processe anderer Theile, mit Ausschluß der Gelenke; jedes schmerzhafte Geschwür, wenn es auch nur die Haut betrifft, kann Reflexkrämpfe hervorrufen, unter deren Wirkung sich das Glied oft in mehreren Articulationen verkrümmt. Es bleibt dann wohl verkrümmt, auch wenn die Ursache aufgehört hat, wie dies auch nach Gelenkentzündungen geschieht. Das Verharren in der Verkrümmung entsteht dadurch, daß Ligamente und Aponeurosen sich so verkürzt haben, daß die Action der nicht verkürzten Muskeln unfähig ist, den Widerstand der verkürzten Theile zu überwinden.

5. Paralytische und spastische Verkrümmungen. Sie sind an den unteren Extremitäten sehr häufig. Die paralytischen zeichnen sich dadurch aus, daß das Glied anfangs mehr oder weniger vollständig gelähmt ist, und daß sich mit der Zeit Verkrümmungen bilden, indem einzelne Muskelgruppen ihre Thätigkeit wieder erhalten, während andere gelähmt bleiben; es tritt dann Verkrümmung in der Richtung der minder activen Muskeln ein. Volkmann möchte die paralytischen Verkrümmungen ganz mechanisch durch die Schwere

des sich verkrümmenden Theils erklären, z. B. des pes equinus durch Abwärtsfallen der Fußspitze. Man kann dies nicht allgemein gelten lassen, denn paralytische Glieder verkrümmen sich oft erst nach vielen Jahren und bei deutlicher Wiederherstellung der Function einzelner Muskeln. Entstände die Deformität ganz mechanisch, so müßte sie bald zum Vorschein kommen. Bei vielen Lähmungen treten sofort krampfhafte Erscheinungen ein. Dieselbe Ursache, welche die Verbindung des Gliedes mit der Willenskraft aufhob, wirkte als Reiz und steigerte die Reflex=Action. Von dieser Art sind viele, bald nach der Geburt zum Vorschein kommende allgemeine Lähmungen mit Contractur.

Sie treten in den unteren Extremitäten immer am stärksten auf, während die Arme oft brauchbar bleiben. Die organischen Veränderungen, welche dabei im Gehirn und Rückenmark bestehen, sind nur unvollkommen bekannt; Dr. Little fand zuerst, daß Kinder, welche asphyktisch zur Welt kamen, solchen Lähmungen besonders unterworfen sind, und daß sich diese auf capillare Blutergüsse des Rückenmarks zurückführen lassen, welche während der Dauer der Asphyxie zu Stande kamen.

Die Ursachen bilateraler Lähmungen hat man im Rückenmark zu suchen, diejenigen der unilateralen im Gehirne, wenn sie nicht Folge von Verletzung oder Entzündung großer Nervenstämme sind, was zum Theil nur die Anamnese lehren kann. Lähmung des Fußes durch Entzündung des ischiadischen Nerven ist gar nicht selten.

Es ist aber nicht durchaus nothwendig, daß Contracturen der Glieder mit organischen Veränderungen im Gehirn oder Rückenmark zusammenhängen, eine bloße Erhöhung der Reflex=Action kann Verkrümmungen herbeiführen. Ein bis dahin ganz gesundes Kind fängt an zu hinken, die Ferse zieht sich immer höher hinauf, ein Spitzfuß hat sich gebildet, dem keine Lähmung vorausging, wobei die Bewegungen des Fußes nur durch den krampfhaften Widerstand der Wadenmuskeln eingeschränkt werden. Die Durchschneidung der Achillessehne macht dem Reflexkrampfe ein Ende, die Functionen des Fußes werden ohne alle mechanische Nachbehandlung wieder normal.

An diese Fälle reihen sich andere seltene, wo das Glied sich nur dann verkrümmt, wenn es in volle Function tritt, z. B. beim Sitzen ist der Fuß in jeder Richtung frei beweglich und normal gestaltet, erst beim Gehen nimmt er die Form des Spitzfußes oder Klumpfußes an. Eine Andeutung dieses Zustandes findet sich bei jedem angeborenen Klumpfuße, welcher nur bei Anstrengungen den höheren Grad von Difformität annimmt.

Unter den Verkrümmungen des Halses und der Glieder sind nur diejenigen hinsichtlich ihrer Aetiologie räthselhaft, welche im Mutterleibe entstehen. Dies gilt besonders von den angeborenen Klumpfüßen. Der krampfhafte Widerstand gegen die Geraderichtung des Fußes ist dabei so evident, daß denen im Grunde gar nicht zu helfen ist, welche ihn nicht erkennen wollen oder nicht erkennen können, weil sie durch Anlegung von Gypsverbänden das Krankheitsbild verdunkeln. Thut man dies nicht, sondern kämpft Tag für Tag durch Manipulationen und abnehmbare Verbände mit den widerstrebenden Muskeln und sieht dabei, daß die Difformität immer geringer wird, je mehr man den Muskelwiderstand überwunden hat, so wird man sich eben so leicht, wie ich, der Ansicht Rudolphi's anschließen, daß angeborene Klumpfüße auf Neurosen beruhen und gar nichts mit den angeborenen Verkrümmungen zu thun haben, welche augenscheinlich durch mechanische Störungen der Entwickelung herbeigeführt wurden.

Gegenüber diesen mehr oder weniger einfachen Erklärungen der Verkrümmungen am Halse und an den Extremitäten schien mir die Aetiologie der Rückgratsverkrümmungen sehr dunkel zu sein. Bei ihrer Vergleichung stellte es sich mit Uebergehung der mechanischen Verletzungen heraus, daß bei Rückgratsverkrümmungen dieselben Ursachen in Wirksamkeit sein können, wie an den Extremitäten.

1) Es giebt rhachitische Verkrümmungen am Rumpfe, welche leicht zu erkennen sind, weil sie gar nicht vorkommen ohne Spuren von Rhachitis an den Extremitäten, namentlich an den Beinen.

2) Es giebt Verkrümmungen durch Bändererweichung an der Wirbelsäule, man kennt sie aber nur an der Gelenkverbindung zwischen Atlas und Epistropheus. Jules Guerin hat sie zuerst beschrieben und ich habe sie auch gesehen. An der übrigen Wirbelsäule werden auch Bändererweichungen vorkommen und zur Entstehung von Rückgratsverkrümmungen beitragen.

3) Es giebt Verkrümmungen durch Gelenkentzündungen an den Wirbeln. Ihre Diagnose macht in vorgerückten Fällen keine Schwierigkeiten, weil sich anguläre Verkrümmungen bilden (Pott'sches Uebel). Aber diese sind doch von den an den Extremitäten vorkommenden Difformitäten nach Gelenkentzündungen sehr verschieden. Die anguläre Difformität des Pott'schen Uebels entsteht durch cariöse Zerstörung, nicht wie an den Gelenken der Extremitäten schon durch bloße Reflex-Spannung. Die Diagnose kommt also hier zu spät, wenn sie auf die Verkrümmung wartet. Man muß den Reflexen nachspüren, ehe es dazu gekommen ist. Dies ist nur möglich durch große Aufmerksamkeit auf das Allgemeinbefinden. Wie man bei Störungen desselben Herz, Lungen, Milz, Leber und Nieren ins Auge faßt, so sollte man bei Kindern namentlich auch die Wirbelsäule untersuchen, ob nicht Druckschmerz vorhanden sei. Bei Entzündung der Halswirbelgelenke zeigen sich frühe Reflexe

durch Schiefhalten des Kopfes, bei Entzündungen der Brust= und Lendenwirbel zeigen sich Reflexe in Blase und Mastdarm und in den unteren Extremitäten. Beachtet man diese frühen Erscheinungen, so findet man wohl den Druckschmerz, der bei schreienden Kindern übrigens schwierig zu constatiren ist und manchmal von der Mutter erst bestätigt werden muß, wenn sie es versteht, ruhige Momente des Kindes dazu zu benutzen.

4) Es giebt auch paralytische und spastische Verkrümmungen des Rumpfes. Leute, welche an Schlagflüssen gelitten haben, werden oft sehr schief. Kinder, welche oft an Convulsionen litten, werden zuweilen am Rumpfe verkrümmt und sehen den Rhachitischen ähnlich, ohne daß die Extremitäten verkrümmt sind. Diese seltenen Fälle werden durch die Anamnese leicht aufgeklärt. Einseitige habituelle, tonische oder klonische Krämpfe kommen am Halse vor, aber zuweilen auch an den Muskeln des Rumpfes und bringen theils vorübergehende, theils blei= bende Difformitäten hervor. Sie sind selten und durch ihre Anamnese leicht zu erkennen. Als Gegenstück zu diesen krampf= haften Neurosen einzelner Muskelgruppen des Rumpfes kommen auch Lähmungen vor, welche die Eigenthümlichkeit zeigen, daß die Muskeln dem Willen noch unterworfen sind, aber ihre un= willkürlichen Functionen verloren haben. Ich legte mir die Frage vor, in welche Classe gehören die so außerordentlich häufigen gewöhnlichen Skoliosen, bei denen eine Schulter höher steht, als die andere. Delpech's Erklärung derselben durch chronische Entzündung der Intervertebral=Knorpel konnte nicht richtig sein, weil gymnastische Uebungen entschieden gute Dienste thun. Ich wußte mir lange nicht zu helfen und suchte durch Exclusion weiter zu kommen. Wenn ich mechanische Schädlich= keiten Rhachitis, Desmomalacie, Entzündung und Krampf aus= schloß, blieben nur die unvollkommenen Lähmungen übrig, deren geringster Grad Atonie genannt wird.

5*

Genaue Beobachtungen bei Kindern, welche erst seit Kurzem an Verkrümmungen des Rumpfes litten, führten mich zu der Wahrnehmung, daß es Fälle gebe, in denen die willkürliche Bewegung auf keine Art gestört ist, wo aber einzelne Muskeln oder Muskelgruppen an den Inspirationsbewegungen keinen Antheil mehr nehmen und daß dadurch Difformitäten entstehen, welche verschwinden, wenn die betreffenden Muskeln ihre Functionen wieder übernommen haben. Ich legte meine Beobachtungen nieder in einer 144 Seiten langen Schrift, welche 1836 unter dem Titel: Ueber Paralyse der Inspirationsmuskeln, Hannover, bei Helwing erschien. Sie hat ungefähr die Form klinischer Vorträge über vorliegende Fälle. Die ersten neunundzwanzig Seiten enthalten vier eigene und zwei fremde Beobachtungen.

Erster Fall. Paralyse der äußeren Inspirationsmuskeln rechter Seite eines elfjährigen Mädchens, bei welchem eine bedeutende Difformität des Thorax plötzlich entstanden war durch mangelhafte Thätigkeit der das rechte Schulterblatt tragenden Muskeln Cucullaris, Rhomboidei, Levator anguli scapulae, so wie das Serratus anticus major. Das rechte Schulterblatt war bis unter die zehnte Rippe hinabgesunken, während es im normalen Zustande am untern Rande der achten Rippe steht. Das linke Schulterblatt war um eben so viel höher gerückt, die Rippen der rechten Seite hatten sich gesenkt und erhoben sich, selbst bei tiefen Inspirationen, nicht wie die der linken Seite. Das junge Mädchen wurde durch Reizmittel, welche ich auf die rechte Seite anwendete, schnell geheilt. Bei der ersten electrischen Sitzung verschwand für Augenblicke die ganze Difformität. Dies wiederholte sich später, als ich den einen Pol auf den Durchgangspunkt des Nervus accessorius Willisii im obern Drittheil des Kopfnickers setzte. Auch bei einer kalten Douche zeigte sich anfangs derselbe momentane Erfolg.

Zweiter Fall. Paralyse des Serratus magnus rechter Seite aus Dupuytren's Praxis. Das neunjährige Mädchen, welches sehr difform und sehr engbrüstig war, wurde durch gymnastische Uebungen geheilt.

Dritter Fall. Paralyse beider Serrati bei einem zweijährigen Kinde. Ich sah das Kind zuerst mit einer stark entwickelten Vogelbrust, welche vor drei Wochen rasch nach einer mit Husten verbundenen fieberhaften Krankheit entstanden war. Nach sechs Wochen hatte sich die Vogelbrust in eine gewöhnliche Skoliose verwandelt, aber mit der Convexität nach links und Erhöhung der linken Schulter, wie das bei Kindern unter zwei Jahren vorkommt, welche im Gebrauche der Arme zwischen rechts und links noch keinen großen Unterschied machen.

Vierter Fall. Dem vorhergehenden ähnlich bei einem fünfvierteljährigen Kinde; es wurde aber durch Einreibung von Liquor ammonii caustici Heilung erzielt.

Fünfter Fall. Den beiden vorigen ähnlich, bei einem dreieinhalbjährigen äußerst engbrüstigen Knaben. Er hatte durch Lähmung beider Serrati zuerst Vogelbrust bekommen; als ich ihn in Behandlung nahm, war dieselbe schon in Skoliose mit der Convexität nach rechts übergegangen. Der linke Serratus anticus major nahm an der Inspiration gar keinen Antheil, auch wenn man durch Druck auf die Oberbauchgegend tiefe Inspirationen erzwang. Der ganz leukämische Knabe schien seinem Tode nahe zu sein, wurde aber durch gute Pflege und Einreibungen von Salmiakgeist geheilt. Er ist später Pastor geworden und lebt noch jetzt (1873).

Sechster Fall. Paralyse sämmtlicher äußerer Inspirationsmuskeln, beschrieben von Alexander Shaw in London. Bei dem kräftigen achtundzwanzigjährigen Patienten hatten sämmtliche äußere Muskeln des Thorax ihren Antheil an der Inspiration verloren. Derselbe hatte große Athembeschwerden, die willkürlichen Bewegungen des Halses und der Arme waren gar nicht gestört. Nach der Heilung des Patienten ergab es sich, daß die Circumferenz der Brust fünf Zoll zugenommen habe. So enorm ist der Unterschied zwischen einem Thorax, dessen äußere Inspirationsmuskeln ihre Spannkraft verloren und demselben Brustkasten, nachdem dieselben ihre Function wieder übernommen haben. In einzelnen Fällen von Lähmung der äußeren Inspiratoren ist die Capacität des Thorax so vermindert, daß die Zahl der Inspirationen sich verdreifacht. Alexander Shaw sagt von obigem Falle, das Interessanteste dabei sei die Unthätigkeit eben derselben Muskeln beim Inspiriren, die bei allen übrigen Bewegungen thätig blieben. Dies spreche sehr für C. Bell's Eintheilung der Nerven in Gefühls=, Bewegungs= und Respirations=Nerven.

An diese sechs Beobachtungen knüpfe ich zehn verschiedene Betrachtungen, denen andere Krankengeschichten eingestreut sind.

I. Ueber die Functionen der Inspirations=Muskeln. — Es wird darauf hingewiesen 1) daß dieselben Muskeln eine willkürliche und eine unwillkürliche, respiratorische Function haben und daß nach C. Bell die letztere durch besondere Nerven vermittelt werde; 2) daß beim Aufhören der respiratorischen Function die Form des Thorax sich verändert, woraus man den Schluß ziehen kann, daß die Wirkung der äußeren Inspiratoren keine blos vorübergehende sei und nur bei tiefen Inspirationen ins Leben trete, wie man früher glaubte, sondern fortdauern müsse als ununterbrochene active Spannung. Hört die letztere mit dem Tode auf, so verengert sich der Brustkasten und das Zwerchfell steigt viel höher hinauf, als dies im Leben möglich ist. Diese active Spannung ist nicht blos den Inspiratoren eigen, sondern kommt im ganzen Muskelsysteme vor, sie unterhält die regelmäßigen Formen, hat aber auch andere Zwecke. Ich stütze mich dabei auf Bell's

Lehren, bin aber (pag. 41) der Idee der Reflexfunction ganz nahe getreten durch die Bemerkung, daß Verletzungen des Rückenmarks, welche Lähmung der Extremitäten hervorbringen, die active vitale Spannung der gelähmten Muskeln nicht aufheben. Aber ich schrieb diese noch fortbestehende Spannung dem vegetativen Nervensysteme zu, weil ich nicht bedachte, daß ein außer Verbindung mit dem Gehirne gesetztes Rückenmark doch noch Functionen haben könne.

II. Ueber die aufrechte Stellung und das seitliche Gleichgewicht des Oberkörpers. — Ich vergleiche die Construction des Rumpfes mit einem von dem Hofbaurath Laves in Hannover erfundenen, jetzt vielfach angewendeten Systeme des Brückenbaues, welches sich auf die Thatsache gründet, daß man eine lange Leiter oder einen ähnlichen Gegenstand bedeutend verstärken kann, wenn man an beiden Enden desselben zwei Stricke befestigt und straff anzieht, dann aber an verschiedenen Stellen mit Hölzern auseinander spreizt. Daß die aufgerichtete Stellung des Rumpfes von der ungeschwächten Muskelkraft abhänge, ergiebt sich schon daraus, daß der Mensch am Abend kleiner ist als am Morgen. Dies läßt sich nur durch Vergrößerung der drei natürlichen Ausbiegungen der Wirbelsäule bei schwächerer Muskelaction erklären, nicht durch Compression der Intervertebral-Knorpel, welche fast incompressibel sind.

Bei obiger Auffassung der Ursachen einer aufrechten Haltung bekommen die äußeren Inspiratoren eine größere Wichtigkeit, man begreift, daß es sich dazu am Rumpfe nicht blos um Extensoren und Flexoren der Wirbelsäule handelt, sondern auch um Inspirations- und Expirations-Muskeln, deren normale Function erforderlich ist, um die aufrechte Haltung und das seitliche Gleichgewicht herzustellen. Die Folgerungen, welche sich aus obigen Sätzen ziehen lassen, bringen neue Ansichten über Entstehung und Behandlung der gewöhnlichen Skoliose. Man dachte bisher bei Skoliosen nur an die zu beiden Seiten der Wirbelsäule liegenden Extensoren derselben und nahm an, dieselben wären an der concaven Seite krankhaft verkürzt, an der convexen Seite verlängert, deshalb machte man reizende Einreibungen an der convexen, erschlaffende an der concaven Seite. Nach meiner Theorie muß man die Reizmittel da anwenden, wo die inspiratorische Bewegung nur unvollkommen ist, das heißt, nicht wie früher an der convexen, sondern an der concaven Seite. Werden dadurch die äußeren Inspiratoren wieder neu belebt, so ziehen sie Rippen und Schulter wieder empor und die zu hohe Schulter der andern Seite sinkt von selbst in ihr normales Niveau zurück. Das habe ich denn seit vierzig Jahren gethan und damit unendlich viele anfangende Skoliosen geheilt.

III. Ueber die Ursachen der Skoliose. — Ich suche die Muskeln des Rumpfes ausfindig zu machen, welche primär bei Entstehung der gewöhnlichen Skoliose (hohen Schulter) betheiligt sind. Die Extensoren der Wirbelsäule, welche hinten liegen und die Bauchmuskeln als Flexoren, so wie die Psoasmuskeln werden als unbetheiligt zuerst ausgeschieden, ihre mangelhafte Thätigkeit führt, was ich durch Beispiele belegt habe, zu anderen Formfehlern. Es bleiben schließlich, als bei den gewöhnlichen Skoliosen betheiligt, vorzugsweise übrig der Sternocleidomastoideus, die Scaleni, die ganze Muskelgruppe, welche, vom Hinterhaupte und von den Halswirbeln entspringend, das Schulterblatt in sich schließt, vorn am Thorax in die Pectorales majores ausläuft, seitwärts in die Dentationen der Serrati ausstrahlt. Diese Muskeln sind bei der Inspiration in sofern die Antagonisten des Zwerchfells, daß sie dieses verhindern, die Rippen nach innen und unten zu ziehen. Die inspiratorischen Bewegungen beginnen im Zwerchfell und setzen

sich nach oben bis zum Gesichte hin fort. Ihre Gesammt=
wirkung hat die Tendenz, mit Hülfe der Intercostalmuskeln
den Brustkasten der Kugelform zu nähern. Diese größten=
theils unwillkürliche Action findet bei Gesunden unter allen
Umständen statt, sie wird aber durch die augenblickliche Stellung
des Rumpfes modificirt. Beim Liegen auf dem Gesichte dehnt
sich der Thorax nach hinten aus; beim Liegen auf einer Seite
nach der entgegengesetzten. Unvollkommenheiten in der respiratorischen Thätigkeit der großen äußeren Muskelmasse des
Thorax zeigen sich besonders im Serratus anticus major, dessen
Function vorzugsweise inspiratorisch ist. Der Pectoralis major
wird mehr wie der Serratus bei den Bewegungen des Armes
gebraucht und erlahmt deshalb nicht so leicht wie der Serratus.
Doch kommen Fälle vor, in denen die Action der Pectorales
mangelhaft war, wo dann das Gegentheil der Vogelbrust ent=
steht, das Sternum weicht nach innen und nähert sich der
Wirbelsäule, oft um mehr als die Hälfte des normalen Ab=
standes.

Man entdeckt die Mangelhaftigkeit der Serratus=Wirkung
beim Inspiriren durch einen sanften Druck auf die Oberbauch=
gegend, welcher die Bewegungen des Zwerchfells einschränkt
und stärkere Bewegungen der äußeren Inspiratoren hervorruft.

Die Ursachen einer bedeutenden Atonie der äußeren In=
spiratoren liegen theils in allgemeinen Zuständen, welche den
Stoffwechsel herabsetzen und ein geringeres Bedürfniß an Luft
herbeiführen, theils in den Respirationsorganen selbst. Keich=
husten und andere chronische Brustkatarrhe unterhalten eine
continuirliche Reizung der Exspiratoren, wobei die Inspiratoren
an Kraft und Uebung verlieren, diese Zustände wirken auf
beide Hälften des Thorax in gleicher Weise. Anfangs werden
beide Serrati gleich lahm. Der Zug des Zwerchfells, der
Druck der Atmosphäre, bringen eine seitliche Abplattung des

Thorax hervor, wobei das Brustbein stärker hervortritt (Vogelbrust, Hühnerbrust). In vielen Fällen ist genau die Gegend des Thorax, wo die Dentationen des Serratus liegen, grubenartig eingedrückt. Dies ändert sich früher oder später und zwar meistens auf die Art, daß der Mehrgebrauch des rechten Armes belebend auf den rechten Serratus wirkt, welcher seine inspiratorische Function wieder aufnimmt. Dadurch wölbt sich die rechte Thoraxhälfte wieder, während die linke eingesunken bleibt. Auf diese Art geht die Vogelbrust in Skoliose über, die Schultern stehen nicht auf gleicher Höhe, weil außer dem Serratus auch die ganze Muskelgruppe betheiligt ist, deren Ausläufer seine Dentationen darstellen.

Mit diesem Processe wird der Zustand in Contrast gestellt, wo in Folge von Empyem und nach pleuritischem Exsudate eine Hälfte des Thorax tief eingezogen ist. Selbst wenn die Einziehung so bedeutend ist, daß wie ich gesehen habe, das Schulterblatt gewissermaßen in der Luft schwebt, wird die Wirbelsäule nicht in erheblichem Grade schief, wie Laennec dies schon beschrieben und durch Abbildungen erläutert hat. Der Grund davon liegt darin, daß bei Ephemen und nach pleuritischen Exsudaten die Muskeln gesund bleiben; nur das selbstständige Muskelleiden bringt zunehmende Difformitäten hervor, Schiefheiten nach pleuritischen Exsudaten haben keinen progressiven Charakter. Bei den durch selbstständiges Muskelleiden entstehenden Skoliosen findet ein Fortschreiten statt; das Skelett wird difform und das Uebel dadurch unheilbar.

Um die Wirkung der Dentationen der Serratus zu zeigen, machte ich wie C. Bell die Durchschneidung des Nervus thoracicus posterior bei Thieren.

Unregelmäßigkeiten in der unwillkürlichen Function der Psoasmuskeln und ihrer Antagonisten am Rücken bringen, wenn sie einseitig sind, Difformitäten hervor, welche man zum Unterschiede von der hohen Schulter die hohe Hüfte zu nennen pflegt. Ihre Aetiologie ist viel schwieriger, als die der hohen Schulter.

IV. Ueber zwei wichtige Symptome der Coxalgie. — Diese beiden Symptome sind der Knieschmerz und die anhaltende Spannung der großen Beugemuskeln des Hüftgelenks, Psoas und Iliacus internus. Beim Nachsinnen über die Ursachen des Knieschmerzes kam ich zu der Ansicht, derselbe müsse von einem Symptome abhängen, welches dem Stadium der Verlängerung eben so wohl angehört, als dem der Verkürzung, denn in beiden findet man den Knieschmerz. Dieses Symptom ist die Contractur der großen Beugemuskeln; so kam ich auf eine Lehre, die ich später weiter verfolgte.

V. Ueber Contractur. — Als Ursachen unwillkürlicher bleibender Muskelverkürzungen werden folgende angeführt: 1) organische Veränderungen der verkürzten Muskelmasse, durch Entzündung oder durch Wunden mit Substanzverlust; 2) Schwäche und Unthätigkeit der Antagonisten durch Lähmung oder durch Verletzung; 3) Aufhören der willkürlichen Bewegung und Vorherrschen der unwillkürlichen, wobei die größere Muskelmasse das Uebergewicht erhält; 4) entzündliche Schmerzen, welche die willkürlichen Bewegungen aufheben, wie bei den Gelenkentzündungen, und die unwillkürlichen steigern; 5) habitueller Krampf.

VI. Ueber die Mitleidenschaft des Gesichts bei Skoliosen. — Sie wird erklärt durch die Mangelhaftigkeit der Inspirationsbewegungen an der vorzugsweise atonischen Seite. Die Erregung schreitet nicht in normaler Weise bis zum Gesichte fort, weil sie durch gelähmte Muskeln unterbrochen wird. Die vom Facialis versorgten Muskeln werden schlaffer. Mit der Zeit wirkt dies sogar auf die Vegetation der Knochen im Gesichte, welche im Wachsthum zurückbleiben, obgleich gar keine mechanische Verhältnisse mitwirken, wie bei den Wirbeln, wo ein ungleichmäßiger Druck den Schwund von Knochensubstanz an der concaven Seite befördert. Bei Caput obstipum ist das Kleinerwerden der Gesichtsknochen der leidenden Seite besonders auffallend, aber auch bei Skoliotischen leicht zu bemerken. Man kann daraus schließen, daß etwas Aehnliches am Rumpfe geschehen müsse, wenn die Muskelthätigkeit daselbst anhaltenden Unregelmäßigkeiten unterworfen ist. An den Röhrenknochen der Extremitäten findet man häufig die Gelegenheit zu beobachten, welchen störenden Einfluß auf die Knochenentwickelung Muskellähmungen ausüben. Gymnastische Uebungen verschönern die Gesichtszüge der Skoliotischen, auch wenn die Skoliose nicht geheilt wird, indem sie die Inspirationsbewegungen wieder beleben.

VII. Ueber den Einfluß der Körperstellungen auf die Entstehung der Skoliosen. — Ich vertrete den Satz von Delpech, daß fehlerhafte Stellungen nur Symptome, aber nicht Ursachen von Verkrümmungen sind. Ein Mann kann auf einem kurzem Stelzfuße oder auf einem zu kurzen Beine funfzig Jahre gehen, ohne daß die beim Gehen stattfindende Verbiegung der Wirbelsäule jemals bleibend würde. Obgleich dies allgemein bekannt ist, beharren die meisten Aerzte doch dabei, Skoliosen entstehen durch fehlerhafte Haltung.

VIII. Nicht alle Skoliosen entstehen durch einseitige Paralyse der Inspirations-Muskeln. — Es wird hier besonders Bezug genommen auf begrenzte Skoliosen, welche nur wenige Wirbel umfassen, die ich nach späteren Beobachtungen einer rheumatischen Entzündung der Gelenke der schiefen Fortsätze zuschrieb. Die afficirte Stelle wird vollkommen steif, sie bildet eine kleine seitliche Curve, welche oberhalb und unterhalb durch größere Curven compensirt wird. Ich äußere hier die

Vermuthung, daß Delpech solche Fälle vor Augen hatte, als er die Skoliose von Entzündung der Intervertebralsubstanz herleitete, wie man dies wohl aus seinem Atlas schließen darf. Er behandelte diese Fälle auch anders als die gewöhnlichen Skoliosen, sogar mit Fontanellen. Man kann es ihm Dank wissen, daß er diese seltenen Fälle publicirte, aber er erschwerte sich die Beurtheilung der gewöhnlichen Skoliosen, indem er beide confundirte.

IX. Ueber das Verhältniß der Skoliose zur Rhachitis. — Bei Rhachitischen ist Vogelbrust oft eines der ersten Zeichen der ausbrechenden Krankheit und geht auch hier fast ohne Ausnahme in Skoliose über. Es wird die Frage erörtert, ob auch die Rhachitis auf Innervationsstörungen beruhen könne, die man alsdann im vegetativen Nervensysteme zu suchen habe. Bei der mangelhaften Bekanntschaft mit der Ausbreitung der vegetativen Nerven im Körper wird die Frage für nicht spruchreif erklärt. Ich opponire mich gegen den Gebrauch, auch die auf Schlaffheit der Bänder beruhenden Difformitäten der Gelenke (genu valgum etc.) rhachitisch zu nennen. Sie haben gar nichts mit Rhachitis zu schaffen und kommen nur selten in Verbindung mit derselben vor. Es ist bei Rhachitis sogar auffallend, wie bei großer Verbiegung der Röhrenknochen doch die Gelenke fest bleiben und in Richtungen verharren, welche dem Gebrauche der Glieder vortheilhaft sind.

Das Verhältniß der Skoliose zur Rhachitis ist oft Gegenstand wichtiger ärztlicher Consultationen. Soll ein mit Skoliose behaftetes Mädchen heirathen oder nicht? Sie kann es nach Meckel unbedenklich thun, wenn sie nicht rhachitisch war, wenn ihre Beine gerade sind; ihre Beckenknochen sind dann auch nicht difform.

X. Praktische Inductionen. — Die gegebene Erklärung der gewöhnlichen Skoliose paßt vollkommen zu der empirisch nützlich gefundenen Curmethode durch gymnastische Uebungen. Diese wirken nicht blos allgemein stärkend auf die Constitution und regen den Stoffwechsel so an, daß innere Mittel fast immer überflüssig sind, sondern auch direct auf die Muskelgruppen, deren mangelhafte Thätigkeit zu dem Formfehler Veranlassung gab. Die deutsche Turnkunst kann in großem Umfange angewendet werden, ohne daß es nöthig wäre, viel zu individualisiren. Wenn beide Arme gleich kräftig angestrengt werden, so erhält die schwächere Seite ihren gebührenden Antheil; wenn die Muskeln nur ihre unwillkürlichen Functionen ausüben, so ist es gleichgültig, ob die der einen Seite sich hinsichtlich willkürlicher Bewegungen kräftiger zeigen. Die örtlichen Reizmittel sind, an der richtigen Stelle angewendet, von großem Nutzen, ich empfahl den Liquor ammonii caustici mit Alkohol verdünnt, weil derselbe nicht blos das kräftigste Mittel ist, sondern weil er keinen Geruch hinterläßt wie die ätherischen Oele.

Die Hauptsache bei der Behandlung der Skoliosen ist frühe Erkenntniß des anfangenden Uebels, sind erst Verbildungen der Wirbel eingetreten, so ist alle Hülfe zu spät. Mütter und Aerzte können nicht aufmerksam genug sein; nach jeder angreifenden Krankheit sollte man bei Mädchen die Figur untersuchen und den Thorax auf seine Inspirationsbewegungen prüfen. Selbst in zweifelhaften Fällen sollte man reizende Einreibungen verordnen, Flanell auf bloßem Leibe tragen und Gymnastik treiben lassen.

Meine Schrift über Paralyse der Inspirations-Muskeln wurde anfangs von der Kritik gut aufgenommen, sogar Rokitanski, der größte pathologische Anatom unserer Zeit, konnte noch an der Leiche den richtigen Ideengang constatiren. Dann kamen heftige Gegner, die sich darauf stützten, daß Jules Guerin nichts von meiner Theorie wissen wolle. Schließlich legte man die ganze Schrift ad acta, obgleich Eulenburg vor nicht langer Zeit darüber äußerte, daß sie ein Wunder von Scharfsinn sei. Ich hatte gehofft, die klinischen Lehrer der inneren Heilkunst würden sich dafür interessiren. Sie haben täglich Gelegenheit, an kränklichen Kindern, nach Keichhusten-Epidemien, bei anfangender Rhachitis die beginnende Vogelbrust und andere Unvollkommenheiten in der Function der äußeren Inspirationsmuskeln zu beobachten und ihre Schüler damit bekannt zu machen. Dies ist, so viel ich weiß, nicht geschehen, und sollte doch stattfinden, damit auch die Chirurgen die Wichtigkeit des Gegenstandes kennen lernen und eine in den Jahren des stärkeren Wachsthums sehr hervortretende Skoliose mit früheren Leiden in Verbindung bringen.

Es wurde mir von manchen Seiten eingewendet, das Serratus anticus major sei gar kein Inspirationsmuskel, seine Function bestehe nur im Fixiren des Schulterblattes beim Erheben des Armes bis zum rechten Winkel und in Drehung des Schulterblattes bei weiterem Erheben des Armes. Der Streit über die inspiratorische Function des Serratus dauert, wie ich aus Cheselden's Anatomie gesehen habe, schon hundertundfunfzig Jahre; er wird auch wohl noch länger dauern, wenn man sich nicht bemüht, die Action des Muskels am Lebenden zu prüfen, wozu sich Kinder meistens besser eignen, als Erwachsene. Außerdem wurden mir Fälle vorgehalten, in denen bei vollständiger Lähmung des Serratus ganz andere Zustände beobachtet wurden, als die von mir geschilderten, z. B. die Unfähigkeit, den Arm zu erheben. Diese Fälle haben mit den meinigen nichts zu thun, welche sich gerade dadurch auszeichnen, daß die willkürliche Thätigkeit nicht unterbrochen ist.

Physiologische Aufsätze.

Bald nach dem Erscheinen meiner Schrift über Paralyse der äußeren Inspirationsmuskeln wurde ich mit Marshall Hall's Entdeckungen über die Reflex-Function des Rückenmarks bekannt und hielt es für meine Aufgabe, den Inhalt meiner Schrift mit der neuen Reflexlehre in Uebereinstimmung zu bringen. Dies geschah durch eine Reihe kleiner Aufsätze in Casper's Wochenschrift. Ich suchte darin alle unwillkürlichen Bewegungen auf Reflex zurückzuführen. Bell's Annahme besonderer respiratorischer Nerven erschien mir überflüssig. Ich vindicirte zuerst auch dem Gehirne die Fähigkeit, Reflexe zu vermitteln, welche man jetzt allgemein annimmt. Unter dem Namen Scoliosis faciei schilderte ich Fälle von Facialis-Lähmung, in denen die willkürliche Bewegung der von Gesichtsnerven versorgten Muskeln nicht aufgehoben ist, wo dieselben aber an den mimischen und respiratorischen Functionen keinen Antheil nehmen. Dies kommt vor bei peripherischen Facialis-Lähmungen, welche anfangs vollständig waren, in der Zeit ihrer Abnahme jedoch eine mangelhafte Reflex-Action zeigen. Bei Facialis-Lähmungen, welche unter dem Einflusse von Abdominalstasen langsam entstehen, kommt der umgekehrte Fall vor; sie sind anfangs unvollkommen und können durch eine kleine Erkältung plötzlich vollkommen werden. Während der Heilung geht dann auch die vollkommene Lähmung erst in die unvollkommene über. Ich hielt diese Studien im Gesichte für besonders nützlich, weil sich dort die kleinsten Nuancen einer mangelhaften Innervation beobachten lassen.

Der wichtigste Nachtrag meiner Schrift über Paralyse der äußeren Inspirationsmuskeln erschien Mai 1836 in den Göttinger gelehrten Anzeigen unter dem Titel: „Ueber Combination motorischer und sensitiver Nerventhätigkeit." Dieser Aufsatz steht mit der Schrift über Paralyse ꝛc. in Verbindung durch die IV. Betrachtung über zwei wichtige Symptome der Coxalgie. Ich hatte schon vor dem Bekanntwerden der Reflextheorie den Zusammenhang zwischen dem Knieschmerz und der Spannung der Beugemuskeln des Hüftgelenkes erkannt. Indem ich diesem Gegenstande meine fortdauernde Aufmerksamkeit widmete, fand ich:

1) die Gelegenheit, bei mageren Coxalgischen die Sehnen des Psoas und Iliacus deutlich zu fühlen, und zu bemerken, daß ein ganz geringer Druck auf diese Sehnen, welcher ihre Spannung vermehrt, den Knieschmerz steigere, während dies bei einem stärkeren Drucke auf das Hüftgelenk selbst nicht geschah;

2) daß in einzelnen Fällen von Spondylitis lumbalis die Reflexcontractur sich auf das eine oder auf beide Hüftgelenke beschränke und nicht, wie dies beim Pott'schen Uebel gewöhnlich vorkommt, auf die ganzen Unterextremitäten ausstrahle. In diesen Fällen war Knieschmerz ganz wie bei Coxalgischen vorhanden;

3) daß bei nicht eingerichteten Luxationen des Hüftgelenkes nach hinten Knieschmerz vorhanden sei, weil dabei die Beugemuskeln des Gelenks in Spannung bleiben. Dieser Knieschmerz verliert sich mit der Zeit;

4) daß in einem Falle von Lähmung der beiden Longissimi dorsi und Sacrolumbales die daraus resultirende Contractur der Psoae mit Knieschmerz verbunden war;

5) daß bei Lähmung der Glutäen einer Seite, durch einen Fall auf den Hintern entstanden, Contractur des Hüftgelenks erfolgte, die mit Knieschmerz verbunden war, der erst aufhörte, als die Lähmung der Glutäen geheilt wurde;

6) daß bei Malum coxae senile kein Knieschmerz bestehe, weil das Glied dabei in Extension verharrt;

7) daß in einem Falle von Contractur des Hüftgelenks

durch Verkürzung des Pectinäus und Sartorius ein dem
coxalgischen ganz ähnlicher Knieschmerz vorkam; dieser hörte
sofort auf, nachdem ich die beiden Muskeln subcutan durch=
schnitten hatte. Durch diese vielseitigen Beobachtungen an der
Hüfte war der Zusammenhang zwischen Knieschmerz und Muskel=
spannung sichergestellt.*)

Es fiel mir dann der neuralgische Schmerz ein, an
welchem männliche Individuen leiden, die einen Blasenstein
bei sich tragen. Ihre Schmerzen in der Eichel treten ein,
sobald sich der Urin entleert hat und die Blase sich krampfhaft
um den Stein zusammenzieht.

Ich erinnere mich noch deutlich des Augenblicks, wo diese
zerstreuten Wahrnehmungen sich zu einem Gesammtbilde ge=
stalteten. Professor Carl Krause zeigte mir auf der Anatomie
in Hannover ein ausgezeichnetes Nervenpräparat, bei welchem
nach Wegnahme der Rippen, der Eingeweide und der Körper
der Wirbel, sämmtliche Rückenmarksnerven mit ihren Wurzeln
frei lagen. Es war ein Meisterstück der Präparirkunst, an
einer frischen Leiche rasch vollendet. Ich dachte dabei zuerst
an die Reflex=Action, deren Heerstraßen vor mir ausgebreitet
lagen, dann aber kam mir plötzlich der Gedanke: Neben den

---

*) B. von Langenbeck (Chir. Erfahr. aus dem Kriege, 1874,
pag. 18) sagt: Der Knieschmerz wird mit Unrecht auf Muskelspannung
zurückgeführt. Ich habe ihn bei spontanen Hüftgelenksentzündungen,
welche mit Gewichtsextension behandelt wurden und wo von Muskel=
spannung und fehlerhafter Stellung der Extremität nicht die Rede sein
konnte, auftreten und verschwinden gesehen, sobald die Entzündung
exacerbirte oder nachließ.
Ich möchte Langenbeck fragen: werden Muskeln entspannt unter
einem Gypsverbande oder durch Gewichte? Er sollte seinen Collegen
Dubois Reymond fragen: wie kommen Bajonetbeine zu Stande, wenn
man das gerade gestreckte Glied in einen Gypsverband legte? Wie wer=
den ähnliche Proceduren auf Verwundete wirken, können sie vielleicht einen
Invaliden noch invalider machen?

Innervationsströmen, welche die Reflexfunction voraussetzt, werden sich andere centripetale Strömungen bilden, welche zum Sitze des Bewußtseins bringen und nicht in Gefühlsnerven verlaufen, von denen die Reflex=Erregung ausgegangen ist.

Diese combinirten Strömungen müssen sich auch bei willkürlichen Bewegungen einstellen; das was man nennt, die Aufmerksamkeit einem Theile zuwenden, besteht wohl darin, daß durch motorische Nerven in diesem Theile Muskelspannungen erregt werden, denen intensivere Strömungen in den Sinnesnerven folgen.

In Bezug auf diese physiologischen Verhältnisse musterte ich die Sinnesorgane und fand in allen Belege für meine Ansicht.

Im Auge zeigt sich die größere Empfindlichkeit der Retina für Lichteindrücke durch Engerwerden der Pupille. Jeder Reizungszustand der Augenmuskeln aus den verschiedensten Ursachen ist mit verengter Pupille verbunden, aber auch bei willkürlichen Bewegungen der dem Bulbus angehörenden Muskeln zeigt sich ihr Einfluß auf die Weite der Pupille. Der berühmte Physiolog Johannes Müller hatte gelehrt, daß die Pupille enger werde, wenn man das Auge nach Innen wendet, und leitete dies davon her, daß der den Musculus rectus internus versorgende Nervus oculomotorius auch der Iris motorische Nerven zuführt. Ich suchte diese Ansicht durch folgendes Experiment zu widerlegen: Bei einer Taube wurden die Augenlider so geöffnet festgehalten, daß das Thier dieselben gar nicht bewegen kann. Dabei bleibt die Pupille noch unverändert, daß Thier zieht aber die Membrana nictitans abwechselnd über das Auge. Ich faßte nun die Membrana nictitans mit einem feinen Häkchen und hielt dieselbe damit fest; auch dies verändert noch nicht die Weite der Pupille. Sobald man jedoch das Häkchen loser hält, macht das Thier eine Anstrengung, die Membrana nictitans vorzuziehen, und in diesem Augenblicke verengert sich die Pupille, wird aber gleich wieder weiter, wenn die Membran so fest gehalten wird, daß das Thier jede Anstrengung aufgiebt, sie zu bewegen. Die Membrana nictitans erhält einen Ast vom Nervus abducens, es kann also nicht die Rede davon sein, daß die motorische Erregung der Membran direct auf die Pupille wirke. Es muß ein Zwischenglied da sein, und dieses fand ich in der durch willkürliche Anstrengung der Membrana nictitans gesteigerten Innervation der Retina, welche reflectorisch die Pupille enger macht.

Beim Gehörorgan des Menschen fand ich, daß die Muskeln des äußeren Ohrs keinen anderen Zweck haben könnten, als den, die Masse von Muskelfasern zu vermehren und Muskelspannungen möglich zu machen, welche die Aufmerksamkeit fixiren. Diese Muskeln erhalten ihre motorischen Nerven vom Facialis; bei gespannter Aufmerksamkeit treten sämmtliche mimischen Gesichtsmuskeln in Spannung und erhöhen dadurch die centripetalen Strömungen im Acusticus.

Die Geschmackswerkzeuge erfordern die Muskelthätigkeit der Zunge, um feinere Wahrnehmungen zu machen. Die Aeste des Quintus in der Zunge erregen reflectorisch die vom Hypoglossus versorgten Muskeln, dadurch entstehen Strömungen im Glosso pharyngeus, welcher der eigentliche Geschmacksnerv ist. Fehlt einer der beiden ersten Factoren, so wird der Geschmack undeutlich, wenn auch gröbere Geschmacksempfindungen noch fortdauern.

Bei dem Geruchsorgane ist es merkwürdig, daß deutliche Geruchswahrnehmungen nur beim Inspiriren stattfinden. Man leitete dies davon her, daß nur beim Inspiriren die Luft in die höheren Partien der Nasenhöhle eindringe. Aber wenn man eine wohlriechende Substanz in einen Blasebalg gießt und bläst sich damit Luft in die Nase, so erhält man nur ganz undeutliche Geruchsempfindungen, welche bei der geringsten Inspiration sofort vollkommen deutlich werden. Die Action der Inspirations-Muskeln scheint daher erforderlich zu sein, um deutliche Geruchsempfindungen zu erzeugen.

Beim Fühlen ist es ungefähr ebenso; man fühlt nur undeutlich den Körper, mit welchem uns ein anderer berührt, die geringste Bewegung mit dem Theile, welcher berührt wird, macht das Gefühl deutlich. Der Zusammenhang des Tastgefühls mit der Muskelthätigkeit ergiebt sich auch aus der Wirkung der Tenotomie. Wird dieselbe an lebenskräftigen Muskeln geübt, so äußeren aufmerksame Patienten sogleich, daß sie in dem unteren Theile des Gliedes ein Gefühl von Taubheit haben. Einzelne Hautstellen sind gegen leichte Berührungen weniger empfindlich, aber reagiren gegen den bekannten Weber'schen Versuch mit den Cirkelspitzen in gewohnter Weise. Die Hautnerven sind also unverletzt, aber sie fungiren schwächer, weil ein Theil der dem Gliede angehörenden Muskeln entspannt ist.

John Hunter, der sich die Achillessehne zerrissen hatte, bemerkte, daß die Wadenmuskeln seinem Willen nicht gehorchten, so lange die Sehne nicht wieder angeheilt war. Pirogoff hatte diese Wahrnehmung reproducirt, ohne die Quelle zu nennen. Professor Volkmann sen. bezweifelt in seinem Artikel „Nervenphysiologie" in Wagner's Handwörterbuch der Physiologie, Vol. II, pag. 577, die Richtigkeit des Factums, weil nach Durchschneidung der hinteren Rückenmarksnerven-Wurzeln noch Bewegungen ausgeführt werden können. Dies muß bei der Erklärung allerdings berücksichtigt werden, aber das Factum, welches ein großer Physiolog an sich selbst wahrnahm, daß der Wille nicht auf entspannte Muskeln wirke, kann nicht dadurch verdächtigt werden. Für meinen Gegenstand der Combination motorischer und sensitiver

Nerven-Thätigkeit hat Hunter's Wahrnehmung nur den Werth, zu zeigen, daß die willkürliche Muskelthätigkeit aufhört, wenn der Muskel durch Tenotomie entspannt ist, daß diese Operation also auch einen dynamischen Einfluß übe.

Obgleich ich nicht das Glück gehabt habe, mit meinen Anschauungen bei den Physiologen durchzudringen und die Lehre von der Combination motorischer und sensitiver Nerventhätigkeit zur Anerkennung zu bringen, so habe ich doch nie aufgehört, den Gegenstand am Krankenbette zu verfolgen, wo ich denselben äußerst nützlich fand, um Neuralgien zu erklären und um mich Vorsicht zu lehren bei Behandlung aller Zustände, bei denen man in Versuchung kommen kann, Muskelspannungen zu erregen, welche man vermeiden konnte. Meine Grundsätze in der Behandlung complicirter Fracturen beruhen im Wesentlichen auf der Idee, daß jede Anspannung eines schon gereizten Muskels Schmerzen erregen müsse, indem sie die Strömungen in den sensiblen Nerven des Gliedes vermehrt. Von diesen Ansichten durchdrungen, habe ich im Felde relativ mehr Oberschenkelschußfracturen geheilt, als meine Gegner, welche die Muskeln in Spannung versetzten.

Es hat mich übrigens gefreut, daß Professor Ludwig, als Geschäftsführer des Naturforschervereins in Leipzig, 1872 in seiner Eröffnungsrede den Passus aussprach, welcher deutlich ausgedrückt ungefähr so lautet: der Mensch müsse wohl einen Geist haben, weil bei allen unseren Sinneswahrnehmungen doch etwas Willkürliches sei. Das ist auch der Sinn meiner Lehre von der Combination, die Ludwig früher in seinem Handbuche der Physiologie mit eben so wenig Respect behandelt hatte, wie Volkmann sen. die Wahrnehmung John Hunter's. In derselben Versammlung sprach Professor Dubois Reymond den Wunsch aus, die Naturforschung möge sich doch etwas idealerer Ziele befleißigen, indem er gleichzeitig etwas

Kritik der reinen Vernunft secernirte und excernirte, wie Carl Vogt sagen würde. Zu diesen Zielen gehört gewiß das Studium der Sinneswahrnehmungen, wenn es dahin führt, zu beweisen, daß der Mensch Geist habe. Ist dieser Satz erst gehörig festgestellt und anerkannt, so brauchen wir Gedanken nicht mehr zu secerniren, und können, wie Kant, unsere Zahnschmerzen durch Abstraction curiren.

Beiträge zur operativen Orthopädik,
oder Erfahrungen über die subcutane Durchschneidung der Muskeln und deren Sehnen.
Hannover bei Helwing 1838.

Den Titel dieser 154 Seiten langen, mit acht Steindrucktafeln versehenen Schrift hatte ich reichlich erwogen. Er spricht den Zweck derselben deutlich aus. Die Orthopädie muß sich nicht blos mit der Mechanik, sondern auch mit der Operativ-Chirurgie verbinden, um Fortschritte zu machen, der Weg dazu liegt im subcutanen Operiren. Der Name subcutane Orthopädik, den Dieffenbach später für denselben Gegenstand wählte, ist nicht logisch, weil der schwierigere Theil der Kunst nicht subcutan wirkt.

In der Vorrede heißt es, die Grenzen der operativen und der mechanischen Orthopädik werden sich durch die Praxis feststellen und immer mehr oder weniger von individueller Geschicklichkeit abhängen. Es ist nicht gerade nothwendig, daß beide Methoden durch dieselben Künstler ausgeübt werden, wenn nur ein Fortschreiten stattfindet.

In der dreiundzwanzig Seiten langen Einleitung werden zunächst die Verkrümmungen des Rumpfes denen des Halses und der Extremitäten gegenüber gestellt. Die ersteren sind kein Gegenstand der operativen Orthopädik, weil bei ihnen die Schwierigkeiten in Formveränderungen der Knochen liegen.

Am Halse und an den Extremitäten liegen sie meistens in den Weichtheilen, Muskeln, Aponeurosen und Bändern, wobei die Mechanik und die subcutane Chirurgie helfen können.

Ich benutze die Einleitung wieder, um die Lehre vom Reflex auf die Aetiologie der Verkrümmungen anzuwenden. Pag. 3 heißt es: durch das Gesetz des Reflexes haben wir eine Triebfeder des Organismus kennen gelernt, die für das Nervensystem etwas Aehnliches leistet, wie der Kreislauf des Blutes für das Gefäßsystem, besonders wenn man die von mir aufgefaßten Combinations-Erscheinungen berücksichtigt. Die Consequenzen dieses Gesetzes zu fassen, ist keine leichte Aufgabe, aber für den Physiologen unerläßlich, denn ihre Nichtbeachtung wäre eben so thöricht, wie wenn man die Lehre vom Kreislaufe ignoriren wollte.

Daran schließt sich, pag. 4, die Fortsetzung eines kleinen Krieges, den ich so unpolitisch gewesen war, mit dem berühmten Physiologen, Johannes Müller, anzufangen. Dieser hatte sich in seinem Handbuche der Physiologie sehr despectirlich über den Mangel an Physiologie bei den Chirurgen ausgesprochen. In meiner Abhandlung über Combination hatte ich ihm John Hunter und Charles Bell entgegen gehalten und meinen Scharfsinn an Müller's Lehre über das Engerwerden der Pupille beim Einwärtssehen geübt. Müller hatte meine früher erschienene Schrift über Paralyse der äußeren Inspirationsmuskeln mit Wohlwollen in seinem Handbuche angeführt, dann aber nach dem Aufsatze über Combination den Bogen umdrucken lassen. Bei der damaligen Gewohnheit, die Bücher nicht brochirt zu versenden, lagen beide Lesarten über mein Buch vor und so erhielt ich Lob und Tadel darüber gleichzeitig. Auf dem umgedruckten Blatte verwarf Müller meine Theorie der Skoliose, indem er die Fälle, auf welche sich dieselbe stützte, als Folgen von Empyem erklärte. Dagegen wehre ich mich und mache geltend, daß nach geheiltem Empyem, so wie nach zertheiltem pleuritischen Exsudate die Inspirationsbewegungen wieder normal sind.

Müller hatte mich also gelehrt, daß mit großen Herren nicht gut Kirschen essen und daß es unpolitisch sei, berühmte Physiologen anzugreifen, wenn man mit physiologischen Ideen Glück machen will. Er hat mich damit um nichts klüger gemacht, ich blieb nach wie vor der Ansicht, daß die Wahrheit den Sieg erringen müsse, wenn man auch keine Kameraden hat, die ihr dazu verhelfen.

Trotz dieser kleinen Gefechte mit dem seltenen feurigen Manne habe ich ihn stets für das größte deutsche Genie seiner Zeit gehalten und blieb ihm dankbar ergeben für so Vieles, was ich von ihm gelernt. Ich hatte dann auch die Freude, daß er mich in Kiel besuchte bei der glücklichen Heimkehr von jener schrecklichen Reise, auf welcher er an der norwegischen Küste so lange mit einem feuchten Tode ringen mußte. Er hatte damals die Absicht, mir seinen Sohn zuzuschicken, damit derselbe von mir Chirurgie lerne. Es kam nicht dazu, aber schon der Gedanke beglückte mich in hohem Maße. Ich bedauerte sein frühes Ende (1858) auf das tiefste.

Virchow, der ihm drei Monate nach dem Tode eine Gedächtnißrede hielt, läßt Müller an den Erlebnissen des Jahres 1848 und dem als Rector magnificus gezeigten Mangel an politischer Gesinnungstüchtigkeit, der ihn mit Virchow in Conflict brachte, zu Grunde gehen, also nach einer Agonie von zehn Jahren.

Es ist Niemand vor seinem Tode glücklich zu preisen, am wenigsten seiner politischen Gesinnungen wegen.

Mir ist es 1848 bei allem Mangel an politischer Befähigung besser gegangen, als Müller; meine Gesinnungen brachten mir in Freiburg eine brillante Katzenmusik, die mir sehr gut bekommen ist, wie ich glaube; ich müßte denn seit fünfundzwanzig Jahren schon agonisiren.

In seiner Rede trauert Virchow noch an Müller's Grabe, in den Anmerkungen dazu hat er sich schon getröstet. Er verkündet die Ankunft des Messias für die Lehre von den Geschwülsten und tadelt Müller's Stil an einer Stelle, wo dieser von Goethe spricht, ohne allen Grund. Müller hatte von Goethe selbst gehört, daß dieser in der Phantasie Gegenstände sich körperlich zur Erscheinung bringen konnte, und erklärt dies mit passenden Worten durch die verschiedenen Naturen des Dichters und eines Beobachters, wie er selbst, der es nicht vermochte. Ich halte es theilweise für Sache der Uebung, denn ich konnte es zuweilen, aber nur mit großer Anstrengung.

Die Natur scheint, wie es pag. 12 der Einleitung heißt, wenig Hülfsmittel zu besitzen, Verkrümmungen zu heilen, da dieselben sehr oft fortbestehen, wenn die Ursachen derselben längst aufgehört haben; die Kunst muß also einschreiten. Frictionen sind nach richtigen Principien angewendet sehr wirksam, Bäder desgleichen. Manipulationen sind für Vorbereitungscuren sehr zu empfehlen, aber auch in der Nachcur nützlich. Antispasmodische und narcotische Mittel haben gar keinen Erfolg. Mechanische Apparate haben einen zweifachen Nutzen; indem sie entweder die Form allmählich verbessern, oder die verkürzten Muskeln in einer längeren Ruhe verharren lassen, während welcher sie ihre Neigung zu krankhaften Contractionen verlieren.

Die Durchschneidung von Sehnen und Muskeln hat ähnliche Zwecke, sie erleichtert die Wiederherstellung der Form und heilt die Muskeln von ihrer Neigung zu unwillkürlichen Actionen. Delpech stellte zuerst den Grundsatz auf, man müsse nach der Tenotomie die Bildung einer Zwischensubstanz anstreben, welche dem Muskel erlaube, seine Functionen wieder zu übernehmen, modificirt durch die von Verlängerung seiner Sehne abzuleitenden Entspannung. Ich gestehe der Tenotomie diese Wirkung vollkommen zu, nehme aber außerdem einen mehr dynamischen Einfluß derselben in Anspruch. Die Länge der Zwischensubstanz scheint mir nicht immer bedeutend genug, das erzielte Resultat zu erklären, es scheint, daß die zeitweilige Unterbrechung der Muskelaction, wie die Tenotomie sie hervorbringt, einen dauernden Einfluß auf die Innervation ausübt. In neuerer Zeit will man davon nichts mehr wissen und mag für viele Fälle Recht haben, für andere aber nicht. Wirkt denn die Myotomie nicht antispasmodisch, wenn sie den mimischen Gesichtskrampf beseitigt oder die schrecklichen habituellen Krämpfe des Kopfnickers? Hat nicht John Hunter bereits bemerkt, daß Zerreißung der Achillessehne die Wadenmuskeln dem Einflusse des Willens entzieht? Habe ich nicht unzählige Male beobachtet, daß die Tenotomie ein ganz verändertes Gefühl in dem operirten Theile zu Wege bringt? Diese streitige Frage ist nicht durch Autopsien operirter Menschen zu beantworten, auch nicht nach Schieloperationen, sie muß ganz allgemein aufgefaßt, durch physiologische Experimente erläutert werden und würde so lauten: Hat die Tenotomie eines großen Muskels wahrnehmbare Folgen für die Innervation des operirten Theils oder nicht?

Die Indication zur Tenotomie liegt besonders in dem Mislingen gelinderer Curversuche. Die Operation muß mit möglichst großer Schonung aller umgebenden Theile gemacht werden, dies geschieht durch subcutanes Operiren, das heißt so, als ob die Haut gar nicht vorhanden wäre. Man umgeht die Sehne mit einem feinen Messer und trennt sie durch vorsichtigen Zug und Druck von Innen nach Außen. Damit dies gut gelinge muß die Sehne so gespannt wie möglich sein, deshalb ist die Haltung des Gliedes während der Operation von großer Wichtigkeit. Ein eigenthümliches Geräusch verräth uns die vollständige Trennung der Sehne. Wo dieses fehlt, muß man untersuchen, ob nicht ein Theil der Sehne undurchschnitten blieb. Es zeigte sich später, daß man nicht chloroformiren dürfe, wenn man die Tenotomie mit Sicherheit ausführen wollte. Man that es doch und durchschnitt am Knie wohl die Nerven statt der Sehnen. Die von vielen jetzt geübte Tenotomie von Außen nach Innen ist nicht so sicher, wie die von Innen nach Außen, welche man vermuthlich aufgab, weil man fürchtete, dabei die Hautwunde größer zu machen. Dies läßt sich leicht vermeiden und ist jedenfalls weniger gefährlich, als Nebenverletzungen der Nerven und Gefäße. Man sollte sich zur Tenotomie nicht mehrerer Instrumente bedienen, die Operation verliert dadurch etwas von ihrem schonenden Charakter. Nach der Operation läßt man den Theil anfangs in seiner verkrümmten Stellung, bis nach einigen Tagen die kleine Wunde geheilt ist und ihre Umgebung nicht mehr gegen Druck empfindlich scheint. Auf die mechanische Nachbehandlung muß große Aufmerksamkeit verwendet werden, man muß es verstehen, mit den Apparaten umzugehen und den Patienten oft während einer Vorbereitungs-Cur daran gewöhnen. Sie müssen so construirt sein, daß man vollkommen übersieht, wie sie wirken. Man begreift das Mißlingen solcher Curen, wenn man die Abbildungen der gebrauchten Apparate sieht, Klumpfüße zum Beispiel müssen wie Diamanten à jour gefaßt werden, nicht in Stiefel gesteckt, von denen Pitha sehr naiv sagt, es gebe leider kein Mittel, den Fuß darin zu befestigen; und doch gebraucht er sie! Er gesteht dann auch, daß er mit Klumpfüßen kein Glück gehabt habe, nur die Heilung leichter Formen von Pes equinus scheint ihm gut gelungen zu sein. Das ist aber nur die leichtere Aufgabe, welcher die etwas schwierigere des Klumpfußes sich anschließt, wenn man sich

Mühe giebt. Wer dazu keine Geduld hat, sollte doch nicht Andere belehren wollen. Man soll sich mit der Extension nicht übereilen, es dürfen nie Excoriationen gemacht werden. Ein aufmerksamer Arzt braucht aber den Apparat nicht oft abzunehmen, die Fortschritte sind größer, wenn es selten geschieht. Den Schluß der Einleitung bilden zwanzig Zeilen, in denen ich die Schieloperation empfehle und beschreibe, eine Anwendung der Tenotomie, von der ich glänzende Resultate erwarte. Sie sind nicht ausgeblieben. Ich verdankte die Idee dazu meinen Forschungen über die Ursachen der Verkrümmungen an anderen Körpertheilen. Ein einziges Wort in diesen Zeilen gab schon die Andeutung, daß es verschiedene Arten von schielenden Augen gebe. Ich empfahl die Operation zunächst bei spastischem Schielen und rechnete dabei auf die antispasmodische (entspannende) Wirkung des Sehnenschnitts, weil am Auge von einer wirksamen mechanischen Nachbehandlung kaum die Rede sein kann.

Contracturen der Füße. Es wird zunächst hervorgehoben, daß man dieselben oft ohne Operation heilen kann, wenn man Geduld und Zeit hat. Die Curen scheitern aber oft an der Mittellosigkeit und Indolenz der Eltern und man hat nur die Wahl, entweder auf operativem Wege, oder gar nicht zu helfen. In dieser Alternative ist doch die Operation vorzuziehen.

Die Geschichte der Tenotomie bei Fußverkrümmungen ist nur kurz. Sie beginnt mit Thilenius 1781, dann kommt Sartorius 1806, dann Michaelis 1809, der die Sehnen nicht durchschneiden, sondern einschneiden wollte, aber da letzteres gar nichts ausrichtet, vermuthlich das erstere that. Dann folgt 1816 Delpech, welcher gründliche Studien über seinen Gegenstand macht und das Princip ausspricht, man müsse nach der Tenotomie die Bildung einer Zwischensubstanz anstreben, welche die Sehne verlängere. Er trifft aber bei seiner ersten Operation auf ein vulnerables Individuum, dessen Sehne sich exfoliirt und wiederholt die Operation nicht in anderen Fällen, obgleich sie in dem ersten zur Heilung führte. Seit 1833, wo ich meine ersten Beobachtungen bekannt machte, ist die Tenotomie der Achillessehne in Aufnahme gekommen, sie zählte 1838 schon über vierhundert Erfolge in Deutschland, England und Frankreich.

Astley Cooper begrüßte 1837 die Tenotomie als eine der größten Verbesserungen der neueren Chirurgie und bedauerte, daß dieselbe nicht von einem englischen Wundarzte herrühre. Er sagte, Lord Byron würde die Hälfte seines Vermögens darum gegeben haben, wenn man ihn geheilt hätte, für ihn als Dichter wäre das aber nicht gut gewesen (was ich freilich bezweifle: warum soll ein anderer Dichter nicht glücklich sein, wie Goethe?).

Die Verkürzung der Wadenmuskeln ist die Grundform der drei vorzüglichsten spasmodischen Fußverkrümmungen: Talipes varus, valgus und equinus. Die ältere Ansicht, daß der Klumpfuß durch Action des Tibialis anticus und posticus entstehe, welche Johannes Müller in seinem Handbuche der Physiologie noch aussprach, als Dieffenbach unter seinen Augen schon Dutzende von Klumpfüßen durch Tenotomie der Achillessehne geheilt hatte, ist nicht haltbar. Seiner Lage nach kann der Tibialis anticus nur so lange auf die Klumpfußstellung wirken, als der Fuß mit dem Unterschenkel noch keinen stumpfen Winkel bildet. Da der Fuß jedoch durch die Wadenmuskeln immer über den rechten Winkel in Plantarflexion gebracht wird, so hört der Antheil dieses Muskels alsbald auf, oder kommt vielmehr gar nicht zum Vorschein. Seine Sehne springt beim Klumpfuße oft sehr hervor, sie ist aber nie gespannt. Ich habe sie deshalb auch nie durchschnitten, aber von Anderen ist dies vielfach geschehen und geschieht noch heute (1873). Ganz anders ist es mit dem Tibialis posticus, der durch seine Lage befähigt ist, länger mit den Wadenmuskeln zusammen zu wirken. Ich habe seine Sehne öfter durchschnitten, blieb aber im Zweifel über die Nothwendigkeit und Nützlichkeit dieser Operation. Jedenfalls ist für die Mehrzahl der Klumpfüße die Durchschneidung der Achillessehne hinreichend. Auf die Durchschneidung der Sehne des Flexor hallucis longus und der Aponeurosis plantaris lege ich dagegen großen Werth, wo dieselben sich verkürzt zeigen.

Es folgt nun ein Abdruck der Aufsätze von Thilenius, Sartorius, Michaelis und meiner beiden ersten Abhandlungen über die Durchschneidung der Achillessehne.

Dann folgen neuere Fälle aus meiner Praxis, die theilweise zur Erläuterung des fraglichen Nutzens der Tenotomie des Tibialis posticus dienen. Meine Aeußerungen darüber sind mehr ablehnend als aufmunternd, doch scheinen mir weitere Untersuchungen wünschenswerth. In England wird die Tenotomie des Tibialis posticus, wie ich noch 1872 gesehen habe, oft geübt, doch fehlt es nicht an Einwendungen und Warnungen wegen der leicht möglichen Nebenverletzungen und weil die Sehne nicht wieder anheile. So bin ich nach fünfunddreißig Jahren noch in Zweifel über diesen Gegenstand, hatte aber 1838 sicherlich Recht, die Tenotomie des Tibialis posticus nicht zu empfehlen; sie würde gewiß viel Unheil angerichtet haben in den Händen der Leute, welche sich der Tenotomie alsbald bemächtigten. Es scheint gegen die Tenotomie des Tibialis zu sprechen, daß ich dieselbe aufgegeben habe und doch meine Patienten heilte; dies geschah aber vermuthlich in viel längerer Zeit, als meine englischen Collegen gebrauchen, zu denen auch Dr. Little gehört, welcher die Tenotomie des Tibialis posticus sehr in Schutz nimmt.

Dr. Little's eigene Krankengeschichte ist aus seiner Dissertation übersetzt, mit des Autors Worten in meine Beiträge aufgenommen worden.

Plattfuß. Das Wesen des Plattfußes besteht in Atonie der Aponeurosis plantaris und der Bänder, welche die Knochen des Tarsus unter einander und mit den Knochen des Unterschenkels verbinden. Die Disposition zum Plattfuß ist oft angeboren und vererbt sich von einer Generation auf die andere. Die Fortschritte des Uebels sind nicht regelmäßig, sondern hängen von Umständen ab. Die Verschlimmerung geschieht durch Hinzutreten von chronischer Entzündung der Bänder und auch wohl der Synovial-Membran der Tarsus-Gelenke. Ich fand öfters deutliche Fluctuation in den Gelenken, welche das os naviculare bilden hilft. Auch ohne besondere oder angeborene Disposition bringen diese chronischen Gelenksbänder-Entzündungen Plattfuß hervor, der im Gegensatze zu dem langsam entstehenden acut oder entzündlich genannt werden kann. Meine Auffassung des Uebels, die zuerst von mir gemachte Wahrnehmung deutlicher Spuren chronischer Gelenkentzündung, veranlaßte mich, das Uebel durch Ruhe und Vesicatore zu behandeln. Es kam dabei zum Vorschein, daß Vesicatore am inneren Fußrande nur schwer zum Ziehen zu bringen sind, so daß man vorher Senfteige legen muß. In einem Falle machte ich deshalb ein paar leichte Striche mit dem Glüheisen, weil die Vesicatore gar nicht ziehen wollten. Bei dieser Behandlung wurden die Füße ohne erhebliche mechanische Nachhülfe wieder gerade. In einem Falle konnte ich die Dauerhaftigkeit der Cur fünf Jahre constatiren, in den anderen wenigstens Jahre lang, obgleich die Patienten zu ihrem früheren Berufe zurückgekehrt waren.

Falsche Anchylosen und Contracturen des Kniegelenks. Da sie meistens Folge von Gelenkentzündungen sind, so kommen am Knie noch andere Hindernisse in Betracht, als an den Füßen, wo die Ursachen der Verkrümmung mehr dynamischer Natur sind. Robert von Froriep hat zuerst nachgewiesen, daß die verkürzte Fascia lata und Fascia cruris sich bei Knie=contracturen der Geraderichtung des Gliedes widersetzen, nachdem sämmtliche Beugemuskeln durchschnitten sind. Ich warne davor, diese Wahrnehmung an der Leiche ohne Weiteres auf das Leben zu übertragen. Mit dem Tode erlischt die Retractions=kraft der Muskeln, welche im Leben sich der Extension widersetzt und Schmerzen, sowie andere sympathische Erscheinungen (Combinationssymptome) herbeiführt. Die Nothwendigkeit der Tenotomie ist deshalb am Knie nicht weniger evident, als an anderen Theilen, wie sich dies aus den Krankengeschichten ergiebt, wo die allmähliche Extension unerträgliche Schmerzen, Uebelkeit und Erbrechen zur Folge hatte, welche nach der Tenotomie des Biceps oder Semitendinosus und Semimembranosus nicht mehr eintreten, so daß die Extension ungestört zum Ziele führte. Diese 1838 gemachte Bemerkung könnte noch heute, 1873, der Beachtung empfohlen werden. Man bricht jetzt in der Chloroformnarcose das Knie gerade, die in der Narcose leicht überwundenen Muskeln ziehen sich nachher wieder zusammen und unterhalten eine Spannung, welche theils Schmerzen veranlaßt, theils zu Dislocationen unter dem Gypsverbande führt. Man möchte dies gern vertuschen, aber es ist so und nur die Tenotomie kann dem abhelfen. Die von mir erfundene Extensions=Maschine für das Knie ist abgebildet, sie hat fast allen späteren zum Vorbilde gedient, nur hat man die ewige Schraube dabei mit Vortheil angewendet. Eine andere Verbesserung derselben besteht darin, daß die Halbschienen für Oberschenkel und Unterschenkel mit dem übrigen Apparate durch vier Gelenke in Verbindung stehen und dadurch ihrer ganzen Länge nach dem Gliede flach anliegen können. Diese Verbesserung ist wesentlicher, als die mit der ewigen Schraube. Man fängt die Behandlung mit Anwendung des Extensionsapparats an und schreitet zur Tenotomie erst, wenn die Extension auf Hindernisse stößt. Man durchschneidet nur das, was sich ganz deutlich spannt, es ist deshalb gar keine Besorgniß vor Nebenverletzungen nöthig. Man muß nur für den Augenblick keinen zu großen Fortschritt erwarten, die Vortheile der Tenotomie liegen darin, daß sie die weitere Extension erleichtert oder möglich macht. Da die Hindernisse derselben erst allmählich zum Vorschein kommen, so sollte man darauf gefaßt sein, die Sehnen und Theile der Aponeurose zu verschiedenen Zeiten durchschneiden zu müssen. In den von mir erzählten acht Fällen behielten die Geheilten die Beweglichkeit des Kniegelenks. Ich habe mich mit dem vollständigen Geradebrechen nie recht befreunden können, weil es meistens den Bewegungen des Knies ein Ende macht. Dies sollte man vermeiden und die Extension in der Chloroformnarcose nicht zu weit treiben, sondern als ein Unterstützungsmittel der Cur mit extendirenden Apparaten benutzen.

Krankheiten am Hüftgelenke. Es werden sechs Fälle erzählt, von denen die vier ersten den Beweis liefern, daß Spondylitis lumbalis manchmal keine anderen auffallenden Reflex-Erscheinungen hervorbringt, als Contractur eines einzigen Hüftgelenks durch Verkürzung des Psoas und Iliacus internus, und daß diese mit Knieschmerz verbunden ist, welcher sich steigert, wenn man die leicht fühlbaren Sehnen dieser beiden Muskeln durch Fingerdruck noch etwas mehr anspannt. Die Heilung in diesen Fällen erfolgte durch Exutoria in der Lendengegend. Der fünfte Fall betrifft eine mit Knieschmerz verbundene Contractur des Pectinäus und Sartorius. Die Durchschneidung dieser beiden Muskeln hob den Knieschmerz augenblicklich und stellte die Functionen des Gelenks wieder her. Der sechste Fall ist Arthritis deformans bei einem neunzehnjährigen Jüngling, der durch Jodkalium und Dampfbäder geheilt wurde.

Verkrümmungen der Finger. Von den drei mitgetheilten Fällen betraf einer die durch Verbrennung entstandene Contractur der Hand, der zweite die Dupuytren'sche Verkürzung der Palmar=Aponeurose, der dritte die Verkrümmung des rechten Zeigefingers durch Panaritium. Hier wurde die Tenotomie mit glücklichem Erfolge angewendet. Die Sehnen des Perforans und Perforatus hatten sich von einander getrennt, die erste lag vor der zweiten, sie konnten deshalb einzeln an zwei verschiedenen Stellen durchschnitten werden. Unter solchen Verhältnissen vereinigten sich die getrennten Enden isolirt und die Bewegungen des Fingers wurden vollkommen wieder hergestellt. Durchschneidet man gleichzeitig beide Sehnen an derselben Stelle, so schmelzen die Narben zusammen und die vom Perforans auszuführende Bewegung des Endgliedes ist aufgehoben.

Verkrümmungen des Ellenbogengelenks. Sie erfordern keine Tenotomie, da sie sich auf mechanischem Wege beseitigen lassen.

Verkrümmungen des Halses. Die operative Orthopädik des Halses ist älter, als die der Extremitäten; Roonhuysen durchschnitt 1670 den Sternomastoideus. Es wurde am Halse auch schon von Dupuytren und von Dieffenbach subcutan operirt.

Man macht die Durchschneidung des Kopfnickers da, wo sie am leichtesten und sichersten auszuführen ist, womöglich in seinem sehnigen Theile. Es kann dabei von Nutzen sein, das Messer ganz hinter dem Muskel durchzuführen und einen Ausstichspunkt zu gewinnen. In einzelnen Fällen ist es bequemer, die Sehne von außen nach innen unter einer Hautfalte zu durchschneiden. Die Nachbehandlung ist wichtig und muß im Liegen geschehen. Das abgebildete Streckbett giebt die einfache Vorrichtung für die Rotation des Kopfes.

Es ist dann die Rede von den scheinbar mit auf die Welt gebrachten Verkürzungen des Kopfnickers. Es giebt Fälle, in denen die Verkürzung gleich nach der Geburt bemerkt wurde und sich während des Uterinlebens ausgebildet haben mußte, aber in anderen wurde erst während der Geburt der Grund dazu gelegt. Die Kinder sind mit der Zange oder durch die Wendung zur Welt gebracht worden, dabei wurde der Kopfnicker gezerrt oder zerrissen. Nicht jede Verletzung dieser Art führt zu einem Caput obstipum, wie ich beobachtet habe, in anderen tritt Verkürzung ein. Beim Caput obstipum ist der Unterschied der beiden Kopfnicker manchmal enorm. Der verkürzte hat nur den vierten Theil der Länge des gesunden. Die Behandlung durch Extension leistet gar nichts, ohne vorhergehende Tenotomie. Dies allein könnte hinreichen, die Schwätzer zum Schweigen zu bringen, welche von Tenotomie nichts wissen wollen.

Es werden fünf Fälle erzählt, in denen theils nur die Sehne des Sternomastoideus, theils zugleich oder später der Cleidomastoideus durchschnitten wurde. In einem Falle war ein verkürzter Cleidomastoideus secundus die Ursache des schiefen Halses.

Der sechste Fall betrifft den habituellen Krampf des linken Kopfnickers bei einer dreißigjährigen Dame in seiner schrecklichsten Gestalt. Sie wurde mittels Durchschneidung des ganzen Kopfnickers, so wie der Portio clavicularis des Cucullaris geheilt. Die Operation fand 1836 statt, also jetzt vor siebenunddreißig Jahren. Ich sehe die Dame jährlich und kann mich von der Fortdauer ihrer Heilung überzeugen. Mittlerweile ist einer ihrer Brüder im Irrenhause gestorben, ein anderer litt lange vor seinem Tode an Paralysis agitans.

Der siebente Fall betrifft den habituellen Krampf des rechten Kopfnickers bei einer dreiundsiebenzigjährigen vornehmen

Dame. Er ist nur dadurch interessant, daß Professor Carl Krause die Section machen konnte. Er fand keine organische Veränderungen in den Centralorganen des Nervensystems, nur schienen Gehirn und Rückenmark von etwas festerer Textur als gewöhnlich zu sein.

Der achte Fall betrifft das von Spondylitis cervicalis entstehende Caput obstipum, welches für die rechtzeitige Diagnose dieses gefährlichen Uebels sehr wichtig ist. Rust verlor daran alle seine Patienten. Untersucht man bei jedem frisch entstandenen Caput obstipum den Nacken auf Druckschmerz, so wird man denselben dicht unter dem Hinterhauptsbeine nicht vermissen, falls Spondylitis zugegen ist. Bei frühzeitiger Diagnose hat die Heilung keine Schwierigkeit und läßt sich durch mehrfaches Ansetzen von Blutegeln bei vollständiger Ruhe in horizontaler Lage auch ohne Exutoria erzielen. Diese sind aber nicht zu entbehren, wenn das Uebel anfangs verkannt oder vernachlässigt wurde.

Der neunte Fall betrifft die Retraction der Nackenmuskeln bei Spondylitis der unteren Halswirbel und der Rückenwirbel. Die Haltung kleiner Kinder ist dabei so absonderlich, daß man die Diagnose auf Spondylitis stellen kann, sobald man ihrer ansichtig wird. Während bei Spondylitis die Reflex-Contracturen meistens unterhalb der kranken Wirbelstelle liegen, scheinen sie hier darüber hinauszugehen. Dies wird erklärt durch die Function des Longissimus dorsi, welcher bis zum Hinterhaupte hinaufsteigt.

Meine Beiträge zur operativen Orthopädik wurden gut aufgenommen; die erste Auflage war binnen Jahresfrist vergriffen, so daß ein zweiter Abdruck stattfinden mußte, den der Verleger in seinem Interesse aber nicht als solchen bezeichnet hat. Ich konnte mich nicht entschließen, an dem eben erst erschienenen Werke etwas zu ändern, und glaubte bringendere

Aufgaben vor mir zu haben. Auch später, als die Literatur über Tenotomie rasch anwuchs, spürte ich gar keine Neigung, mich darüber nochmals vernehmen zu lassen; es lag mir nichts daran, das letzte Wort zu behalten. Mein Schweigen wurde vielfach mißgedeutet. Ich amüsirte mich oft über die sehr vorsichtigen Fragen der Fachgenossen, mit denen sie ermitteln wollten, ob ich das Vertrauen zur Tenotomie etwa verloren habe, da ich nichts wieder darüber drucken ließe. Ohne Zweifel wäre ich im Stande gewesen, etwas Besseres zu liefern, ich hatte aber die geheime Furcht, als Schnenschneider unterzugehen, ungefähr wie Astley Cooper sich fürchtete, als Ohrendoctor verschrieen zu werden, nachdem er ein einziges Mal mit Erfolg bei Taubheit das Trommelfell durchbohrt hatte und dann einen großen Zulauf von Schwerhörigen bekam. Ich konnte mich damit entschuldigen, daß man in einem einzelnen Gegenstande, den man nach besten Kräften bearbeitet hat, keine weiteren Fortschritte zu machen pflegt, bis die Wissenschaft im Allgemeinen und wir mit ihr weiter gekommen sind.

Wer konnte 1838 ahnen, daß 1846 die Anästhesie sich in der Chirurgie einbürgern würde? Sie hat auf die Beurtheilung und Behandlung der Verkrümmungen nächst der Tenotomie den größten Einfluß gehabt; es lohnt sich wohl der Mühe, zu untersuchen, ob es zum Heile der Leidenden geschehen ist. Eine sehr verständige Vertretung der Tenotomie vor Bekanntwerden der Anästhesie finde ich in den Schriften von Dr. Little und von Tamplin, dessen Schwager, so wie in den Arbeiten von Bouvier. Jules Guerin in Paris war der Heißsporn der operativen Orthopädik. Er wollte um jeden Preis der Erfinder derselben sein und nahm alle paar Jahre einmal einen Anlauf, der Pariser Akademie der Medicin zu beweisen, daß er doch wenigstens der Einzige sei, welcher ihr wahres Wesen begriffen habe. Es half ihm nichts. Ich ließ ihn ruhig gewähren und machte nur einmal das Bonmot auf ihn, er würde, wenn es darauf ankäme, allenfalls die Priorität seines eigenen Vaters leugnen. Seine Myotomien bei Rückgrats-Verkrümmungen und andere Extravaganzen thaten ihm eben so vielen Schaden, wie seinen Patienten.

Seit 1846 versuchte fast jeder Wundarzt den Einfluß der Anästhesie auf Verkrümmte. Bernhard Langenbeck trat zuerst mit seinen Erfolgen hervor und muß deshalb als Gründer einer Schule betrachtet werden, der den Ruhm und die Verantwortlichkeit derselben zu tragen hat. Er veröffentlichte seine Erfahrungen in der Schrift: Commentatio de contractura et ancylosi genu. Berolin. 1850. Von dieser Zeit datirt sich die Verbreitung der darin geschilderten Methode. Die Erfolge derselben erscheinen darin so glänzend, daß bei Knie-contracturen von Tenotomie nicht mehr die Rede zu sein braucht. Die Extension in der Chloroformnarcose und der Gypsverband leisten Alles. Man vermißt höchstens die Nachricht, daß die Geheilten auch beim Ballet engagirt worden sind.

Der Reformator der Orthopädie, wie er sich selbst genannt hat, Dr. Werner, ein Gegner der Tenotomie, dessen, von ihm selbst veröffentlichten, Resultate in der Behandlung von Klumpfüßen (in zehn Jahren vierzehn Geheilte und einunddreißig Ungeheilte) ich in der Vorrede meiner Beiträge erwähnt hatte, kam Langenbeck zu Hülfe, indem er alles früher Dagewesene in Scherben schlug. Charles Bell, Marshall Hall, Johannes Müller, Delpech und viele Andere wurden zuerst hingerichtet. Ich fing schon an, neidisch zu werden, aber die Reihe kam auch an mich. Es blieb von mir fast nichts übrig, als ich selbst. Dann kamen seine lange vergebens erwarteten Orakelsprüche, unter anderen: die Skoliose ist gar kein somatisches Leiden, sondern ein psychisches! Es macht den jungen Mädchen Plaisir, schief zu sein, und sie werden es. Damit hatte er alle groben Väter und ärgerlichen Mütter auf seiner Seite, die seit Jahrhunderten derselben Ansicht gewesen waren, und ihre Töchter geknufft und gescholten hatten, weil sie sich nicht gerade halten wollten! Auch in anderen Kreisen wirkten Werner's Aufsätze, welche zuerst in der Zeitschrift für wissenschaftliche Medicin abgedruckt, 1852 in Berlin gesammelt erschienen, sehr wohlthätig. Seit zwanzig Jahren hatte man mich so oft gelobt, daß es nicht mehr auszuhalten war. Mancher athmete jetzt freier und suchte in dem Wust von Unsinn, den Werner vorgebracht hatte, nach einem Körnchen Wahrheit, um es mir triumphirend entgegenzuhalten. Sogar Professor Volkmann lobt Werner, weil er die Entdeckung gemacht habe, daß ein Muskel sich wohl contrahiren, aber nicht selbst wieder extendiren könne. Dieser Satz ist aber falsch, der Muskel dehnt sich wieder aus, wenn die Ursachen seiner Zusammenziehung aufgehört haben. Man möchte jetzt gern den Begriff Elasticität an die Stelle von Tonus setzen, aber auch elastische Körper dehnen sich wieder aus, wenn die Ursache ihrer Compression aufhört. Tonus und Elasticität sind sehr verschiedene Dinge, die letztere ist auch eine Eigenschaft lebloser Körper, der Tonus dagegen gehört dem lebenden Organismus an, als Resultat der Reflex=Action. Wer den Tonus beseitigen will, muß zugleich die Lehre vom Reflex negiren.

Mit dem Jahre 1850 war der Liebesfrühling der Tenotomie vorüber, Extension in der Chloroformnarcose und Gypsverbände wurden die Helden des Tages. In der Narcose sollte jeder Widerstand überwunden werden, der Gypsverband sollte den leichten Sieg zu einer dauernden Eroberung machen. Es ging aber nicht Alles so glatt ab, wie das Programm lautete. Der Gypsverband wurde oft nicht ertragen, unter demselben bildeten sich öfter Dislocationen, dann wurde das Glied völlig unbrauchbar, übrigens blieb es meistens steif. Dies Alles hinderte aber die Enthusiasten nicht, sie berichteten über ihre Erfolge nach Hunderten und wußten nichts von Schwierigkeiten und üblen Folgen. Professor Pitha, dessen Werk über die Krankheiten der Extremitäten für Billroth's Handbuch, 1868, gleichzeitig mit dem letzten Hefte meiner Chirurgie erschien, spricht noch mit Bewunderung von den Erfolgen der Tenotomie und ist zu derselben Ansicht, wie ich, gelangt, daß dieselbe für die winkelförmigen Verkrümmungen des Kniegelenks oft unentbehrlich sei. Billroth, der übrigens auch der Tenotomie Gerechtigkeit widerfahren läßt, hält sie am Knie für entbehrlich. Professor Lücke und Professor Hüter wenden der Tenotomie schon mehr den Rücken, Lücke hält sie für entbehrlich bei paralytischen Fußverkrümmungen, Hüter bei den angeborenen. So sitzt hier die Tenotomie zwischen zwei Stühlen. Wem soll man folgen? Nach meiner Ansicht beiden, erst dem einen, der sie für paralytische Fälle erlaubt, und dann dem andern. Professor Volkmann versichert in Billroth's Handbuch, 1872, daß die Tenotomie jetzt eine Operation sei, für die sich die Chirurgen im Ganzen wenig interessiren und die stellenweise wohl weniger angewendet werde, als sie verdiene. Von einigen Seiten sei sogar der Versuch gemacht worden, sie ganz zu proscribiren und als unnöthig und nachtheilig hinzustellen, um wieder zu der reinen Maschinenbehandlung zurückzukehren. Dies wäre nach Volkmann ein ungeheurer Rückschritt.

Ich glaube, daß Volkmann Recht hat, die Chirurgen interessiren sich überhaupt wenig für die Orthopädie, die Curen sind ihnen zu mühsam, mit oder ohne Tenotomie und Narcose.

Volkmann möchte die Tenotomie für das Knie nicht wieder in Gebrauch ziehen, ich glaube aber, daß er es thun wird. Schon vor acht Jahren war er aufrichtig genug, einzugestehen, daß Langenbeck's Methode am Knie mitunter auf ungeheure

Schwierigkeiten stößt, wo die gewaltsame Streckung oft wiederholt werden muß (vid. dessen Krankheiten der Bewegungsorgane, I. Abtheilung, pag. 564 in Billroth's Handbuch). Es würde ganz den Principien entsprechen, welche ich 1838 ausgesprochen habe, hier zum Messer zu greifen. Chirurgie und Mechanik müssen Hand in Hand gehen, wo die eine nicht ausreicht, muß die andere aushelfen.

Als praktischer Chirurg, der in der Klinik seine täglichen Aufgaben zu lösen hat, ist Volkmann ganz an seinem Platze, aber seine theoretischen Ideen scheinen mir für das Gedeihen der Orthopädie nicht förderlich zu sein. Er möchte, im Grunde genommen, gern alle Verkrümmungen den Knochen zur Last legen und erlaubt den Nerven und Muskeln nur eine ganz untergeordnete Rolle. Die Muskeln verkürzen sich für ihn nur nutritiv und haben keinen activen Antheil an der Entstehung der Verkrümmung. Dies contrastirt sehr lebhaft mit dem großen Vertrauen, welches er dem Distractionsverfahren bei Gelenkkrankheiten schenkt, dessen Wirkung doch vorzüglich auf die Muskeln gerichtet ist. Er kann sich freilich nicht entschließen, die bei Gelenkentzündungen entstehenden Verkrümmungen im Wesentlichen durch Reflex zu erklären (vid. dessen Krankheiten der Bewegungsorgane, I. Abtheilung, pag. 514, in Billroth's Chirurgie). Physiologische Nothwendigkeiten sollte man doch anerkennen, selbst wenn sie nicht Alles erklären. Für Professor Volkmann ist die geringere Beachtung physiologischer Verhältnisse insofern nachtheilig gewesen, weil sie ihn gehindert hat, den Gelenkneurosen die gebührende Aufmerksamkeit zu schenken (vid. dessen K. d. B., II. Abtheilung). Er hat nur einen einzigen Fall von Gelenkneurose und diesen, nach meiner Erfahrung, nicht richtig behandelt. Er legte einen Gypsverband an und, da das Gelenk, wie zu erwarten war, steif wurde, so zweifelte er an der Richtigkeit der Diagnose. Dies führt begreiflicher Weise zu der Frage: wie viel Procent unter den glücklich durch das Distractionsverfahren Geheilten müssen wohl mit Fug und Recht unter den Neurosen stehen und nicht unter den Entzündungen? Professor Wernher giebt uns wohl einmal Aufschluß darüber, er ist das enfant terrible dieser Schule, der es ausgeschwätzt hat, daß eben Alles gestreckt wird, die mit Neurosen Behafteten und die mit Entzündungen.

Was soll man zu der Siegesgewißheit sagen, mit welcher Volkmann versichert, bei dem Distractionsverfahren wird es fortan keine Verkrümmungen nach Gelenkkrankheiten mehr geben? Man könnte vielleicht sagen, sicher, denn diejenigen werden sterben oder amputirt werden, welche vielleicht am Leben geblieben oder nicht amputirt wären, wenn man sie nicht gestreckt hätte. Volkmann drückt sich so emphatisch über die Sicherheit aus, mit der sich Difformitäten bei Behandlung der Gelenkentzündungen vermeiden lassen, daß man darin eine Aufforderung für die Patienten finden kann, ihren Arzt wegen eines Kunstfehlers zu verklagen, wenn ein Glied krumm geworden ist, wie in Olims Zeiten wegen versäumter Trepanation.

Volkmann beweist seine mechanische Richtung in den Abbildungen, welche er dem Capitel von den Rückgratsverkrümmungen beigegeben hat. Der ganze alte mechanische Plunder feiert in dem deutschen Nationalwerke für Chirurgie seine Auferstehung. Wenn uns Volkmann nur sagen könnte, daß er mit der einen oder andern Maschine Erfolge erzielt habe. Das ist freilich nicht zu erwarten, denn mit all diesem Kram ist wohl nie eine Skoliose geheilt worden und wird auch nie eine geheilt werden.

In Betracht der Theorie der Skoliose sind die Leser von Billroth's und Pitha's Chirurgie auf Lorinser angewiesen, der (Krankheiten der Wirbelsäule, pag. 33 und folgende) dieselbe als eine gutmüthige Schwester des Pott'schen Uebels hinstellt und mit der Bühring'schen Maschine zu behandeln räth. Von den praktischen Einsichten Lorinser's bekommt man einen Begriff, wenn man liest, daß er beim Pott'schen Uebel die schnelle Eröffnung der Abscesse anräth. Hinterher ersetzt man den Verlust an Phosphaten durch passende Nahrung. Eine Tabelle von Professor Kletzinsky über die Verluste von Phosphaten durch den Urin unter solchen Umständen giebt Lorinser's Lehren eine ganz exacte Basis. Man bringt dem Patienten durch Eröffnung des Abscesses eine tödtliche Wunde bei und ersetzt dann den Verlust an Phosphaten.

Volkmann befaßt sich nicht mit der Theorie der Skoliose, dagegen giebt er uns die des angeborenen Klumpfußes. Obgleich man durch die in der Einleitung den allerdings sehr vorzüglichen Untersuchungen Henke's über die Gelenke gespendeten Lobsprüche etwas vorbereitet ist, so wird man doch überrascht durch die Erklärung, daß beim Klumpfuße die Verbiegung nicht im Gelenke, sondern in den Knochen liege. Diese Ansicht wurde früher allgemein angenommen, gerieth aber durch die Schnellcuren der operativen Orthopädik in verdiente Vergessenheit. Bei Volkmann's Versuche, sie wieder einzuführen, fielen mir die Berliner Gamins ein, welche 1837, wo Dieffenbach auf Fußverkrümmungen fahnden ließ, Klumpfuß zu spielen pflegten. Sie wurden dann von jungen Aerzten eingefangen, die sie in die Klinik führen wollten, liefen aber lachend davon mit ganz geraden Füßen. Volkmann ist sicher, daß angeborene Klumpfüße nicht durch Neurosen, sondern auf mechanischem Wege entstehen. Er ist so glücklich gewesen, fünf Beobachtungen an Neugeborenen zu machen, welche dies unwiderleglich beweisen. Gleich nachher sagt er aus, daß es gar keine Klumpfüße waren, sondern andere Verkrümmungen und bildet einige davon ab, bei denen allerdings Jeder sagen wird, daß sie durch Druck entstanden sein müssen. Volkmann's Schreibart macht manch=

mal den Eindruck, als schriebe er von unten nach oben, so daß er das eben Geschriebene mit dem Aermel wieder auswischt.

Er beschreibt das genu valgum und den Plattfuß sehr genau vom pathologisch-anatomischen Standpunkte, kann sich aber nicht entschließen, in ihrer Actiologie der Entzündung irgend einen Antheil zu gestatten und kommt nicht auf den Gedanken, daß die auch von ihm zugestandene Atonie der Bänder schon eine chronische Entzündung niederen Grades sein könne, die gelegentlich acut wird und zu raschen Fortschritten führt. Ich habe noch im Januar und Februar 1873 ein genu valgum bei einem zwanzigjährigen Schlosser binnen sechs Wochen sich bilden und wieder zurückbilden sehen. Bei der Entstehung waren heftige Schmerzen an der Innenseite des Kniegelenks und dieses wich fast einen Zoll weit nach innen aus. Die Behandlung bestand nur in Ruhe und Einreibungen von Salmiakgeist.

Volkmann spottet darüber, daß ich bei Plattfuß Vesicatore angewendet habe, und findet die Behandlung durch Rectification in der Chloroformnarcose und durch Gypsverbände unübertrefflich. Ohne Zweifel kann man auch durch Gypsverbände chronische Gelenkentzündungen heilen, aber vom physiologisch-pathologischen Standpunkte war es doch viel interessanter, zu sehen, wie ein schlimmer Plattfuß durch ein Vesicator wieder gerade wurde. Die von Roser empfohlene Rectification des Plattfußes in der Chloroformnarcose scheint mir von geringem Werthe zu sein; der Muskelwiderstand, den man darin überwindet, schwindet auch von selbst, in vollkommener Ruhe des Gliedes. Immerhin aber ist diese Rectification ein Fortschritt gegen Dieffenbach's Tenotomien beim Plattfuße.

Es scheint fast, als fürchte sich Volkmann auch ein wenig vor den Exacten, wenn er in den Capiteln vom genu valgum und vom Plattfuße der „Entzündung" aus dem Wege geht.

Aber die Zeiten sind doch vorüber, wo man von Entzündung nur schrieb, indem man das Wort einklammerte, um damit anzudeuten, daß man eigentlich viel zu klug sei, daran zu glauben. Diese exacte Comödie ist jetzt ein überwundener Standpunkt.

Häusliche und persönliche Erlebnisse.

Nach der zweiten Cholerareise wurde unser häusliches Leben nicht wieder gestört. Meine Frau fand Geschmack an dem großen Haushalte, den sie zu regieren hatte, und deshalb auch nicht minder an unserem zurückgezogenen Leben. Sie hatte in Hamburg die große Welt kennen gelernt, und sehnte sich nicht darnach zurück. Wir gingen nur wenig in Gesellschaft, aber liebenswürdige, talentvolle junge Männer wurden unsere Hausfreunde. So bildeten sich in Hannover schon Lebensgewohnheiten, denen ich auch später treu blieb. Dies hat sein Gutes gehabt, weil ich der Geselligkeit keine Zeitopfer zu bringen hatte und meinen schriftstellerischen Arbeiten die Sorgfalt widmen konnte, welche die Achtung vor dem Publikum zur Ehrensache machen sollte. Für den Verkehr mit der Welt wäre es besser gewesen, wenn ich meiner angeborenen Neigung zur Einsamkeit weniger nachgegeben hätte. Ich fühlte dies, wenn meine Frau mich verließ, um, wie es jedes Jahr geschah, ihre Eltern auf sechs Wochen zu besuchen. Ich wußte dann nicht, was ich mit mir anfangen sollte, denn ich mochte eigentlich mit Niemand reden, als mit ihr.

In Hannover wurden unsere drei Töchter geboren, Anna 1832, Helene 1834, Ottilie 1836.

Kurz vor der Geburt unseres ersten Kindes starb meine theure Mutter. In der Reconvalescenz von einem leichten Typhus wurde sie von Diphterie befallen, welche ohne große Leiden ein rasches Sinken der Kräfte herbeiführte. Ich saß an ihrem Bette, als sie verschied; sie hatte mich noch kurz zuvor angelächelt. Die nahe bevorstehende Ankunft des ungeduldig erwarteten ersten Enkelkindes war ihr letzter Gedanke gewesen.

Im Jahre 1832 wurde ich zum königlichen Hofchirurgus ernannt. Die damit verbundene Besoldung von vierhundert Thalern war als eine Remuneration für meine Thätigkeit an der chirurgischen Schule anzusehen; ich erhielt übrigens keinen großen Zuwachs an Arbeit, da die Zahl der Hofärzte in Hannover sehr groß war: zwei Leibmedici, vier Hofmedici, ein Leibchirurg, zwei Hofchirurgen. Nach dieser Anstellung erschien es mir bei den damaligen Begriffen über Entfernungen angemessen zu sein, meine Wohnung in die Stadt selbst zu verlegen, und ich entschloß mich, zu bauen, da ich kein passendes Haus finden konnte. Ebeling machte den Plan und führte ihn mit seinem Freunde, dem jetzigen Ober-Hofbaurath Molthan, glücklich aus. Unser Haus an der Adolphstraße, deren Anfang das Leibniz-Denkmal bildet, war das erste in einem Stile gebaute, der sich nachher zum hannoverschen Rundbogenstile entwickelte. Wir hatten 1834 ein herrliches Baujahr, in welchem bis jetzt der beste Wein des Jahrhunderts gewachsen ist. Im Herbste 1835 konnten wir unsern kleinen Feenpalast beziehen, bei dessen innerer und äußerer Ausschmückung die beiden Baumeister neben großer Einfachheit ihre ganze Kunst gezeigt hatten.

Im August 1837 zog Ernst August als König von Hannover ein. Ich war, als Mitglied der chirurgischen Prüfungs-Commission für das Staatsexamen, gerade in Holscher's Hause an der Calenbergerstraße beschäftigt, als der König staubbedeckt ankam. Ich habe ihn später gar nicht wieder gesehen. Als ich 1838 Hannover verließ, wollte ich ihm einen Abschiedsbesuch machen, er wollte mich aber nicht sehen; es hatte ihn verdrossen, daß ich seinen Dienst verließ. Als ich in

Berlin studirte, ließ er mich rufen, als Professor ließ er mich zornig ziehen. Die sieben Göttinger Professoren hatten ihm den Kopf warm gemacht.

Im September 1837 besuchte uns Dieffenbach in Hannover. Er war liebenswürdig und glücklich, und konnte mit Bardolph sagen, daß er besser accommodirt sei, als 1831, wo ihn seine erste Frau noch plagte, gegen welche die zweite als ein wahrer Engel erschien. Seit dem 29. Mai 1836, wo er Dr. Little ein Empfehlungsschreiben an mich mitgab, bis zu seinem Tode blieb er mein treuer Correspondent. Ich habe seine Briefe sorgfältig aufbewahrt. Sie sind voll von Leben, voll von Anerkennung für seine zweite Frau, welche ganz für ihn zu passen schien. Er gab mir immer Nachricht über seine neuesten chirurgischen Versuche und Errungenschaften. Man würde seine Briefe nicht ohne Interesse lesen, aber sie sind nicht immer schmeichelhaft für die Zeitgenossen. Er war leicht beleidigt, aber auch leicht wieder versöhnt. Er versuchte es lange, mich als Mitarbeiter einer Zeitschrift für Chirurgie zu betheiligen, ich hatte aber gar keine Neigung; zum Journalisten war ich viel zu schwerfällig. Dieffenbach's Briefe waren auch nicht dazu angethan, mir Lust zu machen. Er ärgerte sich über Vieles, was mich kalt ließ, weil ich nicht daran dachte, es beantworten zu müssen. Ich suchte ihn immer friedlich zu stimmen, deshalb waren ihm meine Briefe angenehm; er mahnte immer, wenn ich lange nicht geschrieben hatte. Ein theures Angedenken an ihn ist mir ein ganz kurzer Brief vom 23. März 1846. Er fühlt sich so krank, daß er seinen baldigen Tod erwartet, dankt mir für meine unendliche und unermüdliche Freundschaft und bittet mich, als seinen wahrscheinlichen Nachfolger, mich seiner Frau und Kinder anzunehmen.

Berufung nach Erlangen.

Meine Mutter lebte nicht mehr, meine drei Schwestern waren verheirathet. Ich hatte der Orthopädie Dienste geleistet, welche mir gestatteten, mich davon zurückzuziehen, ohne mich übler Nachrede auszusetzen. Mein Institut war in blühendem Zustande und würde nach dem Erscheinen meiner Beiträge zur operativen Orthopädik noch mehr in Aufnahme gekommen sein. Für Andere wäre dies vielleicht ein Grund gewesen, zu bleiben, für mich war es das Gegentheil, ich mußte dem Ziele nachstreben, welches mein Vater mir gesteckt hatte. Durch Jäger's Tod wurde die chirurgische Lehrkanzel in Erlangen erledigt; ich beschloß, mich darum zu bewerben. In Erlangen kannte ich Niemand und hatte überall keine einflußreichen Freunde in Bayern. Bewerben mußte ich mich, denn Niemand konnte wissen, daß ich willens sei, meine angenehme Stellung in Hannover aufzugeben. Ich besuchte den königl. bayerischen Minister-Residenten Freiherrn von Hormayr und trug ihm meine Wünsche vor. Er mußte wohl sehr vortheilhaft über mich berichtet haben, denn schon nach vierzehn Tagen erhielt ich ein eigenhändiges Schreiben des Ministers von Abel, worin er mich fragte, unter welchen Bedingungen ich bereit sei, die Professur in Erlangen zu übernehmen. Es schien mir, als Bewerber, angemessen, nur das zu verlangen, was Jäger gehabt hatte; um mich indeß nicht zu übereilen, schrieb ich an Professor Rudolph Wagner in Erlangen und fragte ihn, ob Jäger mit seinem Gehalte anständig habe leben können. Wagner antwortete mir, daß Jäger 1500 Gulden Besoldung gehabt und auf einem sehr anständigen Fuße gelebt habe. So faßte ich denn mein Schreiben an den Minister sehr kurz dahin ab, daß ich keinen höheren Gehalt beanspruche, als Professor Jäger besessen habe. Auf diese Art kam meine

Ernennung bald zu Stande, und ich hatte die Vorbereitungen zu meinem Abzuge zu machen.

Die Hannoveraner konnten meinen Entschluß, nach Erlangen zu ziehen, gar nicht begreifen; sie kannten kaum den Namen des Ortes, ich wurde öfter gefragt, weshalb ich denn nach Irland gehen wolle? Mein alter Freund Stieglitz hielt es nicht für Ernst und meinte, ich wolle mit dieser Idee nur die Erhöhung meines Gehalts bezwecken, wozu gar keine Aussicht sei. Ich konnte ihm erwiedern, daß es sich um eine abgemachte Sache handle. Ein alter Medicinalrath, der sehr viele Kinder und meistens sehr wenig Geld hatte, war so höflich, mir zu sagen, ich stehe wohl am Bankerott und müßte deshalb fort. Ich lachte ihn aus und ließ ihn bei seiner Meinung, die ihm wohl that. Andere waren freundlicher gesinnt und bedauerten meinen Fortgang. Der ärztliche Verein gab mir am 5. August ein solennes Abschiedsfest, bei welchem der jetzige Sanitätsrath Dr. Lampe mich als Gründer des Vereins in Versen feierte. Dr. Adolph Mühry erhob meine Verdienste um die operative Orthopädik durch ein humoristisches Gedicht, dessen Pointe darin bestand, daß man sich jetzt vor dem Teufel mehr als früher in Acht zu nehmen habe, weil derselbe sich seinen Pferdefuß gewiß von mir habe operiren lassen und deshalb nicht so kenntlich mehr sei.

Ein junger unternehmender Arzt, der mir sehr wohl gefiel, wünschte meine orthopädische Anstalt zu übernehmen und fortzusetzen. Ich rieth ihm davon ab, und würde es mit jedem Anderen ebenso gemacht haben. Es widerstrebte meinem Gefühle, meine kleine Schöpfung zu verkaufen. Ich hatte in meinen Schriften gesagt, wie ich es gemacht, Andere konnten es eben so machen, ohne mir eine Verantwortlichkeit aufzubürden. Meine Patienten wurden im Juli entlassen, im August verkaufte ich die entbehrlichen Sachen. Die Turngeräthe wurden

später wieder benutzt, und haben unter der Leitung von Hof=
chirurgus Dr. Kohlrausch noch viele Jahre dazu gedient, jungen
Mädchen die Gelegenheit zu gymnastischen Uebungen zu geben.
Unser schönes Haus wurde vermiethet, aber auf so wenig
vortheilhafte Art, daß ich dasselbe 1840 verkaufte. Der Bau
hatte 20,000 Thaler gekostet, ich bekam 18,000 wieder. Der
nächste Besitzer war der damalige Kammerrath und spätere
Finanzminister Graf Eduard Kielmansegg, der dasselbe 1849
an König Georg V. überließ. Der Schwiegervater des Königs,
Herzog von Altenburg, hat es lange bewohnt, später wurde
dasselbe zum Welfen=Museum gemacht. Es ist jetzt nicht mehr
so hübsch, wie zu meiner Zeit, der König hatte einen Anbau
gemacht, dem die Pergola an einer Seite zum Opfer wurde,
und die früher in der Mitte gelegene Hausthür liegt jetzt
seitwärts.

Am 13. September waren unsere Sachen gepackt und
dem Spediteur übergeben; ich ging über Bennemühlen nach
Hamburg, wohin meine Frau mit den Kindern schon im
August vorangegangen war.

Am 15. October brachen wir von Hamburg auf, um in
kleinen Tagereisen Erlangen zu erreichen, wo wir am 25. October
ankamen.

Auf der Durchreise besuchte ich in Göttingen meine
früheren Lehrer und meine Verwandten. Professor Marx
äußerte sich sehr unzufrieden mit meinem Entschlusse, nach
Erlangen zu gehen. Sie werden es bereuen, sagte er, denn
Sie können dort stecken bleiben. In Gotha verlebten wir
einen angenehmen Ruhetag im Hause von Friedrich Perthes,
der ein alter Freund meines Schwiegervaters war.

Aufenthalt in Erlangen,
vom October 1838 bis Januar 1841.

Der erste Eindruck von Erlangen war nicht sehr günstig. Wir wohnten bis zur Ankunft unserer Mobilien in der blauen Glocke, wo wir freilich gut aufgehoben waren, aber ziemlich unschöne Umgebungen sahen. Ein scharfer Wind strich durch den Schloßgarten und fegte die letzten Blätter von den Bäumen. Doch wurde dieser Eindruck bald verwischt durch die Freundlichkeit, mit welcher man uns entgegenkam. Eine der besten Wohnungen war für uns gemiethet worden, im Hause des Dr. Wollner, welcher damals einer der beliebtesten praktischen Aerzte war. Wir lebten sehr friedlich mit einander und ich danke es Dr. Wollner noch jetzt, wie er mir bei Erkrankungen in meiner eigenen Familie hülfreich zur Seite stand. Seine Frau war die einzige Tochter des berühmten Botanikers Hofrath Koch, meines Collegen.

Ich hatte zunächst mit dem Prorector, Professor Schmidtlein zu schaffen, der mich mit den für meine Einführung erforderlichen Formalitäten bekannt machte. Ich wurde von ihm den versammelten Professoren vorgestellt und hatte diese lateinisch anzureden, dann eine öffentliche lateinische Rede zu halten und zwei lateinische Programme drucken zu lassen, das eine für den Eintritt in den Senat, das andere für den in die Facultät. Das erste handelt von den Ursachen des coxalgischen Knieschmerzes, das zweite von der Combination motorischer und sensitiver Nervenaction.

Bei meiner kurzen Anrede an die versammelten Professoren glaubte ich mich, hinter der lateinischen Sprache, völlig sicher und habe darin gesagt: Auf den Ruf König Ludwigs, des berühmten Königs von Bayern, dessen unsterbliche Werke der Stolz und die Zierde von ganz Deutschland sind, habe ich mein geliebtes Vaterland, meine theuern Schwestern und Brüder verlassen, in der Hoffnung, daß Bayern mir das Vaterland, die Wissenschaften meine Schwestern, die Collegen meine Brüder wiedergeben würden. Da überwältigte mich die Erinnerung an alle die Theuren, die ich hinter mir gelassen hatte und es entstand eine Pause, nach welcher ich erst den Schlußsatz sprechen konnte, worin ich meinen Dank für die freundliche Aufnahme ausdrückte.

Hinsichtlich der Rede, welche ich öffentlich zu halten hatte, wurde mir gesagt, mein Vorgänger Jäger habe zum Thema der seinigen die Exarticulation des Unterkiefers gewählt und man habe ihm nachher bemerkt: "Aber Herr College, über die Exarticulation des Unterkiefers zu reden, so kurz vor Tische, das war doch grausam!" Ich wählte ein weniger abschreckendes Thema, die Parallele der deutschen, englischen und französischen Chirurgie. Ich führte ihre Unterschiede auf den Nationalcharakter zurück. Die französische Chirurgie ist neuerungssüchtig, die englische voll von Gemeinsinn, die deutsche particularistisch. Man spricht deshalb weniger von deutscher Chirurgie, als von den einzelnen Chirurgen. Es gab aber bei uns stets glänzende Ausnahmen, zu denen meine beiden Vorgänger, Schreger und Jäger gehören, welche den besten deutschen Chirurgen beigezählt werden müssen. Ich drücke meine Freude darüber aus, daß ich mit meinem unmittelbaren Vorgänger Jäger in allen Hauptpunkten hinsichtlich der Obliegenheiten eines klinischen Lehrers übereinstimme, der nicht im Dictiren von Heften das Wesen des Unterrichts fand, sondern in lebendiger Rede, theils am Krankenbette, theils in Katheder-Vorträgen, die namentlich in kleinen Universitätsstädten nicht zu entbehren sind. Man kann dort nicht, wie Dupuytren in Paris, die theoretischen Vorträge ganz in den klinischen aufgehen lassen, weil man nicht für jeden Gegenstand die entsprechenden Kranken zur Hand hat. Das Heftdictiren ist leichter, freie Vorträge erfordern größere geistige Arbeit, sie machen aber auch größeren Eindruck. Ihre Seele muß Wahrheit sein, es ist verderblich, nach Originalität zu streben auf Kosten der Wahrheit. Die Wahrheit bedarf weder des gelehrten Pompes, noch der witzigen Einkleidung. Durchgreifende Ideen verdanken ihren Ursprung nur den Fortschritten der ganzen Wissenschaft, deshalb können die Universitäten für ihre Entwickelung Großes leisten, wenn sie ein inniges Zusammenwirken bewahren. Der gute Geist, welcher in dieser Beziehung in der Universität Erlangen herrscht, hat mich besonders mit dem Wunsche beseelt, ihr anzugehören. Die Rede war zwölf Seiten lang, in deutscher Sprache vorgetragen hätte sie wohl Eindruck gemacht, man könnte sie mit wenigen Veränderungen noch jetzt halten, würde aber am Schlusse vielleicht die Hoffnung aussprechen, die deutsche Chirurgie werde demnächst ihren particularistischen Charakter abstreifen.

Mit dieser Rede war die Zeit der lateinischen Exercitia für mich vorüber, Cicero konnte ad acta gelegt werden.

Mittlerweile hatte ich ohne alle Formalitäten von der chirurgischen Klinik Besitz genommen. Sie gefiel mir sehr gut und ließ mich Manches übersehen, was mir sonst nicht behagen konnte.

Erlangen hatte damals zehntausend Einwohner, unter denen sich sehr viele Strumpfwirker und Handschuhmacher befanden. Die Matadore unter der Bürgerschaft waren die Bierbrauer und einige Kaufleute. Unter dieser Bevölkerung dominirte natürlich die Universität. Mein Collega Henke sagte mir beim ersten Besuche: „Hier kann der Professor eine Mütze tragen, er bleibt doch der angesehenste Mann." So schaffte ich mir denn auch eine Mütze an, die ich sehr bequem fand. Die Stadt selbst bildete gewissermaßen ein Anhängsel des großen Schloßgartens, in welchem die Universitätsgebäude lagen. Das in einem hübschen Stile gebaute frühere Residenzschloß war Universitätsgebäude geworden. In dem dahinter anfangenden Schloßgarten lagen zu beiden Seiten die Anatomie, der botanische Garten und ein großes Collegienhaus. Dem Schlosse gegenüber, aber ziemlich weit davon entfernt, liegt das noch neue und ansehnliche akademische Krankenhaus, dessen rechte Hälfte die chirurgische Klinik, die linke die medicinische inne hatten. Jede derselben hatte ungefähr Raum für vierzig Betten. Rechts vom Schloßgarten liegt der neue regelmäßig gebaute Theil von Erlangen, wo fast alle Professoren wohnen. Ganz Erlangen ist von Sandsteinquadern gebaut, die Häuser sehen deshalb ganz stattlich aus, aber nicht interessant; es fehlt ihnen alle malerische Wirkung. Sie sind auch nicht so wohnlich, wie sie aussehen. Der Sandstein ist sehr porös und durchgängig für die Luft. Sie haben fast alle offene Gallerien, welche die hinteren Zimmer miteinander verbinden, so daß man aus seinem Schlafzimmer in die freie Luft tritt und Winters oft in den Schnee, der auf die Gallerie geweht ist. Dazu ist die Feuerung nicht vorzüglich, das weiche Föhrenholz giebt nur wenig Wärme. Ich fing damit an, daß ich für einen Theil der Zimmer doppelte Fenster machen ließ, um uns in gewohnter Weise erwärmen zu können. Die Nahrungsmittel waren gut und billig, man konnte überhaupt in Erlangen wohlfeil leben, weil man auf Luxus keinen Anspruch macht und auf die Mode keine Rücksicht nimmt. Gesellschaften werden selten gegeben, man besucht sich Abends ohne alle Förmlichkeit und trifft sich an öffentlichen Orten. Die Harmonie ist der Vereinigungsplatz der gebildeten Gesellschaft, dort findet man Abends Professoren und Bürger zusammen. Man raucht, conversirt, trinkt einen Schoppen Bier und geht zeitig zu Hause, weil die alten Herren den Ton angeben. Karten werden nicht gespielt. Es gefiel mir ganz gut dort, aber ich konnte die Tabackswolken und das Bier nicht vertragen und wurde deshalb kein ordentlicher Mensch. Als solcher gilt in Bayern nur, wer jeden Abend in demselben Bierhause, an demselben Platze zu finden ist. Nichts desto weniger wurde ich bald in den Vorstand gewählt, mit zwei anderen jungen Männern. Im Anfange ging Alles gut, ich arrangirte einige kleine Concerte, die früher nicht bestanden. Aber die alten Herren, die uns im Vorstande Platz gemacht hatten, fanden bald Gelegenheit uns auszulachen. Einer meiner Vorstandscollegen, ein liebenswürdiger junger Kaufmann, hatte von Regensburg Stearinkerzen kommen lassen, die bei einem Balle zuerst versucht wurden. Der Saal wurde nur mäßig davon erhellt, aber das Schlimmste kam nach. Es bildete sich in der Höhe ein feiner Nebel, der allmählich immer tiefer sank, nach salzsauren Dämpfen roch und schließlich so dick wurde, wie ein Londoner November=Nebel. Es war ganz abscheulich. Das Oeffnen der Fenster half nichts, der Ball mußte abgebrochen werden, denn andere Kerzen waren nicht vorhanden. Nach dieser Niederlage war es um das Ansehen des jungen Vorstandes geschehen, die alten Herren kamen wieder zur Regierung.

In der schönen Jahrszeit fand ich es sehr anmuthig unter den alten Eichen des nördlich von der Stadt belegenen Hügels, der in seinen Felsenkellern den edlen Gerstensaft, das berühmte Erlanger Bier, zeitigt. Dort versammelte sich die Gesellschaft, welche sich Winters in geschlossenen Räumen zu räuchern pflegte. Erst in der freien Luft fand ich einigen Geschmack an dem Biere, habe es aber nicht weit darin gebracht und wohl nie mehr als zwei Schoppen an einem Tage bezwungen, während ganz mäßige Leute davon acht vertilgen konnten. Die fränkische Schweiz, welche nur einige Stunden entfernt liegt, war für weitere Ausflüge ein erwünschtes Ziel.

In der ersten Zeit war Muggendorf mit seinen trefflichen Forellen der beliebteste Wallfahrtsort, später kam Streitberg in Aufnahme, wo man auf einem Hügel wohnen konnte und vorzügliche Betten fand. Bamberg lag für öftere Besuche zu fern, so anziehend es auch war durch seine malerische Lage und seinen herrlichen Dom. Desto öfter kam man nach dem näheren Nürnberg, gewöhnlich in Geschäften, aber nie, ohne sich der herrlichen alten Stadt zu freuen und ohne die gute Wirthschaft im Bayrischen Hofe zu loben, wo man sicher war, an der table d'hôte Erlanger Bekannte zu treffen. In diesen an poetischen Eindrücken reichen Umgebungen vergaß man leicht, wie nüchtern Erlangen selbst war, ganz arm an architektonischem Schmuck, auf dürrem Sande gebaut, der die alten Bäume im Schloßgarten nur kümmerlich vegetiren und die Rasenplätze früh verbrennen ließ. Die alten Wasserkünste des Gartens waren aufs Trockene gesetzt und es gehörte zu den angenehmen Träumen der Erlanger, dieselben einst wieder springen zu sehen.

Die damaligen Professoren der Universität gefielen mir sehr; jede Facultät zählte berühmte Namen, achtungswerthe und liebenswürdige Männer.

In der philosophischen Facultät war der Dichter Rückert der Stern erster Größe. Er war damals schon sechsundfünfzig Jahre alt und lebte sehr zurückgezogen, im Sommer auf seinem Gute Neuseß bei Coburg. Man sah ihn nicht einmal in den Senatssitzungen, fast nie auf der Straße, Vorlesungen hielt er nicht. Ich traf ihn nur ein einziges Mal in Gesellschaft bei seinem Freunde Professor Kopp, den er besungen hat, weil er ihm die Federn schnitt. Die Gesellschaft war mir zu Ehren, ich hatte eine von Kopp's Töchtern glücklich durch einen schweren Croup-Anfall gebracht. Sogar Kopp, der kleine geistreiche, lebendige Mann, wußte seinen berühmten Freund kaum zum

Reden zu bringen. Im Winter 1841 war Rückert längere Zeit unpäßlich. Dies gab König Ludwig die Veranlassung, seinen Gehalt um sechshundert Gulden zu erhöhen. Der König hatte befohlen, daß Rückert die Nachricht durch seinen Arzt erhalten sollte; Physicus Dr. Küttlinger meinte jedoch, wenn es sechstausend Gulden wären, möchte die Vorsicht vielleicht nöthig gewesen sein.

Den achtzigjährigen Philosophen Mehmel traf ich zuweilen noch auf Treibjagden, was mir vor seiner Philosophie, mit Rücksicht auf das physische Wohl des Menschen, großen Respect einflößte.

Der gleichfalls schon hochbetagte Philosoph Köppen war mit einer liebenswürdigen, norddeutschen Dame verheirathet; beide gehörten zu unserem liebsten Umgange. Köppen war sehr musikalisch und sprach nie von Philosophie.

In der juristischen Facultät waren Bucher, Feuerbach, von Scheuerl und Schmidtlein die vorzüglichsten Männer, in der theologischen Olshausen, Harleß und Engelhardt. Der jetzt so berühmte Hofmann war damals Privatdocent; mit einer Großtochter Köppen's verheirathet, gehörte er auch zu unserem näheren Kreise.

Von allen Professoren war Schmidtlein derjenige, welchem ich es am meisten zu danken habe, daß es mir in Erlangen so gut gefiel. Er war mit einer Tochter von Hofrath Göschen in Göttingen verheirathet, die meiner Frau mit ganzer Seele anhing. Wir sahen uns täglich und waren eigentlich unzertrennlich. Leider mußten wir Frau Schmidtlein's Tod in Erlangen erleben, welcher in Folge eines Wochenbettes eintrat. Auch der edle Professor Olshausen starb unter meiner Pflege, an Lungentuberculose. Die Erinnerung an diesen herrlichen Mann sollte nicht ohne Einfluß auf mein eigenes Schicksal bleiben, wie die Folge zeigen wird. Seine Frau war nicht minder anziehend, wie er selbst. Einer abligen Familie angehörend, hatte sie ihren Mann aus reiner Liebe geheirathet und es verstanden ihn glücklich zu machen.

Der Senior der medicinischen Facultät war der berühmte Botaniker Koch, welcher früher praktischer Arzt gewesen war und sich noch für alle ärztlichen Angelegenheiten interessirte. Adolph Henke war Professor der medicinischen Klinik und der gerichtlichen Medicin, ein durch sein in fünf Auflagen erschienenes Handbuch der gerichtlichen Medicin und des über Kinderkrankheiten in ganz Deutschland ehrenvoll bekannter Mann, dessen ernste und würdige Erscheinung ganz dem entsprach, was man nach seinen Schriften erwarten konnte. Im gewöhnlichen Leben fehlte es ihm nicht an Humor, er verehrte die englische Literatur, wie ich selbst. Dies gab uns mehr Anknüpfungspunkte, als die praktische Heilkunst. Er war schon dreiundsechszig Jahre alt und in Beziehung auf seine ärztlichen Grundsätze zurückhaltend geworden. Die gerichtliche Medicin hatte ihn mehr beschäftigt, als für das Fortgehen mit der neueren Entwickelung der praktischen Medicin auf dem Boden der pathologischen Anatomie und der physikalischen Diagnostik gut war. Er hatte die Direction und verantwortliche Verwaltung des akademischen Krankenhauses, ließ mich aber in meiner Klinik ruhig gewähren und ermahnte blos zur Sparsamkeit. Da er mir aber nie sagte, wie viel Geld für die chirurgische Klinik ausgesetzt sei und da ich hörte, daß in der medicinischen Klinik jährlich vierzehnhundert Gulden für verschiedene Thee's ausgegeben würden, von denen jeder Patient, der sich in der ambulatorischen Klinik sehen ließ, ein Päckchen erhielt, so genirte ich mich nicht besonders in der Aufnahme von Patienten und erhielt kein Monitum, obgleich die für beide Kliniken ausgesetzte Summe nur viertausend Gulden betragen sollte. Ich weiß nicht, wie Henke es gemacht hat, damit auszukommen und hätte es gern gelernt, aber ich erhielt keine Einsicht in die Rechnungen und das war für mich vermuthlich das Beste.

Der Professor der normalen und pathologischen Anatomie Gottfried Fleischmann, bekannt durch seine Leichenöffnungen und die Bearbeitung der Schleimbeutel, ein Mann von sechszig Jahren, war wohl der liebenswürdigste unter den Professoren der medicinischen Facultät. Er betrieb neben seiner Professur auch ärztliche Praxis, und das machte ihn vermuthlich umgänglicher, als Anatomen im Allgemeinen zu sein pflegen. Er war voll von Güte und Freundlichkeit, zu Gefälligkeiten stets bereit. Seine anatomische Anstalt war ein Muster von Ordnung und Reinlichkeit, ich habe nirgends ihres Gleichen gesehen. Sie war aber auch gut untergebracht in einem früheren Orangerie-Gebäude, das sich vortrefflich dazu eignete. Er hatte seinen Neffen zum Prosector, einen heiteren, liebenswürdigen jungen Mann, dem es an Talent nicht fehlte, wohl aber an Ausdauer, wie sie für die akademische Carriere nöthig ist.

Professor Leupoldt, ein Mann von etwa vierzig Jahren, lehrte Geschichte der Medicin und allgemeine Pathologie und Therapie, vom christlich-germanischen Standpunkte, wie er sagte und drucken ließ. Ich habe nie recht begriffen, wo dieser Standpunkt zu suchen sei, da Germanien zwei christliche Confessionen aufzuweisen hat. Leupoldt war Protestant, da er nicht practisirte, so war es ihm vielleicht nicht eingefallen, daß man bei Verordnung von Klystieren und anderen Mitteln keinen kirchlichen Standpunkt einnehmen kann und daß die Heilkunst confessionslos sein müsse. Er hat seine Biographie geschrieben, aus der man erfährt, daß er in Jean Paul's Hause Informator gewesen ist. Er ist auf den großen Mann aber nicht gut zu sprechen, der ihn vermuthlich ausgelacht hätte, wenn er die christlich-germanische Entwickelung erlebt hätte.

Dr. Eugen Roßhirt, der Professor der Geburtshülfe, ungefähr in demselben Alter wie Leupoldt, war das Gegentheil dieses unerquicklichen Sophisten. Er war ein guter Katholik, aber ohne kirchliche Velleitäten, dabei sehr geschätzt in seinem Fache und äußerst umgänglich und freundlich. Das jüngste Mitglied der medicinischen Facultät war Rudolph Wagner, Professor der Physiologie und vergleichenden Anatomie, dreiunddreißig Jahre alt, eine sehr markirte Persönlichkeit. Er war ein angenehmer Gesellschafter, vielseitig und anregend, aber für Erlangen kein guter Professor, weil er keine Vorlesungen hielt und sich ganz der Schriftstellerei und seinen Privatstudien widmete. Er schien sogar gefährlich für junge Leute, die sich ihm anschlossen, sie mußten für seine Icones zeichnen und lernten dabei nichts von anderen Dingen. Auch seine Collegen profitirten nichts von seiner Physiologie, es war immer Alles bei ihm im Werden und sollte erst im nächsten Werke an den Tag kommen. Es flößte mir keinen Respect vor ihm ein, daß er 1838 die Reflextheorie noch nicht anerkannte. Wenn Marschall Hall's Sätze richtig wären, sagte er zu mir, dann müßte ja fast Alles Reflex sein. Er hatte die Ansicht, jede physiologische Doctrin habe nur eine Lebensdauer von vier Jahren, man könnte sie deshalb ohne allen Kampf eines natürlichen Todes sterben lassen. Für die Heilkunst hatte er gar keinen Sinn, ich konnte ihn nie in meine Klinik locken, wenn ich ihm etwas zu zeigen hatte, was auf Physiologie Bezug hatte. Sein Schwiegervater Henke harmonirte nicht sehr mit ihm, theils weil Wagner seinen Pflichten als Professor nicht ordentlich nachkam, theils weil er seinen kirchlichen Standpunkt gelegentlich zu sehr geltend machte. Als die Universität 1839 einen Deputirten für die Ständeversammlung zu wählen hatte, gab sich Wagner viele Mühe, gewählt zu werden und enthüllte dabei sein ganzes Christenthum. Es half ihm aber nichts, Harleß wurde gewählt, bei dem sich der confessionelle Standpunkt von selbst verstand, so daß Jedermann einsehen konnte, was die Universität wollte, einen Vertreter der protestantischen Interessen des Landes, wozu man schwerlich einen Physiologen wählen würde, auch wenn er darauf Verzicht leisten sollte, von Affen abzustammen.

Bald nach meiner Ankunft in Erlangen kam König Ludwig auf der Durchreise dahin, die Professoren machten ihm in corpore ihre Aufwartung; als Neuhinzugekommener wurde ich ihm besonders vorgestellt. Er war sehr gnädig gegen mich, erkundigte sich nach meiner Verwandtschaft mit den Stromeyers in Göttingen, welche er als Student gekannt hatte. Dabei bemerkte er plötzlich eine kleine Narbe in meinem Gesichte und fragte: Haben Sie das von Göttingen? Ohne meine Antwort abzuwarten, wandte er sich zu den übrigen Professoren und hielt eine Strafpredigt über die in Erlangen vorgekommenen Duelle. Bei der nächsten Neujahrsgratulation brachte König Ludwig in München denselben Gegenstand wieder zur Sprache, indem er gegen den Rector Döllinger äußerte: es ist auch im vergangenen Jahre viel Unheil angerichtet worden durch Duelle und das unter den Augen Eurer Magnificenz! Der alte Döllinger erwiederte mit einem tiefen Bücklinge: und unter den Augen Eurer Majestät! Daran hatte der König genug und wandte sich schnell zu einem andern. Döllinger's Antwort bezeichnet den Standpunkt der Professoren den Duellen gegenüber. Wenn es der gesetzgebenden Gewalt nicht gelingt, die Duelle auszurotten, was sollen die Professoren dagegen thun? Nach meiner Meinung dahin streben, daß sie so unschädlich wie möglich werden. Dies war in Baiern nicht geschehen, wo der Stichcomment herrschte. Die dabei vorkommenden Wunden, wenn auch nicht gleich tödtlich, hinterlassen, wo Lungen oder Leber getroffen wurden, oft Folgen, die einen frühen Tod nach sich ziehen. Der viel weniger gefährliche Hiebcomment hat nebenher den Nutzen, daß die jungen Mediciner frische Wunden mit Geschicklichkeit zu behandeln lernen. Dieffenbach hatte als Paukarzt Manches gelernt, was der Welt nützlich wurde.

Meine Collegen in Erlangen gefielen mir nicht blos einzeln, sondern auch da, wo sie corporativ auftraten. Facultäts- und Senatssitzungen, welche nicht allzuhäufig vorkamen, wurden dann immer gut geleitet und unterstützt. Professor Schmidtlein war fast immer die Seele von dem, was durch den Senat Gutes und Zweckmäßiges geschah, theils in dem Amte des Prorectors, wozu er oft gewählt wurde, theils als Prokanzler. Er scheute keine Mühe, die Gegensätze zu vermitteln und dies gelang ihm fast immer durch persönliche Liebenswürdigkeit und durch ein reines Interesse für das Wohl der Universität. Ich habe ihn später oft genug vermißt, wo es an einem Manne fehlte, wie er für Erlangen war.

Ich erinnere mich noch einer sehr eigenthümlichen Senatssitzung von großer Wirkung. Im Fränkischen Courier war eine Reihe von Artikeln erschienen, deren Tendenz es war, die Universität Erlangen herabzusetzen, und von einem ihrer Professoren herrühren mußten. Der Prorector rief den Senat zusammen, legte die Sachlage vor und forderte dann einen Professor nach dem andern auf, zu erklären, ob die Artikel von ihm herrührten oder nicht? Der Sünder wartete, bis die Reihe an ihn kam und wußte seinem Geständnisse nichts zur Entschuldigung hinzuzufügen. Man trennte sich schweigend, der Verläumder war entlarvt und konnte in seines Nichts durchbohrendem Gefühle zu Hause gehen. Er wurde viele Jahre lang bei der Rectoratswahl übergangen, schließlich aber von einer andern Generation damit begnadigt.

Chirurgische Klinik in Erlangen.

Im Sommer 1838 hatte in Erlangen eine große Masern=Epidemie geherrscht, welche unter der scrophulösen Bevölkerung eine unendliche Zahl von Augenentzündungen hinterließ, deren Bekämpfung meine erste klinische Aufgabe war. Ich löste sie sehr glücklich, durch den inneren Gebrauch von Aethispo antimonialis, Magnesia und Rheum und ein Augenwasser von Borax. Diese Mittel wirkten so schnell, daß sie mir gleich in jedem kleinen Hause dankbare Herzen erwarben. Es machte mir Muth, als ich sah, welchen Eindruck eine gute Heilmethode bei einer sehr gewöhnlichen, aber sehr verbreiteten Krankheit machen kann. Ich hatte großen Respect vor meinen Vorgängern, Schreger und Jäger, und fürchtete sehr, hinter ihnen zurückzubleiben. Schreger's Akiurgie und seine chirurgischen Versuche, Jäger's Aufsätze über Resection in dem großen chirurgischen Handwörterbuche von Rust, so wie die über Knochen= und Gelenkkrankheiten in dem von ihm, Walther und Radius herausgegebenen sechsbändigen Handwörterbuche der Chirurgie und Augenheilkunde schätzte ich sehr hoch. Es war mein sehnlichster Wunsch, es wenigstens nicht viel schlechter zu machen, als meine Vorgänger, insofern ist es ein Glück, wenn man bei Uebernahme einer chirurgischen Klinik tüchtige Männer vor sich hatte. Man erbt etwas von ihrem Ruhme und fühlt den Sporn, ihnen nachzustreben. Es schwebte mir dabei immer der Gedanke vor, alles Gute, was der Vorgänger besaß, sorgfältig zu erhalten und keine schroffe Uebergänge eintreten zu lassen, welche die Idee erwecken können, daß man sein Andenken nicht in Ehren halte. Die Zeugen von Jäger's Thätigkeit lebten in meiner Nähe. Dr. Ried, sein früherer Assistent, hatte nach dem Tode des Meisters die interimistische Leitung der Klinik übernommen und übergab mir dieselbe gleich nach meiner Ankunft. Einen Assistenten für die Klinik hatte Jäger noch kurz vor seinem Tode angestellt, seinen Schüler Dr. Stadelmann, mit dem ich sehr zufrieden war. In Nürnberg lebte, als angesehener Arzt und Operateur, Professor Dietz, welcher, ebenfalls ein Schüler von Jäger, zwei Jahre lang die chirurgische Klinik in Erlangen dirigirt hatte, während Jäger in Würzburg war. Nach dessen Rückkehr hatte Dietz der akademischen Laufbahn für immer entsagt. Bei großer Gewissenhaftigkeit würde er darin sicher Vorzügliches geleistet haben, aber gerade diese Eigenschaft hatte ihm, wie R. Wagner mir sagte, das Lehramt erschwert. Er wollte, wie Schreger und Jäger in ihren Schriften, auch in seinen Vorträgen Jedem gerecht werden und konnte das historische Material nicht bewältigen. Für schriftstellerische Arbeiten hat dieses seine Berechtigung, aber nicht in mündlichen Vorträgen für Anfänger.

Während meiner Studien und Reisen hatte ich von Resectionen wenig gehört und nichts gesehen, jetzt war es offenbar meine Aufgabe, mich damit praktisch bekannt zu machen. Obgleich sich damals nur Syme in Edinburgh, Roux in Paris und Textor in Würzburg mit Resectionen beschäftigten, so durfte ich, als Jäger's Nachfolger, diesen Gegenstand nicht fallen lassen. Ich besuchte Textor von Erlangen aus und sah bei ihm einen wundervollen Fall von Resection des Ellenbogengelenks aus traumatischer Ursache, wo Kraft und Bewegung vollkommen wieder hergestellt waren. Ich sah aber auch andere Resecirte bei ihm, die mir nicht gefielen, wo er bei tuberculoser Rippencaries operirt hatte, oder bei ganz begrenzter Caries der Röhrenknochen, wo die Resection ganz unnöthig war und mehr als Spielerei mit dem Osteotom erschien. Dr. Ried stellte dem Naturforschervereine in Erlangen 1840 das Prachtexemplar deutscher Resection dermaliger Zeit vor, einen von Jäger wegen Caries im Kniegelenk Resecirten.

Das nur wenig verkürzte, fest anchylosirte Bein ließ nichts zu wünschen übrig und doch machte der Fall nicht so viel Eindruck auf mich, als der von Textor am Ellenbogen. In diesem war die Indication vollkommen klar gewesen, in dem andern blieben mir Zweifel, weil Jäger die Grenzen der spontanen Heilbarkeit kranker Gelenke nach meiner Ansicht zu eng gesteckt hatte. Andere Resecirte konnte ich leider nicht ausfindig machen. Dr. Fiedler, ein älterer Militärarzt in Nürnberg, der mir sehr gefiel, machte mich etwas ängstlich mit der Aeußerung: wenn die Resectionswunde heilt, fängt das Husten an! Dies war das Resultat seiner Wahrnehmungen bei den Resectionen von Professor Dietz, dem er zu assistiren pflegte. Ich machte meine erste Resection des cariösen Ellenbogengelenks im Sommersemester 1839. Ried assistirte mir dabei, nachdem er mir an der Leiche Jäger's Methode gezeigt hatte. Der Arm wollte nicht heilen, der Patient wurde abzehrend und mußte amputirt werden, worauf er sich sehr schnell erholte. Professor Ried wird sich des Falles noch gut erinnern, er bezweifelte damals, daß der Mann die Amputation überstehen werde. In dem nächsten ähnlichen Falle amputirte ich gleich, ohne den sehr schwachen Patienten der Resectionsprobe zu unterwerfen. Ich that es ungern, aber mit der Ueberzeugung, daß ich Jäger's Andenken nicht damit ehren könne, indem ich Resectionen unternahm, von deren Mißlingen ich im Voraus überzeugt war. Ich gab mir alle mögliche Mühe mit der Behandlung der Gelenkkrankheiten, um Resectionen und Amputationen entbehrlich zu machen. Das Princip der absoluten Ruhe kranker Gelenke, welche ich vorzüglich durch Kleisterverbände zu erzielen suchte, hatte ich längst als das wichtigste kennen gelernt. Ich gebrauchte Blutegel, Eis, Mercur und Opium bei acuten, Jodkalium, Jodeisen, Eisen, China mit Rheum in kleinen, Leberthran in großen Dosen bei chronischen Gelenkleiden. Ich folgte Jäger unbedingt in dem Lehrsatze, daß man Gelenke niemals öffnen sollte, ehe nicht eine Amputation oder Resection erforderlich sei, ein Grundsatz, den auch Billroth mit voller Entschiedenheit wiederholt. Man sprach damals noch nicht von periarticulären Abscessen, die man allenfalls öffnen dürfe. Die Fälle, welche man jetzt dahin rechnet, erklärte ich so, daß der entzündliche Reiz im Gelenke liege, die Ablagerungen aber in dessen Umgebungen erfolgten. Man hat darauf in neueren Zeiten nicht viel geachtet und meinte, da, wo der Eiter liege, müsse auch wohl der eigentliche Sitz der Entzündung sein. Daß diese Ansicht verkehrt sei, könnte man schon an den Drüsen lernen, wo der phlogistische Reiz offenbar in den Drüsen liegt, der Eiter aber oft in der Umgebung. Wenn das weiche Drüsengewebe der entzündlichen Congestion widerstehen kann, wie viel leichter muß dies bei den Gelenken geschehen? Ich scheue das viele periarticuläre Gerede, es führt zum Einschneiden in Eiterhöhlen, welche durch die Art ihrer Entstehung mit dem Gelenke in vitaler Verbindung bleiben. Ihre Eröffnung verwandelt den bis dahin milden Eiter in eine giftige Substanz, welche die umgebenden Gewebe durchdringt und zu neuen Abscessen disponirt, durch Aufsaugung aber hektisches Fieber erzeugt. Es kam mir bei der Behandlung chronischer mit Eiterung verbundener Gelenkkrankheiten zu Statten, daß ich gelernt hatte, Eiter könne resorbirt werden. Jahre lang hatte ich die exacten Forscher zu bekämpfen, welche das Gegentheil behaupteten. Jetzt sind sie still geworden, aber den Chirurgen zuckt es noch immer in den Fingern, zum Messer zu greifen, überall, wo sie Eiter wittern. Die Lehre von der möglichen Aufsaugung des Eiters ist einer von den Fundamentalsätzen der Chirurgie und dies ganz besonders für die Behandlung chronischer Gelenkleiden.

Ich kam in Erlangen zu der Ansicht, die Resection eines

großen Gelenks, welches aus inneren Ursachen so destruirt wurde, daß auf spontane Heilung nicht zu rechnen ist, wird immer eine sehr ernsthafte Sache bleiben; das innere Leiden kann später neue Ausbrüche erzeugen, selbst wenn die Resectionswunde heilt, ist das Leben nicht außer Gefahr. Das Allgemeinleiden hindert aber oft die Heilung der Resectionswunde, welche ihrerseits den Patienten mehr abschwächt, als die Amputation. So wird im Großen und Ganzen die Resection in pathologischen Zuständen nur dann Erfolg versprechen, wenn die Fälle weniger durch Constitutionsfehler, als durch accidentelle Schädlichkeiten so schlimm geworden sind, daß sie nur die Wahl zwischen Amputation und Resection offen lassen. Die Gelenkkrankheit ist zum Beispiel anfangs durch mechanische Verletzung entstanden, hat in einer schwachen Constitution Wurzel gefaßt und ist durch Mangel an Ruhe oder verkehrte Behandlung verschlimmert.

Unter diesen Erwägungen und den Eindrücken, welche ich von Erlangen und dessen schlecht genährter, oft scrophulöser und tuberculöser Bevölkerung mitgenommen hatte, sprach ich mich 1846 (Handbuch der Chirurgie, Vol. I, pag. 520) sehr kühl aus über die Resection bei chronischen Gelenkleiden und hielt die in traumatischen Fällen für viel besser berechtigt. Man hat mir dies damals sehr übel genommen. Rudolph Wagner, welcher sich darüber geärgert hatte, daß ich nicht blindlings in Jäger's Fußtapfen trat, drückte mir bei einer besonders unpassenden Gelegenheit sein Erstaunen darüber aus, daß ich einen Unterschied zwischen traumatischer und pathologischer Resection mache. Ich hatte 1850 in Delve seinem in der schleswig-holsteinischen Armee dienenden Schwager Henke das durchschossene Ellenbogengelenk mit dem allerglücklichsten Erfolge resecirt. So sind diese Exacten, sie wissen ganz sicher, daß Eiter nicht resorbirt werde und finden keinen Unterschied zwischen dem durchschossenen Gelenke eines kerngesunden Mannes und dem langsam durch innere Ursachen zerstörten Gelenke eines von der Schwindsucht bedrohten Scrophulösen. Die Unterschiede sind freilich sehr bedeutend, aber doch nähern sich die Fälle, wenn man die traumatische Resection nicht primär verrichtet, sondern das verletzte Gelenk erst lange eitern läßt.

Die primäre traumatische Resection hat sich in den Kriegen von 1848 bis 1871 besonders nützlich bewährt am Schulter- und Ellenbogengelenke. Am Hüftgelenke hat sie gar keine Chancen, die secundäre einige, weil in den schlimmeren Fällen der Tod erfolgt, ehe an secundäre Resection gedacht werden konnte. Am Kniegelenke hat weder die primäre noch die secundäre traumatische Resection bis jetzt besondere Aussichten. Am Fußgelenke ist die primäre Resection fast nur erfolgreich gewesen an dem bei Verrenkungsbrüchen hervorgetretenen untern Ende der Tibia, bei Schußwunden wurde sie kaum versucht. Die secundäre Resection bei Fußgelenkschüssen hat bessere Aussichten, weil die schlimmsten Fälle tödtlich verlaufen sind, ehe man an die secundäre denken konnte. Darin liegt ein Grund, ihre Nothwendigkeit zu beanstanden. R. Volkmann (Klinische Vorträge, Nr. 51, Resection der Gelenke, 1873) übergeht diesen wichtigen Punkt fast ganz und spricht von Mangel an Zeit für Erwägung der primären Resection, wobei man freilich nicht einsieht, warum der Feldarzt seinen Verstand nur für durchschossene Fußgelenke nicht frühzeitig gebrauchen solle. Sind die Gefahren der ersten Tage und Wochen glücklich überwunden, so kommt die individuelle Geschicklichkeit des Arztes zur Geltung; die Patienten kommen in die Hände von Professor Lücke, der sie alle ohne Resection durchbringt, oder in die eines andern, der sie fast alle umbringt, die Fußgelenkschüsse dann für eben so gefährlich hält, als Knieschüsse und auf mich schilt, weil ich nicht derselben Meinung bin, obgleich er von meinen Maximen nur den Nachtrag gelesen hat. Endlich können sie auch zu Professor Volkmann gelangt sein, der sie alle resecirt, und als ein guter Operateur auch gute Resultate dabei hat, aber es versäumt, uns zu beweisen, daß die Operation nicht zu entbehren war. Dieser wichtige Gegenstand verdiente wohl eine ähnliche, gründliche Arbeit, wie die von Esmarch (Resectionen nach Schußwunden, Kiel 1851), dessen Schrift von Statham ins Englische übersetzt, die Amerikaner so für die Schulter- und Ellenbogengelenk-Resection begeistert hat. Sie ist nur 136 Seiten lang, hat aber nach meiner Ansicht nicht ihres Gleichen in der ganzen kriegschirurgischen Literatur, obgleich man sich in Deutschland alle Mühe gegeben hat, sie todtzuschweigen, anstatt sie nachzuahmen.

Die traumatische und die pathologische Resection müssen sich jetzt gegenseitig erläutern. Man lernt bei den traumatischen den Vortheil einer guten Constitution kennen und wird sich bemühen, dieselbe bei pathologischen Fällen möglichst zu schonen und zu heben. Man wird also die Gelenkabscesse nicht öffnen und damit die Patienten hektisch machen, wie man in früheren Zeiten absichtlich gethan, damit der Patient sich zu der doch unvermeidlichen Amputation desto leichter entschließe. Man wird auch sonst die Sache nicht auf das Aeußerste kommen lassen, wie R. Volkmann, der für die Kniegelenkresection Bedingungen stellt, die ich nicht einmal für die Amputation gelten lasse, der Patient solle erst hektisch sein! Ich habe in meinem Handbuche (1849, Vol. I, p. 586, und 1868, Vol. II, p. 956) schon sehr hervorgehoben, die Resection des Kniegelenks könne nicht mit der Amputation, sondern nur mit der conservativen Behandlung concurriren. Es erweckte meinen Neid, als ich 1872 in London fast in allen Hospitälern glückliche Fälle von Knieresection sah. Dort wartet man nicht, bis der Patient hektisch ist, sondern resecirt bei noch gutem Befinden. Volkmann meint, die Racenverschiedenheit mache die Kniresection in England weniger gefährlich. Man hat wohl nicht nöthig, darauf zu greifen, wenn die Unterschiede der angenommenen Indicationen so groß sind, daß man in Deutschland Hektik, in England gutes Befinden verlangt. Außerdem sieht es in den englischen Hospitälern doch besser aus, als bei uns, schon ihre Kamine erscheinen mir wichtiger, als die problematischen Unterschiede der Race.

Obgleich ich in der pathologischen Resection nicht viel leisten konnte, weil meine Bemühungen vorzüglich darauf gerichtet waren, sie unnöthig zu machen, so glaube ich doch, nicht umsonst Jäger's Nachfolger gewesen zu sein, indem ich dazu beitrug, die Resection mehr auf das traumatische Gebiet zu verlegen. In der Kriegschirurgie hat sie festen Fuß gefaßt und wird ihn behaupten, weil die Indicationen bei Gelenkschüssen sich nicht verändern. Bei chronischen Gelenkleiden wird das Bestreben nie aufhören, auch die Resection entbehrlich zu machen. Selbst Billroth war kürzlich noch über den wahren Werth der pathologischen Resection zweifelhaft, als er anfing, dem ferneren Schicksale der von ihm in der Schweiz Resecirten nachzuforschen, ein Weg, der allein volle Belehrung gewähren kann und deshalb auch von Andern eingeschlagen werden sollte.

Schon im ersten Wintersemester hatte ich einen in Erlangen sehr bekannten Klumpfüßigen, den Sohn angesehener Eltern, rasch geheilt. Dieser Fall zog viele andere nach sich, ich konnte sie in der Klinik nicht unterbringen und versammelte sie zum Theil in einem mir nahe gelegenen großen Hause, welches sonst von Studenten bewohnt wurde. Der als Praktiker später so berühmte Dr. Herz unternahm es, mein Privatassistent zu werden. Er war ein so kleiner zierlicher Mann, daß Professor Jäger, bei dem er sich um die Stelle eines klinischen Assistenten bewarb, ihm scherzend erwiederte: „Meinen Sie denn, daß ich Ihnen immer einen Schemel besorgen soll, wenn Sie mir assistiren?" Seine Stellung bei mir war keine Sinecure, da er die von mir Operirten zweimal allein und einmal in meiner Gesellschaft besuchen mußte. Wir hatten oft zwanzig bis dreißig Klumpfüßige zu gleicher Zeit zu behandeln, die Erlanger sagten, sie schienen aus der Erde zu wachsen. Herz wurde später Prosector und außerordentlicher Professor der Anatomie. Die operative Orthopädik, welche ihm nach meinem Abgange von Erlangen als Erbtheil zufiel, brachte ihn rasch in eine große medicinisch-chirurgische Praxis, mit der er meinen Nachfolgern sehr im Wege war. Nach seinem 1871 erfolgten Tode wollte man ihm ein Monument errichten. Ich fand dies übertrieben, weil er für die Wissenschaft nichts gethan hat, denn außer seiner Dissertation über das Enchondrom lieferte er nur einen Bericht über die Fortschritte der Orthopädie. Eine Stadt, die für Schreger und Jäger kein Monument aufzuweisen hat, durfte nicht mit Herz anfangen. Man wollte in ihm aber nicht blos den trefflichen Arzt, sondern auch den Vertreter des Judenthums ehren. Er war dem Glauben seiner Väter treu geblieben, obgleich er fand, daß dieser ihm in der academischen Carriere hinderlich sei. Als man ihn bei Vacantwerden einer zweiten Professur der Anatomie übergehen wollte, drohte er, Erlangen zu verlassen und wurde dann zum ordentlichen Professor ernannt, der erste Isralit in Bayern, dem dies gelungen. Er liebte schon in jungen Jahren eine schöne Christin, die Tochter eines der angesehensten Professoren in Erlangen und sie hatte ihm ihre Gegenliebe geschenkt. Heirathen konnten sie sich nicht, weil Herz dem Judenthum nicht entsagen wollte. So blieben sie Beide unvermählt, einander treu ergeben. Ich habe dieses Verhältniß nie begriffen. Herz durfte nicht zum Christenthum übergehen, um Professor zu werden; aber um seine Geliebte glücklich zu machen, warum nicht? Was sind Moses und die Propheten gegen das Glück eines geliebten Mädchens?

Aber Friede sei seiner Asche, er war ein trefflicher Mensch, dem ich wenige an die Seite stellen kann, edel und liebevoll, als Arzt gründlich und bescheiden, unermüdlich in Erfüllung seiner Pflichten. Ich habe sein Andenken dadurch geehrt, daß ich nie ein hartes Wort über seine Glaubensgenossen aussprechen konnte.

In der chirurgischen Klinik kam es zwei bis drei Mal vor, daß nach Durchschneidung der Achillessehne Eiterung eintrat. Ich mußte dem Eiter mit der Lancette Luft machen, dann kam Alles wieder in das gehörige Geleise, es trat keine Exfoliation der Sehne ein und die Cur wurde nur um acht bis zehn Tage verlängert. Gleichzeitig gingen ein Paar Augen in Eiterung über, an denen ich Nadeloperationen gemacht hatte. Diese Vorfälle deuteten auf Hospital-Miasma; es war leicht wahrnehmbar, denn die fehlerhaften Latrinen füllten die Corridors mit üblen Dünsten. Mit der Phyämie machte ich in Erlangen zuerst Bekanntschaft in einem glücklich verlaufenden Falle. Eine junge Frau, der ich den Unterschenkel amputirt hatte, erlitt Abortus im dritten Monat ihrer nicht vermutheten Schwangerschaft. Sie bekam eine leichte Metritis und dann Schüttelfröste, welche aber nicht zum Tode, sondern zur Bildung eines großen metastatischen Abscesses führten. Ich öffnete denselben, er heilte schnell, aber es kam gleich hinterher ein neuer. Diese Scene wiederholte sich noch einige Male, bis ich das Oeffnen der Abscesse einstellte und den zuletzt entstandenen der Natur überließ. Dieser Fall öffnete mir die Augen über die Behandlung metastatischer Abscesse. Sie entstehen durch Blutvergiftung, diese wird nicht besser dadurch, daß man der Luft den Zutritt zu einer großen Eiterhöhle bahnt. Es ist sicherer, dieselbe expectativ zu behandeln, bis das Blut sich gereinigt hat und sich dies durch gesunde Reaction in der Umgebung der Eiteransammlung zu erkennen giebt. Diese entsteht und liegt oft ganz ruhig, ohne besondere Zufälle zu veranlassen. Auch bei nicht pyämischen Abscessen findet etwas Aehnliches statt. Bestandtheile des Eiters gehen in das Blut über, bis sich der Absceß durch Thrombose in den Capillaren seiner Wandungen isolirt. Bei kalten Abscessen ist dies noch nicht geschehen, es kann auch nicht geschehen, wenn Caries dem Abscesse zu Grunde liegt. Cariöse Abscesse darf man deshalb überhaupt nicht frei öffnen, kalte nur dann, wenn sie zu heißen geworden sind und dem Aufbruche nahe stehen. Als ich in späterer Zeit Typhuskranke in großer Zahl zu behandeln bekam, sah ich, daß man auch die bei ihnen vorkommenden metastatischen Abscesse nicht früh öffnen dürfe, wenn man nicht eine Saat von neuen nachkommen sehen will. Es giebt natürlich Ausnahmen, wo der erste Absceß auch der letzte ist; man hat mir deshalb in dieser Beziehung vielfach widersprochen, ohne damit meine sehr positiven Wahrnehmungen zu entkräften. Die in der Klinik in Eiterung übergegangenen Wunden der Achillessehne machten natürlich auf mich großen Eindruck, weil ich in der Privatpraxis schon hunderte solcher Operationen ohne Eiterung hatte verlaufen sehen. Ich hegte von da an nur den einen Gedanken, die Verhältnisse im Hospitale denen der Privatpraxis möglichst ähnlich zu gestalten. Die Säle durften nicht überfüllt werden, mußten gut ventilirt sein, Kranke, deren Ausdünstungen den übrigen gefährlich waren, mußten isolirt werden. Die Latrinen mußten verbessert werden, weil diese alle übrigen Bemühungen zu Schanden machen können. Dies Alles suchte ich in Erlangen durchzuführen, neue Latrinen wurden gewissermaßen auf meine Kosten gebaut, indem ich eine Vocation dazu benutzte, den Bau durchzuführen, anstatt für mich persönlich daraus Nutzen zu ziehen.

Um die Wirkungen meiner Hospital-Hygiene beurtheilen zu können, machte ich es mir zum Gesetz, Operationswunden und complicirte Fracturen Tag für Tag in Gegenwart der Studenten zu verbinden und die eingetretenen Veränderungen zu besprechen. Man kommt dann leicht dahinter, ob dieselben von Witterungsveränderungen, Diätfehlern, örtlichen Schädlichkeiten, oder von Hospital-Miasmen herrühren. Bei solchen Studien ist es nöthig, einfache Localmittel zu gebrauchen, welche das Aussehen der Wunde nicht verändern. Wasser und Oel sind die einfachsten, wobei die Wunden sich reinigen, eine schwache Höllensteinlösung befördert dann die Heilung. Salben dürfen nicht gebraucht werden, weil sie meistens ranzig sind, Pflaster reizen die Haut und sind ganz zu entbehren. Bei frischen Wunden richtig angewendet, bringen blutige Nähte in einem guten Hospitale immer so viel Adhäsion hervor, daß Pflaster unnöthig sind. Mislingt die erste Vereinigung durch starkes Aufschwellen der Wunde, so sind Pflaster positiv schädlich, wenn man die Wundränder damit zusammenquält. Es dauerte lange, ehe John Hunter's Lehren dahin führten, überall, wo es möglich ist, die erste Intention zu erstreben. Roux mußte noch 1830 nach England reisen, um seine Landsleute damit bekannt zu machen. Das in Frankreich übliche Ausstopfen der Wunden wurde noch später auch in Deutschland oft für klüger gehalten, weil man von den Wirkungen der Hospital-Miasmen noch nicht gehörig unterrichtet war. Jetzt wird Niemand mehr auf den Gedanken kommen, ein Amputirter sei deshalb von Pyämie befallen, weil man seine Wunde nicht ausgestopft habe.

Es dauerte lange, ehe ich die Pyämie außer Zusammenhang mit Hospital-Miasmen kennen lernte. Die sporadisch vorkommende Metritis puerperalis beweist nichts, weil Geburtshelfer und Hebammen das Gift an ihren Fingern oder an ihren Kleidern verschleppt haben konnten, wenn sie in einer

Gebäranstalt zu thun hatten. Die chirurgischen Fälle, bei denen man Pyämie außerhalb der Hospitäler antrifft, sind am häufigsten traumatisch-rheumatische Knochenentzündungen, zuweilen sind es Furunkeln, namentlich im Gesichte. Die letzteren sind hinsichtlich ihrer Entstehung völlig räthselhaft. Manche unerwartete Todesfälle nach leichten Verletzungen oder Operationen sind durch Morbus Brightii oder Diabetes herbeigeführt und dürfen nicht mit Pyämie verwechselt werden, wie dies vermuthlich oft schon geschehen ist. Bei den traumatisch-rheumatischen Knochenentzündungen ist ein Knochen gequetscht worden, zugleich hat sich der Patient heftig erkältet. Es bildet sich Osteomyelitis und in deren Gefolge pyämische Ablagerungen, multiple Abscesse, Pericarditis. Uebersteht der Patient diese Gefahren, so ist Necrose der gewöhnliche Ausgang der Osteomyelitis. Es giebt auch ähnliche Fälle, in denen eine traumatische Veranlassung gar nicht vorlag und Erkältung die einzige bekannte Ursache bildet. Ich habe auf die Verbindung von Trauma und Rheuma schon vor vielen Jahren aufmerksam gemacht und den Lehrsatz ausgesprochen, daß bei schon vorhandener Eiterung der Rheumatismus eitrige Ablagerungen bewirken könne. Man hat darauf nicht viel geachtet, am wenigsten in der neueren Zeit, wo man aus Furcht vor den Exacten kaum von Erkältung und Rheumatismus zu reden wagte. Man sollte nicht glauben, daß solche Extravaganzen, die der täglichen Erfahrung widersprechen, jemals Einfluß auf die ärztliche Praxis ausüben könnten, und doch ist es so! Ein hochstehender Arzt sagte mir im Kriege von 1870/71: „Für einen im Bette liegenden Verwundeten sind sechs Grad Wärme genügend." Ich fand das Gegentheil, besonders wenn ungenügende Ernährung hinzukam. Bei so niederen Temperaturen sehen fast alle Wunden schlecht aus und haben besonders bei Ost- und Nordost-Winden die Neigung, sich mit diphterischen

Auflagerungen zu bedecken, nicht blos in Hospitälern, sondern auch in der Privatpraxis. Im Februar 1873 sah ich einen zwölfjährigen Knaben, bei welchem eine unbedeutende Wunde des Unterschenkels sich in ein großes phagabänisches Geschwür verwandelt hatte. Die Ränder desselben waren zackig, roth und im höchsten Grade empfindlich, der Grund mit einer zähen diphterischen Membran überzogen, die Leistendrüsen geschwollen. Carbolsäure hatte den Zustand verschlimmert, bei Chamillen-Fomentationen wurde derselbe etwas besser, aber das Geschwür fuhr fort, sich zu vergrößern. Ein Anderer hätte dies vielleicht Hospitalbrand genannt und das Glüheisen angewendet. Ich setzte es durch, daß der Kranke, wie ich gleich anfangs wünschte, aus seinem ungeheizten Zimmer in ein geheiztes verlegt wurde. Von Stunde an wurde es besser, schon nach einigen Tagen hatte sich das Geschwür gereinigt, bei bloßer Fortsetzung der Chamillen-Fomente, und fing an zu heilen. Solchen Aufmerksamkeiten mannigfaltiger Art schreibe ich es zu, daß ich in meiner eigenen Praxis, selbst in fünf Kriegen, nie Hospitalbrand gesehen habe und nie die geringste Veranlassung fand, zerstörende Mittel auf eiternde Wunden anzuwenden. Die atmosphärischen Einflüsse auf accidentelle Wundkrankheiten sind vermuthlich viel einfacher, als man sich denkt, man darf bei ihrer Beurtheilung nur nicht von der Idee ausgehen, ein Verwundeter könne sich nicht erkälten. Ich habe dies immer für möglich gehalten und deshalb im Winter nie kalte Umschläge oder Eis angewendet, so lange der Verwundete in einem ungeheizten Raume lag. Thut man dies, so kann man es sogleich erleben, daß bei einer Verletzung am Fuße nach vierundzwanzig Stunden schon Hydrops genu eingetreten ist, welches die Complication mit Rheuma anschaulich macht. Die Zeit liegt noch nicht fern, wo man Rosen, Pyämie und Hospitalbrand nur von atmosphärischen Einflüssen herleiten wollte und auf die Hospital-Miasmen wenig Werth legte, weil man sich darauf verließ, das Hospital sei vorschriftsmäßig eingerichtet, jetzt ist man im Begriff, das entgegengesetzte Extrem zu verfolgen und möchte alle Hospitäler niederreißen, um Pavillons dafür zu bauen. Man soll dabei ja nicht vergessen, daß einzelne Patienten durchaus isolirt werden müssen und daß der Mensch auch der Wärme bedarf. Verwundete, welche schon in der wärmeren Jahreszeit in Baracken liegen, vertragen auch niedere Temperaturen, wenn sie bei fortrückender Jahreszeit allmählich eintreten; bringt man schwer Verletzte gleich in ungeheizte Räume, so gehen sie darin zu Grunde.

Es machte mir Vergnügen, daß ich in Erlangen schon im ersten Winter die nützliche Anwendung eines physiologischen Grundsatzes zeigen konnte, den ich der Tenotomie zu verdanken habe. Ein dreijähriges Mädchen hatte durch einen fallenden Stein am rechten Unterschenkel eine complicirte Fractur erlitten. Die Tibia hatte nahe über dem Fußgelenke die Haut durchbohrt. Durch Extension und Schienen hatte man vergebens versucht, die Fragmente in guter Lage zu erhalten, die Tibia trat immer wieder und immer weiter hervor, so daß der Entschluß zur Amputation bereits gefaßt war. Der Vater des Kindes war Arbeiter in der großen Spiegelfabrik der Herren Fischer. Diese hatten eine Consultation mit mir veranlaßt. Ich lagerte das gebrochene Bein mit seiner Außenseite auf einen großen Spreusack, der nur durch ein paar Bänder in seiner Lage erhalten wurde, und ließ Bleiwasser-Umschläge machen. Schon am folgenden Tage war der vorstehende Knochen zurückgewichen und die Heilung erfolgte ohne Difformität und nach sehr geringer Exfoliation. Herr Fischer senior schenkte mir aus Freude über die gelungene Cur einen großen Spiegel, den ich noch aufbewahre. Er erinnert mich an eine lange Reihe complicirter Fracturen von Erlangen bis Sedan, in denen ich auf die spontane Muskelerschlaffung rechnete und mich in meinen Erwartungen nicht getäuscht fand.

Später fand ich Gelegenheit, der Familie Fischer noch einen zweiten Beweis von der Nützlichkeit subcutaner Studien zu geben, das achtjährige Kind des jüngeren Herrn Fischer hatte durch einen umsinkenden Quaderstein, welcher den Kopf einklemmte, eine furchtbare Schädeldepression der linken Schläfe erlitten, man konnte einen Löffel voll Wasser in die Vertiefung gießen; dabei waren die Nähte auseinandergewichen und der Kopf ganz schief. Es war davon die Rede, die deprimirten Schädelstücke zu erheben. Ich erklärte mich aber dagegen, weil keine äußere Wunde vorhanden sei. Das Kind genas bei einer kühlenden Behandlung, die Schiefheit des Schädels durch Nahttrennung verminderte sich allmählich.

Fast zu gleicher Zeit trepanirte ich prophylaktisch in der Klinik einen Mann mit Depression des Seitenwandbeins in offener Wunde und stellte ihn glücklich wieder her. Als ich den Geheilten der Naturforscherversammlung zeigte, äußerte Textor: derselbe würde auch ohne Trepanation geheilt worden sein. Ich verstand dies nicht, vergaß es aber auch nicht, sondern dachte noch lange darüber nach, und kam allmählich dahin, einzusehen, daß es sich im Wesentlichen doch bei diesen Verletzungen um das Gehirn handle und daß die Läsionen dieses Organs noch subcutan bleiben, so lange die dura mater nicht geöffnet ist. Eingedrückte Splitter verwunden oft die dura mater und führen so den Tod herbei, der durch Erhebung der Splitter nicht abgewendet wird, weil das Gehirn dann dem Einflusse der Luft unterworfen ist. Läßt man die Splitter in ihrer Lage, so verschließen sie die Oeffnung in der dura und veranlassen Verwachsungen zwischen ihr und dem Gehirne, welche den Sack der Arachnoïden verschließen. Dieser Ideengang führte mich dahin, nicht blos der Trepanation zu ent=

sagen, sondern auch die Splitter ruhig sitzen zu lassen, bis sie durch eine sehr beschränkte Eiterung vollkommen gelöst sind. Man hält die Reaction im Zaume durch reine Luft, Bettruhe, antiphlogistisches Regime und eine Localbehandlung, welche zugleich antiphlogistisch und antiseptisch wirkt. Dies geschieht durch Kälte, womöglich durch Eisbeutel. Billroth sagt freilich in seinen chirurgischen Briefen, er habe von dem Eis nie antiphlogistische und antiseptische Wirkungen gesehen und wende dasselbe nur an, um Schmerzen zu lindern, er hat also wohl nie einen Eisschrank besessen, oder sich die Finger verbrannt. Das ist schade! Mir hat das Eis bei Kopfverletzungen ausgezeichnete Dienste geleistet und die Blutentziehungen oft, aber nicht immer, entbehrlich gemacht. Diese dienen dazu, einem plötzlichen Blutandrange gegen den Kopf, wie er sich nicht selten in den ersten Tagen nach der Verletzung einstellt, rasch ein Ende zu machen. Man darf nicht zu viel davon erwarten und keine rasche Wiederherstellung des Bewußtseins damit erzielen wollen. Der betäubte Zustand beruht auf Hirnschwellung und der durch die Depression bedingten größeren Enge der Schädelhöhle. Man muß deshalb temporisiren bis der Abgang der Splitter erfolgt und damit das Bewußtsein wieder völlig klar wird. Da bis zu diesem Zeitpunkte manchmal Wochen vergehen, so ist das eine Geduldsprobe, der nicht jeder Arzt gewachsen ist. Es kommt dann wohl die Reue, die Splitter nicht gleich entfernt zu haben und man fängt vorschnell an, dieselben zu beunruhigen. Dies hat dann meistens wieder Verschlimmerung zur Folge. Es ist deshalb nicht zu verwundern, daß man theoretisch immer wieder auf die frühe Trepanation zurückkommt, aber praktisch entsetzlich wenig damit leistet. Der gegenwärtige Dirigent der Erlanger chirurgischen Klinik, Professor Heineke (vid. dessen Compendium der Operations- und Verbandslehre, Erlangen 1872, pag. 340) bringt wieder die alten Indicationen zum Trepaniren vor und übergeht Alles, was Textor, Dieffenbach und ich darüber gedacht und gelehrt haben. Nach seinen Indicationen hätte ich den jungen Dr. Henke, den ältesten Sohn meines alten Erlanger Collegen, trepaniren müssen. Derselbe war gleichzeitig mit seinem Bruder, dem ich das Ellenbogengelenk resecirte, während des Sturmes auf Friedrichstadt verwundet worden und hatte eine Schußfractur des Seitenwandbeins mit bedeutender Depression und mit Hirnzufällen davon getragen. Er lag in demselben Zimmer in Delve wie sein Bruder und wurde ohne örtliche Eingriffe vollkommen geheilt. Hoffentlich vertheidigt er mich gelegentlich gegen die Feinde, die ich mir damit gemacht habe, daß ich den Chirurgen ihre Kronen entreißen wollte. Ich habe es nie erwartet, daß die Trepanation bald verschwinden werde; eins aber ist erreicht, man kann sie jetzt unterlassen, ohne sich der Gefahr auszusetzen, deshalb gerichtlich belangt zu werden. In meinen Maximen der Kriegsheilkunst theilte ich nicht blos eine Menge glücklicher Erfolge der nichtoperativen Behandlung Kopfverletzter mit, sondern bemühte mich besonders, dies Verfahren physiologisch zu begründen. Das ist die Art, wie praktische Grundsätze zu Stande kommen sollen. Zuerst tritt uns das Factum einer Heilung unter gewissen Verhältnissen entgegen, dann muß die Physiologie uns helfen, dieselbe zu begreifen, endlich führt uns die Analogie dahin, den gewonnenen Grundsatz auf ähnliche Zustände anzuwenden. Man läßt jetzt ein vorgefallenes Stück Lunge ruhig in der Thoraxwunde stecken und verfährt mit dem vorgefallenen Netze bei Bauchwunden ebenso, obgleich dies einer ganz mechanischen Anschauung ebenso unsinnig erscheinen muß, als das Sitzenlassen niedergedrückter Schädelstücke.

Mit dem Fleiße und den Fortschritten meiner Schüler war ich in Erlangen sehr zufrieden. Sie waren fast ohne Ausnahme die Söhne gebildeter Eltern, nicht reich genug, um viel zu kneipen und nicht zu arm, sich die nöthigen Bücher anzuschaffen. Zu meinen damaligen fleißigsten Schülern gehörte auch der jetzt so berühmte Physiolog Professor Ludwig in Leipzig. Mein jüngster Bruder Ernst kam nach Erlangen, um dort Doctor zu werden und schrieb seine Dissertation: Ueber Atonie fibröser Gewebe, welche von der Entstehung der Hernien, des Plattfußes, des Genu valgum, der angeborenen Verrenkung des Hüftgelenks und ähnlicher Zustände handelt. Congenitale Luxationen der Hüftgelenke, welche Schreger in seinen chirurgischen Versuchen schon sehr gut beschrieben hat, kamen in Erlangen erstaunlich häufig vor. Ich beschäftigte mich damit, sie zu heilen, mein Bruder gab die Abbildung einer Maschine, mit der ich die meistens leicht zu bewerkstelligende Einrichtung unterhalten wollte. Es kam aber nicht viel dabei heraus und ich habe den Gegenstand später, als ziemlich hoffnungslos, aus den Augen verloren. Mit meinem Bruder kam der schon vierzigjährige Stadtchirurgus Fröhlich aus Hannover, ein ganz routinirter Arzt, dem nur der Doctortitel fehlte. Er schrieb seine Dissertation über die Gaumennaht, welche er in Hannover schon drei Mal mit glänzendem Erfolge gemacht hatte. Die von ihm erfundene feine Zange zum Fassen der Ränder habe ich zu diesem und anderen Zwecken viel gebraucht und weiter verbreitet. Meine schriftstellerische Thätigkeit in Erlangen war nur gering und beschränkte sich auf einen Aufsatz für das bayrische Correspondenzblatt über einen Fall von Tenotomie des Flexor pollicis longus, wegen krampfhafter Behinderung im Schreiben und Orgelspielen. Der Krampf war ganz auf den einen Muskel beschränkt und der Erfolg war vollständig; die Sehne heilte leicht wieder an und der

Krampf hatte aufgehört, so daß die Hand zu allen Functionen wieder brauchbar geworden war. Ich benutzte diesen Fall besonders, um den Zusammenhang zwischen Muskelspannung und Gefühl deutlich zu machen. Der sehr intelligente Patient gab über die Veränderungen des Gefühls im Daumen, welche durch die Tenotomie eintraten und so lange dauerten, bis die Sehne wieder angeheilt war, sehr gut Auskunft. Er hatte anfangs nicht blos ein ganz taubes Gefühl im Daumen, sondern empfand auch leichte Berührungen nicht so, wie an der anderen Hand. Dieser kleine Aufsatz hatte keine gute Wirkung, man fing an, bei Schreibekrampf Sehnen zu durchschneiden, ohne zu untersuchen, ob sich der Krampf auf einen bestimmten Muskel beschränke. Die Zustände dabei sind aber sehr verschieden und der Flexor pollicis longus ist nicht immer vorzugsweise ergriffen.

Häusliche und persönliche Erlebnisse in Erlangen.

Im Kreise so liebenswürdiger Freunde, wie wir an den Familien Schmidtlein, Olshausen, Köppen und Hofmann besaßen, ging uns der erste Winter schon in angenehmer Weise hin. In den Osterferien 1839 reiste ich nach München, um die dortigen Professoren kennen zu lernen. Ich fand den alten würdigen Döllinger, welcher als Physiolog nicht minder berühmt war, wie sein Sohn es jetzt als Theologe ist, noch äußerst rüstig, obgleich er nicht lange nachher starb. Ich trug ihm meine Lehre von der Combination motorischer und sensitiver Nerventhätigkeit vor, welche er mit großer Aufmerksamkeit anhörte. Das ist ein sehr fruchtbarer Gedanke, sagte er mir, den müssen Sie eifrig verfolgen. Professor Wilhelm, der Chirurg, ein kräftiger, blühender Mann von vierzig Jahren, zeigte mir seine schöne Klinik im allgemeinen Krankenhause, seine Instrumente und die hübsche Official-Wohnung, welche er, als Dirigent der Anstalt, dicht neben derselben inne hatte.

Ich zweifelte nicht daran, daß ich mit ihm in ein freundliches Verhältniß treten werde, da wir uns über wichtige Fragen leicht verständigten. Er huldigte freilich der antimercuriellen Behandlung der Syphilis, aber dies würde uns auf die Dauer nicht geschieden haben, da ich wußte, daß der Mercur für viele Fälle ganz unentbehrlich sei. Mein Vorgänger Jäger hatte ungefähr auf demselben Standpunkte, wie Wilhelm, gestanden, und die Syphilis nur mit Zittmann'schem Decocte behandelt. Ich habe, Beiden zu Ehren, diesen Trank ziemlich häufig angewendet, der in veralteten Fällen, wo Mercur und Jodkalium keine Dienste mehr leisten, oft sehr wirksam ist. Von den Quecksilberpräparaten gebrauche ich seit 1863, wo W. Lawrence's „Lectures on Surgery" erschienen, fast nur die blauen Pillen (Pil hydrarg. Ph. Londin.), nicht über zehn Gran täglich. Jäger hatte, so wie ich selbst, in Erlangen die Gelegenheit gehabt, die reinen Wirkungen des Mercurs bei den Arbeitern der Spiegelfabrik kennen zu lernen, welche den Beweis liefern, daß dieselben gar keine Aehnlichkeit mit denen der secundären und tertiären Lues haben, die man damals, wie noch jetzt, gern dem Mercur zur Last legen wollte. Dies hatte auf ihn keinen Eindruck gemacht; ich wurde dadurch in meiner Vorliebe für den Mercur bestärkt.

In den Pfingstferien 1839 ging ich auf acht Tage nach Streitberg, um mich selbst durch Baden, Brunnentrinken und Spazierengehen zu curiren. Ich hatte in Erlangen viel weniger Bewegung, als in Hannover, dazu kam das bischen Bier, welches ich Ehren halber trinken mußte, so erlitt ich einen Rückfall des Ischias, womit ich schon einmal in London zu kämpfen hatte. Es wurde in Streitberg besser, aber nicht ganz gut, ich litt mehr oder weniger bis in den Herbst hinein, ohne jedoch in meinen Berufsgeschäften gestört zu werden.

Im Juni 1839 kam mein theurer, alter Schwiegervater

mit seiner Frau, seiner Tochter, der Syndica Banks, und deren Tochter Cäcilie, einem damals achtjährigen, reizenden Kinde, welche später meinen Bruder Carl geheirathet hat. Die Gesellschaft wohnte im „Elephanten" und blieb vierzehn Tage. Da mein Schwiegervater eine hohe Stellung in der Welt der Freimaurer einnahm, so kamen aus allen benachbarten Städten Deputationen, um ihn zu begrüßen. Er war übrigens auf die Freimaurer nicht sonderlich zu sprechen; er hatte sehr kostbare Erfahrungen mit ihnen gemacht. Dann kamen die in Bayern lebenden Brüder meiner Schwiegermutter, die beiden Freiherren von Reck, und beredeten die Meinigen zu einem Ausfluge nach ihrem Familiengute in Autenried bei Augsburg. Meine Frau nahm an dieser Expedition Theil, welche über München und Memmingen, wo eine Schwester meiner Schwiegermutter, Frau von Grimmel, wohnte, stattfand.

In den Herbstferien 1839 beschloß ich, eine Excursion nach Wien zu machen, um dort zu erfahren, was auf dem Gebiete der Augenheilkunde seit 1826 Neues hinzugekommen sein möchte. Meine Frau und einige Freunde von Erlangen begleiteten mich bis Regensburg. Ich wollte ihr die Walhalla zeigen und die Bekanntschaft einer liebenswürdigen Cousine von mir verschaffen, welche in der Nähe von Regensburg an einen Gutsbesitzer verheirathet war. Wir hatten zu ihr eine sehr anmuthige Fahrt längs des Regenflusses, und das alte Ritterschloß lag sehr reizend auf einer Halbinsel, welche durch eine Krümmung des Flusses gebildet wird. Während ich mit meinem Bruder Ernst die Reise nach Wien auf dem Dampfschiffe fortsetzte, kehrten die Uebrigen nach Erlangen zurück. Meine Frau konnte sich nie lange von ihren Kindern trennen, und war deshalb selten zum Reisen geneigt.

Meine Tour nach Wien war in sofern verfehlt, weil ich Friedrich Jäger nicht antraf. Rosas und Carl Jäger konnten mir wenig Neues mittheilen. Ich lernte aber bei dieser Gelegenheit Professor Schuh kennen, den ich immer als einen Mann von strenger Wahrheitsliebe und von ernstem wissenschaftlichen Streben sehr hoch geschätzt habe. Professor Wattmann fand ich wie früher. Ich kehrte auf dem Landwege über Linz und Regensburg nach Erlangen zurück, immer noch etwas an Ischias leidend. Aber noch während der Ferien erschien mir Hülfe in Gestalt von Professor Roßhirt, der eines schönen Morgens zu mir kam, um mich zu fragen, ob ich nicht mit auf die Jagd gehen wollte? Ich war gleich bereit, und griff nach Mütze und Stock. Was? mit einem Stocke wollen Sie auf die Jagd gehen? — Ich habe nie ein Gewehr in der Hand gehabt! — Das schadet nichts, ich zeige Ihnen, wie man damit umgeht! — Er holte mir das nöthige Jagdgeräth, und ich schoß im ersten Triebe einen Hasen. Er lag vor mir; es war kein anderer Schuß gefallen, als der meinige. Ich konnte schießen, ohne es gelernt zu haben. Wunderbar! Die Jagdpartie dauerte zehn Stunden; ich kam sehr müde zu Hause, aber, wie sich am folgenden Tage zeigte, mein Ischias war curirt. Ich hatte mich schon eifrig mit dem Gedanken beschäftigt, ein Reitpferd anzuschaffen, um mir mehr Bewegung zu machen, jetzt kaufte ich mir ein schönes doppelläufiges Jagdgewehr, das mir treffliche Dienste geleistet hat. Ich schoß freilich öfter damit vorbei, als mein Debut erwarten ließ, aber die Jagdpartieen, welche ich von Zeit zu Zeit mitmachte, stärkten meine Gesundheit und hielten mich mobil. Ich habe dieselben fortgesetzt, bis ich nach Holstein kam, wo ich, der vielen Knicke wegen, die Jagd weniger nützlich und angenehm fand. Es fing dann die Zeit des regelmäßigen Reitens an, welches mir ungefähr dieselben Dienste leistete. Professor Roßhirt war ein liebenswürdiger Jagdkumpan, und so waren es die Anderen; ich habe sie nirgends so wieder gefunden. Es

fehlte nicht an Wild in der Umgegend, besonders zahlreich
waren die Rebhühner, sie wurden nur mit zwölf Kreuzern das
Stück bezahlt. Kleinere Treibjagden waren mir angenehmer,
wie die großen Treiben, zu denen ich öfter von reichen Guts=
besitzern eingeladen wurde; die Beute war dabei groß, aber
die Gesellschaft nicht so gemüthlich.

Während des Sommersemesters 1839 schon erhielt ich
von Professor Baumgärtner in Freiburg eine Reihe von Briefen,
in denen er mich zu bewegen suchte, nach Freiburg überzusiedeln.
Da ich keine Neigung zeigte, Erlangen zu verlassen, so suchten
ihm die übrigen Mitglieder der Facultät zu Hülfe zu kommen,
und ich muß gestehen, daß sie alle, Jeder in seiner Weise, das
Mögliche thaten, mein Widerstreben zu erschüttern. Es half
ihnen nichts; ich betrachtete es als einen Ehrenpunkt, in
Erlangen zu bleiben, wo ich auf meinen eigenen Wunsch ange=
stellt und sehr freundlich aufgenommen war. Ich kann nicht
leugnen, daß mir das Festhalten an dieser Gesinnung doch
einiges Herzweh machte. Ich kannte Freiburg und von meinem
Aufenthalte in Lahr auch die Bewohner des Breisgaus; der
Markgräfler=Wein hatte mir gemundet, das bayrische Bier
konnte ich nicht vertragen; die Umgegend von Erlangen mit
ihren sandigen Feldern und ihren Kiefernwäldern war doch
recht traurig im Vergleiche mit Freiburg, wo die Nußbäume
und die Reben gedeihen. Erlangen hatte kein einziges monu=
mentales Gebäude, und Freiburg in seinem Dom eins der
schönsten der Welt. Aber was ist die schönste Wirklichkeit
dem idealen Ehrenpunkte gegenüber? Meine Freunde in
Erlangen fürchteten, daß ich doch gehen werde, und suchten mir
neue Verbindlichkeiten aufzulegen. Sie machten ausfindig, daß
ich bei meiner Berufung eigentlich nicht gut behandelt sei. Ich
hatte denselben Gehalt wie Jäger verlangt, ohne zu wissen,
daß ein Unterschied bestehe zwischen Gehalt und Gesammt=

bezügen; Jäger hatte dreihundert Gulden mehr gehabt. Rudolph Wagner hatte nicht für gut gefunden, mich gehörig zu instruiren; die Universität bekam mich so um dreihundert Gulden billiger. Diese wurden mir dann 1839 noch zugelegt, wie es sich gleich anfangs gebührt hätte. Zu danken brauchte ich nicht dafür, und habe es auch nicht gethan.

Im Sommersemester 1840 machten die Freiburger Professoren einen zweiten Versuch, mich zu sich hinüberzuziehen, aber mit demselben Erfolge. Ich benutzte diesmal ihre dringenden Briefe, um einige Verbesserungen der chirurgischen Klinik durchzuführen. Es fehlte an Raum und an einem guten Operationssaale; endlich waren die Latrinen schlecht. Ich entwarf einen Bauplan, um diesem allen abzuhelfen, und wollte neue Zimmer durch einen Anbau gewinnen. Man ging sehr bereitwillig auf meine Ideen ein; es fand sich aber, daß die medicinische Klinik Ueberfluß an Zimmern habe, und so wurde Henke veranlaßt, diese der chirurgischen abzutreten. Ich wußte dies recht gut, wollte den alten Herrn aber nicht kränken durch Uebergriffe auf sein Territorium. Der Operationssaal ließ sich durch Einbrechen eines großen Fensters und durch Wegnahme einer Zwischenwand leicht herstellen; die Latrinen wurden neu angelegt. Diese Verbesserungen wurden um so leichter zugestanden, weil im September 1840 der Naturforscherverein in Erlangen zusammenkommen sollte.

Es kamen gegen vierhundert Gäste, meistens ernste Männer, denn auf rauschende Vergnügungen war dort nicht zu rechnen.

Hofrath Koch war zum ersten, Professor Leupoldt zum zweiten Geschäftsführer erwählt worden. Koch trat noch kurz vor dem Vereine zurück, Leupoldt wurde erster Geschäftsführer, und ich mußte mich nolens volens entschließen, zweiter zu werden. Seit der Affaire mit den Stearinkerzen traute ich mir gar keine Befähigung mehr zu, für die gute Aufnahme einer großen Gesellschaft zu sorgen. Es ging aber Alles gut ab; ich fand Gelegenheit, in meiner Klinik für Unterhaltung zu sorgen. In dem neu angelegten Operationssaale versammelte sich jeden Morgen für einige Stunden die chirurgische Section. Ich stellte Kranke und Geheilte vor und ließ meine Gäste operiren. Freund Textor machte einige Resectionen, wobei ihm Bernhard Heine, der Erfinder des Osteotoms, mit seinem Instrumente glänzend assistirte. Professor Dietz machte mit der ihm eigenen bewunderungswürdigen Ruhe und Geschicklichkeit einige Cataract-Extractionen. Tenotomien wurden in großer Zahl verrichtet. Ich begnügte mich damit, als Neuigkeit die Gerdy'sche Bruchoperation zu zeigen. Dr. Ried unterstützte mich dabei, indem er geheilte Fälle von Jäger vorstellte. Man war allgemein zufrieden. Unter den Patienten, die ich vorstellte, war ein Mann mit Elephantiasis profluens beider Unterextremitäten, durch Oblitteration der Vena cava inferior. Professor Fuchs aus Göttingen war der Einzige, welcher sich für die physiologische Seite des Falles interessirte und auch nach der Sitzung genauer untersuchte, die Anderen achteten gar nicht auf die vorliegenden Beweise für die Oblitteration der Vena cava, welche in Erweiterung der oberflächlichen Venen des Rumpfes bis zur Achsel hinauf bestanden. Der Eine wollte den Mann mit Mercur, der Andere mit Jod oder Zittmann'schem Decoct heilen. Ich ließ ihn ruhig in meiner Klinik sterben und schickte Fuchs einen sehr gelungenen colorirten Abguß des einen Unterschenkels nach Göttingen.

Unter den jüngeren Mitgliedern des Naturforschervereins gefiel mir besonders mein Landsmann Dr. Bernhard Langenbeck, damals Privatdocent der Physiologie in Göttingen. Ich fand natürlich gleich, daß Chirurgie sein Hauptfach sei, daß er darin vollkommen bewandert war, aber seinem Onkel gegenüber in Göttingen damit nicht auftreten konnte. Er machte auch einige Operationen in meiner Klinik, unter anderen die einer complicirten Hasenscharte bei einem zwölfjährigen Knaben mit großer Gewandtheit. Er gefiel Anderen eben so gut, wie mir selbst und wie er jetzt noch Jedem gefällt, der in seine Nähe kommt, denn in seinem liebenswürdigen Wesen ist er sich ganz gleich geblieben von 1840 bis 1871, wo ich ihn zuletzt gesehen habe.

Dieser Naturforscherverein, welcher so gut ausfiel, war der letzte glänzende Punkt in meinem Erlanger Leben, denn es war mir nicht beschieden, dasselbe noch lange in Ruhe zu genießen. Es gefiel mir so gut dort, daß ich schon daran dachte, mein Leben dort zu beschließen, wie Schreger und Jäger. Als ich im October 1840 nach dem Verkaufe des Hauses in Hannover den kleinen Rest meines väterlichen Vermögens ausbezahlt erhielt, wollte ich denselben durch Ankauf eines Hauses in Erlangen anlegen; es fand sich aber nichts Passendes, und das war auch gut für uns, denn ich bedurfte des Geldes bald zu weniger nützlichen Zwecken.

Im December 1840 starb der junge, kräftige, glückliche Professor Wilhelm in München eines plötzlichen Todes. Er hatte noch Tags zuvor eine Amputation gemacht, war dabei schon unwohl gewesen, hatte Bittersalz eingenommen und war darauf unter den Zufällen einer Darmperforation gestorben. Bei der Section fanden sich vierzehn Typhus-Geschwüre im Dünndarm, von denen eins in die Bauchhöhle durchgebrochen war.

König Ludwig war dann selbst auf die Idee gekommen, daß ich Wilhelm's Nachfolger werden solle. Ob ich wolle oder nicht, kam nicht in Betracht, es handelte sich nicht um eine Vocation, sondern um eine Versetzung, unter Beibehaltung der bisherigen Bezüge, wie es in dem Rescripte heißt. Auf Erlangen wurde keine Rücksicht genommen, ich mußte schon im Laufe des Semesters meine neue Stelle antreten. Die

Erlanger nahmen sehr herzlichen Abschied von mir, die Professoren gaben mir einen solennen Abschiedsschmaus und meine Schüler verehrten mir einen schönen silbernen Pokal. Vor meiner Abreise consultirte mich die medicinische Facultät über die Wahl meines Nachfolgers, und entschied sich dahin, auf meinen Vorschlag einstimmig Bernhard Langenbeck allein in Vorschlag zu bringen. Am 31. Januar langte ich, noch ohne Familie, in München an.

Aufenthalt in München,
vom Februar 1841 bis October 1842.

Mit Hülfe guter Freunde fand ich bald eine Wohnung, in welche ich meine Familie nachkommen lassen konnte. Sie lag im Hause des Grafen Rechberg-Rothenlöwen an der Hundskugel, nicht weit entfernt vom Sendlinger Thore und dem davor liegenden allgemeinen Krankenhause. Neben dem Hause war ein allerliebster Garten mit reizenden Fontainen. Graf Rechberg bewohnte selbst nur einen kleinen Theil seines großen Palais, alles Uebrige war vermiethet. Ich konnte von Glück sagen, daß ich dies Quartier fand, denn da ich Equipage halten mußte, so war die Auswahl nicht groß. Eben so schnell fanden sich Pferde, Wagen und ein vortrefflicher Kutscher. Eine Uniform war schon am Tage meiner Ankunft bestellt, ohne diese konnte ich dem Könige nicht vorgestellt werden. Sie kostete hundertundfünfzig Gulden und war reich gestickt, denn in Bayern hat ein Universitätsprofessor einen ziemlich hohen Rang. Ich habe sie nur einmal getragen, am 12. Februar 1841, wo König Ludwig mich in seinem Residenzschlosse empfing, dessen Inneres mir sehr imponirte. Er war sehr gnädig gegen mich, wünschte, daß es mir in München gut gefallen möge und erkundigte sich nach Rückert in Erlangen, dessen Leben er für gefährdet hielt. Ich konnte ihn darüber vollständig beruhigen, und suchte das Gespräch auf meinen Nachfolger zu bringen. Der König äußerte sich darüber mit vielem Interesse, aber nur im Allgemeinen, und schloß mit dem Complimente für mich, daß ich in Erlangen schwerlich ersetzt werden würde. Ich habe König Ludwig später nicht wieder gesprochen, und wohl nicht ohne Grund.

Am 19. Februar wurde ich ersucht, mich in das Ministerium des Innern zu verfügen, wo der königliche Ministerialrath von Zenetti mir mittheilte, der König habe beschlossen, Bernhard Langenbeck zu meinem Nachfolger zu ernennen, und der Minister von Abel wünsche, daß ich mit diesem in Unterhandlungen trete. Sie waren sehr einfach. Herr von Zenetti dictirte mir die Bedingungen in die Feder, welche ich Langenbeck anzubieten habe; ich schrieb an ihn, er war mit Allem zufrieden, auch mit der Bedingung, schon Ostern anzutreten. Ich schickte Langenbeck's Brief an Herrn von Zenetti, und damit war mein activer Antheil an dieser Geschichte abgethan. Langenbeck wartete vergebens auf sein Anstellungsdecret, schrieb an König Ludwig, dieser schickte den Brief an den Minister von Abel, mit der Randbemerkung: warum hat der Professor Langenbeck noch nicht sein Anstellungsdecret erhalten? Antwort: weil Ew. Majestät die Stelle inzwischen einem Andern verliehen haben!

Dieser Andere war Heyfelder, Leibarzt des Fürsten von Sigmaringen. Ich erfuhr erst 1844, wo ich in Sigmaringen war, um den alten Fürsten zu sehen, der sich eine schlimme complicirte Fractur des Unterschenkels zugezogen hatte, den Zusammenhang der Geschichte. Der Fürst hatte sich bei einer besonderen Veranlassung durch Heyfelder beleidigt gefühlt und wollte ihn verabschieden. Da er demselben jedoch für diesen Fall eine Pension von tausend Gulden versprochen hatte, so suchte er ihm eine andere Stelle zu verschaffen. Dies gelang ihm durch seinen Schwiegersohn, den Herzog von Altenburg, welcher der Bruder der regierenden Königin von Bayern war.

Ich hätte, im Grunde genommen, gar nicht nöthig gehabt, mir diese Geschichte zu Herzen zu nehmen, denn Langenbeck wurde bald darauf nach Kiel berufen und machte mir mit jedem Jahre mehr die Ehre, ein berühmter Mann zu werden. Aber es geschah; ich fühlte es als eine tiefe Kränkung, daß zwei Gelehrte mit solcher Geringschätzung behandelt wurden. Und von wem? Dies war nicht zu erforschen. Ich warf in meiner Verehrung für König Ludwig alle Schuld auf den Minister von Abel, und wohl mit Recht, denn wenn dieser erklärt hätte, die Stelle ist vergeben, so würde der König es vermieden haben, mich zu kränken, dem er eben erst gesagt hatte, ich sei unersetzlich. Es gab für mich keine Satisfaction, als Bayern zu verlassen, und ich sprach es gleich aus, daß ich dies bei der ersten Gelegenheit thun werde, und gleich gehen würde, wenn meine Mittel es mir erlaubten.

Der Minister hatte mir gegenüber kein gutes Gewissen, und wollte mich gern versöhnen. Eine alte Bonne seiner Kinder mußte ihren Kopf dazu hergeben, den ich von einigen Atheromen befreite. Der Herr Minister und die Frau Ministerin waren bei der Operation zugegen; er reichte mir nach derselben das Waschbecken und sie das Handtuch. Es half nichts!

Ich habe diese Geschichte hier gleich erzählt, weil sie einen Schatten auf meinen ganzen Aufenthalt in München warf. Mit dem ewig nagenden Groll im Herzen gefiel mir nichts in dieser Stadt, die ich in meiner Jugend als das glänzendste Ziel meiner Wünsche betrachtet hatte. Leider fand ich nirgends Sympathie; man gab mir zu verstehen, mein Verdruß rühre nur davon her, daß mir der Coup mißlungen sei, einen Landsmann an meine Stelle zu bringen. Die edlen Münchener fanden in dem Verfahren des Ministers nichts Anstößiges. Der Einzige, welcher mich verstand und meine Gesinnungen zu würdigen wußte, war Herr von Zenetti, der das unschuldige Zwischenglied gewesen war. Als ich im nächsten Jahre München verließ, machte ich ihm einen Abschiedsbesuch und dankte ihm für seine Theilnahme. In seinen tiefen, dunkeln Augen glaubte ich zu lesen: Du gehst und ich muß bleiben, um meine Ketten weiter zu tragen.

Hätte mein Herz an München gehangen, so wäre es mir von Vortheil gewesen, daß der Minister sich in meiner Schuld fühlte; ich hätte die bald nachher an mich ergehenden Vocationen dazu benutzen können, Alles zu erreichen, was mir zu wünschen übrig blieb, aber ich hatte nicht die geringste Anwandlung, mich zu aviliren.

Meine damaligen Collegen in der medicinischen Facultät waren: von Ringseis für medicinische Klinik; von Breslau für innere Heilkunst und Materia medica; von Walther für Chirurgie; Buchner für Chemie; Weißbrodt für Geburtshülfe; Gietl für medicinische Klinik; der außerordentliche Professor Schneider für Anatomie, und Horner für syphilitische Klinik, als Honorarprofessor.

Ringseis war ein Original in seiner Erscheinung und Geistesrichtung; für Viele, wegen seiner Hinneigung zu den Ultramontanen, eine problematische Natur. Ich hielt ihn immer für einen ehrlichen Mann, aber für einen religiösen Schwärmer, wie Clemens Brentano und Andere, die seine Freunde waren. Er hatte dabei viele gute Eigenschaften; er war ein heiterer, angenehmer Gesellschafter, dem nie ein triviales Wort entschlüpfte. Seine Bekanntschaft mit der Literatur war sehr umfassend, man mochte anklopfen, wo man wollte. Er liebte die schönen Künste und hatte viel davon gesehen, denn er begleitete

König Ludwig als Kronprinzen auf seinen Reisen. Er interessirte sich für die Natur und trieb Mineralogie mit großem Eifer. Seine Resultate im Hospitale waren, wie man allgemein sagte, viel besser, als die von Gietl, doch zweifle ich etwas an seinem specifisch-ärztlichen Talente. In einer Stadt wie München, wo der Typhus nie ausging, hätte er dahinter kommen müssen, daß Typhuskranke der frischen Luft bedürfen. Der alte Herzog von Modena, welcher unser Hospital sehr gründlich besah, mußte ihn erst darauf aufmerksam machen. Er war mir anfangs offenbar sehr gewogen, wir stimmten in einer Beziehung überein, in unserer Verehrung für die barmherzigen Schwestern. Unser Verhältniß wurde aber bald gestört. Es kam in meine Klinik ein sehr schlimmer Fall von Pott'schem Uebel, welcher von einem Laien, dem Bildhauer Professor Schlothauer, mit Streck- und Druckapparaten behandelt war, bis Hektik eintrat. Ich hielt darüber einen klinischen Vortrag, in welchem ich das Hineinwagen der ultramontanen Welt in die Chirurgie nicht respectvoll behandelte. Ringseis nahm das sehr übel. Ich hatte ohne Zweifel Unrecht, damals war die Anwendung von Streckapparaten bei Caries der Wirbelsäule das Resultat höherer Eingebung eines frommen Mannes, heutzutage ist sie die Errungenschaft der exacten Wissenschaft, welche die Distractionsmethode erfunden hat. Ich zog auch in München entschieden den Kürzeren mit meiner Orthopädie, welche keinen Anspruch darauf machte, directen höheren Eingebungen gefolgt zu sein. Wenn man mich in Erlangen unter Dutzenden von Kindern mit Klumpfüßen sah, hatte man öfter geäußert: es ist, als hätten Sie auch gesagt, lasset die Kindlein zu mir kommen! In München hätte dies Anstoß gegeben, und es war dafür gesorgt, daß es nicht geschah. Während des ganzen Aufenthalts daselbst hatte ich, mit Ausnahme eines Torticollis in der Klinik, weder dort noch sonst eine einzige Tenotomie zu machen.

Es kränkte mich nicht sehr, diese Curen waren mir eher lästig, als angenehm, aber es war ein Zeichen des großen Einflusses, welchen kirchliche Gesinnungen ausübten. Ich dachte mir immer, Ringseis mit seinem Feuereifer für die allein selig machende Kirche, mit seinem ausdrucksvollen Kopfe, seiner durchdringenden Stimme hätte Missionair werden sollen, meinethalben in Begleitung einer wunderthätigen Heilkunst. An der Spitze des Medicinalwesens eines deutschen Königreichs war er wohl nicht an seinem Platze. Man hat ihm als Staatsarzt viel Uebles nachgesagt; ich erinnere mich nur, daß er einmal ganz ernsthaft den Vorschlag machte, die Landärzte sollten die Badstuben ankaufen, um ihre Lage durch die für sie arbeitenden Barbiergesellen zu verbessern. Die Chirurgie mag, wie Aphrodite, einst dem Schaum entsprossen sein, aber im neunzehnten Jahrhundert sollte sie sich mit dem Seifenschaume nicht mehr befassen.

Professor von Breslau war zugleich königlicher Leibarzt und ohne Zweifel der angesehnste Praktiker in München. Er war sehr klug und sehr unterrichtet, ohne alle religiösen Prätensionen, die ihm als getauften Juden nicht wohl angestanden hätten. Als junger Mann hatte er 1812 den Feldzug nach Rußland mitgemacht und dabei durch Erfrieren seine Zehen verloren, wodurch sein Gang sehr beschwerlich geworden war. Er verdankte seine Popularität als Arzt, wie ich glaube, der einfachen Art, wie er den Typhus ohne Reizmittel behandelte. In den Sitzungen des Obermedicinal-Ausschusses, zu welchem ich auch gehörte, war er nach meiner Ansicht der einsichtsvollste Votant. Er nahm mich sehr freundlich auf, es mißfiel mir aber, daß er mit Walther nicht auf gutem Fuße stand. Ich erfuhr es bald warum; er betrachtete die Chirurgen als Werkzeuge und erwartete, daß dieselben nach seinen Indicationen operiren sollten. Ich wurde von ihm eines Abends zu einer Dame beschieden, mit dem Ersuchen, einen Trocar zum Bauchstich mitzubringen. Ich fand die Patientin an Peritonitis leidend, mit einem geringen Ergusse in der Bauchhöhle und erklärte den Bauchstich für unnöthig und gefährlich. Ich glaubte, die Sache sei damit abgemacht. Nach einigen Tagen fand eine zweite Consultation statt, bei welcher auch Gietl zugezogen war, der meiner Ansicht vollkommen beitrat. Auch damit war die Geschichte noch nicht zu Ende. Bei einer dritten Consultation und übrigens unveränderter Sachlage hatte Gietl sich umstimmen lassen. Die beiden Medici puri glaubten, daß ich nun operiren werde. Ich erklärte jedoch, daß ich als Operateur die ganze Verantwortung zu tragen habe und nicht nach fremden Indicationen operire. Erst drei Wochen später fand Breslau einen jungen Operateur, der sich dazu hergab, den Bauchstich zu machen, der freilich nicht den Tod, aber sehr schlimme Erscheinungen nach sich zog. Die Patientin ging dann wieder in die Hände des mit dem Könige aus Italien zurückgekehrten Leibarztes von Wenzel über, der mich alsbald aufsuchte, um seiner Entrüstung über das Vorgefallene Luft zu machen. Er schrieb darüber einen langen, für die Veröffentlichung bestimmten Aufsatz, den er mir zur Durchsicht mittheilte. Ich behielt denselben, bis die erste Hitze verraucht war und verhütete dadurch eine offene Kriegserklärung zwischen zwei königlichen Leibärzten. Durch Wenzel erfuhr ich erst den ganzen Zusammenhang der Geschichte. Die Dame hatte vor Jahren in einem Anfalle von Schwermuth ein Packet Nähnadeln verschluckt und seitdem von Zeit zu Zeit Anfälle von Peritonitis bekommen, da ein Theil der Nadeln ohne Zweifel in den Baucheingeweiden stecken geblieben war. Als ich Walther die Geschichte erzählte, sagte er mir, er habe mit Breslau eine ganz ähnliche erlebt, wo der Patient sich jedoch ins Mittel legte, indem er gegen Breslau äußerte: als Sie mir in den Bauch stachen, kam ja gar nichts heraus! Breslau war alles

Ernstes der Meinung, das peritonitische Exsudat wirkte corrodirend und müsse deshalb abgelassen werden. Es läßt sich nicht leugnen, daß es an den Fingern des secirenden Arztes oft sehr übel wirkt, aber das geschieht nach dem Tode und nachdem es mit der Luft in Berührung getreten ist.

Philipp von Walther ragte unter den Collegen von der medicinischen Facultät hervor, wie unter niederem Gesträpp die Palme, welche in hohen Lüften ihr einsames Haupt wiegt. Im ruhigen Bewußtsein seiner Würde und seiner fleckenlosen Ehre ging er seinen eigenen Weg, vertrat das Gute und Nützliche, wo sich der Anlaß darbot, aber er suchte ihn nicht. Es schien mir, als verzweifle er an gedeihlicher Entwickelung der Verhältnisse. Man hatte ihm übel mitgespielt, von der Klinik war er durch eine Intrigue verdrängt worden, bei der Masse fand er keinen Anklang, bei der Aristokratie der Bildung war er ein gesuchter Arzt. Nur durch seine völlige Resignation konnte ich mir erklären, daß er manches Ungehörige ruhig fortbestehen ließ, daß er, der frühere Gefährte von Johannes Müller in Bonn, nichts dafür that, Döllinger zu ersetzen, dessen Verdienste er in einer Gedächtnißrede vor der Akademie so beredt gepriesen hatte. Er konnte es sogar mit anhören, daß man den Versuch machen wollte, einen ultramontanen Vertreter der Physiologie aufzufuttern. Er suchte sich andere Kreise, indem er damals sehr fleißig an seinem Handbuche der Chirurgie schrieb. Abgesehen von seiner praktischen Thätigkeit und dem Theater, welches er zu lieben schien, lebte er sehr einsam, ohne Verkehr mit den Collegen. Schelling war sein einziger Freund, aber auch dieser wurde ihm entrissen durch seine 1841 erfolgte Berufung nach Berlin. Ich sah die beiden Freunde zusammen auf einer Landpartie nach der Menterschwaig, die Walther veranlaßt hatte, an der auch unsere Familien theilnahmen. Ich hatte öfter gehört, Schelling sei Walther's böser Engel, da er aber an dessen Humor

Geschmack fand, so schien mir die Gefahr nicht groß, weil der Humor die Philosophie stets aus dem Felde schlägt. Für mich selbst gebrauchte ich aber die Vorsicht, mich mehr mit Schelling's reizender Tochter Julie zu unterhalten, als mit dem Vater. So ernsthaft Walther auch in seinen Schriften und Vorträgen war, so verschmähte er doch nicht eine heitere Auffassung des Lebens und der Wissenschaft bei den Doctordisputationen, welche in München nach alter Weise mit Präses und Respondenten vor sich gingen. Der Doctorand hatte dabei einen leichten Stand, der Präses nahm für ihn das Wort und stritt sich mit dem Professor, welcher die Rolle des Teufelsadvocaten übernahm. Walther und ich theilten uns oft in diese Rollen und brachten etwas Leben in die sonst so sterilen Formalitäten mit ihren auswendig gelernten Comödien. Bei diesen kleinen geistigen Turnieren waren wir fast unter uns, denn die ziemlich häufigen Promotionen zogen nur Wenige an.

Es schien mir für das Gedeihen der Chirurgie in München nothwendig zu sein, mit Walther womöglich Hand in Hand zu gehen. Er kam auf meine Einladung bald einmal wieder in die Klinik, sah sich alle ihm so wohlbekannten Räume mit Wohlgefallen an und begrüßte die Schwestern. Ich consultirte ihn in der Klinik und in der Privatpraxis und wußte mich gut mit ihm zu verständigen, er war auch öfter bei meinen Operationen gegenwärtig. Einen Beweis von Vertrauen gab er mir dadurch, daß er mir seinen Neffen, einen jungen Arzt, zuschickte, welcher an einem traumatischen arteriös-venösen Aneurysma der Temporalis litt. Bei einem Duelle waren ihm die linke Temporalarterie, die große Gesichtsvene und der Gesichtsnerv durchschlagen worden. Die Lähmung des Facialis hatte sich allmählich bis auf geringe Spuren verloren, ein Aneurysma war geblieben, welches, durch Communication von

Arterie und Vene entstanden, ein sehr entstellendes Hervortreten der Frontalvenen an der Stirn und der übrigen Kopfvenen linker Seite veranlaßt hatte. Der junge Mann sah aus wie Medusa, die große Gesichtsvene war dicht unter dem Ohr verschlossen. Chelius in Heidelberg hatte ohne Erfolg bereits die Carotis unterbunden. Die Aufgabe bestand darin, das Uebel jetzt an Ort und Stelle anzugreifen, ohne den Facialnerven wieder zu verletzen, denn eine bleibende Lähmung desselben hätte eine Deformität an die Stelle einer anderen gesetzt. Ich löste sie glücklich, indem ich den Sack aufschnitt, und nachdem ich mich überzeugt hatte, daß die Communication der Arterie mit der Vene zu tief liege, um sie ohne Verletzung des Facialis frei zu legen, den Venensack unterband; zuerst unten und dann oben, denn nach der ersten Ligatur kam arterielles Blut von oben. Die durchschlagene Temporalarterie hatte sich also weit zurückgezogen und durch beide Mündungen mit dem Sacke communicirt. Das untere Ende der Arterie blieb mit dem Reste des Venensackes in Verbindung, welcher noch einige Tage lang pulsirte, dann aber einschrumpfte. In diesem Falle war die Unterbindung des Venensackes ohne Gefahr, weil die Facialvene schon in Folge der ursprünglichen Verletzung unterhalb des Ohres sich geschlossen hatte. Der junge Mann wurde durch die Operation so verschönert, daß man ihn kaum wieder erkennen konnte.

Mein gutes Vernehmen mit Walther gehörte zu den lichtesten Punkten meines Aufenthaltes in München. Er war es später allein, welcher meinen Entschluß fortzuziehen bekämpfte. Die Münchener konnten es gar nicht begreifen, warum ich Walther anhing, ich hatte ja nicht den mindesten Profit davon, ganz im Gegentheil, seine Feinde wurden auch die meinigen. Man beruhigte sich nur mit dem Gedanken, ich müsse wohl ein Schüler von Walther sein und habe ihm

meine Stelle zu verdanken. Er war aber ganz unschuldig an
meiner Versetzung nach München, die er selbst wohl kaum für
eine Verbesserung hielt, dagegen hatte er, wie er mir selbst
sagte, meine Berufung nach Erlangen auf Befragen befürwortet.

Buchner, der Chemiker, und Weißbrodt, der Geburtshelfer,
waren sehr freundliche alte Herren, die mit Allen in gutem
Vernehmen standen, auch Horner war ein ehrenwerther College.

Professor Gietl war das jüngste Mitglied der medicini=
schen Facultät, kaum vierzig Jahre alt. Er hatte den Kron=
prinzen und späteren König Maximilian II. bei seinen Studien
und Reisen als Leibarzt begleitet und war dann Professor der
medicinischen Klinik geworden. Wir zogen uns nicht gegen=
seitig an, aber lebten in Frieden neben einander, bis es
Gietl einfiel, sämmtlichen klinischen Lehrern im allgemeinen
Krankenhause, dessen Dirigent er nach Wilhelm's Tode gewor=
den, den Krieg zu erklären. Dies geschah durch ein Schreiben
vom 27. Juni 1842, in welchem er Ringseis, Horner und mir
mittheilte, der Magistrat habe beschlossen: 1) daß die klini=
schen Assistenten, nicht wie bisher von dem Vorstande der
Klinik, sondern von dem Director ausgewählt und angestellt
werden sollten; 2) daß dieselben alle sechs Monate von einer
Klinik auf die andere übergehen sollten, so daß sie binnen zwei
Jahren alle vier Abtheilungen durchmachen konnten. Ich schrieb
sogleich einen energischen Protest gegen diese ganz unzweck=
mäßige Anordnung, worin ich zugleich hervorhob, daß der
Magistrat nicht berechtigt sei, dergleichen zu verfügen, weil die
Universität die Assistenten besolde. Aber ehe ich denselben ab=
schickte, fiel es mir ein, der Magistrat könne dieser Geschichte
ganz fremd sein. Ich hatte den Bürgermeister Bauer, einen
äußerst verständigen Mann, erst vor wenigen Tagen gesprochen
und er hatte mir nichts davon gesagt. Ich ließ sogleich an=
spannen und fuhr zum Bürgermeister, welcher mir dann auch

erklärte, daß ich recht gerathen habe. Mit dieser überraschenden
Nachricht begab ich mich zu Ringseis, welcher gegen Gietl's
Wahrheitsliebe keinen Verdacht gefaßt hatte und nun gegen
diesen in Feuer und Flammen gerieth. Als zeitiger Decan be-
rief er auf den folgenden Tag eine Facultätssitzung, in welcher
Gietl bekennen mußte, daß er auf keine Art autorisirt gewesen
sei. Er entschuldigte sich damit, daß er es unmöglich gefunden
habe, sein Ansehen als Dirigent den Assistenten gegenüber
geltend zu machen. Damit war diese übel angelegte Intrigue
zu Boden gefallen. Sie trug wesentlich dazu bei, meinen
Entschluß zu befestigen, München bei der ersten Gelegenheit zu
verlassen.

Chirurgische Klinik in München.

Sie hatte auf den ersten Anblick etwas sehr Bestechendes.
Man zog mit einer ansehnlichen Schaar von Schülern durch
die schönen Krankensäle, welche von den barmherzigen Schwestern
in der vollkommensten Ordnung gehalten wurden. Es war
Raum genug vorhanden, um mit den Sälen zu wechseln, die
neu ankommenden Patienten wurden in die frisch belegten Säle
gebracht und waren deshalb leicht zu finden. Der Operationssaal war eine hohe, durch zwei Etagen gehende Rotunde, welche
beim Eintreten einen sehr imposanten Eindruck machte. Ich
fand aber bald, daß es darin an Licht fehlte, weil nur das
sehr hohe Oberlicht und gar kein Seitenlicht vorhanden war
und fing an, wie von Walther wieder in einem gewöhnlichen
Krankensaale zu operiren. Da dieser aber nicht gut zu entbehren war, ging der Magistrat sehr bereitwillig auf die Idee
ein, dem sonst sehr schönen Operationssaale ein großes Seiten-
fenster zu geben, welches mit sechs herrlichen Spiegelscheiben,
jede zu vier Fuß Quadrat, vortrefflich wirkte. Die Salubrität
der chirurgischen Abtheilung ließ nichts zu wünschen übrig, nur

die Zimmer für Augenkranke lagen mir zu dumpfig, ich legte deshalb die Augenoperirten in die gewöhnlichen Säle und umstellte ihre Betten mit großen Schirmen, ließ auch außerhalb des Fensters einen Drellvorhang anbringen, der, das Fenster an allen Seiten überragend, einige Zoll davon entfernt war, so daß er die Ventilation nicht unterbrach. Diese Einrichtung, welche man Sommers jetzt in Berlin an manchen Häusern sieht, ist nicht schön, aber sehr zweckmäßig, besonders in Parterre-Räumen, wo man leicht ankommen kann, den Vorhang zu senken oder zu heben. So ließen die Localitäten kaum etwas zu wünschen übrig, wohl aber hatte ich Ursache, mit der Qualität der Patienten unzufrieden zu sein, die zum großen Theil für den klinischen Unterricht nicht sehr geeignet waren. Walther hatte schon darüber geklagt, daß seine Klinik in dem kleinen Landshut interessanter gewesen sei, als in München. Ich konnte dasselbe von Erlangen sagen. Der Fehler lag daran: 1) daß eine ambulatorische Klinik nicht bestand, 2) daß die Universität ihren Verpflichtungen nicht gehörig nachkam, die Kosten zu bezahlen, welche der klinische Unterricht dem Magistrate verursachte. Zu meiner Zeit schuldete die Universität dem Magistrate 14,000 Gulden an Auslagen für die chirurgische Klinik. Unter diesen Umständen war natürlich keine große Bereitwilligkeit vorhanden, nicht zahlende Kranke aufzunehmen. Besonders fühlbar machte sich mir der Mangel einer ambulatorischen Klinik, welche täglich eine Anzahl Fälle herbeiführt, an denen man die Studenten in der Diagnose üben kann. Ich dachte viel darüber nach, wie ich dieselbe zu Stande bringen könne, fand es aber unmöglich. Hätte ich die von meinem Vorgänger Wilhelm inne gehabte, ursprünglich nur für den chirurgischen Kliniker bestimmte Officialwohnung gehabt, so wäre die Sache leicht gewesen. Im Krankenhause selbst war es unmöglich, ebensowenig in einer gemietheten Privatwohnung, zwei Treppen hoch. Ich hätte sonst keinen Augenblick gezögert, die Poliklinik auf eigene Kosten anzufangen.

Nach Professor Wilhelm's Beispiele fing ich in München an, den einzeitigen Cirkelschnitt auszuüben, welcher bei mageren Individuen am Oberarme und Oberschenkel besonders geeignet ist. Wilhelm amputirte mit Hülfe seiner beiden Messer äußerst rapide. Mit dem großen trennte er die Weichtheile bis auf den Knochen in einem Zuge, mit dem kleineren kolbigen löste er den Knochen weiter ab, ungefähr wie man einem Stocke die Rinde abschält oder abschiebt. Es sah sehr gewaltsam aus; ich hatte keine Neigung, es nachzuahmen und machte den einzeitigen Cirkelschnitt mit gewöhnlichen Messern, indem ich unter beständigem Zurückziehen der Weichtheile die kleinen vortretenden Fleischkegel so oft durchschnitt, daß sich vor dem abgesägten Knochen ein Hohlcylinder von Fleisch befindet, der zur ersten Adhäsion sehr geneigt ist. Ich hatte in Erlangen nur zweizeitige Cirkelschnitte gemacht, in München fing ich auch an, C. J. M. Langenbeck's Methoden und den Umständen gemäß, auch andere Lappenschnitte zu machen. Ich kam bald dahinter, daß die Amputationsmethode in chronischen Fällen keinen besondern Einfluß auf die Mortalität ausübt. In München fand ich zuerst Gelegenheit, Steinkranke zu behandeln und Steinschnitte und Steinzertrümmerungen zu machen. Beides gelang mir ohne besondere Schwierigkeiten, ich hatte aber bei einem Steinschnitte das Unglück, den Mastdarm zu verletzen. Dies gab mir die Gelegenheit, reiflich in Erwägung zu ziehen, wie dieser Fehler, welcher in meinem Falle die Heilung sehr in die Länge zog, vermieden werden könne. Ich kam schon in München auf die Methode, welche mir später sehr gute Dienste leistete. Von meinen Schülern in München kann ich nur berichten, daß sie es an Fleiß nicht fehlen ließen, so weit sich dieser durch den Besuch der Vorlesungen und der Klinik be=

urtheilen ließ. Die Mehrzahl derselben war aber zu wenig vorgebildet, um großen Vortheil daraus zu ziehen. Ich mußte mich in der Klinik beim Examiniren am Krankenbette fast immer an dieselben drei bis vier jungen Leute wenden, wenn ich eine Antwort haben wollte. Mein vorzüglichster Schüler war der jetzige Professor der Anatomie in Erlangen, Gerlach, der nie um eine Antwort verlegen war, weil er gut beobachtete. Auch der berühmte Professor von Pettenkofer in München gehörte zu meinen Schülern. Wenn der größte Theil der Klinicisten unfähig ist zu antworten, wird man fast gezwungen, die Sokratische Lehrmethode fallen zu lassen und am Krankenbette längere Vorträge zu halten, die dann auch wohl nicht viel nützen. Die Mediciner waren meist so arm, daß nur der zehnte Theil von ihnen Honorar bezahlte, die Söhne von Tagelöhnern und kleinen Handwerkern, oft junge Leute, die für die Theologie bestimmt waren, dann zur Heilkunst flüchteten, wenn sie erst auf der Universität waren und dadurch die ihnen zugesicherten Unterstützungen verloren. Kurz, das klinische Material war in keiner Beziehung erwünscht. Was aus den jungen Leuten werden würde, konnte ich bei dem Doctor-Examen beurtheilen. Dieses war auf sehr unzweckmäßige Weise eingerichtet, jeder Professor examinirte für sich allein und gab sein Votum schriftlich ab. Ließ er den Candidaten durchfallen, so hatte er diesen nach sechs Monaten allein wieder zu prüfen. Auf diese Art fiel nur selten einer durch, der Decan entschied nach den vorliegenden schriftlichen Voten über Annahme oder Nichtannahme. Ich bemitleidete die armen jungen Leute, aber auch ihre künftigen Patienten und sehnte mich nach dem Augenblicke, der mich von der Mitschuld befreite, sie zu Aerzten zu stempeln.

Zu den häufigen Besuchern meiner Klinik gehörte der vortreffliche Dr. Julius Vogel, welcher damals in München privatisirte. Er war mir ein stets willkommener Gast, nicht blos in der Klinik, sondern auch in meiner Familie. Er unterstützte mich redlich durch mikroskopisch-chemische Untersuchungen und leistete mir alle Dienste, welche ich von R. Wagner vergebens erwartet hatte. Seine späteren Schriften haben mir die reichlichste Belehrung gewährt und stets das größte Zutrauen eingeflößt. Hätten wir an einem Orte zusammenwirken können, ich glaube, es wäre für uns Beide gut gewesen, er hatte mir geholfen und ich ihm in der mehr praktischen Laufbahn, welche er später einschlug. Was mir besonders an Julius Vogel gefiel, war bei aller Gründlichkeit seiner Untersuchungen die große Bescheidenheit im Reden und im Schreiben, welche unter den mikroskopisch-chemischen Forschern wenig ihres Gleichen hat.

Häusliche und persönliche Erlebnisse in München.

Das für Fremde sonst gefährliche Münchener Klima übte glücklicher Weise keinen schädlichen Einfluß auf uns. Es war sonst eine schlimme Zeit; es starben nicht weniger als achtzehn barmherzige Schwestern am Typhus im Jahre 1841. Wir erlebten schon in den ersten Monaten ein Trauerspiel im Rechberg'schen Hause. Eine Parterre wohnende irländische Familie verlor von zwei Töchtern die schönste, ein sechszehnjähriges Mädchen. Die Eltern waren umsomehr in Verzweiflung, weil sie sich große Vorwürfe machen mußten. Sie hielten die Tochter nicht für besonders krank und mißachteten die Warnungen ihres verständigen Arztes, Dr. Ullersberger. Noch trauriger war eine andere Geschichte ähnlicher Art. Eine reiche Wittwe, welche zu ihrem Vergnügen in München lebte, verlor ihre schönste Tochter am Typhus, welche Walther behandelt hatte. Als auch die zweite Tochter erkrankte, wurde ich gerufen. So lange dieselbe sich in Gefahr befand, war das Benehmen der

Mutter ganz angemessen, als es sich aber zeigte, daß dieselbe durchkommen werde, verlor sie den Verstand und wüthete darüber, daß ihr das liebste Kind genommen sei, während das andere durchkomme, an welchem ihr nichts gelegen sei. Dies war die Frau, welche später viel von sich reden machte, weil sie zu einer Broschüre Veranlassung gab, welche unter dem Titel: „Eine Mutter im Irrenhause" erschienen ist. Die Kinder werden darin fälschlich beschuldigt, aus Eigennutz ihre Mutter eingesperrt zu haben. Sie war erst sehr spät, ungefähr ein Jahr nach dem Tode der Tochter, in Illenau untergebracht worden. Nach ihrer Entlassung hatte sich ein verkommener Scribent gefunden, der die noch immer wirre Frau oder ihre Kinder auszubeuten suchte. Die Kinder wollten ihm sein Libell nicht abkaufen, und so ließ er es drucken.

Wir führten in München ein sehr eingezogenes Leben, eine Geselligkeit, wie im Norden oder in Erlangen existirte dort nicht. Um mich nicht zu sehr zu isoliren, ließ ich mich in dem ärztlichen Vereine aufnehmen, wo es mir sehr gut gefiel, und wo ich bei längerem Bleiben in München nützlich hätte wirken können. Ich trat in eine der besten Liedertafeln, wo sehr gut gesungen wurde. Reizende Feste, welche dieselbe auf einer Insel in der Isar zu geben pflegte, gaben auch den Familien Gelegenheit, Theil zu nehmen. Einige norddeutsche Künstler, welche uns fleißig besuchten, machten mich in Künstlerkreisen bekannt; ich verlebte manchen angenehmen Abend im „Stubenvoll", wo die Künstler damals zusammenkamen. Louis Asher aus Hamburg, der mit Kaulbach sehr befreundet war, gab wohl die Veranlassung, daß dieser mich rufen ließ, als seine jüngste Tochter von Eklampsie befallen wurde. Da das Kind unter meinen Händen genas, so führte dies zu einem dauernden Verkehr. Ehe ich München verließ, zeichnete er mein lebensgroßes Portrait in seinem Atelier, wo ich vor dem großen Carton saß, welcher die Eroberung von Jerusalem darstellt. Kaulbach fühlte sich so glücklich in seinem Familienkreise und unter seinen Schöpfungen, daß er keines Umgangs bedurfte. Er wurde für misanthropisch gehalten, wovon bei näherer Bekanntschaft nichts zu entdecken war. Es geht den Malern wie den Aerzten, sie finden es schwer, sich aneinander zu schließen, wenn ihre Richtungen auseinander gehen. Welcher Künstler in München konnte sich damals rühmen, denselben Weg zu gehen, wie Kaulbach mit seinem Schönheitssinne, seiner unerschöpflichen Phantasie und seiner correcten Zeichnung? Cornelius lebte in der Ferne, wenn auch noch in allen Herzen. Rottmann stand als Landschaftsmaler unerreicht da. Schnorr von Carolsfeld, Heß und Andere machten durch ihre Compositionen Kaulbach den Rang streitig, aber vergebens, nur Cornelius konnte sich mit ihm messen, obgleich er weder Kaulbach's Farbensinn, noch dessen correcte Zeichnung besaß. Ein so origineller Geist bedurfte der Einsamkeit; außer mit dem harmlosen Louis Asher hatte Kaulbach gar keinen Verkehr mit anderen Künstlern. Mir flößte der schöne, tief denkende Mann großes Interesse ein; ich dachte oft darüber nach, ob es besser sei, sich von der Welt abzuschließen oder sich ihr hinzugeben, um die Fehler vermeiden zu lernen, welche Andere machen? Der bildende Künstler kann sich eher von den Personen abschließen, weil in den Werken die Seele des Künstlers zu Tage tritt. Mit schriftstellerischen Arbeiten sollte es eben so sein, aber um die Schriften der Aerzte zu beurtheilen, sollte man sie selber kennen, um zu ermessen, wie viel Wahrheit von ihnen ausgehen möge. Bei einem Bilde sieht man dies auf den ersten Blick.

L. Asher malte für uns ein schönes Bild: meine drei Töchter im Rechberg'schen Garten mit einem Cacadu beschäftigt, der dem Grafen gehörte. Es ist jetzt eine theure Erinnerung an bessere Zeiten geworden.

Einmal nahm ich mit meiner Frau Antheil an dem Frühlingsfeste der Künstler auf der Menterschwaige; ein anderes Mal (1841) war ich zugegen bei einem Bankett, dem großen Thorwaldsen zu Ehren. Es war rührend und erhebend, wie der herrliche Mann alle Herzen an sich zog und wie freundlich und gütig er gegen Jeden sich benahm. Ich fand das im höchsten Grade beneidenswerth, aber nicht Jedem ist es gegeben, durch seine Persönlichkeit ebenso anziehend zu wirken, wie durch seine Werke. Ich beneidete Kaulbach nicht um seine Einsamkeit, aber ich hielt ihn deshalb nicht für minder groß und glücklich, wie Thorwaldsen. Sie sind jetzt auf ewig vereint; Thorwaldsen starb 1844, Kaulbach 1874. Sein letztes Werk verherrlichte den deutschen Michel, dem er sein Leben lang aus dem Wege zu gehen suchte, während er für Deutschlands Ruhm arbeitete. Auch im Scheiden verließ ihn nicht sein alter Humor, der ihm so viele Feinde machte. Es war fast, als wollte er sagen: den Dank, Michel, begehre ich nicht, Du wirst bald einen stillen Mann an mir haben.

In München fing ich zuerst an, mit Pistolen zu schießen, um während der guten Jahreszeit wöchentlich einige Stunden in freier Luft zu sein. Ich fand es sehr nützlich, weil es eine sehr ruhige Stimmung des Nervensystems erfordert; die geringste Störung des Befindens macht sich durch schlechteres Schießen bemerklich, man kann seine Diät darnach reguliren. Im Herbste und Winter fehlte es nicht an Gelegenheit, auf die Jagd zu gehen. Feldhühner gab es in der Nähe von München so viele, daß man fast in jedem Kartoffelacker eine Kette fand, Fasanen an einigen Plätzen. Einer meiner Patienten, Fürst Löwenstein, nahm mich öfter mit auf die Hirschjagd, wo ich das Hirschfieber kennen lernte, die Aufregung, in welche der weniger Erfahrene geräth, wenn das gewaltige Thier durch die Büsche bricht und dem Jäger zum Schusse kommt. Einmal begleitete ich ihn auf einer eingestellten königlichen Jagd und sah dieselbe von seinem Stande aus. Sie machte mir wenig Vergnügen. König Ludwig mochte gern Kaninchen schießen; da sich diese aber nicht treiben lassen, so wurden sie eingefangen und aus Körben in der Nähe des königlichen Standes in Freiheit gesetzt. Der König schoß noch mit Steinschloß-Gewehren, er traute den Percussions-Gewehren noch nicht. Ich erwähne dieser Zerstreuungen, weil sie gewiß sehr nützlich für mich gewesen sind; ohne dieselben hätte ich wohl nicht im siebenundsechszigsten Jahre den großen Krieg mitgemacht.

In den Herbstferien 1841 war Professor Schmidtlein unser lieber Gast, noch tief gebeugt durch den Verlust seiner Gattin. Um ihn zu zerstreuen, nahmen wir einen zwölftägigen Aufenthalt im Gebirge, wo Partenkirchen unser Standquartier war. Unterwegs dahin bekam ich Sonnenbrand und mußte mich mehrere Tage ruhig halten, dann badete ich in dem dicht bei Partenkirchen liegenden kleinen Schwefelbade Kainzenbad, welches damals ein ärmliches kleines Haus war. Auf der Rückreise sahen wir das herrliche Schloß Hohenschwangau. In Reutte, wo wir gegen Abend ankamen, sollte gefüttert werden. Außer meiner eigenen Equipage hatten wir einen Einspänner bei uns, der mit einem muthigen jungen Thiere bespannt war. Die Pferde standen mit den Köpfen gegen einen Winkel gerichtet, welchen das Wirthshaus mit einem Stalle bildete, so daß ihr Davonlaufen unmöglich schien. Dies hatte unsere Kutscher sorglos gemacht. Ein geringes Geräusch auf der Straße veranlaßte das Einspännerpferd mit dem Wagen, in welchem meine Frau und Professor Schmidtlein saßen, vorüber an den Köpfen meiner Pferde davon zu rennen, wobei die Deichsel meines Wagens zerbrochen wurde. Es war ein angstvoller Moment, da das scheue Pferd ohne Zügel war. Ein alter Cavallerist, der gerade am Wege stand, erschien als rettender Engel. Er wußte das Pferd am Kopfe zu fassen und ihm die Nüstern zuzudrücken, wodurch es augenblicklich zum Stehen kam. Es ist sehr wahrscheinlich, daß er beiden im Wägelchen Sitzenden das Leben rettete, denn das schwache Geräth würde bald zerschellt sein. Meine Frau zeigte bei dieser Gelegenheit große Geistesgegenwart, indem sie ihren Gefährten verhinderte, aus dem Wagen zu springen, um dann das Pferd zum Stehen zu bringen.

Vocationen nach Tübingen und Freiburg.

Am 4. September 1842 war ich mit Freunden auf der Hühnerjagd. Wir hatten herrliches Wetter und gute Beute. Um 2 Uhr Nachmittags saßen wir der Blutenburg gegenüber am Rande eines anmuthigen Gehölzes, um unsere kleine Mahlzeit einzunehmen. Da sah ich meinen Kutscher hoch zu Roß durch den Wald herankommen; als er uns sah, setzte er das Pferd in raschen Trab. Meine Frau hatte mir ihn nachgeschickt, um zwei chargirte Briefe zu überbringen. Sie enthielten zwei officielle Vocationen, die eine nach Tübingen und die andere nach Freiburg. Sie kamen beide nicht ganz unvermuthet; daß sie gleichzeitig eintrafen, war doch merkwürdig und für mich sehr nützlich, weil es mir den Gedanken eingab, erst an Ort und Stelle den Entschluß zu fassen, welcher Universität ich den Vorzug geben wolle. Ich schrieb an den Canzler von Wächter in Tübingen ungefähr dasselbe, wie nach Freiburg: ich werde in einigen Tagen kommen, um das Weitere zu besprechen.

Am 10. September reiste ich nach Tübingen, welches mir anfangs einen weniger ungünstigen Eindruck machte, als ich erwartet hatte. Professor Wunderlich, der sich besonders für meine Vocation interessirt hatte, empfing mich sehr liebenswürdig; er wohnte im schönsten Theile der Stadt, am Neckar, und führte mich Abends zu Uhland, dessen Wohnung auch sehr romantisch lag. Die Stadt fing an, sich für mich in poetischen Duft zu hüllen. Aber am folgenden Morgen verschwand dieser wieder; ich besuchte die Professoren der medicinischen Facultät und traf auf giftgeschwollene Seelen, die mir alles mögliche Ueble von den Collegen sagen mußten, welche ich eben besucht hatte oder besuchen wollte. Dies wirkte wie ein Sturzbad! Ich besah die neuerbaute Anatomie und fand dieselbe so abgeschmackt unpraktisch, daß ich von dem zu erbauenden neuen Krankenhause keine großen Erwartungen faßte. Bis zu dessen Vollendung hätte ich in dem scheußlichen alten Locale Klinik halten müssen. Für die zu bauenden Kliniken war der Platz bereits gewählt, er lag einem neu angelegten Kirchhofe gerade gegenüber; ein anderer Platz, sagte man mir, sei gar nicht vorhanden. Abends traf ich in der Post, wo ich wohnte, die dort sich regelmäßig einfindenden Professoren aller Facultäten. Es gefiel mir sehr gut unter ihnen, und ich fing schon an, zu vergessen, was ich Morgens gehört hatte. Da schlug es 10 Uhr, und mit dem Glockenschlage trat ein Polizeidiener in den Saal mit den Worten: Meine Herren, es ist Feierabend! Da standen die alten Knaben sammt und sonders auf und gingen gehorsam nach Hause. Das fand ich unerträglich! Ich gehe freilich fast nie des Abends aus, aber wenn ich dazu geneigt sein sollte, darf die Polizei mich nicht um 10 Uhr nach Hause schicken, wie einen Trunkenbold und Nachtsitzer. Ich hatte die Idee gehabt, noch den folgenden Tag in Tübingen zu bleiben, wo man mich zu einem Feste der Liedertafel eingeladen hatte, aber nun reiste ich schon am folgenden Tage.

In Freiburg war es ganz anders. Collegen, die ich aus ihren Briefen schon kannte, wetteiferten mit einander, mir Alles im rosigen Lichte zu zeigen: die schöne Klinik, die reizende Stadt mit ihren herrlichen Umgebungen. Ich dachte gar nicht mehr an Tübingen und an die goldenen Berge, welche man mir in Aussicht gestellt hatte. Ich würde mich dort in pecuniärer Beziehung viel besser gestanden haben, aber was hilft das Geld, wenn man nicht glücklich ist, und vielleicht Reue fühlen muß darüber, daß man des Geldes wegen gewählt habe. Eine alte Dame in München, welche mit meiner Frau verwandt war, hatte dieser gesagt: Sie sollten doch nach Tübingen gehen; in Württemberg wird viel geheirathet, und Sie haben drei Töchter. Auch dies schlug ich in den Wind und dachte, im Großherzogthum Baden werde wohl auch geheirathet. Am 16. September war mein Entschluß gefaßt und ich erklärte mich zufrieden mit den mir angebotenen Bedingungen, bat nur, mir keinen Geheimraths-Titel zu geben, welchen man mir nebst 2200 Gulden Gehalt zugedacht hatte. Da ich nicht im entferntesten daran dachte, nach Tübingen zu gehen, so schien es mir nicht anständig, die Vocation dahin zu benutzen, um für Freiburg bessere Bedingungen zu erlangen. Ich miethete gleich in Freiburg eine sehr passende Wohnung, da ich voraussetzen konnte, daß mein Abgang von München keine Schwierigkeiten machen werde.

Am 18. September schrieb ich im Trampler'schen Hause zu Lahr den Brief an den Minister von Abel, in welchem ich aus Gesundheitsrücksichten um meinen Abschied bat. Ich hatte wohl Grund, mich so auszudrücken, denn mit den Folgen der Verdrießlichkeiten in München für meine Gesundheit hatte ich Jahre lang zu kämpfen. Rücksichten der Delicatesse konnten mich in München nicht zurückhalten, wie früher in Erlangen. Man hatte mich dort überall nicht gut behandelt. Die Officialwohnung meines Vorgängers hatte man mir vorenthalten und mein Gehalt nicht erhöht. Meine Anstellung in München war nicht viel mehr, als die Erlaubniß, mir meinen Lebensunterhalt durch Praxis zu erwerben. Dazu war ich nicht Professor der Chirurgie geworden, das konnte ich auch in Hannover.

Vor meiner Rückreise nach München wollte ich meinen kranken Bruder Carl in Ems besuchen. Auf dem Wege dahin brachte ich den 21. September bei dem Naturforschervereine in Mainz zu, wo ich Chelius traf und mit Sedillot aus Straßburg und anderen französischen Professoren Bekanntschaft machte. Meine deutschen Freunde wunderten sich nicht über meinen bevorstehenden Abgang von München, die Franzosen konnten ihn nicht begreifen. Ich bemühte mich vergebens, geltend zu machen, daß in Deutschland nicht so viel darauf ankomme, wo ein Professor wohne, ob an einem großen oder einem kleineren Orte; Sedillot erwiederte mir nur: mais enfin, il nous faut du retentissement! Das ausdrucksvolle Wort gefiel mir, aber es weckte kein Echo in meiner Seele. Dann besuchte ich Dr. Schmitz in seiner schönen Wasserheilanstalt Marienberg bei Boppard und ließ mir die Behandlungsweise erklären; wir waren in Wien befreundet gewesen. Unter seinen damaligen Patienten befand sich der englische Chirurg Herbert Mayo, welcher, durch Gicht ganz invalide geworden, mein ganzes Mitleid erregte. In Ems fand ich meinen Bruder besser, als ich erwartet; er hatte sich durch übermäßige nächtliche Anstrengungen, als Protokollführer der Ständeversammlung, ein Lungenleiden zugezogen, welches bei einer ruhigen Lebensweise jetzt seit einunddreißig Jahren keine weiteren Folgen gehabt hat. Auf der Rückreise nach München besuchte ich in Stuttgart den Canzler von Wächter, welchen ich in Tübingen nicht getroffen hatte. Er bedauerte meinen Entschluß, nach Freiburg zu ziehen und sagte, daß man mir in Tübingen gern 3000 Gulden Gehalt gegeben hätte. Mirza Schaffy würde darauf erwiedert haben: was soll man mit dem Gelde anfangen, wenn um 10 Uhr Polizeistunde ist?

Aufenthalt in Freiburg,
vom November 1842 bis October 1848.

Meine Entlassung aus dem bayerischen Staatsdienste wurde am 2. October ausgefertigt, und ich betrieb dann fröhlichen Herzens die Anstalten zum Umzuge. Die Pferde wurden verkauft, den Wagen behielt ich, um die Reise mit Extrapost machen zu können. Wir verließen München am 20. October und blieben unterwegs gern einige Tage in dem großen warmen Hause der Tante von Grimmel in Memmingen, denn der Winter war früh eingetreten. Das ganze Land von Memmingen bis zum Höllenthale war mit Schnee bedeckt. Durch diese felsige Schlucht steigt man von den Höhen des Schwarzwaldes am linken Ufer der Treisam herab. Das breite, schöne Thal, welches auf die Hölle folgt, wird das Himmelreich genannt, und so erschien es uns am 1. November, denn dort war es grün und sonnig. Wir kamen zeitig genug in Freiburg an, um den ersten günstigen Eindruck der reizenden Stadt zu genießen. Im Gasthause zum Pfauen fanden wir für die ersten zehn Tage ein gutes Unterkommen. Die Ankunft der Mobilien bildete in dem Leben meiner Frau immer einen tragischen Moment, bis alle auf der Reise beschädigten Gegenstände gemustert waren. Ihre Gefühle wurden dadurch um nichts gemildert, daß ich ihr sagte: für zerbrochene Stuhlbeine hätte ich keine Sympathie mehr übrig, ich müßte sie für menschliche Glieder total verbrauchen.

Unsere erste Wohnung in Freiburg, welche wir nach Ankunft der Sachen bezogen, lag am nördlichen Ende der Stadt, gleich innerhalb des Zähringer Thors, nur hundert Schritte seitwärts davon lag das städtische Krankenhaus mit den klinischen Anstalten. Vom Zähringer bis zum Breisacher Thor läuft die Hauptverkehrsader der Stadt, die schöne Kaiserstraße, welche, mit alterthümlichen Brunnen geschmückt, die Stadt in zwei ungleiche Hälften theilt.

Vom Zähringer Thore kommend sieht man rechts, nahe bei unserer Wohnung, auf einem freien Platze die protestantische Kirche, einen schönen Bau im Rundbogenstil mit Kuppel, welcher früher einem Kloster im Gebirge angehörte und nach Freiburg versetzt wurde. Dann sieht man links an der Infanteriekaserne vorbei den großen Karlsplatz, dessen Hintergr... der Schloßberg bildet. Eine der nächsten Verbindung... für führt links von der Kaiserstraße auf den Münster...ende dessen rechter Seite sich das Palais des Erzbischö... außer alte gothische Rathhaus befinden. Wenige berüh... er als stehen auf so schönen und so großen Plätzen, wie ... on Proburger Münster. Der ganz vollendete Bau ist von ... Lehrer. von Innen so herrlich, daß man nie müde wird, ih... aber wundern. Seiner Größe und freien Lage wegen sieht m... fast überall und das geringste Haus bekommt einen poetischen Reiz dadurch, wenn man daraus nur den durchbrochenen Thurm in der Abendsonne erglühend sehen kann. Das ganze Münster ist von rothem Sandstein gebaut, der bei jeder Beleuchtung einen wohlthätigen Eindruck macht. Von dem Breisacher Thore führt eine neue gerade Straße in derselben Richtung von Norden nach Süden, wie die Kaiserstraße bis zur Treisam-Brücke. In dem älteren, früher befestigten Theile der Stadt folgen die ganz naturwüchsigen Straßen der Schönheitslinie, welche niemals schnurgerade verläuft. Die Treisam spielt in dem Leben der Stadt keine so bedeutende Rolle, wie der Neckar bei Heidelberg, sie berührt die Stadt nur an ihrem südlichen Ende. Der hinter der Stadt liegende Schloßberg, welcher am Fuße mit Reben, in der Höhe mit Wald bedeckt ist, bildet den Endpunkt des Schwarzwaldes am rechten Treisamufer; der mit einer hübschen Capelle gezierte Lorettoberg am linken Ufer. Er

springt weiter in der Ebene hervor, als der höhere Schloßberg
und gewährt dadurch eine weite, herrliche Aussicht in das vom
Schwarzwalde und von den Vogesen eingerahmte Rheinthal.
Man sieht den Rhein selbst nur wie einen Silberfaden nach
Süden zu, Freiburg gegenüber wird er von dem kleinen vul-
kanischen Gebirge, dem Kaiserstuhle, versteckt, welches sich am
rechten Rheinufer in einer Länge von vier Wegstunden erstreckt.
Von den Vogesen überragt, erhöht der Kaiserstuhl die Schönheit der Landschaft, besonders beim Sonnenuntergange, indem
er die Monotonie der Ebene unterbricht und ein mannig-
faches Farbenspiel hervorruft. Zahlreiche reizende kleine
Thäler münden in das Treisamthal und das Rheinthal,
eine unerschöpfliche Quelle anmuthiger Ausflüge, wie kein anderer Ort sie darbietet. Einen besondern Reiz besitzt die Stadt
durch die kleinen, klaren Bäche, welche die zwei Fuß breiten
und einen Fuß tiefen Rinnsteine durchfließen. Sie werden von
dem Wasser der Treisam gespeist, während die zahlreichen
laufenden Brunnen ein anderes, reineres Wasser zuführen.
Diese Fülle von klarem, rasch fließendem Wasser macht den
Eindruck der Reinlichkeit und Frische und hat unzweifelhaft
großen Einfluß auf die Salubrität der Stadt, deren massiv gebauten Häuser, alterthümliche sowohl wie neue, den angeerbten
Sinn für Zierlichkeit und architektonischen Schmuck verrathen.
So ist die Stadt, in welcher ich sechs Jahre des reinsten
Glückes genießen sollte und wohl zum Augenblicke sagen konnte:

O, weile doch, du bist so schön!

Ich führte dort ein mühsam angestrengtes Leben, und war oft
recht krank, aber dennoch fühlte ich mich glücklich; von Freunden
umgeben hatte ich mich selbst wieder gefunden und die Anmuth
des Ortes hörte nie auf, ihren Zauber zu üben.

In München kannte ich nur die Professoren der medicinischen Facultät, in Freiburg lernte ich sie bald alle kennen.

Sie versammelten sich einmal wöchentlich Abends im Gasthause zum Pfauen, wo man bei einem mäßigen Abendessen und einem Schoppen Wein einige heitere Stunden mit einander zubrachte. Nur einige wenige Sonderbündler, welche ganz andere Zwecke verfolgten als den, die Universität durch Einigkeit und guten Ton zu heben, schlossen sich von diesen Zusammenkünften aus.

Meine Collegen in der medicinischen Facultät waren Fromherz für Chemie und Mineralogie, Baumgärtner für medicinische Klinik, Schwörer für Geburtshülfe, Werber für Poliklinik und Materia medica, Leuckart für vergleichende Anatomie, Arnold für Anatomie und Physiologie, die außerordentlichen Professoren Kobelt als Prosector und Hecker als Assistent der chirurgischen Klinik. Mit Ausnahme von Professor Schwörer waren sie alle fleißige und beliebte Lehrer. Es fehlte auch Schwörer nicht an Talent und Erfahrung, aber seine Hauptbeschäftigung war die Politik. Er hatte sich mit den Ultramontanen verbündet, um den Thron zu stützen, mußte aber später die Erfahrung machen, daß seine loyalen Gesinnungen bei solchen Helfern wenig fruchteten, weil diese ihn um allen Einfluß brachten. Professor Arnold war für mich das nützlichste Mitglied der Facultät, dessen Umgang ich viel zu danken hatte. Er war Lehrer mit Leib und Seele, zugleich einer der ersten Anatomen seiner Zeit. Auch Kobelt war als solcher sehr vorzüglich, aber ein wunderlicher, alter Junggeselle. Baumgärtner und Werber waren beide geistreich und liebenswürdig, Fromherz ein großer Musikfreund.

Die theologische Facultät war glänzend besetzt, Hirscher, Staudenmeyer und Meier waren edle Charaktere, Hirscher ein Mann von sehr einnehmender Persönlichkeit, voll evangelischer Milde, ein großer Kunstfreund, Staudenmeyer bei unscheinbarem Aeußern feurig und poetisch, Meier voll Güte und Freundlichkeit. Hug, vermuthlich der berühmteste und klügste von Allen, war ein eingefleischter Voltairianer, sehr witzig und vielseitig. Er mochte mich gern leiden und wählte mich zu seinem Arzte, als sein letztes Stündlein nahte. Er starb, einundachtzig Jahre alt, an carcinomatöser Exulceration des Alveolarrandes des Unterkiefers und Lebermarkschwämmen. In seinem vierundzwanzigsten Jahre hatte er an Unterleibsbeschwerden gelitten und Peter Frank consultirt, der damals in Freiburg lebte. Dieser hatte ihm nicht helfen können und Luftwechsel angerathen. Hug war nach Rom gegangen, wo er sich auch nicht besser befand. Ein römischer Arzt hatte ihm die Frankschen Aloepillen verschrieben, an die Frank selbst nicht gedacht hatte. Sie waren Hug gut bekommen, aber er mußte sie lebenslänglich fortsetzen. Bei der von mir vorgenommenen Section fand es sich warum? Dicht über dem Coecum lag eine alte ringförmige Strictur des Dünndarms, welche nur eine gewöhnliche Federspule durchließ. Während seines nur einige Wochen dauerden Krankseins fiel es mir auf, daß er sich nie die geringste Bequemlichkeit gestattete, er starb in der That auf einem Rohrstuhle sitzend. Als ich ihm am 11. März 1846, dem Tage seines Todes, meinen letzten Besuch machen wollte, wurde ich von einem Domcapitular empfangen, welcher darüber in Verzweiflung war, daß Hug Tags zuvor sein Testament zerschnitten hatte. Seine Mägde, von denen ihm die eine vierzig, die andere zwanzig Jahre gedient hatte, würden dadurch leer ausgegangen sein. Aber Hug lebt ja noch und kann das wieder gut machen, erwiederte ich. Ja! durch eine donatio inter vivos! Ich wußte nicht, was das sei, sie wurde auf mein Zureden gleich ins Werk gesetzt. Die älteste Magd erhielt 750 Gulden, die jüngere 500. Ich fand die donatio inter vivos sehr praktisch, weil das baare Geld sogleich verabfolgt wird.

Der einzige Krakehler in der theologischen Facultät war

ein kleiner, zarter Mann, Professor Schleyer, der mich anfangs für sich eingenommen hatte durch eine rührende Jugendgeschichte, ungefähr wie die von Eckermann. Ich hatte mich in ihm getäuscht. So lange die Leute ehrlich sind, gönne ich ihnen ihren religiösen Fanatismus, aber nicht weiter. Als ich 1845 in den aus vier Mitgliedern und dem Prorector bestehenden engeren Senat gewählt wurde, kam eine Geschichte zur Krisis, von welcher lange die Rede gewesen war. Ein Student hatte Anspruch auf ein Familienstipendium, welches ihm streitig gemacht wurde, weil er Protestant sei. Er war darüber klagbar geworden und hatte seinen Proceß in allen Instanzen gewonnen, weil die Stiftung schon vor der Reformation gemacht war. Jetzt sollte das in 1200 Gulden bestehende Stipendium ausbezahlt werden, der Senat mußte die Anweisung dazu geben. Dieser entschied aber, daß ein katholischer Concurrent das Geld haben solle und er erhielt es wirklich; Professor Schleyer war die Seele dieser Intrigue gewesen, die nur dadurch nicht mißlang, daß das Mitglied der philosophischen Facultät zu Hause blieb, als die Sache zur Entscheidung kam. Schleyer hatte den Prorector auf seiner Seite, dessen Votum bei Stimmengleichheit entschied. Ich war so indignirt über diese Geschichte, daß ich aus dem Senate trat. Professor Schleyer hatte keinen Segen davon, denn nach einigen Jahren wurde er von der Universität entfernt.

Die juristische Facultät bestand aus den Professoren Fritz für Pandecten, Warnkönig für Staatsrecht, Stabel für Civilrecht, von Woringen für Criminalrecht und Buß für Kirchenrecht, lauter sehr befähigten Männern. Buß war der einzige Querkopf, der von einem über seine Fähigkeiten hinausgehenden Ehrgeize angestachelt, sich mit Hülfe der Ultramontanen aufschwingen wollte. Er mußte deshalb die Protestanten anfeinden, welche an der medicinischen Facultät zahlreich waren.

Er betrieb die Einführung der barmherzigen Schwestern im Krankenhause hinter dem Rücken der klinischen Lehrer mit unverhehlter Schadenfreude und war dann sehr verblüfft, als Baumgärtner und ich damit sehr zufrieden waren. Es ging ihm wie dem Geiste, der stets das Böse will und stets das Gute schafft. Ich dankte dem Erzbischof für den Antheil, welchen er an der Einführung der Schwestern gehabt hatte, und lachte Buß aus, als ich ihn bei einem Feste traf, welches der alte Erzbischof dem Ereignisse zu Ehren veranstaltet hatte. Für den sanften Mann mußte der heftige, plumpe Buß ein sehr unbequemer Bundesgenosse sein, es war angenehmer, ihn zum Feinde zu haben.

Mitglieder der philosophischen Facultät waren: Oettinger für Mathemathik, Sengler für Philosophie, Schreiber und Gförer für Geschichte, Feuerbach für Archäologie, Müller für Physik, zuerst Perleb, dann Braun für Botanik, Helferich für Nationalökonomie.

Schreiber hatte sich 1844 den Deutschkatholiken angeschlossen und dadurch den ganzen Zorn der Ultramontanen auf sich geladen. Professor Schwörer hatte 1845 sein Rectorat damit angefangen, daß er Schreiber's Lectionsanzeige vom schwarzen Brette entfernen ließ und damit Sturm läutete. Es war viel Lärm um Nichts, denn Ronge hatte in Freiburg nur zwei Anhänger gefunden. Im Sommer 1846 wurde ich Abends zu einem Conditor gerufen, welcher an Delirium tremens litt. Da er im Sterben lag, sagte ich der Frau gleich, sie möge doch den Geistlichen kommen lassen. Sie sah mich so verwundert an, daß ich die Aufforderung mit dem Zusatze wiederholte, der Tod werde nicht lange auf sich warten lassen. Da klärten sich ihre Gesichtszüge auf, wie durch plötzliche Inspiration, und sie that, wie ich gerathen. Es kam nachher zum Vorschein, daß der Mann ein Deutschkatholik gewesen war, der nun im stimmen, aber es fehlte ihm der Muth, den Ultramontanen entgegen zu treten. Ich sagte ihm nachher: Das kommt davon, wenn man nicht an Engel glaubt, dann fürchtet man sich vor Gespenstern. Bei späteren Anlässen versäumte er nie, seine guten Gesinnungen muthig zu vertreten.

Es ist eine Schattenseite kleiner Universitäten, welche in vieler Beziehung große Vorzüge haben, daß ausgezeichnete Lehrer ihnen so oft wieder entführt werden. Der vortreffliche Botaniker Braun wurde nach Berlin berufen, Arnold zog leider 1845 nach Tübingen. Professor Kobelt erhielt dann die Anatomie, Carl von Siebold wurde von Erlangen herangezogen, an des verstorbenen Leuckart Stelle, für vergleichende Anatomie, an Arnold's Stelle für Physiologie.

Diese Wanderungen sind unvermeidlich und haben ihr Gutes; für die Universitäten oft mehr als für den Einzelnen. Ich würde in keiner Beziehung dabei verloren haben, wenn ich in Erlangen hätte bleiben müssen, und würde vielleicht Charakter genug besessen haben, es durchzuführen, wenn es in meiner Wahl gestanden hätte. Die Nachtheile des häufigen Wechsels werden erst aufhören, wenn man von der Ueberschätzung der großen Universitäten zurückkommt. Dies wird nicht ausbleiben, weil der kostbare Aufenthalt in großen Residenzen für Studenten und Professoren gleich nachtheilig wirkt. Man wird die großen Universitäten nicht eingehen lassen, weil man in den Residenzen der Männer bedarf, welche nur an Universitäten zu finden sind, aber man wird die kleineren heben, um nicht diejenigen zu verscheuchen, welche nur der Wissenschaft zu dienen wünschen und gar kein Verlangen fühlen, in der Residenz eine Rolle zu spielen.

Sterben in den Schooß der alleinseligmachenden Kirche zurückkehrte. Die Frau hatte es nicht gewagt, zu einem katholischen Geistlichen zu schicken, erst meine Aufforderung hatte ihr den Gedanken eingegeben. Ich bekam für meine Intervention ganz unerwartete Lobsprüche, denn ich wußte gar nichts davon, daß er der Mutterkirche ungetreu geworden war.

Professor Gfrörer wurde 1846 gerufen, um die Geschichte vom katholischen Standpunkte vorzutragen. Er war ein Mann gebaut wie Hercules, mit einer prachtvollen Stimme. In seiner Antrittsrede besprach er den dreißigjährigen Krieg und führte denselben ganz auf die materiellen Interessen zurück. Ich dachte mir dabei, das ist die Geschichte vom Standpunkte einer Ratte! Stammen wir denn von Ratten ab? Trotz ihren unermeßlichen Fortschritten, ist heute die Naturforschung noch nicht dahin gediehen, dies anzunehmen; bis dahin muß der exacte, höhere Blödsinn noch größere Fortschritte machen.

Mit dem Philosophen Sengler lebte ich im freundlichsten Verkehr als Hausarzt. Ich verschonte ihn mit meiner Chirurgie und er mich mit seiner Philosophie, an welcher ich auszusetzen hatte, daß er nicht an Engel glaubte. Ich sagte ihm, Engel sind die guten Gedanken, deren vergleichende Anatomie man gar nicht zu kennen braucht, um an sie zu glauben. Jedenfalls war er von der Richtigkeit seiner Ansicht vollkommen überzeugt, die den Katholiken gar nicht anstand. Die Protestanten wunderten sich über die Kühnheit seiner Behauptung, in Goethe's Faust stände mehr wie in der Bibel. Er hielt damals Vorträge für ein gemischtes Publikum über den Faust, die er 1873 hat drucken lassen. Ungeachtet solcher muthigen Anwandlungen, lebte er damals nach dem Satze, daß Vorsicht der bessere Theil der Tapferkeit sei. Deshalb blieb er zu Hause, als im Senate die Stipendien=Frage erledigt werden sollte. Sein Gewissen erlaubte ihm nicht, für ein Unrecht zu

Chirurgische Klinik in Freiburg.

Das städtische Krankenhaus, welches damals die medicinische, chirurgische und geburtshülfliche Klinik enthielt, ist ein stattliches Gebäude, mit Einsicht und Verständniß aufgeführt. Das Hauptgebäude von drei Stockwerken ist mit der Façade nach Süden gerichtet, an seiner Rückseite springen zwei Flügel vor, der eine am östlichen, der andere am westlichen Ende. Beide haben nur zwei Stockwerke, sie umschließen einen grünen Platz, welcher durch ein eisernes Gitter von der Straße getrennt ist. Vor dem Hauptgebäude liegt ein großer Garten, der leider mit Obstbäumen bepflanzt war, die man in der Nähe eines Krankenhauses nicht dulden sollte, weil die Patienten sich mit dem unreifen Obste verderben. Zwei schöne Operationssäle, der eine für die geburtshülfliche, der andere für die chirurgische Klinik, lagen in den Flügeln nach Norden, die Krankenzimmer an einem an der hinteren Außenwand liegenden Corridor, nach Süden, Osten und Westen. Die medicinische Klinik befand sich im zweiten Stock des Hauptgebäudes und hatte ein kleines Absonderungshaus, die geburtshülfliche Klinik im westlichen Flügel. Die chirurgische Klinik hatte den östlichen Flügel, einen großen Theil des Parterres und des ersten Stockes im Hauptgebäude.

Dieses durch seine schöne freie Lage und gute Einrichtung sehr ansprechende Hospital hatte einige Mängel, welche durch meine Bemühungen beseitigt wurden. Einer derselben war die Heizung durch erwärmte Luft, welche immer etwas nach den Röhren duftete und durch ihre Trockenheit beschwerlich wurde. Sie verursachte mir selbst eine gewisse Eingenommenheit des Kopfes, die ich im Winter nach jeder klinischen Visite spüren konnte. Glücklicherweise waren die für Luftheizung bestimmten Oefen im Souterrain schon so ruinirt, daß man sich leicht entschloß, sie abzuschaffen und Oefen in die Zimmer zu stellen. Wo man Kamine nicht gebrauchen kann, die ich für das Beste halte, sollte man in Krankenzimmern nur von Innen zu heizende Oefen anwenden. Anstatt daß die Luftheizung eine ausgedörrte und anderweitig corrumpirte Luft in die Zimmer führt, ziehen die von Innen geheizten Oefen frische Luft von Außen an, die sich erst am Ofen und besonders an den warmen Wänden temperirt. Die Heizung mit Röhren, welche durch heißes Wasser oder durch Dämpfe erwärmt werden, ist besser als Luftheizung, aber sie bringt auch nicht dieselbe Lufterneuerung hervor wie ein Windofen, welcher durch das offene Feuer raschere Strömungen einleitet. Man fühlt sich deshalb in seiner Nähe behaglicher, als bei der Röhrenheizung, nur darf man nie erlauben, daß der Ofen auf irgend eine Art luftdicht verschlossen werde, sobald das Feuer ausgebrannt ist, weder durch Zuschrauben der Thür, noch durch eine Klappe am Rohr. Der Ofen kühlt sich dann freilich schneller ab, aber er fährt auch fort zu ventiliren. Dies halten die Leute für eine ruchlose Verschwendung, ohne daran zu denken, daß es nicht der Ofen allein ist, welcher Wärme spendet, sondern auch die durchwärmten Wände des Zimmers und besonders die sehr warme Decke desselben. Der Antheil welchen diese an der nachhaltigen Erwärmung des Zimmers haben, ist von großer Wichtigkeit und hat vielen Einfluß auf die baulichen Einrichtungen. Ein Zimmer mit einer Ueberzahl von Fenstern, oder mit einer nicht gewellerten Decke, wird nie behaglich warm sein. Ventilationsröhren sollten im Winter nie am höchsten Punkte des Zimmers geöffnet sein, weil sie sonst die Decke zu sehr abkühlen. Es wird im Allgemeinen das Richtige sein, sie sechs Fuß über dem Fußboden, also auf Mannshöhe münden zu lassen, sie können dann die Luft erneuern da, wo der Mensch sich aufhält, ohne den Theil der

Wände zu erkälten, welcher vorzüglich Wärme spendet. In den für Affen gebauten Häusern ist es bekanntlich anders, diese Thiere sterben, wenn die Ventilation nicht in der Höhe stattfindet, wo sie sich meistens aufhalten.

Giebt man den Ventilationsröhren zwei Oeffnungen, die eine sechs Fuß über dem Fußboden, die andere in der Nähe der Decke, so kann man den Umständen gemäß, die eine oder die andere offen halten. In meinem jetzigen Hause wirken seit einer Reihe von Jahren Ventilatoren von $2^1/_2$ Zoll Durchmesser sehr angenehm, welche auf sechs Fuß Höhe angebracht, direct in den Schornstein münden. Sie bleiben im Winter offen, ohne auf die Temperatur erheblichen Einfluß zu zeigen. Wenn man neu baut, sollte man Ventilatoren anlegen, welche von den Schornsteinen isolirt sind, wie dies in London und Hamburg schon vielfach geschieht. Ventilatoren, welche in den Schornstein führen, können üblen Geruch verursachen, wenn man sie offen läßt unter Umständen, wo die Oefen nicht ziehen würden. Erfahrungen in gewöhnlichen Wohnhäusern müssen dazu dienen, einfache Ventilationsprincipien für Hospitäler zur Geltung zu bringen. Der doctrinäre Standpunkt, welchen man in neuerer Zeit in der Ventilationsfrage behauptet hat, war nicht wünschenswerth. Es sind Millionen unnütz verausgabt worden, um seinen Ansprüchen zu genügen. Der Erfolg davon ist gewesen, daß man alles Vertrauen zu diesen Experimenten verloren hat und jetzt wieder von vorne anfangen muß. Mit den verticalen Dunströhren muß man wieder beginnen, sie geben eine angenehme fortwährende Lufterneuerung im Winter, wie sie sich durch Oeffnen der Fenster oder Luftscheiben nicht erzielen läßt. Ich fand in Freiburg zuerst Gelegenheit davon Gebrauch zu machen. Die Anregung dazu bot ein ganz vorzügliches Leichenhaus auf dem Kirchhofe, welches zu meiner Zeit in Freiburg eben vollendet war. Verticale, von der Decke ausgehende und durch das Dach in das Freie tretende Dunströhren wirkten darin so vortrefflich, daß gar kein Geruch zu bemerken war. Sie sind im Kleinen das, was die amerikanische Ridge-Ventilation (Dachfirst-Ventilation) im Großen darstellt. Ich konnte dieselben leicht in meinem Flügel anbringen für Zimmer, in welche ich die Augenoperirten legte und deshalb verdunkelte. Sie wirkten dort im Sommer ganz vorzüglich, im Winter waren sie kaum nöthig, weil die Oefen hinreichend ventilirten. Sie hatten dann auch wohl die Unbequemlichkeit, daß die feuchten Dünste des Zimmers sich darin verdichteten und abtropften, wie von Fensterscheiben. Sie wurden dann meist geschlossen gehalten. Dieser geringe Uebelstand würde nicht stattgefunden haben, wenn die Röhren von Holz oder Backsteinen statt von Metall gewesen wären. Für mich hatten diese Röhren den großen Nutzen, daß ich daran allmählich die Principien einer einfachen auf Temperatur-Unterschieden beruhenden Ventilation kennen lernte.

Ein anderer Fehler des Hospitals lag in der Einrichtung der Latrinen. In Erlangen mußte ich das Kübel-System verschwinden lassen, in Freiburg hatte der Baumeister sich verrechnet, indem er einem der kleinen Bäche, wie sie die Rinnsteine der Stadt durchfließen, zumuthete, die Fäcalstoffe fortzuschwemmen. Sie häuften sich an und stauten den kleinen Bach, welcher dann wohl ganz verunreinigt in das Souterrain überfloß. Nur durch beständige Aufmerksamkeit war diesem großen Uebelstande abzuhelfen. Es wurden deshalb auf meine Veranlassung zwei große Latrinengruben angelegt, welche die besten Dienste leisteten.

Ein dritter Uebelstand war, daß kein Assistent im Hause wohnte, wie es sich für eine chirurgische Klinik gebührt. Es gelang mir nicht ohne Mühe, auch dies zu beseitigen. Professor Hecker war nur nominell Assistent der chirurgischen

Klinik, meine eigentlichen Assistenten waren zuerst Dr. Bernhard Beck, der jetzige Generalarzt in Carlsruhe, dann Dr. Luschka, der berühmte Anatom in Tübingen, zuletzt Herr Seramin, welcher als praktischer Arzt früh gestorben ist. Professor Hecker kam täglich in die Klinik, an deren Geschäften er sich aber nur als mein Vertreter betheiligte, wenn ich abwesend war. Ich überließ ihm die Vorträge über Augenheilkunde und war deshalb mit Vorlesungen nicht überladen. Morgens von 10 bis 12 Uhr hielt ich Klinik, Nachmittags von 5 bis 6 Uhr meine chirurgischen Vorlesungen. Dazu kamen im Sommer die Uebungen an der Leiche, für die es an Material nicht fehlte.

Mein vortrefflicher Vorgänger, der Geheime Hofrath Beck, war schon seit vier Jahren nicht mehr; sein Stiefbruder Professor Schwörer hatte die interimistische Direction der Klinik übernommen. Mit Professor Hecker's Hülfe war dieses lange Interregnum erträglich geworden, aber die Geburtshülfe hatte dabei Noth gelitten, so daß die Facultät stets darauf bedacht gewesen war, die chirurgische Lehrkanzel definitiv zu besetzen.

Von den vier chirurgischen Kliniken, welche ich zu dirigiren hatte, war die in Freiburg die reichhaltigste an Zahl und Mannigfaltigkeit der Fälle; die erste Stunde verging mit Besorgung der Ambulanten, die zweite mit der Visite. Die Zahl der großen Operationen war beträchtlich.

Ich hatte in sechs Jahren siebenundvierzig große Amputationen zu machen, zwanzig am Oberschenkel, mit sieben Todten oder fünfunddreißig Procent Mortalität (fünf traumatische mit zwei Todten, fünfzehn chronische Fälle mit fünf Todten), am Unterschenkel sechszehn mit fünf Todten (drei traumatische, welche tödtlich verliefen, dreizehn chronische, von denen zwei starben), einunddreißig Procent Mortalität. Am

Oberarm sieben Fälle ohne Todten (vier traumatische, drei chronische Fälle). Am Vorderarm vier chronische Fälle ohne Todten. In Summa siebenundvierzig Amputationen mit zwölf Todten oder 25,5 Procent Mortalität. Pyämie war acht Mal Todesursache.

Bei meinen Freiburger Amputationen zeigte sich der Einfluß meines Vorgängers Wilhelm in München. Zwanzig Mal machte ich den einzeitigen Cirkelschnitt, den zweizeitigen nur sechs Mal, den doppelten Lappenschnitt achtzehn Mal. Einfache Lappenschnitte machte ich principiell gar nicht, also nur wo die Umstände es nicht anders gestatteten. Nach der Amputation legte ich gleich die blutige Naht an, die ich jedoch rechtzeitig wieder entfernte; deshalb schon wurde der Stumpf nur mit einer feuchten Compresse bedeckt. Chelius in Heidelberg mußte wohl bei Amputirten gar nicht genäht haben, denn meine Schüler kamen anfangs bei den Staatsexamen in Karlsruhe nicht gut an, als sie davon sprachen. Nach den verschiedensten Methoden erhielt ich gute Stümpfe, die besten am Oberschenkel, vielleicht mit Hülfe von zwei Lappen, deren größerer, vorderer, durch sein eigenes Gewicht die vortheilhafteste Lage annimmt. Auf die Gefäßunterbindung und die Lagerung des Stumpfes verwandte ich große Sorgfalt. Unter allen siebenundvierzig Amputationen fand nur bei einer einzigen Nachblutung statt und dies durch Schuld des ungehorsamen Patienten.

Von neun Steinschnitten und einer Steinzertrümmerung, die ich in Freiburg machte, verlief ein Steinschnitt tödtlich, in einem Falle wo der rechte Ureter obliterirt war.

Meine Erfolge beim Steinschnitte verdankte ich den eingehenden Studien, welche ich über diesen Gegenstand schon in München angefangen hatte. Ich entschied mich für den Seitensteinschnitt und überschritt beim Einschneiden der Prostata nicht die Grenzen dieses Organs, weil dasselbe seiner partiell musculösen Structur wegen sehr ausdehnungsfähig ist. Ich machte darüber mit Professor Arnold sehr genaue Versuche, welche nicht den mindesten Zweifel ließen. Ich freute mich 1872 in England zu erfahren, daß der vortreffliche Professor Humphry in Cambridge, welcher außer der Chirurgie auch die Anatomie dort zu vertreten hat, derselben Ansicht sei, obgleich Carr Jackson und andere neuere englische Operateure ihre Einschnitte bis über die Prostata hinausführen, aus denselben Gründen, welche Malgaigne dafür geltend machte. Die Frage ist also noch immer streitig. Es ist erfreulich zu erfahren, daß man auch bei größeren Einschnitten, welche die Prostata überschreiten, gute Erfolge haben kann, man braucht deshalb aber nicht die Ausdehnbarkeit der Prostata zu leugnen, indem man sich auf Versuche stützt, welche vermuthlich gar keine Beweiskraft haben, denn durch brüske Gewalt kann man elastische Gewebe zerreißen, welche, allmählich ausgedehnt, sehr nachgiebig sind.

Für den inneren Einschnitt bediente ich mich eines von mir modificirten lithotome caché, welches viel zarter gebaut ist, als die älteren und einen federnden Schneidendecker besitzt, welcher zurückweicht, wenn der zu durchschneidende Theil in Spannung geräth, so daß Theile, welche ausweichen können, nicht verletzt werden, also beim Ausziehen des geöffneten Lithotoms auch nicht der Mastdarm; der Schneidendecker schiebt ihn wie ein schützender Finger zurück. Ich folgte Boyer's Rath, den inneren Einschnitt in die Quere zu machen, indem man den Rücken des Lithotoms nicht gegen den Schambogen, sondern gegen den Ast des rechten Schambeins andrückt, so daß die Klinge fast gerade nach außen gerichtet ist; dabei hört freilich der Parallelismus der äußern und innern Wunde auf, aber dies macht weder beim Ausziehen des Steins, noch bei der Nachbehandlung die geringsten Schwierigkeiten. Boyer's Methode ist schon darauf berechnet, die Verletzung des Mastdarms zu vermeiden, da dieser aber bei Kindern oft zu einem weiten Sacke geworden ist, so glaube ich, daß mein Schneidendecker die Sicherheit der Operation wesentlich erhöht. Bei Kindern machte ich den Einschnitt in die Prostata nicht über fünf Linien, bei Erwachsenen nicht über neun, wovon dann doch noch die Weite der Harnröhre abzurechnen ist.

Ehe ich zur Operation schritt, unterwarf ich den Patienten einer sorgfältigen Vorbereitung, um den gewöhnlich bestehenden Blasenkatarrh zu beseitigen. Dies geschah durch Bettliegen, kohlensaures Natron, kohlensaures Wasser und Hyoscyamus, dabei hütete ich mich, durch öfteres Eingehen mit der Sonde die Blase zu reizen.

Einer meiner ersten Steinschnitte in Freiburg im Sommer 1843 war das Mittel, mir schnell eine gewisse Popularität zu verschaffen. Er betraf einen angesehenen Bürger, den Gastwirth zum Pfauen, der bei der liberalen Partei in großem Ansehen stand. Als ich einige Stunden nach der Operation zu ihm gehen wollte, fand ich sein ganzes Haus voll von lärmenden Gästen, die ihrer Freude Luft machen mußten. Ich bat sie sehr höflich, es anderswo zu thun. Der Fall hätte leicht schief gehen können, der Mann war sehr corpulent, sehr plethorisch, der Stein groß, das Wetter warm. Nach einigen Stürmen am ersten Tage, welche durch Opium beschwichtigt wurden, ging Alles glatt ab.

Auf die Operation des Balgkropfes, welche ich in Freiburg siebzehn Mal ohne Todesfall machte, verwendete ich um so mehr Sorgfalt, weil mein Vorgänger Beck darin excellirt und nie einen Patienten dabei verloren hatte. Ich folgte der von ihm eingehaltenen Methode des Einschnitts und habe die Regeln dafür möglichst festzustellen gesucht (Handbuch der Chirurgie, vol. II. pag. 398). Man interessirt sich jetzt nicht sehr dafür, weil man die Injection vorzieht und des Schnittes nicht mehr zu bedürfen glaubt. Es wird damit gehen, wie mit der Hydrocele, bei welcher die Jodinjection Regel, der Einschnitt die Ausnahme ist. Meine Erfahrungen auf diesem Gebiete werden deshalb immer ihren Werth behalten. Ich habe die Operation selbst auf ihren einfachsten und vorsichtigsten Typus zurückgeführt, sie erfordert aber eine sorgfältige Nachbehandlung. Wenn der Operateur den Operirten Nachmittags nicht noch einmal besucht, um zu sehen, ob etwa eine Aderlässe nöthig ist, so kann dies dem Patienten das Leben kosten, wie dies zweimal in Freiburg vorkam, während ich dort war. Das Anlegen von Eisbeuteln schützt nicht immer gegen plötzliche Congestivzustände, wobei die Wunde anfangen kann zu bluten, und den Operateur verleitet, sie, der Blutstillung wegen, zu insultiren, während eine rechtzeitige Venäsection, sobald der Puls und die rothen Backen dazu auffordern, allem vorbeugt. Meine Kropfoperationen in Freiburg führten mich zu der Entdeckung einer klinisch wichtigen Form, die ohne Einschnitt nicht mit Sicherheit erkennbar ist, wo der Kystenkropf junges Schilddrüsengewebe von so zarter Textur enthält, daß man das wie eine weiche Gallerte mit dem Finger ausheben kann. Da dies aber Blutung erregt, so ist es besser darauf zu verzichten und dies Gewebe dem nicht ausbleibenden Zerfalle durch Eiterung und Necrose zu überlassen. Ich habe diese Form Struma cystica parenchymatosa genannt; es wäre zu wünschen, daß man in den Lehrbüchern darauf Bezug nehme, aber da man der Incision entsagt zu haben scheint, so wissen die heutigen Chirurgen nichts davon. Virchow, der eine Menge ganz überflüssiger Kropfformen aufführt, hat gerade diese übergangen. Professor Hecker, mein Nachfolger in Freiburg und Generalarzt Beck sind übrigens dem Einschnitte treu geblieben, wie ich 1873 erfuhr. Professor von Bruns sagte zu Beck, von den mit Jod injicirten Balgkröpfen gehe die Hälfte in Eiterung über, so daß der Einschnitt dann unvermeidlich werde. Mackenzie empfiehlt nach siebzig Erfahrungen die Injection von einigen Drachmen Eisenchloridlösung, welche bei Liegenbleiben der Canäle drei Tage in der Cyste bleiben und Eiterung machen. Jodinjection erklärt er für gefährlich, weil sie oft Brand erzeuge. Er operirt schon, wenn die Cyste den Umfang eines Hühnereies erreicht hat (vid. Medical Times 1874, Nr. 1246, Clinical Society).

In Freiburg hatte ich die ersten beiden Erfolge nach Operation der Blasenscheidenfistel. Ich schrieb dieselben besonders der Nachbehandlung zu, welche die ersten vier bis fünf Tage und Nächte im permanenten Bade stattfand. Ich hatte dazu eine Sitzbadewanne im Bette angebracht, in welcher die Patientin sehr bequem lag, während das warme Wasser sich durch fortwährenden Zufluß und Abfluß erneuerte. Das Liegenlassen des Catheters macht dabei gar keine Reizung und die Wunde in der Vagina bleibt rein. Ich theilte meine damals noch seltenen glücklichen Fälle dem Naturforscher-vereine in Aachen von 1847 mit, ließ aber nichts darüber drucken, weil ich mich später überzeugte, daß das sorgfältige Nähen die Hauptsache sei. Ich hatte einen französischen Aufsatz darüber geschrieben, den ich der Pariser Akademie der Medicin zusenden wollte, aber schließlich liegen ließ.

Während meines Aufenthaltes in München hatte ich ein neues Instrument zur Operation angewachsener Staare erfunden und glücklich angewendet. Ich beschrieb dasselbe 1841 in der Münchener Allgemeinen Zeitung für Heilkunst unter dem Namen Korectom. Man macht damit einen Hornhautschnitt, der zugleich einen Theil des Pupillenrandes ausschneidet. In Freiburg fand ich öfter Gelegenheit dasselbe anzuwenden und hatte sehr gute Resultate davon. Es kam dann aber die Zeit der Anästhesie, in welcher man solcher Instrumente nicht mehr bedurfte, das wundervolle Weinjahr 1846 brachte uns diese große Errungenschaft des neunzehnten Jahrhunderts, welche ich mit Begeisterung ergriff. Ich machte die ersten Versuche an mir selbst und erinnere mich noch der angenehmen Aether-Träume, in denen man Jahre zu durchleben glaubt. Mein Assistent Herr Seramin beschrieb unsere Experimente in einem populären Aufsatze für die Freiburger Zeitung. Nach dem ersten Steinschnitte, welchen ich in der Aethernarcose machte, sagte der neunundreißigjährige Patient, als ich ihm den Stein zeigte: „O das ist herrlich, wenn ich aber gewußt hätte, daß die Operation gar nicht schmerzhaft sei, so hätte ich mich nicht ätherisiren lassen." Ein junger Mann, welcher von einem Heuwagen herunter auf die ausgestreckten Hände gefallen war, hatte sich gleichzeitig beide Schultergelenke verrenkt. Sie wurden in der Aethernarcose gleichzeitig eingerenkt. Der Mann sagte nachher, es habe ihm geträumt, er hätte einen großen Eichbaum ausreißen wollen und sei glücklich damit zu Stande gekommen. Die Chloroformnarcose ist traumlos, man hörte nach ihr keine ähnlichen Aeußerungen mehr. Ich ging natürlich auch gleich zum Chloroform über, aber es war mir doch nicht recht, daß ich schon 1849 damit zu Felde ziehen mußte, ich hätte mich gern erst noch genauer damit bekannt gemacht. Es ging damit aber besser, als ich erwartet hatte, die Gefahren des Chloroforms sind bei kräftigen Soldaten nicht so groß, als bei den Patienten des Civilstandes. Im Felde habe ich überall keinen Chloroformtodesfall erlebt und überhaupt nur einen, in der Kieler Klinik 1853, welchen ich in meinem Handbuche der Chirurgie, vol. II. p. 1111, beschrieben habe.

Meine Schüler in Freiburg waren meist Inländer und

Schweizer, aufgeweckte junge Leute, mit denen sich etwas anfangen ließ. Da sie sich beim Operationscursus fleißig und anstellig zeigten, so konnte ich sie wie in Erlangen am Lebenden in der Klinik operiren lassen, was in München nicht möglich war.

Unter den älteren Medicinern, welche sich in meiner Klinik fleißig einfanden, muß ich den Assistenten der medicinischen Klinik Herrn Gramm nennen, welcher sich durch die Bravour auszeichnete, womit er bei Amputationen den Hauptstamm comprimirte. Als ich 1850 nach der Schlacht von Idstedt aus dänischer Gefangenschaft zurückkehrte, fand ich in Rendsburg diese treue Seele in einem heftigen Choleraanfalle liegend. Er hatte mir zu Hülfe kommen wollen und war bald nach seiner Ankunft erkrankt. Glücklicherweise überwand er den bösen Feind.

Häusliche und persönliche-Erlebnisse in Freiburg.

Mit unserer ersten Wohnung ging es uns hinderlich, weil das Haus verkauft wurde. Wir gelangten erst nach mehreren Umzügen in ein herrliches Quartier, den ersten Stock eines großen Eckhauses am Carlsplatze, welches nichts zu wünschen übrig ließ. Es bot nach Süden die Aussicht auf das Münster, welches sich über einem reizenden Akazien-Wäldchen vor uns erhob. Die Ostfronte war dem Schloßberge zugewendet, nach Westen konnte man hinter dem Kaiserstuhle die Sonne untergehen sehen.

Ich bekam sehr bald Praxis in der Stadt, welche sich auf alle Stände erstreckte, mit Ausnahme des eingeborenen katholischen Adels, welcher sich vor einem protestantischen Doctor fürchtete, während die katholischen Geistlichen kein Bedenken trugen, mich zu Rathe zu ziehen. Ich lebte mit ihnen auf dem freundlichsten Fuße; sie waren mir auf dem Lande sogar bei Operationen behülflich. Meine auswärtigen Consultationen erstreckten sich nördlich bis Baden-Baden und Carlsruhe, südlich bis Basel, westlich bis Mühlhausen und Colmar im Elsaß, östlich in die Thäler und auf die Höhen des Schwarzwaldes, einmal 1844 bis Siegmaringen. Die kleinen Reisen, welche ich womöglich am Sonnabend oder Sonntag machte, brachten eine angenehme Abwechselung. Mit den Fortschritten der Eisenbahn verloren sie etwas an poetischem Reiz, es blieb aber noch genug davon übrig, besonders da ich die Vollendung der Bahn bis Basel dort nicht mehr erlebte. Am Tage, wo die Bahn nach Emmendingen eröffnet wurde, rief man mich zu einem an Darmperforation Leidenden, der unfehlbar zu Grunde gegangen wäre, wenn ich die Tour zu Wagen gemacht hätte, bei schneller Hülfe aber genas. Das hat denn auch seinen Reiz. Sehr einträglich waren die meisten dieser Reisen nicht. Mein Vorgänger Beck war ein sehr uneigennütziger Mann gewesen, und ich folgte nur seinem Beispiele, wenn ich mit dem zufrieden war, was die Leute mir freiwillig brachten. Das Honorar bestand oft nur in einer großen Flasche Kirschwasser, mit dem meine Frau die Fenster putzen ließ.

Sehr interessant waren mir die halbjährigen Zusammenkünfte der Elsässer Aerzte, abwechselnd in Mühlhausen und Colmar, bei denen ich die Professoren von Basel und Straßberg zu finden pflegte. Sie dauerten nur einen einzigen Nachmittag, waren aber so gut geordnet, daß man nie ohne reichliche Belehrung heimkehrte. Meine besten Freunde in weiteren Kreisen waren Professor Sedillot in Straßburg, die Doctoren Weber und Bauer in Mühlhausen und Professor Jung in Basel. Bauer war ein trefflicher Chirurg, der es durch große Aufmerksamkeit verstand, der Tracheotomie glückliche Erfolge abzuringen; Jung war ein vorzüglicher Medico chirurg, welcher damals mit großem Eifer und Erfolg die Thoracenthese bei pleuritischen Exsudaten machte, ohne mich von meiner Ansicht zu bekehren, daß die Operation nur selten indicirt sei. Es sind seitdem dreißig Jahre verflossen und noch immer ringt die Operation nach einer Anerkennung, die sie nicht finden kann.

Dr. Weber war ein sehr vorzüglicher innerer Arzt von seltener Genauigkeit in der Diagnose und sehr einfacher Therapie.

Unser Umgang erstreckte sich fast nur auf Familien, welche aus dem nördlichen Deutschland stammten; meine Frau fand keinen Geschmack an den Kaffeegesellschaften der eingeborenen Damen. Unsere besten Freunde waren Professor Franz von Woringen und seine Frau, Angelika, geborene Schleiden, welche sich in den letzten Jahren einen bedeutenden Namen durch ihre schönen Illustrationen poetischer Blumenlesen erworben hat, in denen sich ein frommer, patriotischer Sinn auf wohlthuende Art geltend macht. Auch Woringen selbst war, obgleich Criminalist, eine ganz poetisch angelegte Natur; er wäre vermuthlich ein großer dramatischer Künstler geworden. Die Art, wie er selbst erfundene Scenen allein vortrug, war unnachahmlich und machte um so mehr Eindruck, weil er sich nur selten dazu verstand. Er war aus Düsseldorf gebürtig, hatte in Berlin die akademische Carriere angefangen und dort mit Felix Mendelssohn einen Freundschaftsbund geschlossen, welcher den edlen Künstler öfter auf Wochen nach Freiburg führte. Angelika von Woringen liebte meine Töchter sehr und hat sich um deren Bildung großes Verdienst erworben.

Professor Arnold und Frau, Carl von Siebold und Frau, so wie Regierungsrath Stephani und Frau waren mit uns sehr befreundet. Der Minister von Wessemberg und Frau, eine Frankfurter Bürgerstochter, waren uns sehr zugethan und erwiesen uns alle möglichen Aufmerksamkeiten. Der Minister war ein kluger, muthiger, freisinniger Mann, welcher Oesterreich bedeutende Dienste geleistet hatte, aber, dem Metternich'schen

Systeme abhold, schon 1831 pensionirt worden war. In der Zeit der höchsten Noth (1848) wurde er, schon dreiundsiebzig Jahre alt, reactivirt und erlebte in Wien die schreckliche Zeit, wo die Minister Latour und Lamberg ermordet wurden. Wessemberg selbst mußte unter persönlichen großen Gefahren aus Wien fliehen, begleitete den Kaiser nach Olmütz und kehrte von dort im November nach Freiburg zurück. Als er im September 1848 von meiner Frau Abschied nahm, um nach Wien zu gehen, sagte er dieser: meine Freunde können wohl für mich beten, denn ich gehe einer schlimmen Zeit entgegen.

Der alte Baron von Ungern-Sternberg und Frau nebst drei talentvollen Kindern waren uns auch sehr zugethan. Der Baron hatte lange in Dresden gelebt, war mit Tieck sehr befreundet gewesen, ein großer Kunstfreund und Kenner der Literatur, der Sohn ein trefflicher Sänger, die jüngere Tochter, welche später zwei Prinzessinnen erzogen hat (die Kronprinzessin von Sachsen und die Großherzogin von Baden), war eine treffliche Pianistin. Unter den Bürgerfamilien, die wir kannten, hat die Familie Sautier mit ihrer liebenswürdigen Nachkommenschaft die angenehmsten Erinnerungen hinterlassen. Professor von Dumreicher aus Wien ist mit einer Sautier'schen Tochter verheirathet, dadurch sah ich ihn öfter in Freiburg in meiner Klinik und beim Operationscursus, wo er mir seine Methoden zeigte, die er mit großer Eleganz ausführte.

Die dankbarsten Erinnerungen habe ich an die Wittwe meines Vorgängers Beck in Freiburg, welche mir reichlich vergalt, was ich für ihren talentvollen Erstgeborenen, Bernhard, thun konnte. Er war ein etwas wilder Student gewesen und hatte sich gerade funfzig Mal duellirt, als ich ihn kennen lernte. Das gab er dann auf und faßte in meiner Klinik ein Interesse für Chirurgie, wie es seinem Talente entsprach. Er war ein geborener Operateur, der seine ersten Amputationen unter meinen Augen wie ein alter Meister machte. Seine schriftstellerischen Arbeiten, welche gleich einen praktischen Sinn verriethen, geben ihm das Zeugniß eines fortwährenden Ringens nach größerer Vollkommenheit. Man wird es allmählich anerkennen, daß seine Mittheilungen aus dem großen Kriege 1870/71 trotz großer Concurrenz die besten sind. Dies ist, wie ich meine, kein geringes Verdienst, denn, Gott sei Dank, solche Kriege kommen nicht häufig vor, und die chirurgische Welt muß mittlerweile ihre Belehrung in Werken suchen, welche das Nothwendige und Nützliche mit Wahrheitsliebe und Nachdruck vortragen und gelehrte Spitzfindigkeiten kühn bei Seite schieben. Glänzende Neuerungen sind dabei überflüssig, der gesunde Menschenverstand ist bei weitem das Wichtigste. Gründerthum und Zukunftsmusik passen am allerwenigsten in die Kriegschirurgie.

Ein Bruder Bernhard Beck's ist Flügeladjutant des Kaisers von Oesterreich, ein anderer war badischer Beamter, seine einzige Schwester ist an einen Arzt aus Danzig, Dr. Berendt, verheirathet. Sie war ein schönes, sehr talentvolles Mädchen, ich sah sie 1851 in Hamburg, als sie im Begriffe war, mit ihrem Gatten und zwei Kindern nach Amerika überzusiedeln.

Im Sommer 1843 fing ich an, leberkrank zu werden; es stellten sich bei geringen Anlässen Gallenkoliken ein, denen eine leichte Gelbsucht folgte. Anstatt diese Symptome gehörig zu beachten, legte ich keinen großen Werth darauf, weil sie mich in meinen Geschäften nicht unterbrachen. Eine Brunnencur in den Herbstferien hätte vermuthlich Alles in Ordnung gebracht. Statt dieser begann ich sehr eifrig an einem Handbuche der Chirurgie zu schreiben, und vollendete das erste, 208 Seiten lange Heft im Winter 1843/44. Im März 1844 herrschte die Grippe in großer Ausdehnung, von der ich, wie gewöhnlich, befallen wurde, ohne mich zu schonen. Eine interessante Section, welche ich am 5. April in der Privatpraxis in einem sehr kalten Locale machte, gab mir den Rest. Ich erinnere mich noch jetzt ihrer Einzelheiten, aber kaum hatte ich nach derselben meine Wohnung erreicht, als ich das Bewußtsein verlor. In diesem Zustande lag ich bei Fieber und Delirien acht Tage lang, dann kehrte mit dem Aufhören des Fiebers das Bewußtsein wieder. Hofrath von Wänker, ein angesehener praktischer Arzt, und Professor Schwörer hatten mich mit Eis, Blutegeln und Bittersalz behandelt. Ich litt aber noch drei Wochen lang an Kopfschmerzen und einer fast vollständigen Schlaflosigkeit. Ich kam dann selbst auf den Gedanken, daß Schweißkrisen vielleicht nöthig gewesen wären, weil meine Krankheit durch Erkältung entstanden war. Ich hatte kaum einen halben Gran Brechweinstein in getheilten Dosen genommen, als sich ein sehr profuser Schweiß einstellte, der meinen Kopfschmerzen ein Ende machte. Die noch zurückbleibende Schlaflosigkeit wich einigen Dosen Extractum aconiti aquosum. Während meiner schlaflosen Nächte und auch sonst hatte ich ein dringendes Verlangen nach historischer Lectüre und verschlang damals die zwölf Bände von Gibbon's History of the decline and fall of the Roman empire; acht Bände von Mitford: History of Greece; zwei Bände von Middleton: History of Cicero. Es war, als bedürfte mein Gehirn eines Gegengiftes für die Chirurgie, mit der ich dasselbe im Winter insultirt hatte.

Während dieses bedenklichen Leidens war die geheime Hofräthin Beck meine treue Pflegerin, und durch ihre Erfahrungen am Krankenbette eine große Stütze für meine Frau.

Als ich, noch sehr schwach, meine ersten Ausgänge machte, um frische Luft zu genießen, zog es mich immer nach einem in der Nähe liegenden schönen Kirchhofe. Ich kehrte aber immer dicht davor wieder um, und hatte das Gefühl, als könne mich der Tod dort noch an den Beinen fassen, nachdem er es am Kopfe vergebens versucht hatte.

Die Studenten feierten meine Genesung am 24. Mai durch einen prächtigen Fackelzug. Am folgenden Tage reiste ich nach Baden=Baden, um mich dort vollends zu erholen, wo ich das Glück hatte, sogleich Berthold Auerbach kennen zu lernen, der, damals jung und heiter, der liebenswürdigste Ge= sellschafter war und mich täglich aufsuchte. Auch Franz Dingel= stedt mit seiner Gattin war gerade anwesend und gesellte sich oft zu uns. Ich hatte Frau Dingelstedt als Jenny Lutzen in Wien gehört und bewundert, sie war die einzige deutsche Sän= gerin, die man nach Henriette Sontag hören mochte. Schon nach vierzehn Tagen konnte ich mit frischen Kräften nach Freiburg zurückkehren.

Während meines Krankenlagers war von Paris die Nach= richt gekommen, daß die Academie des Sciences mir für Er= findung der Schieloperation 3000 Franken votirt habe, Dieffen= bach erhielt dieselbe Summe für die erste Ausführung der Operation.

Am 1. Juli 1844 reiste meine Frau mit den Kindern nach Hamburg zu ihren Eltern, die sich sehr nach ihr sehnten. Ich benutzte diesen Anlaß, um eine längst beabsichtigte zweite Reise nach London zu machen, wohin mich Dr. Little fort= während einlud. Am 28. August reiste ich dahin ab und kam über Bonn, Brüssel und Antwerpen am 5. September dort an. Die vier Wochen, welche ich in Dr. Little's Hause zu= brachte, waren mehr der Freundschaft als der Chirurgie ge= widmet. Es war die Zeit der Ferien und viele meiner älteren Freunde waren abwesend. Ich fand nur Aston Key und Lawrence, die mich beide zu ihren Familien auf ihre Landsitze für einige Tage mitnahmen. Unter den neuen Bekanntschaften, die ich damals machte, war mir die von Liston sehr interessant.

Er war ein großer stattlicher Mann, dessen Aussehen auf ein längeres Leben hätte schließen lassen, als ihm zu Theil geworden ist. Er starb schon am 1. December 1847 an einem Aneurysma der Aorta, wenige Wochen nach Dieffenbach. Ich hatte leider keine Gelegenheit, seine fabelhafte Geschicklichkeit im Operiren selbst zu sehen, kaufte mir aber alle seine Schriften, die ich noch jetzt sehr hoch schätze. Dr. Little hatte die von ihm gestiftete öffentliche orthopädische Anstalt schon an seinen Schwager Tamplin abgetreten. Als mir dieser die für vierzig Betten eingerichtete Klinik zeigte, kamen nicht weniger als hundertundfunfzig Ambulanten, meistens Mütter mit klumpfüßigen Kindern. Dr. Little errichtete später in einem andern Stadttheile auf den Wunsch seiner zahlreichen Freunde eine zweite Wohlthätigkeitsanstalt für Verkrümmte, an welcher er sich noch jetzt als consultirender Arzt betheiligt. Im Jahre 1844 war er klinischer Lehrer der inneren Heilkunst am London-Hospital und ist es bis zu seiner Resignation vor einigen Jahren geblieben. Ich benutzte meinen Aufenthalt in London, um chirurgische Instrumente für die Freiburger Klinik bei Weiß und Fergusson zu kaufen. Sie waren vortrefflich; Professor Hecker war über die Schärfe ganz erschrocken, als er zum ersten Male mit einem englischen Messer amputirte. Mir waren besonders die Staarmesser erwünscht, deren Schärfe von deutschen Instrumenten selten erreicht wird. Von London ging ich direct nach Hamburg, wo ich die Meinigen sehr heiter antraf.

Von dort machte ich einen Abstecher nach Berlin, um Dieffenbach zu besuchen. Auf der Reise dahin, welche ich bis Potsdam auf einem der kleinen Dampfer, Falken genannt, machte, erlebte ich ein kleines Abenteuer. Nachts auf der Elbe gerieth das Schiff in Brand, wir wurden durch den in die Cajüte dringenden dicken Rauch geweckt, das Kohlenreservoir dicht neben derselben brannte. Glücklicherweise wurde das Feuer gelöscht, wir standen schon auf dem Punkte, das Ufer durch Schwimmen erreichen zu wollen. Dieffenbach empfing mich sehr herzlich, unser Zusammenleben wurde aber dadurch etwas gestört, daß eine hohe Person in Potsdam den Arm brach und viele Zeit in Anspruch nahm. Es gefiel mir übrigens nicht sonderlich in Berlin, da ich eben von London kam, auch fand ich keine Gelegenheit, Dieffenbach operiren zu sehen, ein paar Tenotomien abgerechnet. Nach dreitägigem Aufenthalte reiste ich nach Hannover, wohin die Meinigen aus Hamburg kamen. Am 18. October traten wir von dort unsere Rückreise an. In Freiburg begriff ich es, warum es mir auch in London zum zweiten Male nicht so gut gefallen hatte, wie beim ersten. Damals hatte ich Zeit gehabt, mich an die Rauchatmosphäre zu gewöhnen und wußte noch nicht, was es heißt, in einer freien, schönen Natur zu leben.

Im Jahre 1846 war es herrlich in Freiburg, ein ewig heiterer Himmel war den Reben so günstig, daß 1846 zu den berühmtesten Weinjahren des Jahrhunderts zählt. Ich lernte das Weinland von seiner vortheilhaftesten Seite kennen, man berechnete den Weinertrag des Oberrheinkreises auf sechs Millionen Gulden. Aus Würtemberg und Bayern kamen ganze Züge von Wagen, um den süßen Most zu holen. Freude und Heiterkeit herrschten überall. Die Universität hatte dicht bei der Stadt ein großes Rebgut, wo während der Weinlese die Professoren mit ihren Familien Zutritt hatten, um sich die schönsten Trauben auszusuchen. Wenn die Zahl der Ohme hundert überstieg, wurde für jedes weitere Ohm eine Kanone gelöst, es war 1846 eine tüchtige Kanonade, wobei Niemand ahnte, daß wir bald eine weniger harmlose erleben würden. Das schöne Rebgut der Universität ist leider später verkauft worden und hat langweiligen geraden Straßen Platz gemacht. Im Jahre 1847 versprach die Weinlese eben so gut zu werden, wie das Jahr vorher, Jedermann kaufte sich Fässer, auch ich schaffte vier mächtige Gebinde an, deren Inhalt bis an mein Lebensende ausgereicht haben würde. Aber sie blieben leer, denn schließlich wurde der Wein sauer. Professor Baumgärtner, welcher ein großes eigenes Haus besaß, hatte ein Capital in Fässern angelegt und mußte sie mit saurem Weine füllen, trotz der schönen Namen Mozart, Beethoven, Schiller und Goethe, mit denen er die größten Fässer getauft hatte. Ich fand es grausam, seine besten Freunde mit saurem Weine zu tractiren, aber bei solchen Weingeschäften ist nichts Sentimentales, man kann mit saurem Weine eben so viel Geld verdienen, wie mit dem besten. Im Weinlande speculirt man mit Wein, wie anderswo mit Papieren, nicht blos durch Ankauf von Most, sondern auch mit größeren Capitalien, durch Anlegung neuer Weinberge. Ich sah die Sache mehr von der romantischen Seite an und dachte mir später, wenn ich 1846 meine großen Fässer hätte füllen können, würde ich 1848 keine Lust gehabt haben, Freiburg zu verlassen.

Am 4. November 1847 starb Felix Mendelssohn in Leipzig; am 11. November desselben Jahres auch Dieffenbach, ganz plötzlich während der Klinik. Ich hatte meine Trauer über diese unerwarteten Todesfälle in einem Briefe an Professor Baum, der damals noch in Greifswald war, ausgedrückt und erhielt eine Erwiederung vom 11. Januar 1848, der ich hier einige Zeilen entlehne, da er beide großen Männer persönlich viel genauer, als ich selbst, gekannt hat:

„Dieffenbach war ein entschiedenes Genie, voll der edelsten, großartigsten Züge; er hatte eine gewaltige, göttliche Liebe zu seiner Wissenschaft. Andere neben sich ließ er nicht gern aufkommen, weil er dann nicht so viel sehen, so viel operiren konnte. Geldinteresse hatte er gar nicht; er kannte den Werth des Geldes nicht. Unter den Berliner Schlemmern lebte er auf das Mäßigste; er trank fast nichts, aß auffallend wenig; er schlief fast nie mehr, als sechs Stunden, denn Abends arbeitete er regelmäßig von 11 bis 2 Uhr in der Nacht, oft noch später.

Und Felix! Ich denke, der hat lange schon halb im Himmel gelebt und ist mit Freuden zu seines Vaters Haus gezogen. Die Verherrlichung Gottes und die Sehnsucht nach ihm sind ja die Hauptzüge seiner göttlichen Muse. Mit ihm wird die Musik wohl zu Grabe getragen sein."

Ich hatte an Baum geschrieben, daß ich erwarte, er werde Dieffenbach's Nachfolger werden. Darauf antwortete er mir, die Berliner medicinische Facultät habe mich primâ loco, Bernhard Langenbeck secundâ loco und Böhm tertiâ loco vorgeschlagen. Er hoffe, daß die Wahl des Ministers auf mich fallen werde, weil er Langenbeck's Richtung für zu ausschließend operativ halte.

Auf mich machte diese Nachricht gar keinen Eindruck, die Klinik in der Ziegelstraße war ihrer ganzen Anlage nach und der Geistesrichtung ihrer berühmten Dirigenten Gräfe und Dieffenbach entsprechend, ein Operations=Institut. Man kann die Zweckmäßigkeit einer solchen Schöpfung beanstanden, aber wenn dieselbe bestehen soll, so muß man auch den richtigen Mann dafür suchen. Ich wußte, daß ich es nicht war. Eine Klinik, welche vorzugsweise zum Operiren bestimmt ist, hat ihre großen Gefahren, sie widerspricht im Principe einer Hauptaufgabe der Chirurgie, der, sich selbst entbehrlich zu machen. Dies lernt man nicht in Fällen, bei welchen der Zeitpunkt für die conservative Behandlung verstrichen ist. Nur das göttliche Genie bannt diese Gefahren und erfaßt das Richtige mit einem kühnen Griffe, was Andere durch mühsame Studien und Beobachtungen suchten. Von dieser Art war Dieffenbach's letzte Leistung, der Elfenbeinnagel bei Pseudarthrose.

Baum's Besorgnisse bei Felix Mendelssohn's Tode sind

seit fünfundzwanzig Jahren leider gerechtfertigt worden, die Musik ist vorläufig zu Grabe getragen. Man könnte fragen, wie steht es mit der deutschen Chirurgie? hat sie seit Dieffenbach's Tode ein so belebendes Element, wie er war, wiedergefunden? Ich bezweifle es, wegen des krampfhaften Schweigens, mit dem man seinen großen Namen zu verhüllen bemüht ist. Es steht nicht gut um die Kunst, wenn man große Künstler nicht zu nennen wagt!

1848.

Am 24. Februar 1848 war Louis Philipp's Thron gefallen, in Frankreich herrschte das Chaos. Man erwartete in Freiburg allgemein, daß sich die Franzosen durch einen Invasionskrieg Luft machen würden. Für diesen Fall bot ich mit vier anderen Aerzten dem Großherzoge meine Dienste als Militairarzt an. Ein freundliches Dankschreiben desselben vom 16. März bewahre ich als ein theures Andenken. Es sollte aber ganz anders kommen.

Die deutsche Umsturzpartei hielt den Augenblick für günstig, ihre Pläne ins Werk zu setzen; das Großherzogthum Baden war dazu ausersehen, der Tummelplatz ihrer Experimente zu werden. Es eignete sich gut dazu, mit der einen langgestreckten Seite an Frankreich, mit der andern an die Schweiz gelehnt, wo die Verschwörer stets sichere Zuflucht fanden. Dazu ist es ein Weinland, in welchem der Mensch nicht den ganzen Tag unter moralischen Einflüssen steht, wo der gute Geist oft dem Weingeiste weichen muß. Während ich dies copire, kommt die Nachricht, daß am 16. April 1873 in Mannheim drei Bierbrauereien demolirt wurden wegen Erhöhung des Bierpreises, die vierte blieb verschont, weil die Brauer nachgaben. Am 21. April 1873 wurden in Frankfurt am Main sechszehn Bierbrauereien und Bierlocale zertrümmert! Wie werden die

Franzosen sich freuen über diese Heldenthaten! In großen Staaten kann ein Putsch gelingen, aber ihre Heere sind nicht so leicht zu demoralisiren, wie die zerstreuten Bataillone eines Großherzogthums, wie Baden, dem es 1848 und 1849 wenig half, daß es eins der freiesten und glücklichsten Länder war. Petroleum für die Köpfe, Wein und Bier für die Kehlen einer leicht bethörten Menge thaten das ihrige.

Die erste Bekanntschaft mit der badischen Umsturzpartei machte ich in Offenburg bei der daselbst am Sonntag den 19. März 1848 stattfindenden Volksversammlung. Es wurde unter den Freiburger Professoren ausgesprochen, daß es nothwendig sei, dieselbe zu besuchen, um die Proclamirung einer Republik zu verhindern. Wir fanden uns zahlreich ein und schaarten uns um ein schwarz-roth-goldenes Banner, dessen Träger der herkulisch gebaute Mediciner Gramm war. Es sprach wenigstens den nationalen Gedanken des großen einigen Deutschlands aus, aber davon war in Offenburg nichts zu hören, nur Klagen, wie sie allenfalls vor eine badische Ständeversammlung gehörten, nicht vor eine Versammlung, welche einen Bruchtheil des deutschen Vaterlandes darstellen sollte. Keiner von den Rednern flößte mir den geringsten Respect ein, sogar der sogenannte Vater Itzstein schien mir nichts, als ein boshafter alter Mann zu sein. Am meisten mißfiel mir Friedrich Hecker, der in seiner Rede gegen den Großherzog selbst loszog und dessen Verschwendung rügte. Er beklagte sich unter anderm über die Größe seines Marstalls. Ich sagte nachher, Hecker hat einen viel größeren Marstall, als der Großherzog, aber nicht von Pferden, sondern von Eseln! Die Republik wurde in Offenburg noch nicht proclamirt, aber die aus allen Theilen des Landes zusammengekommenen Genossen der Umsturzpartei theilten sich dort in die Rollen, welche sie daheim zu spielen hatten, um die bestehende Regierung zu stürzen. Die Beschlüsse der Versammlung betrafen die Sammlung von Beiträgen zu Umsturzzwecken, Mißtrauensvota gegen einzelne Rathgeber des Großherzogs und gegen Beamte von erprobter Treue, vorzüglich aber die allgemeine Volksbewaffnung. Die zu schaffende Bürgerwehr sollte mit dem stehenden Heere verschmolzen werden. Da lag des Pudels Kern. Die Bürger in den Garnisonstädten sollten die Soldaten besoffen machen, damit sie zur Aufrechthaltung der Ordnung unbrauchbar würden. Im Jahre 1848 traten alle anständigen Leute in die Bürgerwehr und machten sie dadurch ziemlich unschädlich, erst im Jahre 1849 ging die in Offenburg ausgestreute Saat vollends auf, mit dem Abfalle des Militairs, auf dessen Treulosigkeit Hecker zu früh gerechnet hatte.

Die Freiburger Studenten betheiligten sich gar nicht bei dem Aufruhr, mit Ausnahme einiger, zum Turnercorps gehörigen jungen Leute, unter denen ein windiger Student der Medicin, Langsdorf, die leitende Rolle übernahm.

Am Sonntag den 26. März fand eine der Offenburger ähnliche Volksversammlung auf dem Münsterplatze in Freiburg statt, wo bei veränderter Besetzung der Rollen dieselben Reden gehalten wurden. Hecker, welcher erwartet wurde, erschien nicht, Gustav Struve war der Held des Tages, ein blasser, bartloser Mann mit platten Gesichtszügen und einer kreischenden Stimme. Hecker's Beredsamkeit hatte den Grundton sittlicher Entrüstung, Struve's Reden trugen mehr den Charakter des giftigsten Hasses gegen alles Bestehende. Die Pfaffen haben zu viel, die Lehrer zu wenig, das war die Spitze seines Vortrags, welchen er von dem Altan des Gasthauses zum Geist, dem Münsterportale gegenüber, dicht neben der Wohnung des Erzbischofs, hielt. Das verstanden die Bauern gleich, sie gaben den Lehrern keinen Kreuzer mehr, aber sie jagten ihre Geistlichen dutzendweise fort. Diese kamen dann nach Freiburg, kehrten nach einer Unterredung mit dem Erzbischof zu ihrer Gemeinde zurück, und wiederholt verjagt, blieben sie doch ihrem Posten getreu. Man mußte Respect vor ihnen haben.

Auch die übrigen Redner in Freiburg arbeiteten zunächst für eine sociale Revolution und ließen die politische noch nicht recht zum Vorschein kommen, doch wurde die Republik schon mit größerer Dreistigkeit genannt, als in Offenburg. Dies bewog mich, von meinem Platze vor dem Münsterportale einige Worte gegen Republik zu sprechen, die mit einem Lebehoch für den Großherzog endigten. Ein künstliches Gedränge, welches gut dirigirt war, riß mich dann von meinem Platze weg. Bald nachher betrat Professor Gfrörer den als Rednerbühne dienenden Altan, um gegen Republik zu sprechen. Ein fürchterliches Geheul unterbrach ihn, als die Richtung seiner Rede deutlich wurde.

Es war vielleicht thöricht, dort gegen den Strom schwimmen zu wollen, aber ein Vorfall am 26. bewies, wie leicht es gewesen wäre, die Aufrührer zu Paaren zu treiben. Ein schwerer Wagen rasselte die Kaiserstraße hinauf, zugleich wurde die Wache abgelöst. Auf den Ruf: Militair kommt! stob die Volksversammlung auseinander und ihre Führer rüsteten sich schon zur Flucht.

Zwei Tage nach dieser Volksversammlung wurden Professor Gfrörer, Kaufmann Kuenzer, ein treuer Anhänger des Großherzogs, und ich selbst durch eine Katzenmusik ausgezeichnet. In der Dämmerung erschien Professor Baumgärtner bei uns, um diese Heimsuchung anzukündigen. Er rieth, die Jalousieläden und gleich hinter ihm die Hausthür zu schließen, da das wilde Heer bereits im Anzuge sei. Unserm Hause gegenüber, im Akazienwäldchen, hatte sich das bewaffnete Studentencorps aufgestellt, um größere Excesse zu verhüten. Die Läden wurden geschlossen und ein Mädchen ging mit Baumgärtner, um hinter ihm die Thüre zu verschließen. Sie war dabei so eilig gewesen, daß Baumgärtner's Rock sich in der Thür eingeklemmt hatte. Er empfing daher das gleich heranbrausende Geheul und Geschrei aus erster Hand und wurde erst aus seiner Gefangenschaft befreit, als der Zug vorüber war, der von mir zu Gfrörer ging, welcher auch am Carlsplatze wohnte. Das kleine Intermezzo mit Baumgärtner's Gefangenschaft war uns so komisch, daß Frau und Kinder lachten und die ganze Geschichte zum Lustspiel wurde.

Ich that, als ob nichts vorgefallen wäre, Professor Gfrörer nahm die Sache etwas ernster und zog sich für einige Zeit ins Gebirge zurück, wo er allerlei Unannehmlichkeiten zu erleben hatte, während ich nicht weiter molestirt wurde.

Die Führer des badischen Aufstandes, welche bei dem Vorparlamente in Frankfurt mit ihren republikanischen Ideen nicht durchgedrungen waren, drängten zu einer Krisis. Friedrich Hecker ging am 11. April nach Constanz, um die Republik zu proclamiren und die 40,000 Republikaner in den Kampf zu führen, welche sein Freund Fickler ihm in Aussicht gestellt hatte. Sie fanden sich nicht! Hecker ging am 13. auf den Schwarzwald mit sechszig Getreuen, in der Hoffnung, daß seine Schaar, mit welcher er Freiburg bedrohte, sich dort ansehnlich vermehren werde. Es geschah nicht! Man wußte dies in Freiburg, es brachte mich auf den Gedanken, Professor Hecker zu bereden, seinen Bruder auf dem Schwarzwalde zu suchen, um ihn zu vermögen, sich zurückzuziehen. Er hielt es für unnütz, fügte sich aber meinem Wunsche, da die Idee, Blutvergießen zu verhindern, Beifall gefunden hatte. Er reiste unter sicherm Geleite zu seinem Bruder, den er in Boll bei Löffingen traf, kam aber unverrichteter Sache zurück.

Auf den 22. April war eine bewaffnete Volksversammlung nach Freiburg beschieden worden, mittels welcher die Aufrührer sich der Stadt bemächtigen wollten. Wir hofften, daß dieselbe nicht zu Stande kommen werde und glaubten dessen sicher zu sein, als am 18. großherzoglich hessische Truppen einrückten; wir hatten selbst hessische Einquartierung. Ich nahm deshalb keinen Anstand, den Minister von Wessemberg am 19. April nach Frankfurt zu begleiten, wohin er in wichtigen Aufträgen reisen mußte. Er war kurz vorher krank gewesen und kaum wieder hergestellt, so daß die Ministerin meine Begleitung bringend für ihn wünschte. Ich wohnte in Frankfurt mit dem Minister im Römischen Kaiser und hatte die Freude, bei der Tafel an meiner Rechten Dahlmann, an meiner Linken Uhland und gegenüber Gervinus zu sehen. Es war eine große Erquickung für mich, solchen Vertretern deutscher Nation und deutschen Ruhmes nahe zu treten, nachdem ich kurz zuvor eine Sorte Patrioten kennen gelernt hatte, die mir Abscheu einflößten. Die Fähigkeit zu hassen ist nicht sehr entwickelt bei mir, aber Gustav Struve und seines Gleichen flößten mir dieses Gefühl in vollem Maße ein. Bildung und Wohlstand zu zerstören, um eine Republik zu schaffen, das schien mir ein Verbrechen sondergleichen.

In Frankfurt schon erfuhren wir, daß General von Gagern am 20. April bei Kandern gefallen sei. Er hatte dort an der Spitze seiner Truppen die Hecker'sche Schaar erreicht, eine Unterredung mit Hecker gehabt, in welcher er ihn zu bewegen suchte, seine Schaar aufzulösen. Der General brach die Unterredung ab, weil die Freischärler versuchten, die Truppen zu sich hinüberzulocken. Im Begriffe, sein Pferd zu besteigen, fiel der General, von drei Kugeln durchbohrt. Sein Tod war das Signal zum Angriff der Truppen, welche die Freischärler sprengten. Hecker floh in die Schweiz und von dort nach Amerika. Seine politische Rolle in Deutschland war zu Ende.

Am 22. April kehrte ich mit Herrn von Wessemberg von Frankfurt nach Freiburg zurück, wo wir gegen Abend ankamen. Als wir uns der Stadt näherten, sahen wir auf den Land=

straßen eine Menge ländlicher Fuhrwerke mit abenteuerlich bewaffneten Bauern besetzt heimkehren und schlossen daraus, daß die bewaffnete Volksversammlung doch stattgehabt haben müsse. Die hessischen Truppen waren am 19. wieder abgezogen, weil sie nicht in der Lage waren, die Volksversammlung zu verhindern und Befehl hatten, sich auf Straßenkämpfe nicht einzulassen. Meine liebe Frau hatte große Angst ausgestanden, die Versammlung fand vor ihren Augen auf dem Carlsplatze statt. Bewaffnete waren in das Haus gedrungen, unter dem Vorwande, dasselbe zu beschützen, aber eigentlich in der Absicht, die Versammlung gegen einen Ueberfall durch die in der Nähe gebliebenen Truppen zu vertheidigen. Wären die hessischen Truppen eingerückt, um die Versammlung zu sprengen, so hätte es den Meinigen übel ergehen können, falls die im Hause befindlichen Freischärler von ihren Schußwaffen Gebrauch gemacht hätten. Ihre Gewehre hatten sie einem in unserer Nähe wohnenden alten Edelmanne geraubt, der eine große Sammlung ausgezeichneter Jagdgewehre besaß. Meine Frau hatte sich einige Male am Fenster gezeigt, konnte aber die Reden nicht verstehen. Einmal hatte sich ein alter betrunkener Bauer vor sie hingestellt und mit passenden Handbewegungen demonstrirt: Was zu oberst ist, muß nach unten kommen und was unten, nach oben. Das war Alles, was sie verstanden hatte und aussagen konnte, als sie später mit Professor Oettinger, der über uns wohnte, vernommen wurde über das, was sie von der Versammlung berichten konnte. Sie copirte den alten Bauer und thut es noch zuweilen. Ich glaube nicht, daß sie je wieder einer bewaffneten Versammlung zusehen wird.

Ein Theil der Bewaffneten war in der Stadt geblieben, andere zogen noch zu.

Am 23. April fand bei Freiburg der erste Zusammenstoß zwischen Militair und Freischaaren statt und enttäuschte wie bei

Kandern die Aufrührer über die Sympathien, welche sie bei den Truppen voraussetzten. Ein unter Siegel's Leitung südlich von der Stadt am linken Treisamufer vom Gebirge herabkommender Zug Freischaaren wurde von dem badischen General von Hoffmann mit einigen Kartätschenschüssen empfangen und in die Flucht geschlagen. Ich sprach den General gegen Abend, er zeigte mir die Stelle, wo die Kartätschen eine Gasse in die gedrängt anstürmenden Freischaaren gebrochen hatten. Die Hingemähten waren aber fast alle wieder aufgestanden und davon gelaufen, einige kamen am andern Tage in meine Klinik.

In der Stadt wurden von den Freischaaren gegen Süden und Westen Barrikaden gebaut und einige der Stadt gehörige Geschütze erpreßt.

Früh Morgens des 24. April griff die eben durch die nassauischen Truppen verstärkte militairische Macht von Hessen und Badensern die Barrikaden an. Der Donner der Geschütze, welche die Barrikaden niederwarfen, und das Kleingewehrfeuer waren sehr lebhaft, Kanonenkugeln rollten bis vor unsere Hausthür. Kurz vor 10 Uhr, ehe ich in meine Klinik ging, sah ich einen hellen Haufen Freischärler über den Karlsplatz in das Gebirge fliehen, unter ihnen Langsdorf, welcher als Höchstcommandirender der Freischaaren dem Gefechte vom Münsterthurme zugesehen hatte.

Als ich zur gewohnten Zeit das Hospital betreten hatte und im Parterre-Zimmer meines Assistenten Seramin dessen Bericht anhörte, stürzte sich ein fliehender Freischärler durch eine Fensterscheibe in das Zimmer. Es wurde hinter ihm her gefeuert, und er verdankte sein Leben nur der Behendigkeit, mit welcher er durch das Glas gebrochen war. Seine Verfolger hatten gut gezielt, man sah die Spuren ihrer Kugeln dicht neben der zerbrochenen Fensterscheibe. Er fiel aber seinen Verfolgern in die Hände. Die barmherzigen Schwestern waren tief ergriffen, sie hatten es mit angesehen, wie ein auf der Straße hinter dem Hospitale liegender Soldat mit zerbrochenem Oberschenkel von Freischärlern grausam ermordet war.

Es dauerte nicht lange, so füllte sich die Klinik mit Verwundeten. Ich hatte, in Erwartung des bevorstehenden Kampfes, die Zimmer größtentheils leer gemacht. Soldaten und Freischärler, Bürger und Bauern wurden mir zugeführt. Es wurde bis gegen 2 Uhr operirt, dann konnte ich mich um die in der Stadt liegenden Verwundeten bekümmern. Einer meiner Freunde, der jüngere Dr. von Wänker, war schwer verwundet, andere Bekannte leichter, einem alten Bürger war, während er am Fenster saß, durch Kartätschenkugeln der Arm so zerschmettert, daß ich ihn in die Klinik schickte und Nachmittags im Collum chirurgicum amputirte.

Gegen Abend sah ich auf der Anatomie die gefallenen Freischärler, es lagen vierzehn Leichen in einer Reihe, darunter ein ganz alter Mann, der, mit einer Trommel auf der Barrikade stehend, von einer Kanonenkugel herabgeworfen war. Sie hatte das Brustbein zertrümmert und lag noch im Brustkasten.

Nachdem die tödtlich Getroffenen in den ersten Tagen gestorben waren, blieb noch eine Elite von Schußwunden in meiner Klinik, an denen ich dies Capitel mit Ruhe und Gründlichkeit studiren konnte. Nassauische, hessische und badische Militairärzte, welche damals längere Zeit in Freiburg blieben, um ihre zahlreichen Verwundeten zu behandeln, besuchten meine Klinik täglich. Wir besprachen dann unsere Wahrnehmungen auf gemüthliche Art in einer auf die Klinik folgenden Stunde. Der interessanteste unter meinen damaligen Gästen war der Chef des nassauischen Militair-Sanitätswesens, Dr. Ebhardt, dessen äußerst einfache und praktische Einrichtungen für den Felddienst mir sehr gefielen. Wir trafen uns später in Schleswig-Holstein wieder. Viel Interesse erregte bei den Militairärzten eine Resection, welche ich nach Liston's Methode am Ellenbogengelenke machte, die zweite seit 1844, wo ich Liston kennen gelernt hatte. Es hatte damals Niemand eine Ahnung davon, wie oft sie in den nächsten Jahren zur Anwendung kommen werde. Der damalige Fall betraf ein Frauenzimmer von dreißig Jahren, bei welchem eine Nekrose des Olekranons das Gelenk in Mitleidenschaft gezogen hatte.

Am 29. April fand vorläufig der letzte Kampf bei Dossenbach zwischen würtembergischen Truppen und Herwegh's Freischaar statt, wobei diese übel zugerichtet wurde. Unter den in diesem Gefechte Verwundeten, welche in meine Klinik kamen, befand sich ein russischer Schneidergesell, der durch die Hand geschossen war. Ich fand es sehr gütig von ihm, daß er sich Deutschlands hatte annehmen wollen. Ich gönne jeder Nation das Beste, aber bei der badischen Revolution ekelte es mich am meisten an, daß man sich auf fremde, namentlich französische Hülfe stützte. Herwegh's Schaar hatte sich auf französischem Boden versammelt und war bei Hüningen über den Rhein gegangen, ein buntes Gemisch der verschiedensten Nationalitäten, mit dem man einen edlen deutschen Fürsten vom Throne stoßen wollte. Nicht minder ekelhaft waren die beständigen Versuche, die in Freiburg liegenden Truppen zum Treubruch zu verleiten. Sie wurden schon früh Morgens betrunken gemacht und torkelten dann in den Straßen herum. Mit großer Mühe gelang es dem trefflichen Obristen von Röder, sie einigermaßen zum Gehorsam zurückzuführen. Wir waren in unserm Hause am Carlsplatze öfter Zeuge solcher Scenen, welche bewiesen, daß schon 1848 der Erfolg nur an einem dünnen Faden hing. Die Kämpfe mit den Insurgenten befestigten damals die Treue der Truppen wieder, aber leider nicht auf lange.

Professoren-Congreß in Jena, Berufung nach Kiel.

Die erste badische Revolution schien beendigt zu sein, wir genossen einer kurzen Ruhe, in Erwartung der weiteren Entwickelung deutscher Verhältnisse unter den Auspicien des in Frankfurt tagenden Parlaments. Die Universität Jena war auf den Gedanken gekommen, eine Zusammenkunft von Abgeordneten sämmtlicher deutschen Universitäten, mit Einschluß der österreichischen, in ihren Mauern zu veranstalten und hatte den 20. September dazu vorgeschlagen. Es fanden in dieser Angelegenheit Berathungen des großen Senats in Freiburg statt, die mir Interesse einflößten. Ich suchte meine Gedanken über die in Jena zu besprechenden Fragen möglichst zu ordnen und hielt den Collegen einen Vortrag darüber, welcher sie veranlaßte mich nebst Professor von Woringen zu ihrem Abgeordneten zu wählen.

Während ich mit meinen Vorbereitungen zur Reise dahin beschäftigt war, erhielt ich einen Brief von Professor Bernhard Langenbeck in Kiel, worin dieser mir seine Berufung nach Berlin anzeigte und den Wunsch aussprach, daß ich in Kiel sein Nachfolger werden möge, nicht blos als Professor, sondern auch als Generalstabsarzt der schleswig-holsteinischen Armee, welcher für die nächsten Jahre neue Kämpfe bevorstanden. Diese Anerbietungen reizten mich gar nicht, ich liebte Freiburg und war dort beliebt, der Großherzog zeichnete mich aus. Er hatte mich im August 1847 zum Medicinalrath, im Februar 1848 zum Hofrath ernannt. Titel zu führen hat mir nie Vergnügen gemacht, aber als Zeichen von Huld und Anerkennung waren sie mir doch willkommen. Meine Ernennung zum Medicinalreferenten des Freiburger Hofgerichts mit einer Besoldung von dreihundert Gulden stand nahe bevor, sie wurde mir in der That unter dem 3. October 1848 notificirt. Was konnte mir Kiel bieten, um das Alles zu ersetzen, die Gnade des Regenten, freundliche Collegen, eine vortreffliche Klinik, eine angenehme, einträgliche Praxis in einem Orte und in einer Gegend, die mir ans Herz gewachsen waren, dazu eine Besoldung von 2500 Gulden. Aus pecuniären Motiven durfte ich nicht nach Kiel gehen. Aber es giebt andere! Zog es mich wieder nach dem Norden? Nein, ich hatte mich in das süddeutsche Wesen eingelebt und verstand es, mit sehr wenig Wein fröhlich zu sein, weil ich unter fröhlichen Menschen lebte. Hatten die badischen Zustände des ersten Revolutions=jahres meine Sympathien für das schöne Land abgekühlt? Ohne Zweifel, aber das war kein Grund, nach einem andern Orte zu ziehen, denn fast überall waren 1848 ähnliche Scenen vorgefallen wie in Freiburg! Es war etwas anderes, was mich verhinderte, eine Berufung nach Kiel ohne Weiteres ab=zulehnen. Ich dachte mir, das Vaterland bedürfe meiner vielleicht in einer andern Eigenschaft als der eines Professors an einer kleinen Universität. Ungeachtet meiner geringen Theilnahme an der Politik, sagte mir meine Ueberlegung, Deutschland gehe jetzt einer kriegerischen Zeit entgegen, in welcher es gut sei, daß ich meine Kräfte der Militairchirurgie widme. Es giebt gewisse Eigenschaften, welche vom Vater auf den Sohn übergehen; mein Vater war Militairarzt gewesen, bei mir hatte sich der Sinn für Kriegschirurgie schon öfter geregt, 1828 in London, 1831 zur Zeit der Belagerung der Citadelle von Antwerpen, dann 1847 während des Sonder=bundkrieges in der Schweiz. Es kam mir wie ein Unrecht vor, nicht dabei zu sein, aber ich war gebunden! Jetzt wurde mir ein ehrenvoller Platz geboten. Sollte ich ihn ausschlagen, weil ich mich in Freiburg glücklich fühlte? Ich hätte es gern gethan, aber ich konnte es nicht über mich gewinnen. So steht der Mensch unter dem Zwange der Eigenschaften, welche das Geschick ihm in die Wiege gelegt hat. Ich schrieb an Langenbeck, daß ich von Jena nach Kiel kommen wolle, um das Weitere zu besprechen.

Auf der Reise dahin wollte ich einen Tag in Frankfurt verweilen, und es traf sich, daß gerade dieser der verhängnißvolle 18. September sein mußte. Schon der 17., wo ich dort ankam, war ein stürmischer Tag gewesen; auf der Pfingstwiese hatte eine Volksversammlung stattgefunden, in welcher die Vertreter der republikanischen Partei aufreizende Reden der schlimmsten Art gehalten hatten. Einer meiner Freunde, der damalige Reichsminister Detmold, verschaffte mir den Eintritt in die Diplomatenloge der Paulskirche, in welcher ich mich am 18. September Morgens mit einem älteren, sehr würdig aussehenden Herrn allein befand. Heinrich von Gagern präsidirte. Der Gegenstand der Verhandlungen war der Waffenstillstand von Malmö, durch welchen die den Dänen abgerungenen Vortheile preisgegeben waren. Die äußerste Linke bemächtigte sich dieses Anlasses zu den heftigsten Angriffen gegen die conservative Partei, ja gegen alles Bestehende; es war auf Sprengung des Parlaments abgesehen. Die Führer der äußersten Linken handelten im Einverständnisse mit Werkzeugen, die zu Allem fähig waren. Ihre Claque füllte die Gallerien und suchte von dort aus die Verhandlungen zu unterbrechen, durch ihr Gebrüll Furcht und Schrecken zu verbreiten und allen Widerstand gegen die von außen zum Sturm der Paulskirche Beorderten zu lähmen. Diese niederträchtige Conspiration scheiterte an eines einzigen Mannes Kraft. Heinrich von Gagern, wie ein erprobter Steuermann im heftigsten Sturme, verlor keinen Augenblick seine Ruhe und brachte mit einer Donnerstimme, die ich nie vergessen werde, die Schreier auf den Gallerien zum Schweigen. Man hörte dann ihre Genossen an dem Haupteingange der Paulskirche toben. Sie wollten die Thür eindrücken, es gelang aber nicht, weil die muthigen Mitglieder der Versammlung sich dagegen stemmten, der Sturm wurde abgeschlagen. Gegen 2 Uhr konnten wir die Paulskirche durch eine Seitenthür verlassen und unsern Weg durch eine nicht feindselige Volksmasse finden.

Ich erfuhr jetzt erst, mit wem ich in der Diplomatenloge gesessen hatte, es war Herzog Christian von Schleswig-Holstein-Augustenburg. Er hatte keine Miene verzogen, als sein Name in gehässiger Weise von den Mitgliedern der Linken genannt wurde. Tags zuvor hatte er in der Mitte der Paulskirche, unter den Beamten des Parlaments, gesessen. Die Linke wollte deshalb den Beschluß des Parlaments vom 17. über Anerkennung des Waffenstillstandes von Malmö für ungültig erklären.

Bei meiner Rückkehr in das Hotel zum Weidenbusch kam ich an dem Englischen Hofe vorbei und sah den Fürsten Lichnowsky in der Thür stehen. Er erwartete wohl schon sein Pferd, das ihn zu seinem nahen Tode tragen sollte. Bald nach 4 Uhr erfuhr ich die Ermordung des Fürsten und des Generals von Auerswald. Eine aufregende Scene folgte der andern. Die Aufrührer hatten den ganzen Tag Barrikaden gebaut, man erwartete Militair und Geschütze von Mainz, um dieselben zu nehmen. Gegen 5 Uhr sah ich Ludwig Simon mit einer Parlamentairfahne die Zeil entlang eilen. Tags zuvor hatte er auf der Pfingstwiese mit gehetzt, jetzt wollte er die Insurgenten aus der Klemme ziehen. Nachdem der Anschlag, das Parlament zu sprengen, mißglückt war, konnte der Kampf mit den Truppen keinen Erfolg mehr bringen. Um 6 Uhr kamen Truppen und Geschütze, bald nachher begann der Kampf gegen die Barrikaden. Bei einbrechender Dunkelheit wurden auf obrigkeitlichen Befehl die dem Gefechte nahe liegenden Straßen auf das hellste erleuchtet, es sah auf der Zeil aus, als würde ein Freudenfest gefeiert; unbetheiligte Bürger wogten darauf hin und her, während dicht daneben die Truppen mit den Aufrührern kämpften und der Donner des Geschützes die Musik des schrecklichen Festes abgab.

Um 8 Uhr sollte die Post nach Jena abgehen, es geschah erst um 10 Uhr, dann waren die Thore wieder geöffnet. Ich wäre gern in Frankfurt geblieben, um die Verwundeten zu sehen, die man an mir vorbeigetragen hatte, aber meine Pflicht rief mich nach Jena. Der Postwagen war nur schwach besetzt, aber nicht weit von Frankfurt entfernt, wurden blinde Passagiere aufgenommen, die mir sehr verdächtig vorkamen und vermuthlich zu den Insurgenten gehörten.

In Jena ging es sehr friedlich zu. Der Canzler von Wächter als Präsident that das Seinige dazu, aber es fehlte auch der Anlaß zum Streiten. Es ging uns wie Chamisso's Schneidergesellen, nur etwas anders; diese konnten wenigstens gegen das Rauchverbot und die Schneidermamsellen petitioniren, uns blieb nur ihr dritter Wunsch, den wir selber nicht wußten! So wurde die Zeit mit Reden hingebracht, denen man theil= nahmlos zuhörte. Einmal wurde mir das Gerede der Juristen zu viel, welche für Beibehaltung des Latein im Examen stun= denlang perorirten. Ich sagte zuletzt, die Herren, welche dafür reden wollten, möchten es doch lateinisch thun, damit man erführe, was etwa zu verlieren sei. Vangerow und andere Icti wurden darüber sehr zornig, aber es war dann nicht mehr vom Latein die Rede; was nachkam, war freilich um nichts besser. Am meisten interessirten mich noch die Privatdocenten, welche ihre Lage zu verbessern wünschten. Die armen Leute, ich fürchte, es hat ihnen nicht viel geholfen! Wenn ihnen Gott, außer anderen vorzüglichen Gaben, nicht auch Geduld mit auf den Weg gegeben hat, so geht es ihnen schlimm. Baron Schnuck, der Gastfreund von Immermann's Münchhausen, hat Recht, wenn er die Geheimrathswürde für angeboren hält, er verwechselt nur angeboren mit erblich, und das thun auch manche Professoren, wenn sie Söhne haben.

Ich freute mich, Dr. Ried als Professor der chirurgischen Klinik in Jena wieder zu sehen und mir seine Geheilten zeigen zu lassen. Wir Beide stimmten darin überein, daß eine chirurgische Klinik ohne gute Resultate ein trauriges Institut sei.

Philipp von Walther war auch in Jena, ich saß während der Verhandlungen an seiner Seite und wetteiferte mit ihm im Schweigen.

Das Schönste, was wir in Jena erlebten, war ein Fest, welches uns Professor Göttling in seinem Weinberge gab. Die Trauben waren süß, die Damen liebenswürdig, und man konnte den Schwätzern entfliehen, denen man in den Sitzungen ohne Erbarmen zuhören mußte.

Nach Beendigung des Professoren-Congresses reiste ich nach Hannover, um von dort gleich weiter nach Kiel zu gehen. Ich erhielt aber gleich nach meiner Ankunft den Besuch des Ministerialraths B., welcher mich im Auftrage des Cultusministers ersuchte, ein paar Tage in Hannover zu bleiben, da der Minister die Absicht habe, mich für die Professur der Chirurgie in Göttingen, an C. J. M. Langenbeck's Stelle, vorzuschlagen. Ich hatte dann auch eine Unterredung mit dem Minister, welcher mein Schulkamerad gewesen war. Am dritten Tage kam der Ministerialrath wieder mit der lakonischen Nachricht, es sei nichts mit der Berufung. Ich habe mich nie nach dem näheren Sachverhalte erkundigt, und begnügte mich mit der nahe liegenden Vermuthung, König Ernst August habe mich nicht gewollt.

Ich erhielt in Hannover einen Brief meiner Frau aus Freiburg vom 23. September mit sehr schlimmen Nachrichten. Gustav Struve war am 21. September mit einer großen

Zahl Freischärler in das badische Oberland eingebrochen und hatte Furcht und Schrecken verbreitet. Man hatte oberhalb Freiburg die Eisenbahn demolirt, um die Freischärler abzuhalten. Viele Familien waren aus Freiburg geflohen, meine Frau war mit ihren Kindern in dem großen Hause allein. Sie stand auf dem Punkte, nach Lahr zu fliehen, besann sich aber und blieb.

Am 28. September wurde die Struve'sche Schaar bei Staufen gesprengt und Struve mit seiner Frau gefangen genommen. Als ihm später der Proceß gemacht wurde, äußerte Struve im Verhör: „Bei der Freiburger Volksversammlung stimmten nur drei Männer gegen die Republik!" „Ja", entgegnete ihm der Staatsprocurator, „und diese waren dann ihres Lebens nicht sicher!"

Am 1. October kam ich nach Kiel, wo ich Langenbeck schon mit seinem Umzuge nach Berlin beschäftigt fand. Die Stadt gefiel mir gar nicht, sie liegt an einer schönen Bucht, aber dicht hinter derselben befindet sich ein Sumpf oder Muddereservoir, welches mit dem Hafen in Verbindung steht und damals fast so groß wie die Stadt selbst war. Er verpestet an heißen Sommertagen bei niedrigem Wasserstande die Luft der Art, daß in den angrenzenden Häusern das Silber schwarz wird. Die Kieler Bürger hielten die Ausdünstungen des sogenannten Kleinen Kiels für gesund, weil die Sage ging, die Ruhr habe einmal im vorigen Jahrhundert die Umgebungen dieses Sumpfes verschont. Am Hafen selbst duftete das dort angeschwemmte Seegras auch nicht lieblich. Das Beste an Kiel war der Schloßgarten und das daneben liegende Düsternbrooker Holz mit den herrlichsten Buchen. Auch von den Hügeln der Umgegend hat man hübsche Aussichten nach dem Hafen, aber die Stadt selbst machte einen sehr prosaischen Eindruck, weil sie kein einziges schönes Gebäude enthielt.

Langenbeck führte mich zu Professor Justus Olshausen,

welcher die Geschäfte eines Curators der Universität vertrat und Auftrag hatte, mit mir zu unterhandeln. Ich fand an den Bedingungen nichts auszusetzen, sie schienen mir den Umständen zu entsprechen, obgleich sie nicht der Art waren, mich zu verlocken, 1500 Thaler als Professor, 1000 als Generalstabsarzt, das war meine Freiburger Besoldung von Gulden in Thaler verwandelt. Wären die Bedingungen auch glänzender gewesen, so würde es auf meinen Entschluß keinen Einfluß gehabt haben. Die Stadt mißfiel mir und noch mehr die chirurgische Klinik, welche sich in einer engen Straße, in einem gewöhnlichen, schon sehr baufälligen Bürgerhause befand. Sie war freilich so schlecht, daß Jedermann sagen mußte, ein neues Local sei nöthig, aber wie lange hätte ich mich vielleicht mit dem alten behelfen müssen? Die übrigen klinischen Anstalten waren um nichts besser. In der Gebäranstalt hatte das Kindbettfieber in dem Grade geherrscht, daß ihr letzter Dirigent den Verstand darüber verlor und sich das Leben nahm, weil alle seine Künste nichts gegen die Krankheit ausrichteten. Ich reiste nach drei Tagen von Kiel wieder ab, ohne die Vocation angenommen zu haben und mit dem Gefühle, einer großen Gefahr glücklich entronnen zu sein.

Im Hause meines Schwiegervaters in Hamburg ereilte mich mein Geschick in Gestalt eines Briefes von Professor Olshausen. Sein Schreiben war kurz, aber eindringlich, er appellirte an meinen deutschen Patriotismus und traf damit den rechten Ton, mich umzustimmen. Ich hatte nicht umsonst in Frankfurt mit Dahlmann an einem Tische gesessen, ich hatte es auch begriffen, daß Schleswig-Holstein der Wendepunkt der deutschen Geschichte sein werde. Im Großherzogthum Baden waren die zerstörenden Elemente entfesselt und liebäugelten mit Frankreich, in Schleswig-Holstein kämpfte ein edles Volk seiner deutschen Gesinnung wegen.

Bei dem nahe bevorstehenden Aussterben des dänischen Mannesstammes würde Herzog Christian von Schleswig-Holstein-Augustenburg, welchen ich eben in Frankfurt gesehen hatte, der gesetzmäßige Erbe gewesen sein. Die Dänen wollten ihn verleiten, die Anwartschaft auf die dänische Königskrone anzunehmen, wodurch die Herzogthümer mit Dänemark vereinigt geblieben wären. Aber Herzog Christian war zu gut deutsch gesinnt, sich verlocken zu lassen, er verlangte nur sein Recht als demnächstiger Erbe der Herzogthümer und damit deren Trennung von Dänemark. Christian VIII. hatte durch seinen offenen Brief vom 8. Juli 1846, worin er dieses Recht antastete, obgleich er mit einer Schwester des Herzogs Christian verheirathet war, die größte Aufregung in den Herzogthümern hervorgebracht. Nach dem am 20. Januar 1848 erfolgten Tode Christian VIII. hatte sein Sohn Friedrich VII. den offenen Brief gut geheißen. Die Pariser Revolution, welche Louis Philipp vom Throne stieß, hatte in Kopenhagen eine Bewegung veranlaßt, welche an die Stelle gemäßigter Männer die Partei der Eiderdänen zur Herrschaft brachte. Diese wollte Holstein aufgeben, aber Schleswig incorporiren. Die Schleswig-Holsteiner betrachteten die Vorgänge in Kopenhagen als revolutionair und ihren König-Herzog als unfrei in den Händen der Eiderdänen, welche das alte Recht der beiden Herzogthümer, ungedeelt zu bleiben, mit Füßen traten. Sie erhoben sich für ihre Rechte, aber zugleich für ihren, von einer dänischen Partei in Fesseln gehaltenen Herrscher. Am 23. März 1848 wurde in Kiel eine provisorische Regierung gebildet, am 24. März wurde Rendsburg den Dänen entrissen. Das in die Herzogthümer geworfene dänische Heer war am 23. April bei Schleswig durch die Preußen unter Wrangel, die Hannoveraner unter Halkett und die Schleswig-Holsteiner unter dem Prinzen Friedrich von Schleswig-Holstein-Noer geschlagen worden, ein erwünschtes Ende des Krieges schien nahe bevorzustehen, als der Waffenstillstand von Malmö die Hoffnungen der Patrioten niederschlug. Der zweite Act des Dramas stand 1849 bevor, man begehrte meine Hülfe. Sollte ich sie versagen? Ich hätte es gethan, wenn ich einen besseren vorzuschlagen gewußt hätte, aber ich kannte keinen.

So schrieb ich von Hamburg an Olshausen, daß ich kommen werde. Die Persönlichkeit dieses Mannes übte großen Einfluß auf meinen Entschluß, ich hatte Vertrauen zu ihm gefaßt, er sah seinem in Erlangen verstorbenen Bruder sehr ähnlich.

Von Hamburg ging ich zunächst nach Carlsruhe, dem Großherzoge zu danken für die glücklichen Jahre, welche ich in seinem Lande verlebt hatte und ihm die Gründe darzulegen, welche mich jetzt bewogen, um meine Entlassung nachzusuchen. Sie wurde in huldvollen Worten gewährt, und es blieb mir jetzt nur der letzte Schritt übrig, der Abschied von Freiburg. Es war dort anders wie in München, wo ich fröhlichen Herzens abzog. In Freiburg nahm ich Abschied von der Poesie des Lebens, was nachfolgte, war tiefer Ernst und Heimweh nach einer besseren, vergangenen Zeit.

Schriftstellerische Arbeiten in Freiburg.
Handbuch der Chirurgie. I. Band.

Bei meiner fortwährenden Abneigung gegen Journal-Aufsätze reifte allmählich der Gedanke in mir, ein Handbuch der Chirurgie zu schreiben, um den idealen Pflichten zu genügen, welche fast jeder Professor übernimmt, sich und Anderen von seinem Thun Rechenschaft abzulegen und wo möglich der Wissenschaft zu nützen. Es läßt sich nicht leugnen, daß dies durch Monographien oft besser geschehen könnte, als durch ein Handbuch, aber für erstere sind die Verhältnisse nicht immer günstig, das Material scheint nicht ausreichend, auch hat die fortwährende Beschäftigung mit einem Lieblingscapitel ihre Gefahren. In einem Handbuche kann man auf anspruchlose Weise das einfließen lassen, was man in einer Monographie vorzutragen hätte, diese bietet aber keine Gelegenheit, eine Menge von Wahrnehmungen auf anderen Gebieten zu benutzen, welche man gern vor dem Untergange bewahren möchte. Journalaufsätze müssen, um nicht gleich vergessen zu werden, durchgreifende Neuerungen anbahnen, ein Handbuch wird nicht blos gelesen, sondern oft wieder hervorgesucht, um sich Rath zu holen, selbst wenn es ganz ohne Originalität geschrieben ist, aber gute praktische Grundsätze vertritt.

Nachdem ich längere Zeit nicht mit Dieffenbach correspondirt hatte, kam es zum Vorschein, daß wir gleichzeitig auf die Idee gekommen waren, ein Handbuch zu schreiben, Dieffenbach über die operative, ich über die gesammte Chirurgie. Er wollte dann gern mit mir Hand in Hand gehen, mein Werk sollte das seinige ergänzen; sein Verleger Brockhaus machte mir den Vorschlag, den meinigen abfinden zu wollen. Ich hatte aber keine Neigung, auf diesen in jeder Beziehung verführerischen Plan einzugehen, theils weil wir nicht an einem Orte wohnten, theils weil ich wußte, daß ich nichts produciren könne, wenn der innere Trieb dazu fehlt; jeder äußere Zwang macht mich stumm. Der Gedanke, mit Dieffenbach, dem älteren, sehr erfahrenen Manne, welcher viele Capitel schon in früheren Schriften bearbeitet hatte, Schritt halten zu müssen, war allein hinreichend, mich abzuschrecken. Wie die Folge lehrte, war das für beide Theile gut, ich producirte langsam und Dieffenbach konnte sein berühmtes Werk bis auf wenige Capitel vollendet hinterlassen, als der Tod ihn abrief; ein Zusammenwirken mit mir hätte ihn vielleicht aufgehalten.

Ich hatte es mir leichter gedacht, ein Handbuch der

Chirurgie zu schreiben, als ich es fand. Seit 1829 hatte ich die Chirurgie alljährlich vorgetragen und hoffte, ich würde sie ungefähr eben so niederschreiben können. Aber davon war keine Rede, ich konnte nichts produciren, ehe nicht der ganze Abschnitt so klar vor meiner Seele stand, daß ich ohne literarische Hülfsmittel, die einzelnen Capitel desselben schreiben konnte. Diese Art zu schriftstellern hat den Vortheil, daß man durch nichts mehr gestört wird, aber sie erfordert große Concentration, man lebt dabei in einer doppelten Welt, der äußeren und der inneren. Viel leichter ist es, wenn man, anstatt die wichtigsten Schriften vorher zu lesen und mit den eigenen Ansichten zu vergleichen, nach dem angelegten Plane gleich zu schreiben anfängt und fremde Materialien allmählich zusammen sucht. Dabei leidet aber die Lebendigkeit der Darstellung und der innere Zusammenhang, beide sind jedoch nöthig, um den Leser zu fesseln und zu überzeugen. Ich bereue es deshalb nicht, den schwierigeren Weg gewählt zu haben, denn wenn meine Schriften Eindruck gemacht haben sollten, so verdanken sie dies vermuthlich mehr der Art ihrer Abfassung, als dem, was mir speciell angehört und theilweise spurlos vorübergegangen ist.

In Freiburg schrieb ich den 776 Seiten langen ersten Band meines Handbuchs, welches in Heften erschien; das erste 1844, das zweite 1845, das dritte 1846, das vierte 1849, während ich schon im Felde stand, wo die Correcturbogen mich bis Jütland verfolgten. Einen Nachtrag zum ersten Bande schrieb ich in Kiel, nach dem ersten Feldzug, über Schußfracturen, welcher sich dem unmittelbar vorhergehenden Capitel über Knochenbrüche ganz naturwüchsig anschloß.

Obgleich ich meine Laufbahn, als chirurgischer Schriftsteller mit einer Specialität angefangen hatte, so interessirte ich mich doch besonders für die allgemeineren Fragen, deren Be=

arbeitung die größten Schwierigkeiten macht und selten Dank erwirbt. Wollte man sich dieser Arbeit entschlagen, so hieße das, jedem wesentlichen Fortschritte entsagen, welcher viel weniger in dem Detail, als in den allgemeinen Ideen liegt. Ausnahmen davon sind oft nur scheinbar. Man könnte z. B. sagen, Heurteloup's Perenteur habe die Steinzertrümmerung geschaffen, aber die allgemeine Idee, den Stein in der Blase zu zertrümmern, mußte vorhergehen, um das Nachdenken über die Art der Ausführung anzuregen. Heurteloup hätte diese nicht gefunden. Es giebt heutzutage Leute, welche den Gypsverband für eine Idee halten, er ist aber nur eine Art von Ausführung des Princips der vollkommenen Ruhe eines verletzten Theils und wirkt diesem bei gedankenloser Anwendung oft entgegen.

In dem ersten Bande meiner Chirurgie habe ich der allgemeinen Pathologie und Therapie Capitel entlehnt, welche sonst in chirurgischen Lehrbüchern nicht gebräuchlich waren. Ich halte es gut, allgemeine Begriffe über Fundamentalerkrankungen, wenn auch nur in Gestalt einer Einleitung, vorauszuschicken, damit die Wichtigkeit derselben gehörig betont werde. Sie kommen gar zu leicht in Vergessenheit. Was kann aber in der Praxis wichtiger sein, als die Frage, ist Pyämie vorhanden, liegt Rheuma oder Neuralgie den Symptomen zu Grunde?

Wollen die Chirurgen sich nicht mehr mit allgemeinen Fragen befassen, so gerathen sie in die Gefahr, einer ganz mechanischen Richtung zu verfallen. Die Scheu davor ist aus ganz ehrenwerthen Motiven entstanden, aus der Abneigung, bei den großen Fortschritten der mikroskopisch-chemischen Richtung zu irgend einem Abschlusse zu gelangen. Für ein Handbuch ist dieser nicht zu entbehren. Entweder muß man diese Forschungen ganz bei Seite liegen lassen, oder sich mit ihnen verständigen. Ein chirurgischer Schriftsteller sollte von seinen Lesern nicht mehr verlangen, als er selbst leisten kann. Was er selbst nicht zu bewältigen vermag, sollte er nicht von Anderen abschreiben. Jeder muß darin seinem eigenen Genius folgen; der meinige führte mich mehr zur naiven klinischen Beobachtung, zu dem, was man mit bloßen Augen sieht und auch sonst mit unbewaffneten Sinnen erkennt. Die Praxis ist makroskopisch und so muß die dazu führende Beobachtung es auch sein. Ihre Resultate sind nicht ganz so wandelbar, wie die der sogenannten exacten Forschung. Mikroskop und Chemie, mit einem Worte, die physikalische Forschung, müssen die naive Beobachtung ergänzen, werden sie aber nie ersetzen. Man kann sie beide gleich hoch achten, aber keine muß je dominiren wollen. Dies war der Fall zu Dieffenbach's Zeit, der sich oft darüber ärgerte, daß die jungen Leute in Berlin für nichts mehr Interesse hatten, was sie mit bloßen Augen sehen konnten. Das hat wieder aufgehört, es ist auch nicht schwer, den Studenten beizubringen, sich ihrer Augen gehörig zu bedienen, man braucht sie nur Diagnosen stellen zu lassen, ohne die Patienten anzurühren oder auszufragen.

Auf Priorität habe ich nie den mindesten Werth gelegt, und verzichte deshalb gern darauf, hier irgend etwas hervorzuheben, was ich in meinem Handbuche etwa anders vorgetragen habe, als meine Vorgänger. Es giebt bekanntlich nichts Neues unter der Sonne, aber Manches ist neu durch die Stelle, welche man ihm anweist, wie 1838 die Tenotomie bei den Schielenden.

Mein Handbuch wurde gut aufgenommen, die ersten Hefte mußten 1851 wieder abgedruckt werden. Professor Donders in Utrecht erzeigte ihm die Ehre, es zu übersetzen und gab mir dadurch die Zuversicht, daß es nicht ganz ohne physiologischen Geist geschrieben sei. Er verehrt Johannes Müller, wie ich selbst. Im Jahre 1873, bei seinem fünfundzwanzigjährigen Jubiläum, wurde Donders von seinen Freunden die Marmorbüste des großen deutschen Physiologen zum Geschenk gemacht. Sein Andenken lebt also noch im Herzen der Holländer, während die Deutschen ihn fast vergessen haben.

In Schleswig-Holstein,
vom November 1848 bis April 1854.

Obgleich meine Frau sehr gern in Freiburg gewesen war, so hatten ihr die Erlebnisse von 1848 doch einen zu üblen Eindruck gemacht, und die Aussicht, in der Nähe ihrer Eltern zu wohnen, erleichterte die Trennung. Wir verkauften unser Mobiliar, welches durch so viele Reisen gelitten hatte, konnten am 5. November Freiburg verlassen, übernachteten in Mannheim, gingen zu Schiffe nach Köln, am folgenden Tage nach Düsseldorf und von dort über Hannover nach Hamburg. Meine Familie blieb im Hause meines Schwiegervaters, ich selbst kam am 10. November nach Kiel, wo ich die erste Zeit in Brandt's Hôtel wohnte. Nachdem ich die nothwendigsten Besuche gemacht hatte, ging ich nach Schleswig, um mich den Mitgliedern der gemeinsamen Regierung, dem commandirenden General von Bonin und dem Kriegsminister General von Krohn, vorzustellen. Der Letztere empfing mich ziemlich barsch und gab mir zu verstehen, ein Professor sei wohl kein wünschenswerther Generalstabsarzt. Da ich ihm jedoch sehr determinirt antwortete: das werde sich finden, wurde er plötzlich ganz höflich und blieb es auch in der Folge. Die fünf improvisirten Staatsmänner der gemeinsamen Regierung, welche für die Dauer des Waffenstillstandes eben eingesetzt waren, gefielen mir auch nicht sonderlich. Einer derselben, Herr von Moltke, fragte mich, ob ich denn in Freiburg auch auf den Barrikaden gekämpft hätte? Desto besser gefiel mir der commandirende

General von Bonin, ein Mann von sehr gewinnender Persönlichkeit. Er war damals fünfundfunfzig Jahre alt, aber, bei schlanker Figur, ganz jugendlich in seinen Bewegungen. Seine feinen Züge trugen das Gepräge der Klugheit und Milde. Das Interesse, welches er selbst für das Armee-Medicinalwesen hatte, wußte er auch Anderen einzuflößen durch die Art, wie er mit Aerzten verkehrte und keine Gelegenheit versäumte, die Verwundeten nicht blos einmal des Scheines wegen zu besuchen, sondern öfter, zum Gedeihen des Ganzen und aus Theilnahme für die Einzelnen.

Prinz Friedrich von Schleswig-Holstein-Noër, der Bruder des Herzogs, welcher als Mitglied der im März 1848 eingesetzten provisorischen Regierung das Commando der Armee übernahm, hatte deren Organisation mit großem Eifer betrieben. Durch die unglückliche Affaire von Bau bei Flensburg am 9. April 1848 hatte er das Vertrauen seiner Collegen in der provisorischen Regierung eingebüßt; sie suchten ihm das Commando der Armee zu verleiden und kamen schließlich damit zu Stande. Der Hauptvorwurf, den man ihm machte, war, daß er am 9. April Morgens nicht in Flensburg war, anstatt sich in Rendsburg durch seinen Eifer für Organisation der Armee aufhalten zu lassen. Als er um 12½ Uhr in Flensburg ankam, mußte er den Befehl zum Rückzuge geben, welcher den doppelt so starken Dänen gegenüber nur mit verhältnißmäßig großen Verlusten ausgeführt werden konnte. Die unter der Führung des alten Generals von Krohn stehende, fünftausend Mann starke Brigade verlor den fünften Theil ihrer Mannschaft an Verwundeten und Gefangenen, zu denen auch das Kieler Studenten-Corps gehörte. Zu seiner Vertheidigung konnte der Prinz geltend machen, daß er von dem allzufrühen Aufbruche nach dem Norden entschieden abgerathen hatte: es er denselben aber zuließ, so mußte er ihn so unfaßbar leiten, möglich zu machen suchen. Dies wäre ihm ohne Zweifel gelungen, wenn er selbst in Flensburg commandirt hätte. Am 9. September 1848 legte der Prinz das Commando nieder, welches interimistisch auf den tapferen Haudegen General von Baudissin überging. Am 27. September hatte General von Bonin das Commando übernommen und benutzte den Waffenstillstand dazu, die kleine Armee von vierzehntausend Mann auf das Vollständigste zu organisiren. Sie bestand aus zehn Infanterie-Bataillonen, vier Jäger-Corps, zwei Cavallerie-Regimentern, sechs Batterien Feldartillerie von achtundvierzig Feldgeschützen und zwei Compagnien Pionnieren. Bonin ging von dem Gedanken aus, eine möglichst gut ausgebildete Truppe ins Feld zu führen, und beschränkte sich fast ganz auf die schon von dem Prinzen normirte Stärke.

Mit dem Prinzen hatte Langenbeck als Generalstabsarzt am 9. September ebenfalls seinen Abschied genommen. Eine seiner letzten Thaten war die Sorge für seinen Nachfolger gewesen; er hatte die Unterhandlungen mit mir angeknüpft, welche schließlich zu meiner Annahme führten. Die Leute, welche mich berufen hatten, waren nicht mehr am Ruder, daher mein etwas curioser Empfang. Es hatte damit aber nichts auf sich, weil ich sogleich das Glück hatte, General von Bonin auf meiner Seite zu finden. Es traf sich in den ersten Tagen schon, daß ich in wichtigen Fragen ganz seiner Ansicht war, z. B. in Betreff der Anschaffung von leinenen Sommerbeinkleidern für die Mannschaft, gegen welche ich mich erklärte.

Nach Langenbeck's Abgange hatte der Oberarzt Dr. Niese die Geschäfte eines Generalstabsarztes übernommen. Er war zur Zeit der Erhebung der Herzogthümer Physikus auf der Insel Arroe, hatte sich gleich der Bewegung angeschlossen und war in die Armee getreten. Seine patriotischen Gesinnungen, sein Diensteifer, so wie seine besondere Befähigung für Bureau-Arbeiten hatten die Aufmerksamkeit auf ihn gelenkt.

Ein von Langenbeck geschaffenes statistisches Bureau stand unter der Leitung des zum Oberarzte ernannten Privatdocenten Dr. Kirchner, welcher dazu durch großen Fleiß und große Genauigkeit, so wie durch eine sehr gewandte Feder besonders befähigt war. Da sein Hauptfach als Docent die Materia medica war, so brachte mich dies gleich auf die Idee, der schleswig-holsteinischen Armee eine Central-Militair-Apotheke zu geben, wie die hannoversche Armee sie durch meinen Vater erhalten hatte. Dr. Kirchner kannte alle Apotheker und fand gleich den richtigen Mann, um dieses Institut ins Leben zu rufen, welches von Altona aus 1849 und 1850 der Armee gute Dienste geleistet hat. Es wurde zum Grundsatze gemacht, daß jedes Hospital von fünfzig Betten einen Feldapotheker erhalten solle, für kleinere wurde die Ortsapotheke benutzt. Das statistische Medicinal-Bureau blieb 1849 in Schleswig, 1850 in Kiel. Es erhielt die Rapporte aus den Hospitälern und stellte mir dieselben übersichtlich geordnet zu, mit Bemerkungen und monatlichen wissenschaftlichen Ausarbeitungen begleitet. Die Rapporte von den Truppentheilen gingen an Dr. Niese, welcher, auf mein Gutachten vom 22. November 1848 zum Generalarzt ernannt, die Aufgabe hatte, dem commandirenden Generale bei allen seinen Bewegungen zu folgen.

Mein erster Aufenthalt in Schleswig war nicht von langer Dauer, obgleich derselbe schon dazu diente, so wichtige Fragen zu erledigen, daß ich mit der Beruhigung nach Kiel zurückkehren konnte, meine Thätigkeit als Arzt im Felde werde nicht durch Verpflichtungen gestört sein, welche sonst wohl für höhere Militairärzte ein unübersteigliches Hinderniß bilden, sich mit den Kranken und Verwundeten zu befassen. Langenbeck hatte mir als Adjutanten im Felde seinen früheren Assistenten,

Dr. Esmarch, empfohlen, welcher als Oberarzt in der Armee angestellt war. Er hatte zuerst das Kieler Studenten-Corps als Arzt begleitet und war bei Bau in die Hände dänischer Dragoner gefallen, während er einen Verwundeten, dem die Brachialis durchschossen war, vor Verblutung schützte. Nach neunwöchentlicher Gefangenschaft bei Kopenhagen auf der Dronning Maria, einem abgetakelten Kriegsschiffe, war er glücklich heimgekehrt. Er wurde auf meinen Vorschlag nach Kiel commandirt, um dort die Stelle meines ersten Assistenten zu übernehmen und mich zu vertreten, wenn ich verreist war. Im Winter 1848/49 brachte ich mehrere Male Wochen lang in Schleswig zu. Ich hatte dort mit einer Commission von vier Militairärzten unter meinem Präsidio ein Dienstreglement für Militairärzte zu berathen, womit wir ohne besondere Schwierigkeiten zu Stande kamen. Generalarzt Niese hatte das Concept dazu gemacht, welches ich in aller Ruhe durcharbeitete, redigirte und dann Punkt für Punkt zur Berathung und Feststellung vorlegte. Es war kurz und bündig, enthielt aber auf sechszig Seiten alles Nöthige über den Dienst in der Garnison, auf dem Marsche, im Bivouac, auf dem Schlachtfelde, im Hospitale und über das Rapportwesen. General von Bonin hatte nichts dagegen einzuwenden und publicirte dasselbe im Februar 1849 mit seiner Unterschrift als commandirender General. Bei der großen Zahl neu anzuwerbender junger Aerzte war das Vorhandensein dieses Reglements von großem Nutzen. Im Februar 1849 nahm ich Theil an den Berathungen über eine neue Civil-Medicinal-Ordnung, welche unter Dr. Steindorff's Leitung in Schleswig stattfanden. Die anderen Mitglieder der Commission waren: Physikus Dr. Thomsen aus Tönning, Physikus Dr. Jessen aus Pinneberg, Dr. Kirchhöfer aus Altona, so wie die beiden Apotheker Siemssen aus Altona und Paulsen aus Husum. Das schleswig-holsteinische Sanitäts-Collegium in Kiel hatte bis dahin die Leitung des Civil-Sanitätswesens besorgt und viel Gutes geleistet. Es fehlte ihm aber die Executive; diese sollte in die Hände einer Behörde gelegt werden, welche am Sitze der Regierung selbst ihren Platz hätte. Der Generalstabsarzt sollte mit zu ihren Räthen gehören. Die medicinische und pharmaceutische Staatsprüfung sollte der Kieler Facultät verbleiben. Ihre Examina standen in großem Ansehen dadurch, daß sie theilweise öffentlich waren. Bei der anatomischen Demonstration wurde Jeder zugelassen. Es wurde dem Candidaten ein trockenes Knochenpräparat und ein Spirituspräparat vorgelegt; er mußte daran demonstriren, so viel er konnte, während der Professor der Anatomie nur mit einzelnen Fragen etwas nachhalf. Nach dem Ausfalle der Demonstration konnte man in der Regel den Charakter berechnen, welchen der junge Doctor davontragen werde. Es war mitunter interessant, wie sich das Urtheil der Commilitonen nach der Demonstration berichtigte, wenn das stille Wasser des einsamen Fleißes seine Tiefe erkennen ließ. Klinische Prüfungen fanden nicht statt; über die praktische Befähigung gaben die klinischen Lehrer ihre Stimmen ab. Eine Clausur-Arbeit ging dem Examen voraus. Themata dazu wurden von der Facultät entworfen; der Candidat zog eines davon aus der Urne und blieb so lange im Hause des Decans, bis er mit seiner Arbeit fertig war. Die von den Candidaten erworbenen Charaktere wurden durch öffentliche Blätter bekannt gemacht, und gaben dadurch einen Sporn, welcher beim Anschlagen der Diplome am schwarzen Brette nicht zu erreichen ist.

Langenbeck hatte seine Schüler gut gekannt; er stellte die talentvollsten unter ihnen als provisorische Oberärzte, nicht blos für die Truppentheile, sondern auch für die Hospitäler an. Als General von Bonin die Organisation der Armee in die Hand nahm, sollten die provisorisch eingetretenen Aerzte definitiv bei den einzelnen Truppentheilen angestellt werden. Kurz nach meinem Dienstantritte, am 2. December 1848, waren die provisorisch angestellten Oberärzte schriftlich befragt worden, ob sie geneigt wären, mit Beibehaltung ihres Ranges als Oberärzte eine definitive Anstellung als Assistenzärzte anzunehmen; sie hatten sich dazu bereit erklärt. Nun war aber das Kriegsdepartement zu der Ansicht gekommen, die Anciennetät der definitiv anzustellenden jungen Aerzte nach ihrem Lebensalter zu bestimmen. Bei gleicher Qualification hat dies seine Berechtigung, aber im vorliegenden Falle wäre das Urtheil Langenbeck's über die Qualification gar nicht in Betracht gekommen. Der erste wesentliche Dienst, welchen ich der schleswig-holsteinischen Armee leistete, bestand darin, daß ich mich der von meinem Vorgänger angestellten jungen Oberärzte annahm und bewirkte, daß diejenigen, für welche sich bei den Truppentheilen kein Platz fand, als Assistenzärzte erster Classe mit der Anciennetät hinter den wirklichen Oberärzten angestellt wurden. Bei der später stattfindenden bedeutenden Vergrößerung der Armee avancirten sie auch alle zu wirklichen Oberärzten.

Ich machte es mir zur besonderen Aufgabe, die Eigenschaften der in der Armee dienenden Militairärzte und solcher Civilärzte, welche an ihren Wohnorten für die Hospitäler verwendet werden konnten, kennen zu lernen. Dr. Kirchner für die ältere Generation und Dr. Esmarch für die jüngere waren mir dabei von großem Nutzen. Ehe ich die Herren gesehen hatte, mußte ich bereits, wozu sie besonders brauchbar seien, der eine für die Truppe, der andere im Hospitale, der eine für innere, der andere für äußere Fälle, der eine für ein kleines, der andere für ein großes Hospital. Ich suchte diejenigen ausfindig zu machen, welche sich dazu eigneten, Mitglieder der Lazarethcommission zu werden. Die älteren Aerzte der schleswig-holsteinischen Armee würden sich dazu geeignet haben, da sie aber nicht zahlreich waren und ich mit Recht Anstand nahm, sie den Truppen größtentheils zu entziehen, so kam ich auf den Gedanken, mich nach Hannover zu wenden, um von dort einige ältere gediente Militairärzte zu erhalten. Ich wurde aber vom königlich hannoverschen Kriegsministerio abschlägig beschieden. Der den Reichstruppen folgende königlich preußische Generalarzt Klatten hatte später insofern mehr Erfolg als ich, indem auf seinen Wunsch ein älterer hannoverscher Militairarzt nach Altona commandirt wurde, um dort die Stelle eines Mitgliedes der Lazarethcommission zu übernehmen. Er hatte dies schon 1848 zur Zufriedenheit des königlich preußischen Generalarztes Wasserfuhr gethan. Altona war mit 1400 Betten ein wichtiger Platz, besonders in Betreff der Simulanten, weil es dem Kriegstheater am fernsten lag. Der betreffende alte Herr verstand die Kunst, es mit Niemand zu verderben, und übte sie auch zu Gunsten der Simulanten. Jüngere Aerzte sind diesen gegenüber oft schüchtern, weil sie ihrer Diagnose nicht sicher sind. Im Verlaufe des Feldzuges von 1849 traf ich in Flensburg eine Einrichtung, welche Beifall fand. Die Hospitalärzte wählten unter sich eine Commission von drei Mitgliedern, welche sich wöchentlich einmal in alle Hospitäler verfügte, um über fragliche Fälle ihre Ansicht abzugeben, welche für den Dirigenten aber keineswegs bindend war, weil seine Ansicht doch am meisten Gewicht haben konnte.

Im Winter 1848/49 ließ ich in Kiel von Beckmann neue Instrumente für die Armee anfertigen, welche sehr gut ausfielen. Die im Zeughause von Rendsburg aufbewahrten zahlreichen, noch ganz unbenutzten Instrumente waren so erbärmlich, daß sie nicht einmal zu Uebungen an der Leiche zu benutzen waren. Die Schneiden der Amputationsmesser legten sich schon bei einem Hautschnitte um. An der übrigen Ausrüstung nahm ich, mit Ausnahme der Tragbahren, nur wenig Antheil;

ich traute mir darin weniger zu, wie Dr. Riese, welcher 1848 die Ausrüstungen der deutschen Hülfstruppen gesehen hatte. Medicinwagen, Krankentransportwagen wurden nach guten Entwürfen in der Lauenstein'schen Fabrik in Hamburg gearbeitet, fielen aber zu schwerfällig aus, und haben deshalb wenig genützt. Man hatte nicht die Zeit gehabt, Probewagen anfertigen zu lassen. Als Generalstabsarzt der königlich hannoverschen Armee richtete ich meine ganze Aufmerksamkeit auf die Leichtigkeit der Sanitätsfuhrwerke, und fand dabei allseitige Unterstützung. Es war mir ein kleiner Trost über die mißlungenen Sanitätswagen der schleswig-holsteinischen Armee, daß ich 1870 die dreißig Fuhrwerke der sogenannten Woolwich-Ambulance in St. Germain bei Paris sah, welche das englische Gouvernement für den internationalen Dienst ausgerüstet hatte. Sie waren sehr schwerfällig; man freute sich, daß hundertundzwanzig kräftige normannische Pferde vorhanden waren, sie fortzuschaffen.

Eine besondere Sanitäts-Compagnie für den Dienst auf dem Schlachtfelde hatte die schleswig-holsteinische Armee nicht, jede Compagnie enthielt vier für den Sanitätsdienst eingeübte und mit Verbandmitteln und Tragbahren versehene Leute. Das fliegende Feldlazareth war mit einer Ueberzahl von Krankenwärtern versehen, um jedes neu anzulegende Hospital damit auszurüsten. Unter General von Bonin's Commando würde eine Sanitäts-Compagnie von keinem Nutzen gewesen sein. Er wollte im Rücken der Armee keine Veranlassung zur Stockung dulden, welche bei einem Rückzuge hinderlich gewesen wäre; auch das fliegende Feldlazareth mußte in angemessener Entfernung bleiben, war aber doch nach jedem Gefechte von großem Nutzen und wurde immer mehr cultivirt. Im Feldzuge von 1848 hatte dasselbe nur die Requisiten für dreihundert Betten, welche, meinem Wunsche entsprechend, auf fünfhundert vermehrt wurden. Ein alter, kräftiger Capitain, Petersen, führte den Befehl über die zur Ambulance gehörenden Krankenwärter und Trainsoldaten. Beim Vorrücken der Armee wurden nach Gefechten die Requisiten der Ambulance dazu benutzt, Hospitäler einzurichten. Die zur Ambulance commandirten Aerzte blieben dann bei den Verwundeten zurück und wurden sogleich durch andere ersetzt, die abgegebenen Requisiten aus den allgemeinen Vorräthen. Der Vortheil dieser Einrichtung bestand darin, daß die Verwundeten von denselben Aerzten weiter behandelt wurden, welche dieselben zuerst übernommen hatten und daß ein Wechsel unter den an die Ambulance Commandirten stattfand. Jeder tüchtige Militairarzt hat das Verlangen, im Felde auch Verwundete behandeln zu dürfen und für die, längere Zeit an einem Hospitale beschäftigt gewesen ist es eine Wohlthat, einmal wieder bei der Truppe zu dienen. Einrichtungen, welche dies möglich machen und erleichtern, halte ich für die Grundlage einer guten feldärztlichen Organisation und das Gegentheil für höchst nachtheilig. Wenn der Chefarzt eines Feldlazareths sicher ist, während des ganzen Feldzuges an seinem Platze zu bleiben, so wird er sich weniger Mühe geben, als wenn sein Verbleiben von seinen Leistungen abhängig ist. Die Correspondenz, welche ich beständig zu führen hatte, um die Stellen an den Hospitälern passend besetzt zu halten, hat mir freilich viele Mühe gemacht, aber vermuthlich mehr Nutzen gehabt, als meine chirurgische Thätigkeit.

Bei unserer Art, die Ambulance zu verwenden, zeigte sich noch der Vortheil, daß dieselbe verhältnißmäßig nur geringen Aufwand an Pferden und Wagen erforderte, weil dieselben Transportmittel gleich wieder verwendet werden konnten, sobald das letzte Lazareth angelegt war. In dieser Beziehung ist das Feldsanitätswesen noch einer gänzlichen Umgestaltung fähig, wobei man nur den Grundsatz aufzustellen nöthig hat: Jedes fliegende Feldlazareth, welches Aerzte und Requisiten abgegeben hat, wird sogleich wieder mobil gemacht durch andere Aerzte und andere Requisiten.

Die einzige Klage, welche ich in Schleswig-Holstein über das von mir befolgte Princip des Wechsels unter den an die Hospitäler commandirten Aerzten gehört habe, war, daß dasselbe Reisekosten für Aerzte verursache. In einer Zeit, wo Tausende von Patienten transportirt werden müssen, kann diese Klage wohl kaum in Betracht kommen, noch weniger jetzt, wo die Eisenbahnen so große Erleichterung gewähren. Bei der Abcommandirung der bei den Truppen stehenden Aerzte wurde der Grundsatz festgehalten, daß von allen mit vier Aerzten versehenen Bataillonen höchstens zwei an die Hospitäler kamen und entweder der Oberarzt oder der Assistenzarzt erster Classe bei seinem Truppentheile blieb. Die Abcommandirung geschah auf meinen schriftlichen Antrag durch das General-Commando, und wurde durch den täglich ausgegebenen Armeebefehl den Betreffenden bekannt gemacht. Dabei hatten wir immer noch doppelt so viele Aerzte bei den Truppen wie die Dänen, welche nur einen Arzt für das Bataillon besaßen.

Es gewährte mir eine große Beruhigung, daß ich bald zu der Ueberzeugung kam, der ärztliche Dienst bei der Armee könne im Wesentlichen durch die eingeborenen Aerzte besorgt werden und daß wir nur für die Stellen der Assistenzärzte zweiter Classe auf das übrige Deutschland angewiesen waren. Dies war hauptsächlich Langenbeck's Verdienst, der bei seiner achtjährigen Wirksamkeit in Kiel großen Eifer für die Chirurgie geweckt und talentvolle junge Leute an sich gezogen hatte.

───

Nach meiner ersten Rückkehr aus Schleswig kam meine Frau auf einige Tage nach Kiel, um die nöthigen Mobilien zu kaufen. Am 1. December konnten wir unsere eigene Wohnung beziehen. Sie bestand aus zwei Etagen eines neugebauten Hauses an der Holstenstraße, war an sich sehr schön, aber, mitten in der Stadt gelegen, für uns nicht reizend. Nichtsdestoweniger sind wir die sechs Jahre darin geblieben, weil es in Kiel überhaupt an freundlich gelegenen Häusern fehlt und die Professoren, der sogenannten Hausfreiheit wegen, auf die Stadt selbst angewiesen sind. Ein Professor, welcher in einem Bürgerhause zur Miethe wohnt, macht dasselbe abgabenfrei, es werden ihm dafür 200 Mark an der Miethe abgesetzt. Diese Einrichtung hatte die Folge, daß es Niemand einfiel, außerhalb des Stadtgebiets angenehme Wohnungen für Professoren zu bauen. Ich übernahm die Leitung der chirurgischen Klinik, welche während des Krieges von dem Justizrath Dr. Seestern Pauly besorgt wurde, sowohl 1848 als auch während der beiden folgenden Feldzüge.

Als Mitglied der medicinischen Facultät hatte ich an den Arbeiten des schleswig-holsteinischen Sanitätscollegiums theilzunehmen, zu welchem auch der Professor der Chemie, ein Sohn meines Lehrers Himly in Göttingen, gehörte. Meine Facultäts-Collegen waren fast alle sehr bejahrte Leute. Unser Senior war Etatsrath Pfaff, der Chemiker und Physiker, welcher, obgleich durch Glaucom völlig erblindet, doch seine ganze geistige Regsamkeit und Liebenswürdigkeit bewahrt hatte. Er votirte und examinirte sehr gut, seine treffliche Gattin mußte ihm Alles vorlesen und seine Dictate schreiben. Etatsrath Meyn war Professor der medicinischen Klinik, ein braver Mann, der aber mit seiner Wissenschaft nicht fortgeschritten und erst in die akademische Laufbahn eingetreten war, nachdem er den besten Theil seines Lebens als praktischer Arzt in einem kleinen Orte zugebracht hatte. Etatsrath Ritter hatte die Professur der allgemeinen Pathologie und Therapie, ein Mann von edler Erscheinung und Denkungsart, aber schon ganz invalide. Die vacante Professur der Geburtshülfe wurde von einem sehr befähigten jüngeren Docenten, Dr. Thygesen, versehen, der aber während des Krieges als Oberarzt in Dienst trat. Das vorzüglichste Mitglied der Facultät war der Anatom Professor Behn, welcher bei bedeutenden Geistesgaben und Kenntnissen auch für die Wissenschaft viel hätte leisten können, wenn er nicht durch seine Reise um die Welt mit dem dänischen Kriegsschiffe Galathea der Anatomie etwas entfremdet worden wäre, gerade als diese sich in Deutschland so blühend entwickelte. Die von seiner Reise mitgebrachten naturwissenschaftlichen Sammlungen wollte er demnächst zu schriftstellerischen Arbeiten benutzen und las deshalb auch über Zoologie und vergleichende Anatomie. Er neckte mich zuweilen mit meiner Schreibseligkeit und hat sich gehütet, in diesen Fehler zu verfallen. Nach Carus' Tode ist er dessen Nachfolger als Präsident der Leopoldinischen Akademie geworden und hat sich von der Professur zurückgezogen. Er war ein vortrefflicher Lehrer der Anatomie, wie eine Universität ihn haben muß, um tüchtige Aerzte zu bilden. Der Professoren-Congreß in Jena, an welchem er theilnahm, hat ihm wenigstens Segen gebracht, er gewann dabei Herz und Hand einer Tochter vom Hofrath Kieser, welche er bald darauf heimführte. Als Prosector fungirte der außerordentliche Professor Dr. Ferdinand Weber, ein äußerst strebsamer, liebenswürdiger Mann, welcher sich mit gutem Erfolge der pathologischen Anatomie angenommen hatte. Sein Verdienst war es, daß nicht blos in den Kliniken, sondern auch in der Privatpraxis Leichenöffnungen gemacht wurden. Er hatte eine eigene Gabe, den Widerstand der Angehörigen zu beschwichtigen.

Da die Professoren keine regelmäßige Zusammenkünfte unter einander hatten, so lernte ich die Mitglieder der übrigen Facultäten, welche zum Theil viel besser besetzt waren als die medicinische, erst sehr allmählich kennen.

Etatsrath Olshausen, Professor der orientalischen Sprachen, war als Curator damals die Seele der Universität; da er mich mit seinem Vertrauen beehrte, so hatte ich einigen Antheil an der Regeneration der medicinischen Facultät. Es fehlten uns die Männer für medicinische Klinik, Geburtshülfe und Physiologie. Eine der ersten Berufungen war die von Griesinger für medicinische Klinik. Er kam im Herbst 1849, wurde uns aber durch den Ruf nach Kairo schon im folgenden Jahre entführt. Für Geburtshülfe wurde Professor Litzmann berufen, welcher noch in Kiel ist. Für Physiologie wurde Du-bois-Reymond in Aussicht genommen, aber durch den unglücklichen Ausgang des Krieges und Olshausen's Abgang unterblieb diese wie andere Vocationen. Nachdem Griesinger uns verlassen hatte, wurde Frerichs berufen, welcher in Kiel zuerst als klinischer Lehrer auftrat. Er blieb auch nicht lange, machte aber gleich großen Eindruck und vollendete damals sein Werk über die Bright'sche Krankheit, wodurch er sich den Weg über Breslau nach Berlin bahnte.

Es war eine üble Observanz der Kieler Universität, daß man es vorzog, die Geschäfte schriftlich abzumachen, anstatt sich darüber in persönlichen Zusammenkünften zu besprechen. Die Circulation der ledernen Mappen war unablässig, es kamen wenigstens drei täglich und das zu verschiedenen Zeiten, eine mit Universitäts-, eine zweite mit Facultäts- und eine dritte mit Sanitäts-Collegiums-Acten. Ich bin fest überzeugt, diese ledernen Mappen haben schon manchen Professor aus Kiel vertrieben. Es kostete mir wenig Mühe, sie zu erledigen, aber es war verdrießlich, die Zopftrabanten stets vor Augen zu haben.

Feldzug von 1849,
von März bis August.

Nachdem die Friedensverhandlungen in London unter Lord Palmerston's Vorsitz gescheitert waren, kündigten die Dänen am 26. Februar den Waffenstillstand und ich erhielt den Befehl, die noch fehlenden Aerzte zu engagiren. Durch eine Bekanntmachung in öffentlichen Blättern forderte ich jüngere Aerzte auf, sich persönlich bei mir in Schleswig zu melden. Es gingen gleich zahlreiche schriftliche Anmeldungen bei mir ein, von denen ich nur diejenigen berücksichtigte, deren Schreiber mir persönlich bekannt waren. Am 20. März ging ich nach Schleswig, wo ich mit der sehr geschickten Beihülfe des Oberarztes Dr. Kirchner die sich meldenden jungen Aerzte einem Colloquium unterwarf und ihre Zeugnisse prüfte. Die von mir ausgestellten Patente für die Anzustellenden wurden von dem commandirenden General mit unterzeichnet. Nach Erledigung dieser Aufgabe folgte ich dem Generalcommando am 26. März nach Flensburg.

Da die nachfolgenden Briefe an meine Frau, während des Feldzuges selbst geschrieben, ein lebendigeres Bild desselben geben, als ich jetzt entwerfen könnte, so habe ich sie hier aufgenommen. Sie sind theils nach Kiel, theils nach Hamburg gerichtet, wie sich aus ihrem Inhalte ergiebt.

Flensburg, 28. März 1849.

Seit drei Tagen bin ich mit dem Hauptquartier hier in Flensburg und zum ersten Male in meinem Leben einquartiert bei sehr freundlichen Leuten am Südermarkt. Flensburg hat viele Aehnlichkeit mit Kiel und mag im Sommer wohl noch hübscher sein, als dies Paradies der Schleswig-Holsteiner. Es wimmelt hier von Soldaten, täglich bekommen neue an und andere gehen ab. Wir bilden hier Avantgarde, kommt es zum Schlagen, so schließe ich mich der Ambulance an. Ich habe Dr. Harald Schwartz dazu commandirt, der nächst Dr. Esmarch der beste Operateur sein soll, an guter Hülfe wird es mir also nicht fehlen.

General von Bonin hat mich als ständigen Gast zu seiner Tafel geladen, an welcher ungefähr zwanzig Personen theilnehmen, meistens jüngere Leute, die zum Generalstab gehören. Unter ihnen befindet sich auch der Erbprinz von Augustenburg, einstiger Erbe der Herzogthümer, in dessen Interesse dieser Krieg zum Theil geführt wird. Er hat sehr schöne blaue Augen, feine Züge und eine elegante Figur; man kann ihn unter den übrigen leicht als den echten Prinzen herausfinden.

Ich habe bis jetzt achtzehn neue Aerzte provisorisch angestellt und noch dreizehn mir bekannte verschrieben, die Zahl der meistens nutzlosen schriftlichen Meldungen war enorm. Einer schrieb mir, es würde sein höchstes Glück sein, unter dem Nestor der deutschen Chirurgie zu dienen. Ich freue mich, daß ich erst halb so alt wie Nestor bin, der mit neunzig Jahren zu Felde zog. Ein Anderer schrieb, es sei ihm ganz egal, ob ich ihm die Stelle eines Assistenzarztes oder eines Cavallerie-Lieutenants verschaffen könne. Ein Vetter von mir, der früher in der hannoverschen Armee zur Zeit der Befreiungskriege gedient hatte, wollte wenigstens Generalarzt werden. Er hatte zu seiner Empfehlung zwei Briefe meines seligen Vaters beigelegt, in welchen dieser ihn darüber rüffelt, daß er in Frankreich mit seiner Gage als Oberarzt nicht auszukommen wisse und seinem Vater noch zur Last falle. Ich hätte die Briefe von Papa gern behalten.

General von Bonin läßt Dich und Deinen Vater, den er in Hamburg besucht hatte, schönstens grüßen. Er meint, Du könntest ruhig in Kiel bleiben, die Batterien von Friedrichsort würden den Dänen wohl die Lust vertreiben, in den Kieler

Hafen einzulaufen. Unsere Reichshülfstruppen müssen in starkem Anmarsche sein, in Schleswig werden achthundert Betten für Kranke bereit gemacht.

Flensburg, 31. März 1849.

Deine plötzliche Abreise von Kiel nach Hamburg hat mich nicht überrascht, Dein letzter Brief ließ sie erwarten. Daß Professor Himly über die Bedeutung der Batterien von Friedrichsort nicht derselben Ansicht ist wie General von Bonin, wundert mich nicht, er will den Kieler Hafen durch submarine Minen schützen. Daß Helene die Flucht von Kiel ehrenrührig findet, braucht Dich nicht zu beunruhigen. Deine Gegenwart in Hamburg wird für Deine alten Eltern eine wahre Wohlthat sein. Gestern Abend war ich bei Dr. Esmarch's Eltern, wo es mir gut gefallen hat. Sein Vater, Justizrath Esmarch, Physicus von Flensburg, ist ein ausgezeichneter Arzt von scharfem Verstande. Andere Bekanntschaften habe ich an General von Bonin's Tafel gemacht, wo in der Regel einige neue Gäste zu finden sind. Am angenehmsten ist es dort, wenn nur die gewöhnliche Gesellschaft da ist, die Conversation geht dann am lebhaftesten und ungezwungensten von Statten. Der General ist voll Freundlichkeit und Güte, so daß ich mich bei ihm bald heimisch fühlen werde, trotz meiner Scheu vor Menschen und der Sehnsucht, allein zu sein, die mir wohl immer anhängen wird. Ich glaube, daß dieser Feldzug eine gute Cur für mich sein wird. An das Tragen der Uniform habe ich mich schon so gewöhnt, daß ich sie ganz bequem finde.

Neuigkeiten habe ich nicht zu berichten. Man zweifelt noch immer an dem Ausbruche der Feindseligkeiten. Ich hoffe, daß es zum Kriege kommt, denn ohne diesen würde das schließliche Abkommen vermuthlich sehr schlecht ausfallen. Daß der König von Preußen die deutsche Kaiserkrone annimmt, glaube ich nicht; an seiner Stelle thäte ich es auch nicht. Er hat mit seinen eigenen Unterthanen so viel Sorge und Noth gehabt, daß er nicht Lust haben wird, noch die Aufrührer aller übrigen deutschen Länder mit zu übernehmen und ihre unwilligen Fürsten in den Kauf zu bekommen. Heute ist der erste schöne Tag, bis dahin habe ich oft frieren müssen.

Flensburg, 2. April 1849.

Jetzt geht es vorwärts, um 1 Uhr Nachmittags folge ich dem General von Bonin, der den Dänen kühn entgegen rückt. Ich befinde mich recht wohl und interessire mich aufs Höchste für meinen gegenwärtigen Wirkungskreis. Mit Generalarzt Niese habe ich alles Nöthige verabredet; sollte ich mich von dem Hauptquartier trennen müssen, um bei den Verwundeten zu bleiben, so erhalte ich täglich von ihm schriftliche Nachricht. Bei dem General bin ich gut angeschrieben, hoffentlich kann ich seine Gunst durch wirkliche Dienste befestigen. Ich fürchte nur, daß den Dänen der Muth sinkt, wenn sie sehen, wie ernsthaft diesmal der Krieg vorbereitet wird. Der General der Reichsarmee von Prittwitz wird heute sein Hauptquartier in Flensburg aufschlagen.

Apenrade, 3. April 1849.

Wir kamen gestern noch früh genug an, um uns an der Schönheit der Gegend zu erfreuen, die kleine Stadt liegt am Ufer einer offenen Bucht, hinter ihr schön bewaldete Hügel. Wir wohnen dicht am Wasser, vor unseren Augen liegt der Feind, das heißt ein dänisches Kriegsschiff, die Corvette Galathea, aber wohl eine Meile weit entfernt. Seit gestern sind noch sieben Kanonenböte dazu gekommen. So eben nähert sich uns ein Parlamentairboot mit weißer Flagge. Die Dänen werden spioniren wollen, wie stark wir sind. In einer Stunde werden wir wissen, was sie vorhaben. Sollten sie die Stadt beschießen wollen, so werden wir dieselbe wahrscheinlich verlassen. Ich habe hier einen schönen, kräftigen Schimmel versucht, der mir von Kennern empfohlen war. Ein reicher Schiffszimmermann will denselben verkaufen, weil er wohl besorgt, daß es im Kriege Pferdeliebhaber giebt, die nicht baar bezahlen. Ehe ich mich zum Ankauf entschließe, werde ich nach Tische den Prinzen von Augustenburg consultiren, der sich gütigst erboten hat, mir beim Ankaufe eines Reitpferdes behülflich zu sein. Unsere Equipage ist ein alter Rumpelkasten, um den mich glücklicherweise Niemand beneidet, aber bequem, besonders um Koffer und Instrumente schnell aufzupacken. Der Kutscher ist ein ehrlicher alter Schleswiger, der sich mit unserm Diener Möller gut verträgt. Zwischen Beiden auf dem Bocke sitzt sein alter gelber Köter, der seinem Herrn frappant ähnlich sieht.

Flensburg, 5. April 1849.

Du siehst, wir sind schon wieder in Flensburg, unser Aufenthalt in Apenrade war nur von kurzer Dauer. Ich war am 3. April gegen 5 Uhr Nachmittags gerade im Begriffe, zum Diner beim General von Bonin zu gehen, als die Nachricht ankam, das Hauptquartier sei nach Hockerup aufgebrochen. Wir folgten sogleich, kamen bei Dunkelheit nach Hockerup, wo unsere Truppen sehr wohlgemuth bei ihren flammenden Wachtfeuern saßen. Sie hatten sich des Morgens, am 3., bei Atzbüll gegen dänische Uebermacht gut geschlagen. Die Nachricht von dem Erscheinen bedeutender dänischer Streitkräfte im Sundewitt hatte den General bewogen, seiner bedrohten ersten Brigade zu Hülfe zu kommen und die Avantgarde-Brigade unter Oberst von Zastrow, welche schon bis Christiansfelde vorgerückt war, nach Apenrade zurückzuziehen. Da wir den General in Hockerup nicht fanden, folgten wir ihm nach dem Gute Seegard, wo uns ein Strohlager erwartete. Ich schlief darauf sehr gut zwischen Dr. Esmarch und dem jetzigen Kriegsminister Jacobsen, aber nicht lange. Um $3\frac{1}{2}$ Uhr Morgens des 4. April trennte ich mich von dem General, um hierher zu gehen, wohin alle Verwundeten gebracht werden. Es sind in Flensburg über tausend Betten bereit, aber in dreizehn Hospitälern zerstreut, ohne Equipage könnten wir gar nicht fertig werden. Gestern und heute habe ich vier Amputationen machen lassen. Ich gönnte den jüngeren Aerzten die Ehre, selbst zu operiren und da sie ihre Sachen gut machten, werde ich dabei bleiben und nur solche Operationen selbst vornehmen, die ein Anderer nicht wohl machen könnte. Bis jetzt ist die Zahl der Verwundeten aus den Gefechten vom 3. und 4. nicht bedeutend und beläuft sich auf siebzig bis achtzig. Während meine jungen Aerzte mit Ruhe und Kaltblütigkeit operirten, fielen die Aerzte der deutschen Hülfstruppen, welche dabei waren, einer nach dem andern in Ohnmacht! —

Flensburg, 8. April 1849.

Im Kriege liegt Freud und Leid einander nahe. Am 6. Abends feierte ich mit meinen jungen ärztlichen Freunden den glänzenden Sieg bei Eckernförde vom 5., wo die Dänen zwei herrliche Kriegsschiffe und mehr als tausend Mann verloren, als die Nachricht kam, daß am 6. bei Ulderup ein für die Hannoveraner ungünstiges Gefecht vorgefallen sei. In der Nacht vom 6./7. April kamen hier allmählich 164 verwundete Soldaten und elf Officiere an, von denen einer schon unterwegs gestorben war, ein zweiter im Sterben lag und zwei sehr schwer verwundet sind. So haben wir denn viel zu thun gehabt. Dr. Esmarch amputirte gestern einen schönen, jungen dänischen Officier am Unterschenkel. Als ich diesem sein Schicksal verkündigte, sagte er lachend: „Dann tanze ich auf einem Beine!" Heute fanden wir ihn ganz verstört aussehend. In der Nacht war ein Kamerad von ihm angekommen und in dasselbe Zimmer gelegt worden, der den jetzt Amputirten aus dem Feuer getragen hatte und später selbst verletzt war. Da er durch den Unterleib geschossen war, schien er hoffnungslos und fast sterbend. Bei dem Amputirten hatte die Gemüthsbewegung eine Nachblutung zur Folge gehabt, welche einen üblen Ausgang vorhersehen läßt. Solche Scenen erlebt man im Kriege, aber doch freue ich mich, daß mich das Schicksal auf einen Platz gestellt hat, wo ich viel Gutes wirken kann. Ich selbst habe erst eine größere Operation gemacht und lasse die Jüngeren operiren, wofür sie mir sehr dankbar sind.

Flensburg, 16. April 1849.

Wir hatten in der letzten Woche so viel zu thun, daß ich keine Zeit fand, Dir zu schreiben. Außer der Sorge für die Verwundeten, von denen die schwersten alle unter meiner Leitung behandelt werden, habe ich eine beträchtliche Correspondenz zu führen, bei welcher mir Dr. Esmarch hilft, indem ich ihm Alles dictire, so daß ich nur zu unterzeichnen nöthig habe.

Am 9. April wurden wir durch die Nachricht allarmirt, daß unsere Ambulance nach Apenrade gehen solle. Da ich in Flensburg noch viel Wichtiges zu thun hatte, so fuhr ich nach Seegard in das Hauptquartier des Generals von Prittwitz, um diesen selbst zu befragen. Er rieth mir, einstweilen noch in Flensburg zu bleiben, da bei der schleswig-holsteinischen Armee schwerlich etwas vorfallen werde, nachdem er den Befehl ertheilt habe, sich auf ernsthafte Gefechte nicht einzulassen.

Der schöne dänische Officier ist gestorben, sein Kamerad, um den er sich so betrübt hatte, scheint durchzukommen und macht sich nur wenig aus dem Tode seines Freundes.

Erst am 10. April konnte ich auf zwei Tage nach Eckernförde gehen, um die dänischen Verwundeten zu sehen und ein gegen die Kugeln feindlicher Schiffe geschütztes Haus zum Hospitale einzurichten. Mit dem Linienschiffe Christian VIII. sind Abends 8½ Uhr viele Verwundete und zwei Aerzte in die Luft geflogen, nur der Oberarzt Dr. Courländer hatte das

Schiff bereits verlassen. Es war mir auffallend, daß von den auf dem Verdeck Befindlichen, welche mit aufflogen, zehn lebendig aus dem Wasser gefischt werden konnten, von denen nur einer gestorben ist. Unter den Opfern der Katastrophe befand sich leider auch der tapfere Unterofficier Preußer, welcher in der Südbatterie commandirte und durch seine Geschicklichkeit und unermüdliche Thätigkeit das Meiste dazu gethan hat, den Sieg zu erringen. Als das Linienschiff sich ergeben hatte, ging er an Bord desselben, um es zu retten, während es schon brannte und jeden Augenblick in die Luft fliegen konnte. So endete er, ruhmvoll bis zum letzten Augenblicke, an dem Tage, welcher seinen Namen unsterblich machen wird.

Die Gefion ist ein herrliches Schiff, aber jetzt übel zugerichtet. Von seiner Besatzung wurden dreißig getödtet, vierundsechzig größtentheils schwer verwundet. Der Oberarzt Hornemann hatte während des Gefechts, welches von Morgens 7 Uhr bis 6 Uhr Nachmittags dauerte, elf Amputationen gemacht, von denen viele ein gutes Resultat versprechen. Ich sah das Operationslocal in den unteren Schiffsräumen; es erfordert jedenfalls viele Kaltblütigkeit, ruhig zu operiren, während das Schiff beständig dem schwersten Geschütze ausgesetzt ist und die Mannschaft, welche die Geschütze auf dem Deck bedient, von Feldgeschützen weggefegt wird. Dies geschah durch die unter dem Befehl des Herzogs von Coburg stehenden acht Feldgeschütze der nassauischen Batterie. Dreimal war diese Mannschaft erneuert worden, dann konnte sie nicht mehr ersetzt werden. Dieser Sieg von zwei Landbatterien, von denen die nördliche sechs schwere Geschütze, die südliche vier Geschütze hatte, und von acht Feldgeschützen über zwei große Kriegsschiffe soll unerhört in der Kriegsgeschichte sein.

Unser Verlust besteht in 4 Todten und 14 Verwundeten,

während die Dänen an Todten 6 Officiere und 125 Mann, 12 verwundete Officiere, 68 verwundete Mann, an Gefangenen 39 Officiere und 904 Mann verloren haben. Die dänischen Aerzte, welche bis jetzt ihre verwundeten Landsleute behandelt haben, wünschen zu den Ihrigen zurückzukehren, ich habe bereits die nöthigen Schritte gethan, um ihre Freilassung zu bewirken.

Am 13. April wurden die Düppeler Höhen von den Sachsen und Bayern genommen. Sie haben uns von ihren 174 Verwundeten freilich die meisten nach Flensburg geschickt, aber die Sachsen sind so klug gewesen, eine Anzahl schwer Verletzter in ihren Cantonnements zu behalten und selbst zu operiren, anstatt sie den fünf Meilen langen Weg auf holprigen Straßen machen zu lassen. Mit Einnahme der Düppeler Höhen ist das Loch zugemacht, durch welches die dänischen Ratten so bequem herauskommen konnten, sie beherrschen den Uebergang nach Alsen.

Seit gestern ist Langenbeck hier, welcher acht Tage bei uns bleiben will. Es gefällt ihm noch nicht sonderlich in Berlin, es scheint fast, als wäre er im Stande, es dort so zu machen wie ich in München, wenn sich eine passende Gelegenheit für ihn darböte. Er machte hier gleich einige Operationen, wie schon unterwegs in Eckernförde an zwei Patienten, die ich zwei Tage vorher mit gutem Grunde für hoffnungslos erklärt hatte.

Ich wünsche gar nicht, daß Du jetzt nach Kiel zurückkehrst, Rachegelüste für Eckernförde könnten die Dänen veranlassen, das verhaßte Kiel anzugreifen.

Der einliegende Brief von Frau Dieffenbach wird Dich interessiren. Ich habe ihren Protegé, einen früheren Assistenten ihres verstorbenen Mannes, gleich angestellt.

Flensburg, 22. April 1849.

Professor Langenbeck ist hoffentlich bei Dir gewesen, wie es seine Absicht war. Er trennte sich vorgestern von hier mit schwerem Herzen. Wir haben Tags über die Hospitäler besucht, mit einander operirt und saßen dann Abends bis 1 Uhr zusammen, in chirurgische Gespräche vertieft, bei denen wir unsere Ansichten zu ergänzen und zu berichtigen suchten. Obgleich wir in vielen Punkten verschiedener Meinung sind, so ist mir der Verkehr mit ihm doch sehr anziehend. Er hat ein warmes Interesse für Chirurgie und findet, wie ich, nur Geschmack an talentvollen jungen Männern, nicht wie sein Onkel in Göttingen an Bedientenseelen. Er hat Dich hoffentlich über mein Ergehen völlig beruhigt, da er sah, daß ich nach den Mühen des Tages noch Kräfte genug übrig hatte, um heiter zu sein. Mit meiner Stellung bin ich durchaus zufrieden, Verdrießlichkeiten gehe ich dadurch aus dem Wege, daß ich mich nicht vordränge, sondern die Sachen mehr an mich kommen lasse. Ueber die Aerzte könnte ich mich mitunter ärgern, die Schleswig-Holsteiner sind eigensinnig und sehen ihre Fehler nicht leicht ein; aber erstens habe ich mir vorgenommen, mich nie zu ereifern, zweitens kommen meine Jünger meistens bald dahinter, daß ich gewöhnlich Recht habe. Der aufmerksamste und lernbegierigste ist Dr. Esmarch's Vater, ein Mann mit grauen Haaren, obgleich er erst fünfzig zählt. Er ist gegen Resectionen sehr eingenommen und sagte neulich: „Wenn man seine Feinde gründlich vernichten will, so muß man sie mit Kartätschen beschießen und dann reseciren." Darin liegt aber eine Uebertreibung, die dadurch entstanden ist, daß Langenbeck nicht blos Gelenke, sondern auch Röhrenknochen resecirte, während nur die Gelenke solche Eingriffe erfordern.

Ich bezweifle, daß ich noch lange hier bleiben werde, da unsere Armee in Jütland eingerückt ist. Ich folge ihr, sobald dort etwas vorfällt. Der mit General von Prittwitz angekommene königlich preußische Generalarzt Klatten machte mir schon vor längerer Zeit einen Besuch, um unsere Dienstverhältnisse zu ordnen. Er war der Ansicht, daß es mir zukäme, den Obergeneral zu begleiten, weil ich unter allen Aerzten den höchsten Rang habe. Ich erwiederte ihm jedoch, daß ich darauf keinen Werth lege und mich gern unter seinen Befehl stellen wolle, wenn er fortführe, den General von Prittwitz zu begleiten, ich zöge es vor, der schleswig-holsteinischen Armee anzugehören. Dies muß eine große Concession gewesen sein, denn der alte Herr vergoß Thränen der Rührung, welche hoffentlich von guter Bedeutung sind für unser einiges Zusammenwirken. Es wurde verabredet, daß ich die Hospitäler in den beiden Herzogthümern und er selbst die in Jütland dirigiren solle. Ich stellte seine freundlichen Gesinnungen gleich auf die Probe, indem ich ihm auseinandersetzte, es sei nicht mehr wie billig, daß die Reichstruppen Aerzte an die Hospitäler der Herzogthümer abgäben, in denen ja ihre Kranken behandelt würden. Demzufolge hat Klatten dafür gesorgt, daß schon am 15. dieses Monats einige sehr vorzügliche preußische Aerzte an schleswigholsteinische Hospitäler commandirt wurden, denen noch königlich sächsische und hannoversche folgen sollen.

Flensburg, 24. April 1849, Abends 11 Uhr.

Wir sind im Begriffe, nach Norden aufzubrechen, nachdem wir die sichere Nachricht erhalten haben, daß gestern die schleswig-holsteinische Armee bei Kolding mit den Dänen gekämpft hat. Schon am 20. April fand ein Gefecht unserer Avantgarde unter Oberst von Zastrow statt, bei welchem mit sehr geringen Opfern von unserer Seite die Dänen aus Kolding vertrieben wurden. Aus Hadersleben oder Christiansfelde erhältst Du weitere Nachrichten.

Christiansfelde, 28. April 1849.

In den letzten drei Tagen habe ich mich zwischen zweihundertsechsundsechszig Verwundeten durchgearbeitet, zuerst in Hadersleben, wo wir am 25. ankamen und meistens Leichtverwundete antrafen, unter denen aber doch Manches zu thun und zu ordnen war. Ich machte noch nach eingetretener Dunkelheit eine Resection des Ellenbogengelenks, wobei Professor Forchhammer, der Archäolog, die Lichter hielt. Hier in Christiansfelde, wo wir am 26. Morgens anlangten, liegen die meisten Schwerverwundeten. Unsere Ambulance, welche während der Schlacht hier anlangte, bewährte sich sehr nützlich, und Dr. Harald Schwartz hat sich sehr ausgezeichnet, indem er mit Oberarzt Lüders und vier Assistenten unermüdlich thätig gewesen ist. Die nothwendigsten Amputationen sind gemacht, aber es bleibt noch viel zu thun übrig. Christiansfelde ist ein von Herrenhutern bewohnter, regelmäßig gebauter, allerliebster Ort. Die schöne große Kirche in seiner Mitte ist mit hundertundfunfzig Betten zum Hospitale eingerichtet.

Am 27. speiste ich in Wonsyld, eine Stunde von hier, bei General von Bonin zu Mittag. Er empfing mich sehr freundlich und umarmte mich einmal über das andere. Er ist ganz glücklich über seinen Sieg, der ihm und der von ihm organisirten schleswig-holsteinischen Armee große Ehre macht, da die dänische Armee um Vieles stärker war und König Friedrich VII. der Schlacht beiwohnte. Bonin's Generalstab war nicht so zufrieden mit dem Erfolge der Schlacht. Wir haben keine Trophäen, und unser Hauptquartier ist, wie vor der Schlacht, in Wonsyld, sagte Hauptmann von Delius. An Verfolgung war nicht zu denken, sagte Hauptmann von Blumenthal, die Dänen zogen sich in der größten Ordnung zurück. Die Resultate dieses Sieges wären wohl größer gewesen, wenn die Reichstruppen näher gestanden hätten. Die Dänen, welche unsere Stellung südlich von Kolding angriffen, sollen sich sehr tapfer geschlagen haben. Der Kampf dauerte von 7½ Uhr Morgens bis 3½ Uhr Nachmittags. Kolding wurde in Brand geschossen, weil die Bürger sich von den Fenstern aus an dem Kampfe betheiligten, während unsere Avantgarde, welche sich vor der dänischen Uebermacht zurückzog, in den Straßen focht. Es liegt hier in Christiansfelde ein unglücklicher Schleswig-Holsteiner, welcher, schon verwundet auf der Straße liegend, zur Zielscheibe unzähliger Schüsse gemacht wurde, von denen fünf trafen. Beide Oberschenkelknochen sind zertrümmert, der linke Oberarm ist an drei Stellen verletzt, außerdem der rechte Fuß. Eine penetrirende Brustwunde wird seinem Leben bald ein Ende machen. Die Koldinger haben solche thörichte Grausamkeiten schwer büßen müssen, der dritte Theil ihrer Stadt liegt in Asche.

Christiansfelde, 2. Mai 1849.

Deinen Brief hierher habe ich heute erhalten, und schreibe Dir, so gut ich kann; meine Finger sind von den vielen Operationen sehr müde und wund von unzähligen Knochensplittern, die ich ausgezogen habe. Es ist hier viel angenehmer für mich, als in Flensburg, wo die Patienten in dreizehn Hospitälern zerstreut lagen, während ich sie hier in der kleinen Stadt leicht übersehe. So kann ich mich um jeden Einzelnen bekümmern und größeren Einfluß ausüben. Die jungen Aerzte machen mir große Freude, da sie vielen Eifer und zum Theil große Geschicklichkeit zeigen. Ich operire auch hier fast gar nicht, assistire aber bei jeder Operation, was übrigens meistens mühsamer ist, als das Selbstoperiren. General von Bonin war schon zweimal hier, und sprach mit jedem Verwundeten, was den Leuten große Freude machte. Als wir an das Bett eines Mannes kamen, der am Wundstarrkrampf litt, wollte er zurücktreten, ich konnte ihm jedoch versichern, daß einige Worte von ihm sehr wohlthätig wirken würden, weil sichere Aussicht auf Genesung vorhanden sei.

Der General bezweifelt, daß die Dänen noch einmal wieder Stand halten würden.

Unter den bei Kolding Verwundeten befindet sich ein junger Officier, Lieutenant Dallmer, der großes Talent zum Zeichnen hat, und schon daran denkt, sich damit zu zerstreuen, obgleich er noch sehr leidend ist. Schicke mir doch großes Zeichnenpapier, Bleifedern und schwarze Kreide mit Crayon und Gummi.

Kolding, 8. Mai 1849.

Seit gestern, wo unsere tapferen Truppen sich wieder mit den Dänen geschlagen haben, sind wir mit der Ambulance hier in Kolding. Die Dänen hatten auf der Straße nach Friedericia bei Gudsoe eine sehr gut zu vertheidigende Stellung genommen, die sie nach einem Kampfe von 7½ Uhr Morgens bis Nachmittags 2½ Uhr eiligst verlassen mußten, weil sie umgangen waren. Gleichzeitig sind die Preußen gegen Veile vorgegangen, und haben mit sehr geringen Verlusten ein starkes dänisches Corps zurückgedrängt. Unser Verlust bei Gudsoe besteht in zwei Todten und neunundneunzig Verwundeten. Friedericia ist zur Uebergabe aufgefordert worden. Die Dänen haben sich achtundvierzig Stunden Bedenkzeit ausgebeten, um in Kopenhagen anzufragen. Vermuthlich ist ihnen diese bewilligt worden, denn heute scheint bei Friedericia nicht gekämpft zu werden.

Von meinem schönen Hospitale in Christiansfelde habe ich mich sehr ungern getrennt. Auf die Zeit, welche ich dort verlebte, werde ich wohl immer mit Befriedigung zurücksehen. Hier in Kolding sieht es traurig aus, die Hospitäler sind erbärmlich, und es wird schwer halten, etwas Wesentliches zu ihrer Verbesserung zu thun. Es ist hier nur ein einziges Haus, die lateinische Schule, welches ein gutes Hospital ab=

geben würde, aber man macht mir große Schwierigkeiten, es heranzuziehen, angeblich aus Rücksicht für die Koldinger, denen man ihres feindlichen Benehmens wegen ihre Stadt in Brand schießen mußte. Dr. Esmarch hatte einen Brief von Frau Professorin Langenbeck; ihr Mann hofft, bald wieder bei uns zu sein. Es hat ihm also gut bei uns gefallen, aber ich glaube, der Krieg wird früher zu Ende sein, als das Semester.

Mit Bedauern sehe ich aus Deinen Briefen, daß Deine Sorge um mich statt allmählich abzunehmen noch zunimmt. Beruhige Dich! vermuthlich kann ich in der nächsten Zeit einmal eine Inspectionsreise machen, bei welcher Du Gelegenheit findest, mich zu inspiciren und Dich zu überzeugen, daß mein Schatten nicht abgenommen hat.

Christiansfelde, 12. Mai 1849.

Seit vorgestern Abend sind wir wieder in unserm lieben Christiansfelde, wo es noch immer Arbeit giebt. Es scheint fast, als ob man in unserm Hauptquartier keine neue Feindseligkeiten erwartet. Generalarzt Niese hat dasselbe gestern verlassen, um einen Theil der Hospitäler zu inspiciren. In einer Woche kommt er wieder zurück, dann werde ich die übrigen besuchen, namentlich die von Flensburg, Eckernförde, Kiel und Altona; so wirst Du mich bald auf einige Stunden sehen.

In Deutschland sieht es jetzt so aus, als ob die Noth am höchsten gestiegen wäre, die Hülfe also nahe sein müsse. Worin diese aber bestehen werde, weiß ich so wenig wie Du. Ich habe es insofern besser, weil ich nicht dazu gelange, Zeitungen zu lesen, und mich deshalb nicht zu ärgern brauche. Meine Finger sind wieder gesund, danke für gütige Nachfrage; wenn ich jetzt schlecht schreibe, so geschieht es nur aus alter Gewohnheit.

Kolding, 21. Mai 1849.

Mein Leben in der letzten Zeit ist ein beständiges Hin- und Herfahren gewesen; ich komme mir vor wie ein Perpendikel. Einmal war ich im Hauptquartier des Generals von Bonin vor Friedericia und einmal bei General von Prittwitz in Veile, wo ich die Gegend sehr schön fand. Generalarzt Klatten führte mich in den dortigen Hospitälern umher, welche nicht viel besser sind, als die von Kolding. Beim Vorrücken gegen Veile wurde Klatten selbst an der Seite seines Generals von einer matten Kugel an der Hand verletzt. Er zeigte mir einen Brief des Generalstabsarztes Lohmeyer in Berlin, worin dieser ihm Vorwürfe darüber macht, daß er sich unnöthiger Weise den Kugeln ausgesetzt habe. Von Kolding fuhr ich alle paar Tage nach Christiansfelde, wie dies auch heute geschehen wird. Nachdem ich hier Morgens die Patienten gesehen habe, breche ich um 3 Uhr auf, mache in Christiansfelde die Abendvisite, bleibe dort über Nacht und bin den andern Mittag wieder hier, um noch die hiesigen Kranken besuchen zu können.

Mit der Einnahme von Friedericia scheint es gute Weile zu haben, die Verwundeten, welche jetzt noch kommen, sind meistens Leute, die sich durch Unvorsichtigkeit selbst verletzt haben. Dies passirt am leichtesten in Zeiten, wo nach großer Aufregung eine gewisse Erschlaffung eintritt und die Soldaten sorgloser im Umgange mit ihren Waffen werden. Nach meiner Ansicht kann dieses Stadium nicht von Dauer sein; ein Volk, wie die Dänen, welches für seine Existenz kämpft, wird nach zwei Monaten seine Sache noch nicht verloren geben.

Aus Freiburg sind wir zu guter Zeit fortgezogen; ich dachte mir wohl, daß in Baden die Revolution nicht so bald zu Ende sein werde, aber das Regiment solcher Bösewichter, wie die gegenwärtigen Machthaber, wird sicher nicht lange dauern.

Mit meinem Befinden geht es fortwährend sehr gut, obgleich ich hier nicht sonderlich verpflegt werde, einen Tag mit Speck und Erbsen, den andern mit Suppe und Rindfleisch. Gemüse giebt es hier gar nicht; die Kartoffeln sind nicht zu genießen.

Zum Schlusse noch die angenehme Nachricht, daß Dr. Riese wieder zurückgekehrt ist, und ich in den nächsten Tagen den Befehl zu meiner Inspectionsreise erwarte.

Kolding, 26. Mai 1849.

Meine Reise ist wieder verschoben worden durch die am 23. dieses Monats eingetretene Verwundung des Hauptmanns von Delius, welcher durch den Kopf geschossen wurde, während er beim Aufwerfen eines Laufgrabens gegenwärtig war. Der feindliche Schütze muß gut gezielt haben und seines Opfers sicher gewesen sein, sonst hätte er bei der großen Entfernung tiefer gehalten. Die Kugel ging von einer Schläfe bis zur andern. Ich besuche Delius täglich in Sonderbyegaard bei Friedericia und werde es bis zu seinem Ende trotz der weiten Reise fortsetzen. Er ist bei vollem Bewußtsein, thut Alles, was man von ihm verlangt, reicht die Hand, zeigt die Zunge, hat aber die Sprache verloren und ist ganz blind. In dieser hoffnungslosen Lage bleibt ihm sicher noch das Gefühl für die Theilnahme, welche er Andern einflößt. Ich habe deshalb seine Umgebungen ermahnt, sich mit Aeußerungen in seiner Gegenwart in Acht zu nehmen. Sehr merkwürdig, aber wissenschaftlich wohl zu erklären ist es, daß er bei völliger Unfähigkeit, das auszusprechen, was er will, doch unwillkürlich zuweilen einige Worte, wie: ach Gott ja, spricht. Der Aermste, hoffentlich hat er bald ausgelitten! Die Trauer um ihn ist allgemein und tief gefühlt, er war die rechte Hand des Generals. Dieser Unglücksfall fehlte nur noch, um unsere Stimmung vollends zu drücken. Die Reichstruppen greifen nicht an und die Schleswig-Holsteiner liegen vor Friedericia, ohne viel ausrichten zu können. Mit ihrem Belagerungsgeschütz sieht es nicht gut aus und das Bombardement thut der Stadt auch nur wenig Schaden, die Häuser stehen so weit auseinander, daß das Feuer nicht um sich greifen kann und leicht gelöscht wird. Unsere Leute müssen vor Friedericia fast alle auf freiem Felde schlafen und haben deshalb viele Kranke, glücklicherweise meist leichter Art. Es ist gut, daß wir ihnen keine Sommerkleider gegeben haben. Mit der Sterblichkeit unter den Verwundeten geht es erträglich, aber es giebt fast keine leicht Verwundete mehr, so gut treffen die Dänen.

Seit den neueren Unruhen in Baden lese ich wieder Zeitungen, ich liebe dieses Land doch sehr und bedaure den Großherzog wegen seiner treulosen Soldaten und seiner verrückten Unterthanen.

Geburtstage kann ich hier im Reiche des Todes nicht beachten, ich war nie stark darin, und verleihe Dir hiermit Generalvollmacht, bei allen vorkommenden Fällen für mich zu gratuliren und zwar in Versen.

Kolding, 29. Mai 1849.

Mein heutiger Brief wird Dir vermuthlich besser gefallen, als alle seine Vorgänger. Morgen trete ich meine Inspectionsreise an. Delius ist am 26. gestorben. Ich gehe über Hadersleben, Flensburg, Schleswig, Rendsburg nach Neumünster und hoffe am 4. Juni in Hamburg zu sein, um von dort aus Altona zu inspiciren. Meine Reise wird keine Vergnügungstour sein. Wenn man so mit der Zeit beschränkt ist, muß man sie sehr zu Rathe halten und genau beobachten, um binnen Kurzem viel zu sehen. Die äußere Ordnung eines Hospitals kann man leicht erkennen, aber mir kommt es darauf an, auch den Geist der Heilkunst kennen zu lernen, welcher darin herrscht. Ich bin für die gute Besetzung der Stellen an den Hospitälern verantwortlich und kann abhelfen, wo es nöthig ist. Außerdem habe ich nicht blos mit Militairärzten zu thun, sondern auch mit Civilärzten, welche an ihren Wohnorten Hospitäler übernommen haben und meistens sehr stabile, aber doch mitunter sehr verkehrte Grundsätze festhalten, z. B. den, die Fenster nicht zu öffnen, damit die Patienten sich nicht erkälten. Da hat man denn seine Noth, die Herren eines Besseren zu belehren, ohne sie vor den Kopf zu stoßen. Das gelingt natürlich nicht immer, aber es ist ja nicht möglich, Jedem zu gefallen.

Von der Reise schreibe ich Dir noch den Tag meiner Ankunft, damit die lieben Kinder ihre weißen Kleider nicht um einen Tag zu früh anziehen.

Kolding, 17. Juni 1849.

Die heitere Sonne, welche uns am 4. und 5. in Hamburg, am 6. während unserer ersten gemeinschaftlichen Reise nach Kiel und auch dort beglückte, verhüllte sich gleich nach unserer Trennung. In Gettorf besuchte ich den Herzog von Koburg, welcher dort bei dem Apotheker wohnt. Ich brauche ihn Dir nicht zu beschreiben, da Du ihn eben in Kiel auf dem ihm zu Ehren veranstalteten Balle gesehen hast. Er lud mich zum Luncheon ein, ich eilte aber weiter, um nicht gar zu spät nach Schleswig zu kommen, wo ich übernachtete. Als ich in aller Frühe weiter reiste, war es so kalt, daß ich ganz verfroren in Flensburg ankam und mich Nachmittags ein paar Stunden zu Bett legen mußte, um wieder warm zu werden. Abends waren wir bei Dr. Esmarch's Eltern.

Am 10. Morgens fuhren wir nach Gravenstein, wo ich meinen Freund aus dem Kriege von 1848, den nassauischen Oberstabsarzt Ebhard, wiederfand. Als Schwager des Obersten von Röder in Freiburg wußte er viel von den dortigen Zuständen zu erzählen, aber nichts Erbauliches. Ich freute mich über die einsichtsvolle Thätigkeit, welche Ebhard in Gravenstein entwickelt, wo er ein unter seiner Leitung stehendes Hospital angelegt hat, welches in jeder Beziehung musterhaft genannt werden konnte. Nachmittags fuhren wir über Stock und Stein im sausenden Galopp mit ihm nach den Düppeler Höhen am Alser Sande, von denen man eine weite, schöne Aussicht über Land und Meer hat. Die Insel Alsen liegt ihnen gerade gegenüber, die Stadt Sonderburg wie zu ihren Füßen. Man sieht die dänischen Rothröcke sehr nahe vor sich herumspazieren, in der Ferne auf Alsen die Dächer des Augustenburger Schlosses. Man warnte uns, an den Schießscharten unsere dicken Epauletten zu lange zu zeigen, am 6. Juni war der Telegraphist Petersen aus Gravenstein dort erschossen worden. In Gravenstein ist es sehr anmuthig, ein herrlicher Park umgiebt das herzogliche Schloß und ein guter Gasthof bewährte seine höhere Cultur durch den feinsten Rauenthaler, bei dem wir mit Ebhard den Abend verplauderten. Am 11. besuchten wir den hannoverschen General Wyneken in Feldstedt und sahen dort den hannoverschen Oberstabsarzt und seinen Assistenten. Sie litten Beide die schmählichste Langeweile, und hätten sich doch eben so gut wie Ebhard und wie die sächsischen Aerzte eine nützliche und interessante Wirksamkeit schaffen können. Auf dem Wege nach Hadersleben, wo wir die Nacht blieben, fragte ich in Apenrade nach dem schönen Schimmel, er war aber verkauft. Während der ganzen Reise habe ich täglich Pferde besehen und probirt, ohne ein für mich passendes zu finden.

Am 12. besuchten wir unser liebes Christiansfelde und erfreuten uns an den vielen dankbaren, wieder aufblühenden Gesichtern unserer Patienten. Gegen Abend kamen wir wieder nach Kolding, wo wir unser altes Quartier bezogen. Der Wirth hatte die Gefälligkeit gehabt, uns ein anderes Schlafzimmer einzuräumen, wo wir nicht mehr des Nachts die Ratten über uns lärmen hören. Sämmtliche kleinen Bestien, welche früher die verbrannten Häuser bewohnten, gaben sich über unseren Häuptern ein Rendezvous. Ein leichtes rheumatisches Fieber hat mich seit meiner Rückkehr einige Tage an das Haus gefesselt, was mir insofern nicht unangenehm war, weil ich viele schriftliche Arbeiten zu erledigen fand. Morgen gehe ich wieder zu meinen Patienten und fahre dann zum General von Bonin.

Kolding, 27. Juni 1849.

Endlich habe ich ein Pferd für mich gefunden, eine große braune Stute mit einem kleinen Sterne. Sie gehörte früher dem Obersten von St. Paul, welcher am 7. Juni vor Friedericia fiel. Die Dänen hatten gesehen, daß ein höherer Officier in eine unserer Batterien gegangen war, und eröffneten sogleich ein heftiges Feuer gegen dieselbe. Eine Bombe hat ihn zerrissen. Sein Tod muß augenblicklich gewesen sein, denn seine edlen Züge haben keinen Ausdruck von Schmerz gezeigt. Ich hatte ihn einmal in Christiansfelde gesehen, wo ich ihn bei den Verwundeten umherführte. Er war von hoher, ritterlicher Gestalt und herzgewinnendem Ausdruck. Der Oberst hatte das Pferd „Kolding" genannt, weil er dasselbe am Tage der Schlacht erhielt; ich habe ihm seinen früheren Namen „Leila" wieder gegeben. Das edle Thier hat viel Temperament, so daß es keines Sporns bedarf, und trabt wundervoll. Ich erwarte viel Gutes vom Reiten für meine Gesundheit, meine Constitution rebellirt jetzt gegen die animalische Nahrung ohne frische Vegetabilien; ich habe gar keinen Appetit mehr. Wir gaben uns vergebens viele Mühe, frische Gemüse von Habersleben zu erhalten; es wird nicht viel dort zu finden sein, nur einmal erhielten wir junge Erbsen. Gestern ritt ich nach Christiansfelde und zurück, aber solche lange Touren machen mich zu müde, so daß ich für diese auf den Wagen angewiesen bin.

Als ich am 23. dieses Monats zuletzt im Hauptquartier

war, fand ich den General etwas unpäßlich und werde deshalb heute wieder hinfahren. Mit dem Aufenthalte dauert diese Excursion sieben Stunden. Sie würde mir bei der schönen Gegend doch Vergnügen machen, wenn ich nicht immer zu besorgen hätte, hier etwas zu versäumen. Endlich ist es mir gelungen, aus dem Hauptquartier des Obergenerals die Erlaubniß zu erhalten, die lateinische Schule zum Hospitale einzurichten; so haben wir jetzt ein sehr gutes und geräumiges Local, woran es so lange fehlte.

Kolding. 3. Juli 1849.

Es ist sehr nett von Dir, daß Du uns mit frischem Gemüse zu Hülfe kommen willst. Um meine Patienten brauchst Du Dir keine Sorgen zu machen, sie werden besser verpflegt, als wir. Hunderte von jungen Hühnern werden ihnen zugeschickt; jedes Hospital hat seinen Hühnerstall; Fruchtsäfte, Citronen, Apfelsinen, Wein sind in Ueberfluß vorhanden. Die gute Frau Arnemann brachte mir vor einigen Tagen ein reiches Geschenk der Osnabrücker, zwanzig Centner Hemden, Betttücher, Decken, Charpie und Binden, die ich unserer Ambulance zufließen ließ. General von Prittwitz schickte mir fünfundsiebenzig Thaler zur Vertheilung an Verwundete, die Damen von Oldenburg in Holstein achthundert Mark zur Anschaffung von künstlichen Gliedern. Um diese machen zu lassen, schicke ich die geheilten Amputirten nach Kiel. Gestern war ich in Christiansfelde, um das Geld zu vertheilen und einige Officiere zu besuchen. Lieutenant Dallmer hat sechs wunderschöne, lebensgroße Köpfe in schwarzer Kreide vollendet, die ich dem General mitnehmen will, der sich sehr für ihn interessirt. Leider kommen jetzt wieder fast täglich Verwundungen bei Friedericia vor, die zu gar keinem Resultate führen. Sachverständige versichern, es sei dort nichts auszurichten, weil es noch immer an Belagerungsgeschütz fehlt, von dem ein Theil stets durch Ueberladung zu Grunde gerichtet wird. Im Norden geschieht nichts; man geht sich höflich aus dem Wege, ohne sich etwas zu Leide zu thun. Die Stimmung unter den Schleswig-Holsteinern ist sehr gereizt; ich bedaure den Obergeneral, der sich gewiß seiner Macht gern bediente, aber nach gemessenen Befehlen handeln muß. Bei den übrigen deutschen Contingenten kann die Stimmung kaum besser sein, als bei uns; man spricht allgemein von einem Scheinkriege, den wir führten. Vorgestern war ich wieder im Hauptquartier, und fand den General ganz wohl. Du willst gern etwas über meine hiesigen Umgebungen erfahren; sie würden Dich nicht sehr interessiren, da sie nur aus Aerzten bestehen, die von ihren Patienten sprechen oder über den Gang des Krieges schelten. Es sind hier zwei Kieler Aerzte, Oberarzt Scheuerlein, ein funfzigjähriger Mann, der mir sehr die Cour macht, weil er sich nach seiner jungen Frau sehnt und deshalb gern nach Kiel versetzt werden möchte; Oberarzt Georg Weber, ein Demokrat vom reinsten Wasser, wie die Zeitungen sagen, aber ein gescheuter, ehrlicher Mann und geschickter Arzt. Er hat mich freilich gestern bei einer Amputation in den Finger geschnitten, es ist aber schon wieder heil. Der preußische Stabsarzt Wagner mit drei Assistenten gehört auch zu meinem Stabe, ein sehr eifriger, fleißiger Mann. Zwei seiner Assistenten sind Berliner Professoren-Söhne, Hecker (jetzt Professor der Geburtshülfe in München) und Wagner (der im großen Kriege gestorbene Professor der Chirurgie in Königsberg), sehr vorzügliche junge Männer. Vom 7. bis 29. Mai hatte ich hier den mecklenburgischen Oberarzt Dr. Stahl und vom 7. bis 22. den preußischen Oberstabsarzt Dr. Loeffler, Beide sehr vorzügliche Militairärzte, die sich auf einige Wochen von ihren Truppentheilen Urlaub verschafft hatten, um hier etwas Kriegschirurgie zu treiben. Vor einigen Tagen gab ich meinen ärztlichen Kameraden eine kleine Soirée, bei der es sehr heiter zuging.

Dein Wunsch, ich möge einmal später als Generalstabsarzt nach Hannover berufen werden, freut mich insofern, als er beweist, daß es Dir dort gut gefallen hat, aber ich hänge zu sehr an der akademischen Carriere, als daß ich die militairische für die Dauer wünschen könnte. Außerdem wird mich König Ernst August noch weniger in Hannover, als in Göttingen haben wollen. Er vergißt es Keinem, daß er einmal seine Dienste verlassen hat. Ich bin ihm jetzt sehr dankbar, daß er mich in Göttingen nicht wollte, ich hätte ja sonst diesen Krieg nicht mitgemacht. Es hat meinem Herzen wohlgethan, daß ich den Hannoveranern nach dem Gefechte bei Ulderup so viele Aufmerksamkeit schenken konnte. Das war die beste Satisfaction für die unhöfliche Behandlung in Hannover gelegentlich der Göttinger Vocation.

Das Wetter ist abscheulich, ich bedauere es jetzt doppelt, weil ich mich hoch zu Roß der Schönheit der Gegend mehr als im Wagen erfreuen könnte, wo man durch die hohen Hecken gestört wird.

Kolding, 4. Juli 1849.

Nachdem ich heute bei dem General zu Tische gewesen, gab ich hier nach meiner Rückkehr sogleich Befehl, am folgenden Tage alle transportabeln Patienten von hier und Christiansfelde nach dem Süden zu schicken. Ich brachte die Ueberzeugung mit zu Hause, daß wir uns auf einen heftigen Ausfall der Dänen gefaßt machen müßten. Die Communication zwischen der Insel Fühnen und Friedericia war in den letzten Nächten ungewöhnlich lebhaft gewesen, man hatte auch Cavallerie überschiffen sehen. Der General wollte es nicht glauben. Ich hörte ihn selbst am Tische sagen: Man will mich glauben machen, es sei auch Cavallerie übergesetzt, aber es wird wohl

Schlachtvieh gewesen sein mit berittenen Ordonnanzen. Was mich besonders zu der Ueberzeugung gebracht hat, ein Ausfall müsse nahe bevorstehen, war die Nachricht, daß in einer der nächsten Nächte die am weitesten nördlich gelegene von unseren Batterien mit Geschützen versehen werden sollte. Dies können die Dänen nicht leiden, denn diese Geschütze würden die Communication mit Fühnen unterbrechen. Durch diese Verbindung allein hält sich Friedericia.

Christiansfelde, 7. Juli 1849.

Die schleswig-holsteinische Armee ist gestern bei Friedericia von dem ganzen dänischen Heere angegriffen und zurückgeworfen worden mit großem Verluste an Todten und Verwundeten, unter denen sich auch Major von Woringen befindet, dem ich das Bein über dem Knie habe abnehmen müssen. Er wollte durchaus nicht in dänische Gefangenschaft fallen, so mußte ich ihn mit nach Christiansfelde nehmen, wohin ich mich zurückgezogen habe in Begleitung eines langen Zuges von transportabeln Verwundeten.

Christiansfelde, 8. Juli 1849, 8 Uhr Morgens.

Der Major von Woringen ist so eben gestorben. Da Du von diesem traurigen Ereignisse der Familie Nachricht geben wirst, so theile ich Dir Alles mit, was ich über seine letzten Lebenstage weiß. Am 6. Juli erfolgte der Ausfall der Dänen $1\frac{1}{2}$ Uhr Morgens. Das Bataillon des Herrn von Woringen war eins der ersten, die ins Gefecht kamen. Er wurde verwundet, während er eine weichende Compagnie wieder gegen den Feind führte, hielt sich aber noch eine halbe Stunde zu Pferde, eine heldenmüthige Anstrengung, da sein linkes Kniegelenk zerschmettert war. Um 10 Uhr Morgens ungefähr kam er nach Kolbing, wo er mich rufen ließ. Nachdem ich seine Wunde untersucht hatte, erklärte ich ihm, daß die Abnahme des Beins erforderlich sei, womit er sofort zufrieden war und die er mit Hülfe von Chloroform leicht und schmerzlos überstand. Während ich mit ihm beschäftigt war, kam die Nachricht, daß Kolding schnell geräumt werden müsse, da die Dänen nur noch eine Stunde davon entfernt wären. Herr von Woringen, der um keinen Preis in die Hände derselben fallen wollte, ließ sich deshalb nach Christiansfelde transportiren, begleitet von einem Diener und einem Oberkrankenwärter. Sein Wagen fuhr hinter dem meinigen. Auf der Mitte des Weges fing die Wunde an etwas zu bluten, ich legte ihm deshalb ein Tourniquet an. In Christiansfelde, wo wir um 2 Uhr ankamen, verschaffte ich ihm gleich eine Wohnung bei sehr guten Leuten. Bei Erneuerung des Verbandes zeigte es sich, daß die Blutung aufgehört habe. Sie war vermuthlich aus dem Knochen gekommen, aus welchem bei der Amputation eine Arterie hervorspritzte.

Den Nachmittag und die darauf folgende Nacht verbrachte er sehr ruhig und größtentheils in sanftem Schlummer, so daß ich gestern Morgen Hoffnung für die Erhaltung seines Lebens zu schöpfen anfing. Gegen Mittag verschlimmerte sich sein Zustand, er wurde von Erbrechen befallen, welches aller angewandten Mittel ungeachtet nicht zu stillen war und mit einigen Unterbrechungen bis zu seinem Tode anhielt. Von seiner Wunde hatte er keine Schmerzen, aber das beständige Erbrechen war sehr quälend. Er benahm sich während dieser Leiden mit dem gleichen Heldenmuthe, wollte seiner Familie selbst schreiben, war dazu aber nicht fähig. Er wird nun auf dem schönen Kirchhofe in Christiansfelde beerdigt werden, wo schon so viele unserer tapferen Krieger begraben liegen. Die Dänen sollen gestern in Kolding eingerückt sein. Von der schleswig-holsteinischen Armee sind wir getrennt und ohne sichere Nachrichten, aber gedeckt durch Reichstruppen, welche zwischen hier und Kolding stehen. In einigen Stunden gehe ich nach Habersleben, denke aber in der Nacht wieder zurückzukehren.

Hadersleben, 11. Juli 1849.

Seit dem 9. bin ich hier, wo in sieben Hospitälern über vierhundert Verwundete liegen. Schon am 8. wollte ich von Christiansfelde aufbrechen, bekam aber einen Anfall meiner alten Leberschmerzen und schickte deshalb Dr. Esmarch und Dr. Harald Schwartz voraus, welche mitten in der Nacht wiederkamen, nachdem sie drei Gelenkresectionen gemacht und sich überzeugt hatten, daß noch viel zu thun sei. Ich werde meinen Wohnsitz jetzt in Hadersleben behalten und Christiansfelde von hier aus besuchen. Harald Schwartz weiß sich dort auch allein besser zu helfen, als die hiesigen Aerzte, denen ich noch Succurs verschrieben habe. Generalarzt Niese war hier; während der Schlacht hatte er sich der Verwundeten angenommen und war dadurch auf die Straße nach Kolding gerathen, während die Armee sich auf Veile zurückzog. Da die Straße nach Veile jetzt wieder frei ist, so habe ich ihn veranlaßt, sich ins Hauptquartier zu begeben. In einigen Tagen wird hier die schöne große Kirche zum Hospitale eingerichtet sein, dann werden die Patienten es gut haben. Es hat mich nicht wenig Mühe und Ueberredung gekostet, daß sie mir eingeräumt wurde, sie war eben ganz neu hergerichtet worden. Ein Theil des Materials unserer Ambulance, welche halbwegs zwischen Kolding und Friedericia lag, ist in die Hände der Dänen gefallen, darunter auch die schönen Sachen aus Osnabrück, welche nun den Verwundeten zu Gute kommen, die in dänische Gefangenschaft gefallen sind. An deutschen Aerzten wird es ihnen nicht fehlen, die mit in Gefangenschaft gerathen sind. Sie mögen viele Arbeit haben, ich fürchte, es liegen viele schwer Verwundete in Friedericia, die Anzahl derselben ist verhältnißmäßig nicht so groß, wie nach anderen Gefechten, wenngleich an sich bedeutend genug.

Deines Vaters Sendschreiben an seine Mitbürger habe

ich mit wahrer Bewunderung gelesen. Daß ein fast neunzigjähriger Mann noch mit solcher Kraft und Klarheit schreibt, daß seine patriotischen Worte solchen Eindruck machen, um binnen wenigen Tagen drei Auflagen der Schrift nöthig zu machen, ist gewiß ein seltener Triumph des menschlichen Geistes. Ich kann mir wohl denken, daß Ihr Damen es nicht gern seht, wenn der Vater sich die revolutionären Kämpfe seiner geliebten Vaterstadt so zu Herzen nimmt, aber ich rathe Euch, laßt ihn gewähren, widersprecht ihm nicht und sucht ihn nicht durch Andere zu beeinflußen. Es hilft Euch nichts, weil er Recht hat. Ich würde an seiner Stelle eben so fühlen und handeln, auch wenn ich darüber zu Grunde ginge. Es wäre gut, wenn Banks bald käme, der ihm durch sein ruhiges Wesen so wohl thut. Sage doch Deinem Papa, wie sehr ich mit ihm übereinstimme und der Hoffnung lebe, daß die gute Sache siegen werde. Das Einfachste würde sein, wenn der König von Preußen die Constituante zum Teufel jagte, und so wird es schließlich wohl kommen.

Hadersleben, 19. Juli 1849.

Ich freue mich, daß Schwager Banks und Frau wieder in Hamburg sind, so kannst Du nach Kiel zurückkehren, ohne Deine Eltern allein zu lassen. Banks wird vermuthlich bald wieder nach Berlin zurück müssen, aber Deine Schwester zieht es hoffentlich vor zu bleiben. Es giebt hier noch viel zu thun, eine schwere Operation folgt der andern, ich ernte jetzt aber schon, was ich im Anfange des Feldzuges gesäet habe, die jungen Aerzte operiren so gut, daß ich nicht nöthig habe, meine Hände beständig preiszugeben. Du erkennst dies hoffentlich an meiner Handschrift, die nach den ersten Gefechten immer viel zu wünschen übrig ließ. Am 16. hat ein Theil der Verwundeten die schöne Kirche bezogen, sie sind glücklich darüber, weil sie aus überfüllten Räumen erlöst wurden. Die

Kirche mit ihrer ganz neuen Ausstattung ist vermuthlich jetzt das schönste Hospital im Lande. Ich hatte das Vergnügen, sie dem Herzog von Koburg zeigen zu können. Die guten Schleswig-Holsteiner verdienen es, daß man auf jede Weise für sie sorgt. Ihre Tapferkeit im Kampfe, ihre Geduld im Leiden sind bewunderungswürdig. Nie wird man mit unnützen Klagen behelligt, Jeder freut sich, wenn er dem Arzte sagen kann, daß es ihm gut gehe.

Gestern Abend war Generalarzt Klatten hier, mit dem ich in Kolding zusammentreffen wollte, das ist nun nicht nöthig. Er befragte mich zuerst im Auftrage des Obergenerals, warum die Patienten von Hadersleben weiter nach dem Süden geschickt worden wären, obgleich er vor einigen Wochen befohlen habe, daß dies nicht geschehen solle. Ich sah ihn zuerst ganz erstaunt an und ersuchte ihn dann, Seine Excellenz daran zu erinnern, daß wir bei Friedericia sehr viele Verwundete gehabt hätten, deren Zahl noch nicht genau feststehe, aber so bedeutend sei, daß die retrograde Bewegung der Patienten sich bis Altona fühlbar gemacht habe. Er befragte mich dann, auch in höherem Auftrage, über einige schleswig-holsteinische Aerzte, welche er zur Ordensertheilung vorschlagen wollte. Nach dem am 10. zwischen Preußen und Dänemark abgeschlossenen Waffenstillstande, der hier gerüchtsweise am 13., seinem Wortlaute nach am 14. bekannt wurde, kannst Du Dir denken, wie die Stimmung der Schleswig-Holsteiner jetzt sein möge. Die Zeitungen werden sie nicht verschweigen. Für Deine Sendungen von jungem Gemüse bin ich Dir sehr dankbar. Hätten wir die erste, welche in Kolding am 5. Juli eintraf, nicht dort zurückgelassen, so wäre bei mir die Krise am 8. vermuthlich gar nicht eingetreten. Mit dem Pferde bin ich sehr zufrieden und reite täglich.

Haderslebcn, 29. Juli 1849.

Deinen ersten Brief aus Kiel habe ich heute erhalten. Es scheint fast, als habest Du das bequeme Leben und das viele Politisiren nicht mehr aushalten können. Hoffentlich werden wir bald wieder mit einander vereinigt, in etwa vierzehn Tagen werden die Patienten hier und in Christiansfelde so weit sein, daß sie meiner nicht mehr bedürfen. Oberarzt Hermann Schwarz, den ich nach Veile geschickt hatte, um sich nach den dort liegenden schleswig-holsteinischen Verwundeten umzusehen, hat uns von den neunzig dort liegenden, siebzig zugeschickt und die nicht transportabeln, preußischen Aerzten übergeben. General von Bonin war am 25. hier und ließ sich von mir in allen Hospitälern umherführen. Er sprach wie früher freundlich mit den Verwundeten; seine gereizte Stimmung kam aber einmal zum Vorschein, als er mehrere verwundete Dänen fand und sagte: „Die hätten wir doch wohl in Kolding lassen können." Ich erwiederte ihm blos, daß sie schon vor der Schlacht nach Hadersleben geschickt wären, ohne hinzuzufügen, daß es am 5. Juli in sicherer Erwartung des Ausfalls geschehen sei. Bonin muß sich große Vorwürfe machen. Hätte er auf die warnenden Stimmen seiner einsichtsvollsten Officiere gehört, so würde er vielleicht einen glänzenden Sieg errungen haben, wenn auch nicht unter den Mauern von Friedericia. Wie die Officiere sagen, mußte er seine weit auseinanderliegenden Truppen zusammenziehen, weiter rückwärts Stellung nehmen und die Batterien aufgeben, nachdem sie das ihrige gethan, die Ausfallsthore von Friedericia zu bombardiren. Man weiß es sich nicht zu erklären, warum er von alledem nichts gethan hat und meint, er sei confus geworden, nachdem er schließlich selbst zu der Ueberzeugung gekommen war, die ganze dänische Armee sei in Friedericia bereit, über ihn herzufallen. Ich hatte kürzlich Gelegenheit, den Obersten von Gersdorff zu sprechen, der mir ein am 5. Abends mit Bleistift geschriebenes Billet des Stabschefs Hauptmann von Blumenthal zeigte, des Inhalts: „Der General will nicht hören, morgen werden wir Alle klüger sein!" Ich habe den General von Bonin um den Befehl gebeten, mich nach Fühnen und Alsen zu begeben, um die dort liegenden schleswig-holsteinischen Verwundeten zu besuchen. Er versprach mir Erkundigungen einzuziehen, ob dies ausführbar sein werde. Sollte ich diesen Auftrag erhalten, so würde ich nach dessen Erledigung von Alsen gleich nach Kiel gehen. Die Sache der Herzogthümer halte ich für verloren, seitdem die Großmächte, namentlich Preußen, sich davon losgesagt haben. Wir rüsten jetzt wieder, um die Verluste zu decken, welche die Armee bei Friedericia erlitten hat, wo sie den fünften Theil ihrer Mannschaft einbüßte. Es geschieht der Ehre wegen und um beim Friedensschlusse ein kleines Gewicht damit in die Wagschale zu legen. Dies ist die Ansicht der beiden Statthalter, Reventlow und Beseler, welche am 20. mit dem General von Bonin in Kolding unterhandelten. Ich bezweifle fast, daß es nochmals zum Kriege kommt, da die Großmächte ihn leicht verhindern können, wenn sie wollen. Aber in unserer Zeit kann man nicht vierundzwanzig Stunden vorher wissen, was geschehen wird. Gestern war mein schönes Pferd in Gefahr, gestohlen zu werden. Ein jütländischer Bauer hatte es aus dem Stalle gezogen, und war im Begriff, sich damit aus dem Staube zu machen, als unsere Diener es bemerkten. Sie holten ihn auf dem Marktplatze wieder ein, rissen ihn herunter und prügelten ihn gehörig durch.

Hadersleben, 3. August 1849.

Heute war der Obergeneral von Prittwitz hier. Ich machte ihm in Begleitung des Generalarztes Klatten meinen Besuch. Er schien sehr niedergeschlagen und erzählte mir mit Thränen in den Augen, daß er in Christiansfelde die Verwun=

deten besuchen wollte, es aber unterließ, weil der Commandant ihm sagte, sein Besuch werde die Kranken zu sehr aufregen, da sie geäußert hätten, er wolle sich seine Schlachtopfer wohl einmal ansehen. Er dauerte mich, für Bonin's Unvorsichtigkeit kann man ihn doch nicht verantwortlich machen! Ich trennte mich von ihm in gutem Vernehmen, ebenso von Generalarzt Klatten, dem ich nur nachrühmen kann, daß er sich mir gegenüber stets zuvorkommend und hülfreich gezeigt hat. Jetzt, wo die schwerste Arbeit hinter mir liegt, führe ich hier ein ganz angenehmes Leben im Kreise tüchtiger Collegen, zu denen die beiden Civilärzte Dr. Hansen und Dr. Marcus, so wie die Oberärzte Franke, Hermann Schwartz, Goeze und Dohrn gehören. Wir kommen jeden Abend in ganz gemüthlicher Weise zusammen. Die Schleswig-Holsteiner haben außer ihrer Tüchtigkeit im Allgemeinen viel Talent für die Heilkunst, einen Humor, der mir zusagt und den meinigen belebt. Heute gaben mir die Collegen ein Diner; wir wurden aber leider schon bei der Suppe durch einen blutenden Patienten gestört. Morgen gehe ich, bald zum letzten Male, nach Christiansfelde und komme Abends zurück. Auf baldiges Wiedersehen!

Hadersleben, 11. August 1849.

Morgen denke ich von hier abzureisen; da ich aber in Flensburg und Schleswig Hospitäler inspiciren muß, so werde ich erst in fünf bis sechs Tagen bei Euch eintreffen. Die Patienten von Christiansfelde und Hadersleben lasse ich in guten Händen; am 7. war der liebenswürdige Dr. Wagner jun. hier, um Abschied von mir zu nehmen, nachdem der letzte seiner Patienten in Kolding gestorben war. Die Reise nach Fühnen und Alsen habe ich aufgeben müssen, General von Bonin war zu der Ueberzeugung gelangt, daß die Dänen mich nicht zulassen oder mich insultiren würden, wenn sie mich zuließen.

Mein erster Feldzug wäre also beendigt! Hätte derselbe

nicht durch die Schlacht von Friedericia und den Waffenstill=
stand vom 10. ein so trauriges Ende genommen, so würde ich
sehr zufrieden damit sein. Ich konnte unter einem klugen,
feingebildeten General meine ärztliche Wirksamkeit ungestört
entfalten. In anderen deutschen Heeren ist dies kaum möglich,
weil sich der Observanz nach, die Thätigkeit der höheren Mi=
litairärzte auf das Einsammeln von Rapporten beschränkt.
Sie führen dabei ein ganz bequemes Leben, können ihre Ge=
schäfte auf dem Zimmer abmachen und brauchen nur auszu=
gehen, um mit dem General zu Mittag zu speisen. Dabei ver=
lieren sie zuletzt die Befähigung für die rein ärztlichen Geschäfte.
Es wurde mir, wie Du weißt, freigestellt, eine ähnliche Rolle
im Hauptquartier des Obergenerals zu übernehmen, weil ich
in meinen Epauletten zwei Sterne trug und der preußische
Generalarzt keinen. Glücklicherweise schien mir dieser Grund
nicht ausreichend, und jeder von uns Beiden kam an den richti=
gen Platz. Vermuthlich habe ich auf dem meinigen die in=
teressanteste Periode meines Lebens durchgemacht, wenn nicht
andere nachkommen. Ich kann nicht sagen, daß ich dies jetzt
gerade wünsche, mit Vergnügen denke ich an die idyllischen
Zeiten von Hannover, Erlangen und Freiburg zurück. Die
chirurgischen Resultate, obgleich nicht arm an wissenschaftlicher
Ausbeute, ließen viel zu wünschen übrig. Die Verwundeten
mußten fast immer auf holprigen Wegen weit transportirt
werden und kamen nach der Schlacht von Friedericia in Lo=
cale, die schon lange von anderen Verwundeten benutzt waren.
Mit den jüngeren Aerzten stand ich immer im besten Einver=
nehmen, obgleich ich ihnen mit meinen Ansichten oft durch den
Sinn fahren mußte, bis sich eine gewisse Harmonie der Grund=
sätze herausstellte. Ich gewann ihre Herzen dadurch, daß ich
gar keinen Werth darauf legte, selbst zu operiren, sondern
Andere operiren ließ, nicht um ihnen Vergnügen zu machen,

sondern weil es sich so gehört. Der Generalstabsarzt kann nicht überall sein, um zu operiren, wo es nöthig ist, um so weniger, als baldiges Operiren einer der ersten wichtigsten Grundsätze ist. Außerdem interessiren sich die Aerzte viel mehr für die, welche sie selbst operirt haben, als für die von Andern Operirten. Ich hoffe mit meinen Jüngern auch während des Waffenstillstandes in regem Verkehr zu bleiben. Hier in Hadersleben erwachte bei mir der Gedanke, nächsten Winter Mittheilungen schleswig-holsteinischer Aerzte aus den Feldzügen von 1848 und 1849 herauszugeben, deren Hauptzweck es sein soll, die hier gewonnenen Grundsätze zu besprechen und der allgemeinen Kritik zu unterwerfen.

Deinen letzten Brief an mich hoffe ich in Schleswig unter der Adresse Oberarzt Kirchner zu erhalten.

Waffenstillstand vom 10. Juli 1849 bis zum 14. Juli 1850.

Nach meiner am 16. August 1849 erfolgten Rückkehr erfreute ich mich zunächst an dem lange entbehrten Zusammensein mit meiner Familie und an dem befriedigenden Gefühle, daß ich durch den Feldzug mit einem Male Land und Leute kennen und lieben gelernt hatte, so daß ich alles das weniger hoch anschlug, was mir auf den ersten Anblick mißfallen hatte. So mißlich es auch um die Sache der Herzogthümer aussah, um meine eigene Zukunft machte ich mir keine Sorgen. Ich glaubte recht gehandelt zu haben, indem ich eine Stelle einnahm, für die man meiner bedurfte, wo ich mich nützlich gemacht hatte, nicht blos für die kleine schleswig-holsteinische Armee, sondern auch für die 80,000 Mann Reichstruppen, deren Patienten größtentheils von schleswig-holsteinischen Aerzten behandelt wurden. Unsere Hospitäler mit 14,000 Betten erstreckten sich von Altona bis Kolding.

Am 2. September nahmen die beiden Statthalter und

der commandirende General ihren Wohnsitz in Kiel; die öfteren Reisen nach Schleswig, welche mich im ersten Winter so viel Zeit gekostet hatten, fielen damit weg. Während des Waffenstillstandes trat das Herzogthum Schleswig unter die Verwaltung eines preußischen und eines dänischen Commissairs, der Norden des Landes wurde von norwegischen, der Süden von preußischen Truppen besetzt. Während der Herbstferien suchte ich mir die chirurgische Klinik etwas mehr nach meinem Sinne einzurichten. Von ihren siebzig Betten cassirte ich zwanzig wegen augenscheinlicher Ueberfüllung. Ich ließ die Beine der Bettstellen um vierzehn Zoll erhöhen; so wie ich sie fand, konnte ich nur knieend untersuchen. Ich las im Winter ein Publikum über Schußwunden, wobei mir die aus dem Felde mitgebrachten Knochen-Präparate sehr gute Dienste leisteten. Dr. Esmarch hatte sie in einem Blechkasten bei Operationen und Sectionen gesammelt. Ein trefflicher junger Militairarzt, Dr. Käftner (welcher später mein Assistent wurde und jetzt in Bordesholm bei Kiel als praktischer Arzt lebt), hatte sie getrocknet und mit Etiquetten versehen. Ich hatte auch eine reiche Sammlung ausgezogener Projectile angelegt, sie wurde mir aber in Hadersleben gestohlen; ich kannte den Dieb, wollte ihn aber nicht verfolgen.

In den Weihnachtstagen gingen Frau und Kinder wieder nach Hamburg, ich konnte sie aber nicht begleiten, weil die Vorbereitungen zum nächsten Feldzuge meine Anwesenheit im Hauptquartiere nöthig machten. Zu diesen gehörte auch eine Abhandlung über Schußfracturen, welche ich zu schreiben beschlossen hatte, nachdem ich mich überzeugt, daß der in Hadersleben entworfene Plan gemeinschaftlicher Mittheilungen nicht leicht ausführbar sein werde. Ich dictirte dieselbe einem jungen Mediciner und corrigirte sie mit großer Sorgfalt, zuerst im Concept und dann in einer Reinschrift. Diese in mein Handbuch der Chirurgie aufgenommene Arbeit enthält die Quintessenz von mehr als 2000 Beobachtungen über Schußwunden, welche ich 1848 in Freiburg und 1849 im Felde gemacht hatte, sie giebt schon die Grundzüge der in meinen Maximen der Kriegsheilkunst weiter bearbeiteten Lehren. Ich habe sie jetzt nach langer Zeit einmal wieder gelesen. Gegen das Ende derselben scheint mir ihre Haltung nicht so entschieden und umsichtig, zum Beispiel bei den Schußfracturen des Unterschenkels und des Fußes. Meine Kräfte hatten mich allmählich verlassen; ich erinnere mich noch recht gut, daß ich mich immer mehr zusammennehmen mußte, um spät Abends, wenn andere Leute zu Bett gingen, über Schußfracturen dictiren zu können. Ich stand vor einer Krisis, welche nur noch einiger Stöße bedurfte, um einzutreten.

Der Tod meines Schwiegervaters, des Bürgermeisters Johann Heinrich Bartels in Hamburg, am 1. Februar 1850.

Am 29. Januar 1850 kam die Nachricht der Erkrankung meines Schwiegervaters, welche meine Frau und mich veranlaßte, gleich nach Hamburg aufzubrechen. Wir fanden ihn an einem Lungenkatarrh leidend, den er sich auf einem seiner gewöhnlichen anderthalbstündigen Spaziergänge bei sechszehn Grad Kälte zugezogen hatte. Ein sanfter Tod beendigte am 1. Februar 1850, Abends 8 Uhr, sein thatenreiches Leben. Er war am 20. Mai 1761 in Hamburg geboren, also fast neunundachtzig Jahre alt geworden. Sein Vater war der Kaufmann und Zuckerfabrikant Claes Bartels am Kehrwieder. Dieser hatte sich, mit geringen Mitteln anfangend, durch Fleiß zu großer Wohlhabenheit emporgearbeitet, durch scharfen Verstand und genaue Bekanntschaft mit Hamburger Gesetzen das Ehrenamt eines Präsidenten des Collegiums der Oberalten erworben. Aus seiner ersten Ehe mit dem einzigen Kinde eines angesehenen Geistlichen, Pastor Seeland, waren sieben Kinder entsprungen, unter welchen Johann Heinrich das zweitgeborene war. Nach vierzehnjähriger Ehe starb 1764 die erste Frau. Nach Jahr und Tag gab Claes Bartels seinen Kindern eine zweite gute Mutter durch seine Heirath mit der Wittwe Maria Beata Meyer, geb. Kroon, welche ihm aus ihrer ersten Ehe fünf Kinder mitbrachte, so daß ihrer ein ganzes Häuflein in dem Hause am Kehrwieder zusammenkam. Johann Heinrich Bartels wurde der Liebling seiner Stiefmutter, welche er bis zu ihrem 1797 erfolgten Tode wie eine wahre Mutter geliebt und geehrt hat. Seine vorzüglichen Geistesgaben hatte der Vater früh erkannt und ihn zum Studiren bestimmt. Seine Schulbildung erhielt er theils durch den Pastor Alers zu Rellingen in Holstein, einen Mann von feiner Sitte und Bildung, bei dem er vier Jahre zubrachte, theils auf dem Gymnasium in Hamburg. Ostern 1780 bezog er die Universität Göttingen, wo er vier Jahre lang Theologie studirte, zu welcher ihn frühe Jugendeindrücke geführt hatten, zugleich aber Geschichte, Literatur, Kunstgeschichte und Archäologie mit großem Eifer trieb. In Göttingen wurde er Freimaurer und schon während seiner Studien noch Meister. Im Herbste 1784 machte er sein Candidaten-Examen und predigte einige Male in Hamburg, übernahm dann aber gleich die Stelle eines Hofmeisters bei einem reichen jungen Engländer, John Ives, der unter seiner Aufsicht die Welt sehen sollte. Sie lebten fast ein Jahr zusammen in Frankfurt am Main, mit Vorbereitungen zu einer italienischen Reise beschäftigt. Es zeigte sich dort schon, daß mit dem jungen Wildfang nicht viel anzufangen sein werde. Im September 1785 gingen sie nach Venedig, wo Bartels seinen Universitätsfreund Dr. Heeren, den späteren Professor der Geschichte in Göttingen, wiederfand. Dieser war es, welcher ihn in dem Hause eines angesehenen Kaufmannes, von Reck, einführte und es mit ansehen mußte, daß er sich nach einem vierwöchentlichen Aufenthalte mit der ältesten Tochter des Hauses, Regina von Reck, verlobte. Heeren selbst war nicht so glücklich in seinen Bemühungen um die zweite Tochter, Marietta, zum Heil für Bartels, denn es war Gottes Wille, daß nicht Regina, sondern Marietta die Seinige werden sollte; Regina starb 1790 am Typhus. Eine während ihrer Krankheit angefangene Correspondenz der Schwester Marietta mit Bartels machte auf diesen solchen Eindruck, daß er sich später um ihre Hand bewarb und mit ihr verlobte. Es hatte sich in Venedig auf dem Speicher des von Reck'schen Hauses am Canale grande ein schönes Oelbild meiner Schwiegermutter erhalten, welches erst vor wenigen Jahren in unsere Hände gelangt ist, worin sie als achtzehnjährige Jungfrau sehr zart und reizend erscheint.

Nach einem viermonatlichen Aufenthalte in Florenz trennte sich Bartels von seinem Zöglinge und setzte seine Reise durch Italien und Sicilien auf väterliche Kosten fort. Im Mai 1787 kam er nach Hamburg zurück und eröffnete dort den Seinigen, daß er die Theologie nicht ferner als seinen Lebensberuf ansehen könne und noch Jura studiren wolle. In diesem Wendepunkte seiner Geschichte stand ihm die Stiefmutter treulich bei, indem sie den Vater für des Sohnes Wünsche zu gewinnen wußte. Der Vater beruhigte sich mit dem Gedanken, daß es göttliche Fügung sei, die den Sohn auf Reisen und zu anderen Lebensanschauungen geführt habe. Bartels ging wieder nach Göttingen, um dort drei Jahre die Rechte zu studiren, fing aber auch die Herausgabe seiner berühmten Briefe über Calabrien und Sicilien an, welche in drei Bänden von 1787 bis 1792 erschienen. Am 6. April 1790 bestand er in Göttingen das juristische Doctorexamen und ließ sich dann als Advocat in Hamburg nieder, wo er sich bald hervorthat und

Ruf erwarb durch eine im Auftrage großer Kaufleute unternommene Reise nach Warschau, indem er durch juristische Kenntnisse und diplomatische Gewandtheit bedeutende Geldinteressen glücklich vertrat.

Ende Sommers 1792 ging er nach Venedig, um seine Braut heimzuführen. Sein Freund Dr. juris Abendroth, welcher ihn begleitete, gewann das Herz des jüngsten Fräulein von Reck, Johanna; die Hochzeit meines Schwiegervaters fand am 16. September, die Dr. Abendroth's im October statt. Diese Heirathen waren keine Geldspeculationen; in Venedig wurden selbst in reichen Häusern die Töchter mit einer anständigen Aussteuer abgefunden. Die jetzt noch übrige mittlere Reck'sche Tochter, Cattina, heirathete bald darauf den Bürgermeister von Memmingen, Herrn von Grimmel. Die beiden Hamburger Freunde kehrten mit ihren jungen Frauen Ende des Jahres nach Hamburg zurück. Sie hatten Beide das Glück, 1842 als Bürgermeister von Hamburg ihre goldene Hochzeit zu feiern, ein Ereigniß, welches der Senat dadurch feierte, daß er eine schöne Medaille, die Köpfe der beiden Ehepaare darstellend, prägen ließ. Mein Schwiegervater scheint unter fünf Brüdern und zwei Schwestern allein die robuste Constitution seines Vaters geerbt zu haben, die meisten folgten schon frühe ihrer Mutter, und keiner außer dem Bürgermeister erreichte ein hohes Alter.

Am 23. November 1798 wurde Bartels zum Senator erwählt, acht Jahre nach seiner Niederlassung in Hamburg. Bei seiner ersten Ansprache an die versammelte Bürgerschaft hatte sein eigener Vater als präsidirender Oberalter die Aufgabe, dieselbe zu beantworten. Dies gab am 11. April 1799 die Veranlassung zu einer ergreifenden Scene, in welcher der Sohn seinem Vater nachrühmen konnte, daß er ihm die ersten Keime der Liebe zu einer Verfassung verdanke, welcher er in Zukunft alle seine Kräfte zu widmen fest entschlossen sei. Er endigte mit den Worten: „Sollte ich künftig meinen Mitbürgern nützlich, meiner Vaterstadt förderlich sein können, so ist dies nicht mein Verdienst, nein, es ist ein neuer Zweig in der Bürgerkrone, welche das Haupt dieses ehrwürdigen Greises ziert." Die Erwiederung des Vaters bestand darin, daß er den Sohn zum Ausharren ermahnte und die phrophetischen Worte hinzufügte: „Ich weiß es, dieser Zuspruch wird thatkräftig befolgt werden."

Claes Bartels starb am 7. März 1806, achtundsiebzig Jahre alt, zur rechten Zeit, um nicht alle das Elend zu erleben, welches die Franzosen von 1806 bis 1814 über Hamburg brachten. Bis 1810 behielt Hamburg seine alte Verfassung, wurde aber durch Contributionen ausgesogen, während sein Handel durch Napoleon's Continentalsperre gelähmt war, dann wurde es Frankreich annectirt. Unter der französischen Herrschaft übernahm Bartels die Stelle eines Präsidenten an einem der Gerichtshöfe; die Hamburger Patrioten waren einsichtsvoll genug, sich nicht zurückzuziehen und dadurch minder gut Gesinnten Platz zu machen. Im Jahre 1811 mußte er mit seinem Freunde Abenbroth und dem spätern Oberalten Georg Knorre nach Paris reisen, um bei der Taufe des sogenannten Königs von Rom gegenwärtig zu sein und dem dämonischen Kaiser vorgestellt zu werden. Die schlimmste Zeit brach über Hamburg ein, als der deutsche Patriotismus dort 1812 und 1813 zu früh erwachte, während die Franzosen noch im Stande waren, Rache zu üben. Bei der Annäherung des russischen Obersten von Tettenborn hatte sich am 12. März 1813 die französische Besatzung von Hamburg auf das linke Elbufer zurückgezogen, aus Besorgniß, durch den äußern Feind und durch innere Unruhen bedrängt oder abgeschnitten zu werden. Bartels mußte in Begleitung von Georg Knorre am

17. März dem Obersten von Tettenborn bis Bergedorf entgegenreisen, um mit ihm zu unterhandeln. Mein Schwiegervater war der Ansicht, daß Tettenborn Hamburg besetzen solle, ohne daß dessen Bürger sich durch auffallende Kundgebungen der Rache der Franzosen preisgäben. Dieser folgte aber den Eingebungen heißblütiger Patrioten, unter denen Herr von Heß eine hervorragende Rolle spielte, und verlangte, daß Hamburg sich von der französischen Herrschaft lossagen solle. In der Nacht vom 17. auf den 18. März wurde der Hamburger Senat wieder eingesetzt. Heß hatte eine Partei für den Gedanken gewonnen, Hamburg solle sich in diesem kritischen Augenblicke eine ganz neue Regierung geben, an welcher Bartels theilnehmen sollte, aber dieser wußte durch seine Beredsamkeit in jener Nacht diesen übereilten Schritt zu verhindern. Als Tettenborn am 18. in Hamburg einzog, fand er das alte Regiment wieder hergestellt. Seine Ankunft erregte unermeßlichen Jubel, man glaubte, daß es mit der französischen Herrschaft jetzt für immer zu Ende sei. Hamburg gab durch seine patriotischen Kundgebungen ganz Deutschland ein erhebendes Vorbild. Kampfbegierige Jünglinge eilten in das Lager der Alliirten, die älteren bildeten eine Bürgergarde und übten sich in den Waffen, reiche Gaben flossen von allen Seiten zu. Aber die schönen Hoffnungen jener Tage wurden bald enttäuscht. Tettenborn fühlte sich den am linken Elbufer sich verstärkenden französischen Truppen gegenüber zu schwach und verließ Hamburg am 29. Mai. Am 30. ergab sich die Stadt dem schändlichen französischen Marschall Davoust. Bartels mußte fliehen, weil er auf der Proscriptionsliste stand und begab sich in das Innere von Holstein, getrennt von seiner Familie, welche im Hause seines Freundes, des berühmten Schauspieldirectors Schröder zu Rellingen bei Hamburg, mehrere Wochen zubrachte. Meine Frau erinnert sich noch sehr gut der bei Schröder zugebrachten

Tage und der Familien, welche dort Zuflucht gefunden hatten. Sie bedauert nur, daß man sie zu Bette schickte, wenn der berühmte Mime Abends seinen Gästen vorlas, um sie unter so traurigen Zuständen zu zerstreuen. Die Franzosen konnten Bartels nicht entbehren und riefen ihn zurück. Er übernahm kein öffentliches Amt, aber diente als Vermittler zwischen den Bürgern und ihrem Tyrannen, dessen gierige Forderungen er oft zu mäßigen wußte. Eine Contribution von achtundvierzig Millionen Francs, die Beraubung der Bank mit sieben Millionen Mark Banko, die Vertreibung von dreißigtausend Einwohnern, die Verbrennung eines Hospitals für Sieche und Geisteskranke, der Wohnungen von achttausend Menschen in den Umgebungen von Hamburg, das waren die Thaten der Rache des Scheusals Davoust, dessen verhaßtes Antlitz die Hamburger noch lange sehen mußten, unter allen Entbehrungen und Schrecken einer belagerten Stadt. Erst am 31. Mai 1814 zog Davoust ab und der russische General Graf Bennigsen besetzte Hamburg. Bartels hat dem gesammten deutschen Vaterlande den Dienst geleistet, das Treiben der Franzosen in Hamburg durch seine Schrift: Actenmäßige Darstellung des Verfahrens der Franzosen bei dem durch den Marschall Davoust befohlenen Verbrennen des Krankenhauses zwischen Hamburg und Altona im Jahre 1813 und 1814, Hamburg 1816 (später wieder abgedruckt in den Abhandlungen über Gegenstände der hamburgischen Verfassung), zum ewigen Gedächtnisse auszumalen, zur Abwehr gegen Verräther, welche gleich mit den Franzosen buhlen, wenn sie ihre politischen Ideen nicht durchführen können.

Am 25. Mai 1820 wurde Bartels zum Bürgermeister erwählt und rückte 1834 in die Stelle eines ältesten Bürgermeisters ein.

Im Jahre 1837 hatte der graue Staar bei ihm solche Fortschritte gemacht, daß Dr. Schön ihm das linke Auge und

1838 das rechte operirte mit dem Erfolge, daß Bartels allein gehen und auch schreiben, aber nur wenig lesen konnte.

Im Jahre 1842 stellte das fürchterliche Feuer, welches vom 5. bis 8. Mai die Stadt verheerte, die Kräfte des einundachtzigjährigen Mannes auf eine harte Probe. Drei Tage und drei Nächte lang kam kein Schlaf in seine Augen und er war der Thätigste unter den Thätigen. Diese übermenschliche Anstrengung blieb nicht ohne üble Folgen, er litt ein ganzes Jahr lang an öfteren Schwindelanfällen, welche sich aber bei ruhigerer Lebensweise, indem er sich vom Präsidio zurückzog, ganz verloren, er gewann seine ganze Munterkeit wieder. Noch einmal erhob sich sein kräftiger Geist auf den Schwingen einer unverwüstlichen Vaterlandsliebe, als er 1849 das Sendschreiben an seine vielgeliebten Mitbürger schrieb, von welchem in dem Briefe an meine Frau vom 11. Juli 1849 aus Hadersleben die Rede ist. Schön und rührend sind die Schlußworte, in denen er sagt, es sei wohl das letzte Mal, wo er öffentlich zu seinen Mitbürgern spreche und ihnen dankt für die Liebe und Treue, mit der sie ihm in Freuden und Leiden beigestanden und dafür, daß sie stets auf seiner Seite waren, wo es Hamburgs Wohl betraf.

Der Eindruck, welchen mein vielgeliebter Schwiegervater auf mich machte, war stets der gleiche, von dem Augenblicke an, wo ich ihn am 24. September 1830 auf der Rednerbühne sah, als er die Naturforscher willkommen hieß, bis zum 1. Februar 1850, wo ich an seinem Sterbebette stand. Er war ein ganzer Mann aus einem Gusse, körperlich und geistig gleich glücklich ausgerüstet. Seine ganze Erscheinung war imponirend, durch edle Gesichtszüge und feste Haltung. In seinem kleidsamen Ornate sah er aus wie ein schönes Bild von van Dyk. Seine Stimme war von eigenthümlichem Wohllaut, bei großer Kraft und Biegsamkeit. Wenn man ihn reden hörte, mußte man seiner Meinung sein und fand, daß Niemand sie besser hätte ausdrücken können. Im häuslichen Kreise war er heiter und liebenswürdig, gegen die Frauen hatte er eine ritterliche Galanterie, welche ihm noch in späten Jahren die Herzen gewann. Er haschte nie nach Popularität und war doch der populärste Mann in Hamburg durch seine nie rastende Thätigkeit zum allgemeinen Besten. Es hat mich glücklich gemacht, seinem Kreise anzugehören; mit Ausnahme meines eigenen Vaters habe ich keinen Mann so hochgeachtet, wie meinen Schwiegervater. Trotz der Verschiedenheit unserer Lebensstellung hat er mir zum Vorbilde gedient. Was bei ihm die Anhänglichkeit an Hamburg und dessen alte Verfassung, war bei mir Liebe zur Heilkunst und für die Männer, welche mit lauterm Sinne und klarem Verstande ihre Principien überliefert haben. Der Umgang mit einem so bedeutenden Manne wie Bartels hat mich nicht leichtlebiger gemacht. Ich kam mir oft vor wie Diogenes, der mit der Laterne am hellen Tage nach Menschen sucht und sie nicht finden kann. Gesegnet sei sein Andenken!

Auf dem Nicolai-Kirchhofe liegt er begraben, seine Marmorbüste, von dem Bildhauer Schiller verfertigt, wurde 1848 zur Feier seines funfzigjährigen Rathsjubiläums vom Senate in der Stadtbibliothek aufgestellt. Wahr und ausdrucksvoll sind die Worte mit denen am 3. Februar sein Tod von den Kanzeln verkündigt wurde: „Wie er in seiner länger als einundfunfzigjährigen amtlichen Stellung durch Wort und That zu wirken getrachtet hat, lebt in Aller Andenken fort. Von Gott begabt und begnadigt vor Vielen, hat er in unermüdlicher Hingebung die Fülle seines reinen Herzens, den Reichthum seines Wissens, die Kraft seines Willens dem Gemeinwohl der ihm so theuren Vaterstadt Hamburg zu widmen gestrebt.

„Er war den Seinigen ein liebevoller Gatte und Vater, den Freunden eine Stütze, den Bürgern ein Mitbürger, den Bedrängten und Armen ein Helfer, dem Staate ein treuer Diener, er durfte die Verheißung der Offenbarung des Apostels Johannes mit in das Grab nehmen: Sei getreu bis in den Tod, so will ich dir die Krone des Lebens geben."

Schon im folgenden Jahre starb mein theurer Schwager, Dr. Eduard Banks, Syndicus von Hamburg, der meinem Schwiegervater eine treue Stütze gewesen war. Er stammte aus einer seit 1660 in Hamburg ansässigen englischen Familie und war dort am 28. Februar 1796 geboren, der Sohn eines Kaufmanns. Als Primaner machte er 1813 und 1814 den Befreiungskrieg gegen Frankreich mit und studirte dann die Rechte, zuerst in Göttingen, darauf in Jena, wo er den juristischen Doctortitel erwarb. Nach Hamburg zurückgekehrt, practisirte er als Advocat, bis er 1821 zum Gerichtsactuar in Ritzebüttel ernannt wurde. Im Jahre 1826 wurde er als Senatssecretair nach Hamburg versetzt und 1837 zum Syndicus ernannt. In diesem höheren Staatsamte erwarb er sich Verdienste im Gebiete der Handelspolitik, des Post- und Eisenbahnwesens, so wie nach dem großen Brande von 1842 durch Förderung des Neubaues, der großartigen Sielbauten und Wasserversorgungsanstalten. Nach dem Tode des Syndicus Sieveking (1847) wurde Banks der Vertreter der auswärtigen Angelegenheiten, für welche er seine Befähigung schon früher bei Handelsverträgen und Missionen gezeigt hatte. Noch in demselben Jahre ging er als hamburgischer und freistädtischer Bundestagsgesandter nach Frankfurt. Von einem Ausfluge nach Rom und Neapel zurückgekehrt, riefen ihn bald darauf die Märzereignisse des Jahres 1848 wieder nach Frankfurt. Vom Bundestage zum Bundesgesandten ernannt und von der inzwischen ernannten Reichsverweserschaft als Reichsgesandter bestätigt, wirkte er als erster Repräsentant des gesammten Deutschlands für dessen Interessen in London, sowie im Spätherbst desselben Jahres in Kopenhagen, worauf er dann wieder als hamburgischer Bevollmächtigter in Frankfurt fungirte. Er schlug mehrere Anträge, in auswärtigen Staatsdienst zu treten, aus, um seiner Vaterstadt treu zu bleiben, welche er bei allen späteren Anlässen, beim Fürstencollegium in Berlin, bei dem Erfurter Tage, bei den Dresdener Conferenzen, vertrat. Nach Wiederherstellung des Bundestages trat er dort wieder in Function. Bei einer von Haus aus zarten Constitution, hatten die stürmischen Jahre und fortwährende Geistesanstrengungen zerrüttend auf seine Gesundheit gewirkt. Als ich ihn Ende September 1851 in Frankfurt aufsuchte, fand ich ihn hoffnungslos und rieth ihm, ganz von Geschäften zurückgezogen, am Genfer See zu leben. Esmarch begleitete ihn dahin, um von dort nach Paris zu gehen. Umgeben von seiner Familie, ereilte ihn der Tod in Veytaux bei Vevey am 17. December 1851. Auf dem schönen Kirchhofe von Montreux liegt er beerdigt.

Banks war ein edler, liebenswürdiger Charakter, hochherzig, großmüthig und in seltener Weise anspruchlos, reich an gründlichen Kenntnissen und vielseitiger Bildung. Als Staatsmann vereinigte er redlichen Willen mit Klugheit und Thatkraft bei großer Menschenfreundlichkeit. Als Diplomat verband er die strengste Rechtschaffenheit mit den verbindlichsten Formen.

Am 28. Mai 1822 hatte er sich mit Cäcilie Bartels verheirathet, welche ihm drei Kinder schenkte, zwei Töchter und einen Sohn. Die älteste Tochter ist mit dem trefflichen, als Schriftsteller wohlbekannten Archivar Dr. Otto Beneke in Hamburg verheirathet, die jüngere Cäcilie mit meinem Bruder Carl, Obergerichtsrath in Celle. Der Sohn ist Advocat in Hamburg und Reichstagsabgeordneter. Die Frau Syndica Banks starb siebzig

Jahre alt am 24. März 1869 zu Celle, im Hause meines Bruders, wo sie ihre letzten Lebensjahre zugebracht hatte.

Meine geliebte Schwiegermutter, Frau Marietta Bartels, geborene von Reck, folgte ihrem Gatten am 23. Juli 1852 im Alter von vierundachtzig Jahren. Sie war eben von einem mehrwöchentlichen Aufenthalte in Wohldorf zurückgekehrt, wohin sie meine älteste Tochter Anna, welche sie sehr liebte, begleitet hatte. Sie wurde Morgens beim Ankleiden von einem Schlagflusse befallen, welcher schnell tödtlich wurde. Sie war eine treffliche Hausfrau und Mutter, von ganz originellem Wesen, karg an Worten, aber verschwenderisch an Thaten der Liebe und Freundlichkeit. Sie wußte es Jedem in ihrer Nähe angenehm zu machen, es ging Alles in ihrem Hause seinen einfachen, wohlgeregelten Gang, man hörte nie die Wirthschaft in ihren Angeln knarren. Sie war immer die Vertraute der jüngeren Generationen, weil sie noch in ihren alten Tagen ein jugendlich warmes Herz besaß. Damit hatte sie sich in Hamburg vollkommen eingebürgert und fühlte keine Sehnsucht nach ihrem schönen Vaterlande. Ihre Briefe, welche auf ihren Gatten solchen Eindruck gemacht hatten, waren bis zu ihrem Ende interessant und dadurch ausgezeichnet, daß sie sich wie Tacitus aller unnützen Redensarten und Reflexionen enthielt. Sie war am 1. November 1768 in Venedig geboren.

Meine Erkrankung,
vom 5. Februar bis Ende Juni 1850.

Meine Pflichten riefen mich am 2. Februar zurück nach Kiel, während meine Frau bis nach der Beerdigung ihres Vaters in Hamburg blieb. Es fehlte nicht viel daran, so hätten sich auch für mich die Pforten des Todes geöffnet. Am 4. Februar ließ ich von Dr. Bartels, dem jetzigen Professor der medicinischen Klinik in Kiel, einen offenen Krebs der Brustdrüse operiren, wobei ich ihm assistirte. Der Geruch des Krebsgeschwüres war mir in ungewöhnlicher Weise dabei beschwerlich gewesen. Ich machte dann meine klinische Visite und hielt hinterher einen Vortrag im Auditorio. Während desselben fiel mir wieder derselbe Geruch sehr unangenehm auf und es fand sich, daß das Präparat, mit einem Tuche bedeckt, dicht hinter mir gestanden hatte. Es war mir so schlecht zu Muthe, daß ich abbrechen mußte und das um 2 Uhr auf mich wartende Pferd bestieg, um eine ganze Stunde zu reiten, wobei es mir besser wurde. Als ich um 3 Uhr zu Hause kam, fing ich an zu frösteln, mußte mich zu Bett legen, bekam Gallenkolik mit Erbrechen und verlor sehr bald die Besinnung. Dr. Esmarch, der mich sehr krank fand, rief Professor Griesinger zu Hülfe, der mich dann täglich besuchte. Ich wurde bald intensiv gelbsüchtig, Griesinger percutirte meine Leber bei jedem Besuche. Drei Wochen lang lag ich im Fieber, meine Betäubung war nicht immer vollständig, ich konnte mir in der Nacht die kalten Umschläge über meine heiße, schmerzende Stirn selbst erneuern. Aus den häufigen Untersuchungen schloß ich, daß die Diagnose nicht ganz klar sein möge; da ich außerdem Griesinger's Heilmethoden nicht kannte, so wurde ich mißtrauisch gegen Arzneigebrauch und nahm nur wenig von dem, was mir verschrieben wurde. Während der Fieberperiode genoß ich fast nur frisches Wasser, dann bekam ich eine unwiderstehliche Neigung nach englischem Ale, und das war Wochen lang meine einzige Nahrung. Als ich das Bett verlassen konnte, fand ich mit dem ersten Anfluge von Heiterkeit fast sämmtliche Medicinflaschen unberührt auf einer Fensterbank hinter dem herabgelassenen Rouleau. Meine tiefe Gelbsucht hatte sich allmählich verloren, ich war aber sehr abgemagert und der Reconvalescenten-Appetit stellte sich erst Mitte April ein. Ich bekam Sehnsucht nach frischen Aepfeln, die in Kiel nicht mehr zu finden waren, aber durch meine Schwester Sophie aus Hannover in bester Qualität ankamen. Dabei fielen mir die hesperischen Gärten von Bennemühlen ein; dort hoffte ich vollends zu genesen, und konnte die Zeit nicht erwarten, dahin zu gehen.

Als ich in Freiburg an Hirnhautentzündung gelitten hatte, las ich fortwährend, nach dieser Leberkrankheit mußte ich fortwährend schreiben. Schon ehe ich die Feder führen konnte, schrieb ich mit der Bleifeder ganze Stöße chirurgischer Aufsätze, sogar eine Vorrede zum zweiten Bande meiner Chirurgie, die ich nachher verbrannte. Ich war für den behandelnden Arzt und für meine Pflegerinnen ein unerträglicher Kranker. Meine treffliche Schwägerin, die Syndica Banks, war meiner Frau zu Hülfe gekommen, aber die Damen wollten mir immer etwas beibringen, Suppe oder Arznei. Nur Dr. Esmarch's Nähe war mir wohlthuend; er ließ mich ruhig gewähren.

General von Bonin, der am folgenden Tage die Herzogthümer verließ, kam, von mir Abschied zu nehmen. Mit ihm zogen fünfunddreißig der besten Officiere der Armee. Ich hatte noch keinen offenen Sinn für diesen harten Schlag.

Auch Griesinger verließ uns, um nach Kairo zu gehen. Ich habe ihn nie nach seiner Diagnose gefragt, hörte aber später, daß er auf Befragen der Statthalterschaft eine üble Prognose gestellt und gesagt habe, ich werde nie wieder ein Pferd besteigen können und litte an Leberkrebs. Er hatte offenbar die Invasion meiner Krankheit mit dem Reiten in Verbindung gebracht. Ich zweifelte nicht daran, daß die mephitischen Dünste daran Schuld waren, weil ich in Freiburg schon etwas Aehnliches erlebt hatte, Gallenkolik und Gelbsucht nach Einathmung von übelriechenden Gasen. Nach Griesinger's Abreise nahm sich Oberarzt Frank meiner an, der mir sehr angenehm war und wenig verschrieb, was ich auch wirklich ein=

nahm. Er überraschte mich eines Morgens durch den Marsch aus dem „Sommernachtstraum" von Felix Mendelssohn, der von einem im Hofe aufgestellten Militair-Musikcorps gespielt wurde. Frank war selbst ein großer Musikfreund und trefflicher Sänger; er wußte, daß ich diesen Marsch sehr liebe. Die wohlbekannten Töne zogen in meiner Seele ein neues Register; mein Humor kam wieder zum Vorschein. Endlich am 14. Mai war ich so weit, daß ich die Reise nach Bennemühlen antreten konnte. Ich sah noch aus, wie der Ritter von der traurigen Gestalt und hatte das Gefühl, als ginge ich auf fremden Beinen. Meine zweite Tochter, Helene, begleitete mich, die älteste, Anna, wurde in Kiel durch die Bande der Liebe zurückgehalten; während meiner Reconvalescenz, am 14. April, war sie Esmarch's Braut geworden. Bei der Rosentante in Bennemühlen führten wir ein ganz idyllisches Leben; ich hatte weder Bücher, noch Schreibzeug mitgenommen, ließ mir von den Nachtigallen vorsingen, fütterte die Hühner und saß Stunden lang unter den alten Tannen, wo die grünen Felder und das Dorf vor mir lagen, die Tante oder Helene an meiner Seite. Ich trank sehr viel Milch; zu Malzbädern glaubte ich keine Zeit zu haben, bis die gute Tante mich mit der Bemerkung aufklärte: „Aber Louis, Du hast ja gar nichts zu thun!" So badete ich denn, nachdem ich dies eingesehen, und es bekam mir gut. Anfangs Juni suchte ich die mitgebrachten Scheibenpistolen hervor und übte damit. Als ich es so weit gebracht hatte, daß ich auf fünfundzwanzig Schritt ein Ei von der Spitze einer Flasche herunterschießen konnte, war ich zufrieden und dachte, jetzt ist es Zeit, zu Felde zu ziehen! In Hannover hatte ich einen Kampf mit meinen Geschwistern, die mich noch nicht ziehen lassen wollten. Meine Frau wünschte, daß ich erst in ein böhmisches Bad gehen möge und dann zu Minister von Wessemberg, der mich auf sein böhmisches Gut eingeladen hatte. Wenn ich das nicht wolle, meinte sie, möge ich doch Professor Baum's Einladung nach Göttingen benutzen, dessen liebenswürdiger Umgang mir 1847 in Aachen so wohlgethan habe, daß ich noch den ganzen folgenden Winter gut davon gehabt, obgleich ich damals nach Carlsbad gehen wollte und nicht nach Aachen, wohin ein Brief von Baum mich gezogen hatte. Die Cur, welche Baum in Aachen mit mir vornahm, bestand darin, daß wir fast den ganzen Tag beisammen waren und bis tief in die Nacht mit einigen Freunden über Chirurgie disputirten, ohne daß ich auf meine Leber die geringste andere Rücksicht nahm, als die, nur guten Wein dabei zu trinken. Diese Erinnerung bestärkte mich in meinem Entschlusse, der psychischen Wirkung zu vertrauen, welche ich davon erwartete, daß ich beim Ausbruche der Feindseligkeiten am Platze sei.

Feldzug von 1850.

Als ich am 22. Juni nach Kiel zurückkehrte, fühlte ich mich geistig kräftig und zu allen Arbeiten aufgelegt, meine Körperkräfte waren noch sehr gering. Ich fiel in Ohnmacht nach einer kleinen Operation, welche ich in den ersten Tagen machte; es war die Durchschneidung der Achillessehne eines jungen Officiers, bei dem im vorigen Feldzuge die Chopart'sche Exarticulation gemacht war, welcher Retraction des Stumpfes folgte. Ich stärkte mich bald durch Reiten. Das Generalcommando hatte mir zwei schöne, muthige Pferde zur Disposition gestellt; bei meinem ersten Ritte am 26. Juni mußte ich das Pferd laufen lassen, so lange es ihm beliebte, ich konnte seine Gangart nicht mäßigen. Als wir eine Stunde Weges zurückgelegt hatten, fand ich das Thier geneigt, wieder umzukehren. Mein Bruder August, der Chemiker, welcher aus Norwegen zum Besuche bei mir war und mich begleitet hatte, wunderte sich über mein scharfes Reiten. Es war nicht meine Absicht gewesen, bekam mir aber sehr gut.

Am 10. April hatte General von Willisen, früher königlich preußischer Generallieutenant außer Dienst, den Oberbefehl der schleswig-holsteinischen Armee übernommen, ein einundsechzigjähriger Mann von guter Haltung, mit einem sehr intelligenten Kopfe. Er litt an Plethora abdominalis und trank auf den Rath meines Freundes, des Etatsraths Hegewisch, den Marienbader Kreuzbrunnen. Solche Curen im Drange der Geschäfte pflegen nicht viel zu helfen; es ist nicht zu bezweifeln, daß Willisen's Psyche während des ganzen Feldzuges unter dem Einflusse eines vermehrten Blutdrucks auf das Sonnengeflecht stand. Er hatte sich gleich bei Uebernahme des Commando's mehr zu thun gemacht, als nöthig und gut war, indem er überall neu zu organisiren suchte.

Der seit dem Waffenstillstande vom 10. Juli 1849 zu erwartende Frieden zwischen Preußen, dem deutschen Bunde und Dänemark war am 2. Juli 1850 geschlossen worden. In der Voraussetzung, daß Schleswig-Holstein 1850 den Kampf allein übernehmen müsse, war das Heer fast um das Doppelte vermehrt worden. Im Juli 1850, wo der Ausbruch der Feindseligkeiten nicht mehr bezweifelt wurde, mußte ich noch eine große Zahl von jungen Aerzten engagiren. Nach einer von mir erlassenen Bekanntmachung stellten sie sich in Kiel sehr zahlreich ein. Es kamen viele von denen, welche schon 1849 gedient hatten, und wurden ohne Weiteres angestellt, die Uebrigen nach einem Colloquium. Dies Geschäft verhinderte mich, dem Generalcommando sogleich zu folgen, als am 15. Juli unsere Armee in das Herzogthum Schleswig einrückte, während die preußischen Truppen dasselbe räumten. Dieser Tag wurde verhängnißvoll, weil er so heiß war, daß die in Eilmärschen vorrückenden Truppen Hunderte von Maroden und vierzehn Todesfälle hatten. Auf General von Willisen machte dies einen üblen Eindruck; sein Souschef, Major Wyneken, früher hannoverscher Lieutenant, hatte sich dahin geäußert, mit solchen Truppen ließen sich keine Schlachten schlagen. Es ist leider bekannt genug, daß auch den besten gedienten Soldaten die Hitze auf dem Marsche verderblich werden kann. Es handelt sich dabei um physikalische Einwirkungen, denen das tapferste Herz nicht zu widerstehen vermag, die also gehörig respectirt werden müssen. Am 15. Juli war es den Dänen beim Einrücken in das Herzogthum Schleswig ebenso gegangen, wie den Schleswig-Holsteinern.

Am 20. Juli folgte ich in Begleitung von Dr. Esmarch der Armee, und nachdem ich in der Stadt Schleswig Quartier genommen fuhr ich zum General von Willisen auf Schloß Falkenberg, eine halbe Stunde von der Stadt, wo damals das Hauptquartier war. Bei Tische fand ich den General sehr heiter. Er sprach von seinen Vermittelungsversuchen durch einen am 18. Juli an den dänischen Obergeneral abgesandten Brief, worin er als Beweis seiner Friedensliebe hervorgehoben hatte, daß er auf große militairische Vortheile verzichtet habe, indem er bei Idstedt stehen blieb und nicht weiter vorrückte. Dieses Schreiben, welches nicht beantwortet wurde, ist dem General sehr übel gedeutet worden, aber die darin erwähnten militairischen Vortheile waren nur imaginär, alle Sachverständigen geben zu, daß die schleswig-holsteinische Armee nur bei Idstedt aufgestellt werden konnte.

Willisen fragte bei Tische halb scherzend: „Kann mir keiner von den anwesenden Herren sagen, wo die Dänen geblieben sind? Ich weiß es nicht!" — Mit Kundschaftern war die schleswig-holsteinische Armee immer schlecht versehen.

Ehe ich mich nach Tische verabschiedete, fragte ich den Souschef Wyneken, wie ich mich zu verhalten habe, wenn die

Schlacht ungünstig ausfallen sollte? Die Antwort war: „Empfehlen Sie schriftlich die Verwundeten der Obsorge des dänischen Generals und ziehen sich dann zurück!"

Am 21. Juni, wo Willisen eine große Revue bei Idstedt abhielt, besuchte ich die zur Aufnahme der Verwundeten hergerichteten Hospitäler, das Dragonerhospital, das Prinzenpalais und Schloß Gottorp, sie ließen nichts zu wünschen übrig. Auf Schloß Gottorp, welches dem Schlachtfelde am nächsten lag, beschloß ich selbst Posto zu fassen und die Operationen zu dirigiren. Achtzehn der vorzüglichsten jungen Aerzte waren an diese Hospitäler commandirt. Sie haben ihre Tüchtigkeit auch im ferneren Leben gezeigt, vier von ihnen sind Professoren geworden, Esmarch, Bartels und Bockendahl in Kiel, Hermann Schwartz in Göttingen, andere, wie die beiden Doctoren Käftner, Harald Schwartz, Beecken und Dohrn hervorragende praktische Aerzte.

Am 23. machte ich Nachmittags einen langen Ritt über das zum Schlachtfelde ausersehene Terrain bei Idstedt, welches nur eine halbe Stunde von Schleswig liegt und freute mich über den fröhlichen Muth unserer bivouakirenden Soldaten, so daß ich mit meinen Begleitern in gehobener Stimmung heimkehrte. Da sich die Position von Idstedt ganz zu einer Defensivschlacht eignete, so war es uns gestattet, für jede der vier unsere Schlachtlinie bildenden Brigaden einen Verbandplatz zu bestimmen, wo sich außer den eigens dazu commandirten Aerzten auch diejenigen einfinden sollten, welche den Truppen nicht weiter in das Gefecht folgen konnten. Diese Verbandplätze haben bei Idstedt gute Dienste geleistet.

Am 24. Juli war ein Vorpostengefecht bei Helligbeck; es kamen 60 Verwundete nach Schloß Gottorp, am Abend wurde die erste Amputation gemacht.

Am 25. Juli wurden wir sehr früh durch den Kanonendonner geweckt, die Schlacht begann schon 2½ Uhr Morgens. Wir begaben uns auf Schloß Gottorp, nachdem wir unsere Sachen gepackt und unsern Kutscher beauftragt hatten, jeden Augenblick zum Aufbruche bereit zu sein. Unser Diener, der zu den Sanitätssoldaten gehörte, sollte beim Operiren helfen. Gegen 6 Uhr kamen die ersten Verwundeten, aber bald in großer Zahl. Ihre Nachrichten lauteten günstig, gegen 7 Uhr schien die Schlacht gewonnen. General von der Horst hatte bei Oberstolk die Offensive ergriffen, die Dänen in voller Verwirrung zurückgeworfen, der dänische General Schleppegrell war gefallen, der verwundet in Gefangenschaft gerathene Oberst von Bülow kam nach Schloß Gottorp. Es hätte nur des Vorrückens unsers linken Flügels bedurft, um die ganze dänische Armee zu vernichten. Um 2½ Uhr Nachmittags gab General von Willisen den Befehl zum Rückzuge. Im Centrum war mit weniger günstigem Erfolge gefochten worden, aber General von Wissel machte sich, als der Rückzug befohlen wurde, anheischig, mit seiner Artillerie die Schlacht allein zu halten. Willisen glaubte, durch falsche Meldungen betrogen, die Dänen beabsichtigten eine Umgehung von Westen her, welche seine Rückzugslinie bedrohte. Schon nach dem Vorpostengefechte des vergangenen Tages hatten ihn ähnliche falsche Nachrichten bewogen, den ganzen Plan einer Defensiv-Schlacht fallen zu lassen und die Offensive zu ergreifen. Noch um 10 Uhr Abends des 24. Juli hatte er neue, darauf bezügliche Befehle ausgegeben. Am 25. in aller Frühe mußten dieselben wieder zurückgenommen werden. Ordre, Contreordre, Desordre! Es standen bei Idstedt sechsundzwanzigtausend Schleswig-Holsteiner mit zweiundachtzig Geschützen, dreißigtausend Dänen mit sechsundneunzig Geschützen gegenüber; die geringere Zahl der ersteren wurde aber hinreichend ausgeglichen durch die für eine Defensiv-Schlacht äußerst günstige Stellung. Aus dänischen Schlachtberichten ergab es sich später, daß, als Willisen den Rückzug befahl, die Dänen auf dem Punkte standen, die Schlacht verloren zu geben. Hätte Willisen eine halbe Stunde länger gewartet, sagt Prinz Friedrich von Schleswig-Holstein-Noer in seinen Aufzeichnungen, so würde die Kriegsgeschichte das Factum zu erzählen gehabt haben, daß beide commandirende Generale, in der Ueberzeugung geschlagen zu sein, das Schlachtfeld geräumt hätten.

Um 4 Uhr Nachmittags kam Generalarzt Niese nach Schloß Gottorp, um mich abzuholen. Ich hatte aber schon den Beschluß gefaßt, die vielen Schwerverwundeten in Schleswig nicht zu verlassen. Ich rechnete darauf, daß nach einer so großen Schlacht in den nächsten Wochen nichts vorfallen würde und daß ich rechtzeitig zur Armee werde zurückkehren können. Dr. Niese wollte mich nicht gern zurücklassen, seine Ueberredungen machten einen niederschlagenden Eindruck auf die anwesenden jungen Aerzte. Ich zog mich mit einem Scherz aus der Klemme: „Ich hoffe, Sie werden uns bald wieder heraushauen", sagte ich zu Niese, der einen großen Schleppsäbel trug. Dies stellte die gute Laune wieder her und Niese verließ uns, um der Armee zu folgen.

Um 5 Uhr Nachmittags kam General von Willisen nach Schloß Gottorp, er sah sehr erhitzt aus. Ich führte ihn durch einige Säle voll Verwundeter. Er schauderte bei dem Anblicke von zwei Leuten, die durch das Auffliegen eines Munitionskarrens von Pulver geschwärzt waren. Ich konnte ihm sagen, daß ihre Verletzungen nicht schwerer Art seien und daß sie ohne Zweifel geheilt werden würden. Ehe Willisen am hinteren Eingange des Schlosses sein Pferd wieder bestieg, bat ich ihn um die Erlaubniß, in Schleswig bleiben zu dürfen. „Sie können ja wohl keinen ehrenvolleren Platz finden als hier", war die Antwort. Er sagte dann noch zu dem Commandanten des Schlosses, einem alten Officier außer Dienst: „Vertheidigen Sie die

Zugänge des Schlosses, so lange Sie können und übergeben es dann." Der gute alte Mann hatte gar keine Mittel, das Schloß zu verheidigen und durfte nicht in die Hände der Dänen fallen, die ihn als treubrüchig behandelt haben würden. Er reiste sogleich ab.

Wir schickten unsern Diener fort und ließen unsere Reitpferde, Wagen und Gepäck der Armee folgen. Meinen Wagen, eine sehr bequeme Chaise, bot ich dem verwundeten General von Baudissin an, der es aber vorzog, sich in einem Bauerwagen transportiren zu lassen; Probst Nielsen zog darin ab, er durfte auch nicht in dänische Hände fallen.

Bald nach 5 Uhr kamen zwei braunschweigische junge Aerzte, die Doctoren Reck und Scholz, treffliche junge Männer, welche später in braunschweigischen Militairdienst traten. Sie kamen freiwillig, uns zu helfen und hatten mitten durch die sich zurückziehende schleswig-holsteinische Armee ihren Weg bis zu mir gefunden. Wir operirten bis zum völligen Dunkelwerden und es fand sich in den folgenden Tagen, daß nur wenig übersehen war, die erforderlichen großen primären Operationen waren alle am Tage der Schlacht vorgenommen, einundvierzig im Ganzen in allen drei Hospitälern, davon kamen neunzehn auf Schloß Gottorp. Ich hatte dort die vorzüglichsten Chirurgen, wie Esmarch und Harald Schwartz, weniger zum Operiren als zum Untersuchen verwendet, so konnte eine Operation rasch der andern folgen, weil die Diagnosen schon von erfahrenen Leuten gestellt waren. Ich selbst blieb den ganzen Tag, von Morgens 6 Uhr bis Abends 9, im Operationszimmer. Wir machten damals die Bemerkung, daß das Chloroform nicht rasch wirke, weil die Patienten noch in großer Exaltation vom Schlachtfelde kamen. Von den in der Schlacht von Idstedt verwundeten 1200 Schleswig-Holsteinern blieben 400 in Schleswig, außerdem eine beträchtliche Zahl verwundeter Dänen. Auf dem Schlachtfelde fanden 532 ihren Tod, von denen ich 70 am 26. Juli Morgens in der Schloßkapelle liegen sah.

Von den Dänen erfuhren wir am 25. Juli noch nichts, die tiefste Ruhe herrschte bald in den mit Verwundeten gefüllten Sälen. Ich blieb mit Esmarch auf Schloß Gottorp, wo wir im obersten Stock nach Westen hin wohnten. Das Schloß hat über dem Parterre und einem Entresol zwei schöne Etagen, in der obersten lagen unsere Verwundeten. In dem darunter liegenden Stock legten die Dänen ein Hospital für innere Kranke an.

Am 26. Morgens kam der dänische Corpsstabsarzt Dr. Bendz mich zu besuchen, ein großer stattlicher Mann von vierzig Jahren, der sich bemühte, höflich zu sein. Bald nach ihm erschien der dänische General De Meza, von dem man sagte, daß ihm die Dänen den Gewinn der Schlacht zu danken hätten. Er hatte es verstanden, nach General von der Horst's kühnem Ueberfalle und nach General Schleppegrell's Tode die Ordnung in der durchbrochenen dänischen Schlachtlinie wieder herzustellen. Willisen's böser Genius, wie man ihn nannte, Major Wyneken war den Dänen zu Hülfe gekommen. Er hatte auf eigene Verantwortung ein Bataillon von Horst's Brigade, welches als Reserve aufgestellt war, zurückbeordert. Dieser konnte die gewonnenen Vortheile nicht weiter ausbeuten und mußte zurückgehen, um nicht abgeschnitten zu werden. General De Meza war ein finsterer Mann, er sprach kein Wort mit mir, als ich ihn mit Dr. Bendz zu den Verwundeten führte.

Am 27. Juli kam die Nachricht, deutsche und dänische Verwundete sollten getrennt werden. Ich machte Einwendungen dagegen, welche dem dänischen Obergeneral von Krogh zu Ohren kamen. „Mir ist das nicht in den Sinn gekommen", sagte er, „das ist wohl ein Einfall von Bendz!"

So unterblieb diese Scheidung, welche durch einen unnöthigen Transport Vielen schädlich gewesen wäre und den Dänen kaum erwünscht, wenigstens ließen sich alle in Schleswig liegende verwundete dänische Officiere von deutschen Aerzten behandeln. Da wir mit unseren Operationen schnell fertig geworden waren, bot ich dem Dr. Bendz unsere Hülfe für die in Flensburg liegenden deutschen und dänischen Verwundeten an. Dies Anerbieten wurde höflich aufgenommen, aber nicht benutzt. Unter den tödlich verwundeten Deutschen, welche nach Schloß Gottorp kamen, befanden sich zwei Aerzte, die Doctoren Heintzmann und Heilbut, und ein junger Vetter von mir, der Fähnrich Gustav Stromeyer aus Hamburg, welcher als Freiwilliger den Krieg mitmachte, er hatte einen Schuß durch den Unterleib bekommen. Dr. Heintzmann war durch die Leber geschossen; als ich ihn besuchte, sagte er lachend zu mir: „Sehen Sie doch, wie diese Dänen mich durch den Theil meines Körpers geschossen haben, den ich lebenslang so sorgfältig gepflegt habe!" Der kleine corpulente Mann starb schon in der Nacht. Dr. Heilbut war von zartem Körperbau, er hatte einen Schuß durch die Lunge bekommen, während er einem auf der Heerstraße liegenden Verwundeten zu Hülfe kam. Er percutirte sich selbst, um die Fortschritte des Exsudats zu studiren, und starb nach einigen Tagen unter großen Leiden.

Am 31. August erhielten wir deutschen Aerzte die Erlaubniß auszugehen. Ich benutzte dieselbe sogleich, um mich nach den im Prinzenpalais und im Dragonerhospitale liegenden Verwundeten umzusehen. Sie waren in guten Händen, alle primären Operationen waren am Tage der Schlacht vollendet worden. Leider gaben einige junge Aerzte die Veranlassung dazu, daß die Erlaubniß auszugehen am 5. August zurückgenommen wurde. Sie hatten dänische Officiere, die ihnen begegneten, nicht salutirt, um ihrem Nationalgefühle zur unrechten Zeit Luft zu machen.

Die Verwundeten wurden auf Schloß Gottorp gut verpflegt, der treffliche Schloßverwalter Rüppell nahm sich ihrer und der Aerzte mit großer Hingebung an. Für die Bezahlung der Verpflegungskosten der Verwundeten mußte ich mich den Dänen gegenüber verantwortlich machen und that es ohne Bedenken. Wir Aerzte speisten bei dem Schloßverwalter, der dieser Zeit eine freundliche Erinnerung bewahrt haben wird, da er ihr einen trefflichen Schwiegersohn, Professor Bockendahl, zu danken hatte. Die Damen von Schleswig nahmen sich mit rühmlichem Eifer der Küche und des Leinenzeuges an. Eine einzige erregte Mißfallen, weil sie die verwundeten Officiere durch ihre Besuche belästigte. Ich sagte ihr, daß ich ihren Besuchen ein Ende machen müsse, wenn sie sich nicht besser in Acht nehme und sich mit Verwundeten unterhalte, welche, durch die Brust geschossen, schweigen sollten. Ich sah sie dann nicht mehr, aber bei meiner Abreise stellte sie sich mir mit einem Knixe in den Weg, um mir zu sagen, daß sie doch täglich im Schlosse gewesen sei. Bendz beschwerte sich über die Damen, weil sie den Deutschen mehr Süßigkeiten brächten, als den Dänen. Ich beruhigte ihn damit, daß dies für seine Landsleute nur von Nutzen sein könne.

Am 9. August schien mir meine längere Anwesenheit in Schleswig nicht mehr erforderlich, ich erhielt ohne alle Schwierigkeiten die Erlaubniß, mit Dr. Esmarch abzureisen; mußte aber meinen Weg über Nyborg nehmen, wo wir acht Tage verweilen sollten, um nicht die neuesten Nachrichten aus Schleswig in das schleswig-holsteinische Hauptquartier bringen zu können. Rendsburg liegt nur vier Meilen von Schleswig entfernt, wir hatten also einen weiten Umweg zu machen. Wir übernachteten am 9. in Flensburg, wo ich Esmarch's Eltern wieder sah. Am folgenden Morgen 6 Uhr fuhren wir mit dem Dampfschiffe „Waldemar" nach Sonderburg, wo sich bei unserer Annäherung der Pöbel am Strande zusammenrottete und pantomimisch, so wie mündlich drohte, uns ins Wasser zu werfen. Esmarch, der so viel Dänisch konnte, um die ausgestoßenen Drohungen zu verstehen, veranlaßte den Capitain des „Waldemar", uns in einem Kahne nach dem Dampfschiffe „Mercurius" übersetzen zu lassen. Mit diesem gelangten wir gegen Abend nach Assens auf der Insel Fühnen, von wo aus wir die fünf Meilen entfernte große Stadt Odense bei Nacht erreichten. Schon früh Morgens setzten wir von dort unsere Weiterreise fort, man hatte uns vor dem süßen Pöbel von Odense gewarnt; in den entfernteren kleineren Orten war die Stimmung nicht so aufgeregt. Nyborg ist nur vier Meilen von Odense entfernt, wir kamen schon Vormittags daselbst an. Unterwegs hatten wir Gelegenheit, den berühmten Meth von Fühnen zu versuchen, in der That ein feines Getränk, stark wie Madeira.

Dr. Bendz hatte uns, außer unserm von dem Commandanten von Schleswig, Obersten Du Plat, ausgestellten Geleitschreiben, einen offenen dänischen Empfehlungsbrief an den Commandanten von Nyborg mitgegeben. Ich schalte ihn hier deutsch ein, weil er nicht ohne historischen Werth ist.

„Herrn Oberst v. N. N., Commandanten von Nyborg.

Der Ueberbringer dieses, Generalstabsarzt Professor Dr. Stromeyer, und Oberarzt Dr. Esmarch, sein Adjutant, welche sich in Nyborg acht Tage aufhalten sollen, ehe sie nach Deutschland zurückkehren können, erlaube ich mir, Ew. Hochwohlgeborenen Schutz während ihres Aufenthalts in Nyborg anzuempfehlen. Sie blieben hier am 25. Juli beim Einzug unserer Armee freiwillig zurück, um die vielen Schwerverwundeten der Insurgenten-Armee zu behandeln, welche sich hier befanden, und haben uns damit einen Dienst erwiesen. Die Grundsätze des Kriegsministers und des commandirenden Generals sind, daß man keinen Krieg gegen Aerzte führt, welche ohne weiteres freigegeben werden sollen, sobald man constatirt hat, daß sie wirklich Aerzte sind und man nicht ihrer Hülfe nothwendig bedarf, um die feindlichen Verwundeten zu behandeln.

Die genannten Aerzte haben ihre Aufgabe erfüllt, und es ist ihnen deshalb erlaubt, zu ihrer Armee zurückzukehren.

Ich hege die feste Hoffnung, daß Ew. Hochwohlgeboren diese Männer behandeln werden entsprechend den humanen Grundsätzen, welche hier zur Geltung kamen und in deren Folge sie unmöglich als Gefangene betrachtet werden können.

Mit Hochachtung, Ihr ehrerbietiger

Schleswig, 9. August 1850. J. C. Bendz."

Wir fanden in dem Commandanten von Nyborg einen freundlichen, alten Mann, der uns nach Einsicht unseres Geleitsbriefes sagte: „Es steht hier, Sie könnten acht Tage in Nyborg bleiben, da aber heute Abend ein Dampfschiff nach Travemünde abgeht, so werden Sie es vielleicht vorziehen, dasselbe zu benutzen." Nach einigem Besinnen fügte er aber hinzu: „Ich will doch erst meine Frau befragen!" Als er uns verlassen hatte, meinte Esmarch, wir sollten dieses Mißverständniß benutzen, um gleich weiter zu kommen, er sehnte sich nach seiner Braut. Ich erwiederte ihm jedoch, in einem Lustspiele würde das sehr gut wirken, aber nicht unter den bestehenden Verhältnissen; die uns aus Schleswig nachfolgenden Aerzte würden schon darunter zu leiden haben. Die Frau Commandantin war denn auch anderer Meinung gewesen als ihr Gatte, und hatte ausfindig gemacht, der Ausdruck „könnten" bedeute im Dänischen auch „sollten".

In der kleinen, mit hohen Wällen umgebenen Stadt Nyborg mit 3000 Einwohnern konnten wir uns jetzt acht Tage von den Anstrengungen in Schleswig erholen. Wir fanden eine halbe Stunde vor der Stadt einen ganz einsamen Platz am großen Belt, wo wir badeten und schwammen. Stundenlang lagen wir dort täglich bei hellem Sonnenscheine im Heidekraute und freuten uns des herrlichen Anblicks der blaugrünen Meereswellen. Eines Tages hatten wir das Vergnügen, die ganze schwedische Flotte, mit dem Thronerben an Bord, an uns vorüberziehen zu sehen, Salutschüsse gebend und von der Festung empfangend.

Da wir gar keine Lectüre bei uns hatten, suchten wir nach Büchern, und fanden bei einem Buchbinder nur die sechs Bände dramatischer Werke von Victor Hugo, ins Deutsche übersetzt. Sie verleideten mir für immer die Lectüre der Schriften des noch jetzt unerschöpflichen, aber unerquicklichen Autors. Er gehört mit zu den Irrlichtern der Literatur, welche eine Nation in den Sumpf zu locken vermögen.

Am 18. August, Abends 10 Uhr, bestiegen wir das norwegische Dampfschiff „Christiania", welches uns nach Travemünde bringen sollte. Am Nachmittage vorher kamen die vier Doctoren Neck, Scholz, Koß und Keyl von Schleswig, welche uns sofort besuchten. Die dänischen Zeitungen bemächtigten sich dieses Zwischenfalls und beuteten denselben zu Ungunsten des Commandanten aus, der die Absicht unserer Internirung zu Nyborg dadurch vereitelt hatte, daß er die eben ankommenden Aerzte mit den abgehenden reden ließ.

Die Nacht des 18. war sehr stürmisch, ich war recht seekrank, während Esmarch ruhig schlafen konnte. Am Mittag des 19. kamen wir in Travemünde an, besahen uns die schöne, alte Stadt Lübeck und reisten dann nach Hamburg, wo wir Abends 10 Uhr anlangten.

Am 20. Morgens inspicirte ich die Hospitäler von Altona mit ungefähr 1200 Betten, welche ich in sehr guter Ordnung fand. Dr. Gustav Roß war dort Mitglied der Lazarethcommission, einer der ausgezeichnetsten jüngeren Oberärzte.

Am Nachmittage fuhren wir nach Kiel. Das Wiedersehen war um so freudiger, da meine Familie während unserer ganzen Gefangenschaft nichts von uns gehört hatte; wir durften nicht correspondiren. General von Willisen hatte nicht einmal seinen nächsten Umgebungen mitgetheilt, daß ich mit seiner Zustimmung in Schleswig zurückgeblieben sei. Abends spät erhielt ich noch den Besuch eines mir unbekannten, eben von Rendsburg kommenden Arztes aus Mitteldeutschland, welcher vor einigen Wochen nach Holstein gekommen war. Der große stattliche Mann sprach sehr gut und verrieth allgemeine und ärztliche Bildung. Er gab mir eine abschreckende Schilderung von den ärztlichen Zuständen in Rendsburg, in welche er die Namen vieler mir vortheilhaft bekannter Aerzte einfließen ließ. Am Tage zuvor hatte ihn die Statthalterschaft interimistisch zu meinem Stellvertreter ernannt. Ich sagte ihm: „In Ihrer Schilderung erkenne ich meine Aerzte nicht wieder; hoffentlich lernen Sie dieselben noch von einer vortheilhafteren Seite kennen." Wir verabredeten, am andern Morgen zusammen nach Rendsburg zu fahren, aber mein alter ego erschien nicht; er hatte es vorgezogen, direct in seine Heimath zurückzukehren. In Rendsburg erfuhr ich dann, daß er die ihm widerfahrene Auszeichnung der Empfehlung eines höheren Officiers zu verdanken habe. Am 20. August Morgens traf er fast sämmtliche Militairärzte von Rendsburg bei einer interessanten Section, sie hatten eben von der Anstellung des interimistischen Generalstabsarztes gehört. Einer sah den Andern an und lachte; es entstand ein allgemeines Gelächter, in welches auch Derjenige einstimmte, welcher dazu Veranlassung gab. Sein spurloses Verschwinden war deshalb leicht erklärlich. Ich kam übrigens in Rendsburg sehr erwünscht; größere Gefechte waren nicht vorgefallen, aber am 7. August war das Artillerie-Laboratorium in die Luft geflogen, wobei mehr als hundert Menschen umkamen; gleichzeitig war die Cholera ausgebrochen. Die Explosion erfolgte in dem Augenblicke, wo der erste Cholerakranke im Garnisonhospitale gebadet werden sollte. Es war Alles geschehen, der Cholera entgegenzutreten; zwei Cholerahospitäler waren angelegt, die ich zweimal täglich besuchte. Sie hörte bald wieder auf, nachdem sie beim Civil und beim Militair fast die gleiche Zahl von hundert Todten gekostet hatte. Ein junger hoffnungsvoller Arzt, Dr. Karsten, fiel in Kellinghusen der Cholera zum Opfer. Meine Skizzen und Bemerkungen von einer Reise nach Danzig hatten bei der Behandlung der Cholera in Rendsburg zur Richtschnur gedient. Die Aerzte hatten gefunden, daß die von mir gepriesene Opiumtinctur weniger wirksam sei, wie das reine Opium. Ich machte aber gleich ausfindig, daß die gebrauchte Tinctur aus einem mit Amylon verfälschten Opium bereitet war, welches, für sich gegeben, wirksam sein kann, aber zur Bereitung der Tinctur ganz unbrauchbar ist.

Zur Zeit meiner Rückkehr nach Rendsburg herrschte dort die ungemüthlich-lauwidrige Stimmung, wie sie an Orten zu bestehen pflegt, wo die Cholera zum ersten Male auftritt; nur die Aerzte blieben davon verschont und zeigten keine Cholerafurcht.

Am 25. August, Abends 10 Uhr, wurde ich zum Obersten von der Tann gerufen, der an der Cholera leiden sollte; es war aber nur ein Magenkatarrh durch Indigestion. General von Wissel hat in seinen schleswig-holsteinischen Denkwürdigkeiten den sauren Aal verewigt, welcher dazu die Veranlassung gab; er hatte mit davon gegessen. Es regnete furchtbar; ich zog es deshalb vor, bei von der Tann auf dem Sopha zu schlafen und erst am Morgen zu Hause zu gehen. Ich kam dadurch, wie von Wissel berichtet, zu dem Rufe, von der Tann, den Liebling der Armee, durch meine aufopfernden Bemühungen von der Cholera gerettet zu haben. Ich hatte nur Tinctura rhei mit Aqua menthae verschrieben.

Da ich in Rendsburg bei dem commandirenden General zu Mittag speiste, so hatte ich täglich Gelegenheit, den Generalstab genauer kennen zu lernen. Neben General von Willisen, welcher präsidirte, saß der Herzog von Augustenburg, der ein würdiges Schweigen zu beobachten pflegte, neben diesem und mir zur Linken saß General von Wissel, mein tapferer, liebenswürdiger Landsmann und früherer Lehrer der Physik. Zu meiner Rechten saß der Armeeauditeur, Prinz Friedrich von Schleswig-Holstein, oder Heinrich von Gagern, der mich in hohem Grade anzog. Man hat von ihm gesagt, er sei ein gebrochener Mann gewesen, als er nach Holstein ging, weil es ihm in Frankfurt nicht gelungen war, das deutsche Kaiserthum zu gründen. Ich habe nichts davon gemerkt; er war ruhig und heiter, seine Thätigkeit, sein Muth wurden allgemein anerkannt. Er sprach bei der Tafel kaum, die politischen Tischgespräche des Generals von Willisen konnten ihm eben so wenig behagen, wie dem Herzog von Augustenburg. Willisen hatte immer etwas für die Sache der Herzogthümer Niederschlagendes zu berichten und predigte Geduld und Friedfertigkeit, sogar in Zeitungsartikeln aus seiner Feder. Von der Tann erschien nur selten; er war meistens auf Recognoscirungen abwesend. Der ernsthafteste Mann unter uns war der treffliche Generalquartiermeister Geertz, welcher die Herzogthümer, deren Karte er herausgegeben hatte, so genau kannte, wie das Innere seiner Hände. Major Wyneken führte noch das große Wort; er hatte nach der Schlacht von Idstedt mit dem Herzog von Augustenburg gewettet, die Dänen würden binnen vierzehn Tagen in Rendsburg sein. Da ich auf dem linken Ohre nicht gut höre, hatte ich an dem Armeeauditeur mit seiner Stentorstimme einen gefährlichen Nachbar, weil er mein gutes Ohr ganz in Anspruch nahm. Er wurde oft angegriffen wegen des neuen Militair-Strafgesetzes, welches alle Gefängnisse gefüllt erhielt, und vertheidigte sich damit, daß man jetzt keine neuen Gesetze machen könne, inter arma, silent leges! Ich sagte, bei uns ist es umgekehrt, vor der Stimme des Gesetzes kann man kaum das Geräusch der Waffen hören. Er hieß dann die Stimme des Gesetzes.

Man blieb nicht lange in Zweifel darüber, daß mit General von Willisen die Sache der Herzogthümer verloren sei. Jedermann fühlte das, aber man wußte sich nicht zu helfen, wie dies öfter bei Patienten vorkommt, die sich eines höflichen, aber ungeschickten Arztes nicht zu entledigen wissen.

Am 12. September hatte sich Willisen, vielfach zur Thätigkeit angespornt, entschlossen, einen Angriff auf die dänische Stellung bei Missunde zu machen, welcher, übel angelegt, kein anderes Resultat hatte, als daß hundertzweiundvierzig Verwundete nach Rendsburg kamen, elf Mann waren gefallen.

Nach unserm Unglück bei Idstedt waren uns verschiedene ausgezeichnete Aerzte zu Hülfe geeilt; die interessantesten darunter waren Dr. Carl Herrich aus Regensburg und Dr. Friedrich Thiersch aus München, der jetzige Professor der Chirurgie in Leipzig, außerdem Mr. Statham aus London, ein Schüler von Liston, der mir ein Empfehlungsschreiben seines Vetters, des berühmten Benjamin Travers brachte. Ich versammelte allmählich um mich in Rendsburg eine Elite junger Militairärzte und bewog Professor Frerichs, aus Kiel nach Rendsburg zu kommen, wo er zwei Hospitäler für innere Kranke übernahm, jeden Morgen Klinik hielt und die Leichenöffnungen dirigirte. Er wirkte begeisternd auf die jungen Aerzte, und wird sich gewiß noch gern dieser Zeit erinnern, wo ihm so viel Anerkennung entgegen getragen wurde, bei einer Thätigkeit, welche von seiner Seite in ganz uneigennütziger Weise übernommen war.

Die in Schleswig zurückgebliebenen Aerzte kamen allmählich wieder. Dr. Harald Schwartz, welcher vierzehn Tage nach mir in Rendsburg anlangte, war leidend. Ich sagte ihm, er werde Typhus bekommen, und rieth ihm, gleich zu seinen Eltern zu reisen. Er hatte sich die Krankheit geholt, indem er einen dänischen Officier auf Schloß Gottorp festhielt, der im Typhus-Delirium davonlaufen wollte. Nach einigen Wochen schrieb mir Dr. Schwartz, daß er bald nach seiner Ankunft im elterlichen Hause das Bewußtsein verloren habe und acht Tage so gelegen hätte. Der erste Gebrauch, hieß es weiter, den ich von meiner wiedererwachten Vernunft machte, war, daß ich alle zwei Stunden einen Löffel voll Medicin in das Nachtgeschirr schüttete. Er hatte schon einmal als Student in Halle den Typhus gehabt und war von Krukenberg behandelt worden.

Nach dem Gefechte bei Missunde erhielt Major Wyneken seinen Abschied, der Major von Stutterheim, früher Artillerie-Lieutenant in braunschweigischen Diensten, wurde Souschef des Generalstabs. Wyneken hatte sich für den Fall seiner Verabschiedung 5000 Thaler ausbedungen. Die Ratten verlassen das Schiff, sagte man in Rendsburg. Der böse Genius war vertrieben, aber der unfähige General blieb.

Nachdem der Angriff bei Missunde auf den linken Flügel der dänischen Stellung nichts gefruchtet hatte, wollte man es Ende September auf dem rechten bei Friedrichstadt versuchen. Es bildete den Schlüssel zur dänischen Stellung und war nach der Schlacht von Idstedt auf unverantwortliche Weise preisgegeben worden. Als die Dänen dasselbe am 7. August mit einer Brigade angriffen, war es nur mit einer Compagnie besetzt und wurde fast ohne Kampf genommen, weil die kleine Besatzung keinen wirksamen Widerstand leisten konnte. Einer der besten dänischen Officiere, Obristlieutenant Helgesen, war

Commandant geworden und hatte Alles gethan, die kleine Stadt zu befestigen. Jetzt sollte sie wieder genommen werden.

Unsere Ambulance wurde nach Delve am linken Ufer der Eider in der Nähe von Friedrichstadt beordert, ich folgte ihr dahin am 28. September in Begleitung von Dr. Esmarch, Dr. Roß und Dr. Herrich. Der 29. September war zum Angriff auf Friedrichstadt bestimmt, Oberst von der Tann, der Chef des Generalstabs, leitete die Operationen, aber landeskundige Officiere hatten den Plan dazu gemacht. Die am nördlichen Eiderufer auf einer Erhöhung liegende saubere Stadt ist gegen Osten durch die in die Eider fallende Treene nebst zahlreichen Gräben gedeckt und steht dort nur durch einen einzigen Deich mit dem östlichen Festlande in Verbindung; von Westen ist die Stadt leicht zugänglich. Von hier aus sollte der Hauptangriff erfolgen, aber durch einen Scheinangriff von Osten unterstützt werden. Dieser Plan, welcher Aussicht auf Erfolg darbot, wurde von Willisen dadurch lahm gelegt, daß er für den Angriff von Westen nur sechshundert statt der verlangten dreitausend Mann bewilligte. Die kleine Truppe ging mit zwei Kanonen über die Eider, vertrieb die dänische Besatzung aus Tönning, welcher sie neunundsiebzig Gefangene abnahm. Sie mußte aber dann unverrichteter Sache wieder abziehen, weil ihr von Friedrichstadt eine große dänische Uebermacht entgegenrückte, und kam am 30. September mit ihren Geschützen und Gefangenen glücklich über die Eider zurück. Der Angriff von Osten endigte blutig und fruchtlos für die Schleswig-Holsteiner. Die Artillerie konnte überall nur wenig thun, die Hindernisse zu beseitigen, Geschütze waren schwer heranzubringen, es fehlte an Munition, an Schanzkörben und an Brückentrain. Der am Abend des 29. unternommene Sturm führte uns eine Menge von Verwundeten nach Delve, so daß wir am 30. den ganzen Tag zu operiren hatten.

Da ich sah, daß in Delve für neue Verwundete nicht Raum genug sein werde, ging ich am 3. October nach der zwei Meilen südlich von Delve liegenden Stadt Heide, um die dortigen Hospitäler zu vergrößern, kam aber schon Mittags des 4. nach Delve zurück. Am Abend sollte ein zweiter Hauptangriff erfolgen. Die Artillerie hatte seit dem 29. September Friedrichstadt beschossen, den Gebäuden und Einwohnern vielen, den Befestigungen und ihren Vertheidigern aber wenig Schaden zugefügt. Der am Abend des 4. October in vier Colonnen mit sechstausend Mann unternommene Sturm wurde ebenfalls abgeschlagen, die Dänen hatten nach dem ersten Sturme Zeit gehabt, die Besatzung von Friedrichstadt bedeutend zu verstärken. Das Resultat der beiden Angriffe vom 29. September und vom 4. October waren hundertundfunfzig Todte, vierhundertsiebenundsiebzig Verwundete und eine zur Hälfte ruinirte befreundete Stadt.

Wir hatten in der Nähe von Süderstapel auf dem linken Eiderufer zwei Verbandplätze angelegt, von wo aus die schneller Hülfe bedürftigen Verwundeten nach Delve, die übrigen nach Heide, Rendsburg oder weiter dirigirt wurden. In der Nacht vom 4. October kamen die Verwundeten in großer Zahl nach Delve, wir hatten den ganzen 5. October zu operiren, obgleich es an geschickten Operateurs nicht fehlte. Unter den Schwerverwundeten befanden sich zwei Aerzte, Dr. Henke aus Erlangen und Dr. Ritter aus Kiel, Beide Söhne von Professoren, Beide mit bedeutenden Schädeldepressionen. Sie wurden Beide glücklich ohne Trepanation oder Elevation geheilt.

Am 8. October schickte ich Esmarch nach Rendsburg, um in den dortigen Hospitälern meine Stelle zu vertreten, am 11. October ging ich selbst über Heide, Altona und Kiel nach Rendsburg zurück, wo ich am 13. ankam, nachdem ich an den genannten Orten die dahin von Friedrichstadt gelangten Verwundeten gesehen hatte. Am 22. October ging ich zum zweiten Male nach Delve über die Hohner Fähre. Die Reise von vier Meilen dauerte sieben Stunden mit vier Pferden und einer leichten Chaise, so waren die Wege durch anhaltenden Regen erweicht. Man kann sich denken, wie schwer es gewesen war, Geschütz und Munition nach Friedrichstadt zu bringen. Am 17. November war ich zum letzten Male in Delve. Der commandirende General hatte mir ein Dampfschiff zur Verfügung gestellt, welches mit Beihülfe von Schleppkähnen Verwundete nach Rendsburg bringen sollte. Es regnete den ganzen Tag, so daß ich in der Cajüte sitzen mußte. Als wir uns der Schiffbrücke bei Delve näherten, rief mich der Capitain auf Deck, er wollte mir zeigen, wie man die geöffnete Brücke bei voller Fahrt passiren müsse, seine Vorgänger hätten das nicht verstanden und bei langsamen Fahren fast immer die Brücke beschädigt. Wir schossen in voller Fahrt hindurch, die Brücke blieb unbeschädigt, aber das Dampfschiff verlor seinen einen Radkasten mit großem Lärm. Es war sehr komisch. Der Capitain hatte früher von sich reden gemacht, indem er ein von den Dänen verfolgtes Schiff auf den Strand jagte und in die Luft sprengte.

Mit dem Sturme auf Friedrichstadt waren die größeren Unternehmungen des Feldzuges zu Ende. Das Jahr schloß mit einem am 31. December stattfindenden Vorpostengefechte bei Möhlhorst, wo ein sehr interessanter Mann, Lieutenant Nasemann, einen Schuß in das linke Knie erhielt. Er wurde amputirt und zeigte uns im folgenden Sommer bei Kiel, daß man auch mit einem Beine schwimmen kann.

Am 10. November hatte Oberst von der Tann die Armee mit Urlaub verlassen, um nicht wieder zurückzukehren. Oberstlieutenant von Jeß, ein Schleswig-Holsteiner, wurde Chef des Generalstabes. Am 7. December erhielt General von Willisen den schon öfter, aber nicht ernstlich verlangten Abschied und General von der Horst übernahm das Commando. Niemand bedauerte Willisen's Abgang; keine der größeren Unternehmungen war nach seinem Sinne gewesen. Er wollte nicht in das Herzogthum Schleswig einrücken, also auch nicht bei Idstedt schlagen, durch einen Befehl der Statthalterschaft vom 13. Juli 1850 mußte er dazu gezwungen werden. Der Angriff auf Missunde wurde ihm abgerungen, bei Friedrichstadt verhielt er sich übrigens ganz passiv, verhinderte aber jedes Gelingen, indem er am 29. September die nöthige Mannschaft verweigerte, welche den 4. October am unrechten Orte nutzlos geopfert wurde. Er sah am 4. October dem Sturme an einem den feindlichen Geschossen sehr ausgesetzten Orte zu und gab seinen Lebensüberdruß deutlich zu erkennen; es weckte ihm keine Sympathien mehr. Mit seiner Denkungsart durfte er das Commando der schleswig-holsteinischen Armee nicht übernehmen. Nur der Sieg konnte die Unabhängigkeit der Herzogthümer retten. Die Statthalterschaft, die Armee, das ganze Volk erwarteten Thaten, die Willisen nicht ausführen wollte.

Es war rührend, wie fest die Hoffnungen der Patrioten wurzelten, sie warteten immer auf den eintretenden Frost, welcher die Festigkeit der dänischen Stellung vermindern sollte, kluge Leute sprachen noch von Siegeshoffnungen, als im Hauptquartier Niemand mehr an Schlagen dachte. Die Armee war 1851 bei ihrer Auflösung stärker, als zu Anfang des Feldzugs von 1850, man hatte immer noch geworben und ausgehoben, in der Hoffnung, zu siegen.

Es war nicht Gottes Wille, daß Schleswig-Holstein ein unabhängiger Staat werden solle, daß die Augustenburger zur Regierung gelangten.

Es gab schon 1850 Stimmen, welche dies nicht beklagten und die Bildung eines neuen deutschen Kleinstaats nicht wünschenswerth fanden, bei aller Sympathie für eine edle, fürstliche Familie, deren Haupt, der Herzog Christian, sich so gut deutsch gesinnt zeigte, der sich von den Dänen nicht verlocken ließ, um ihren Thron zu werben. Hätte er dies gethan, so wäre der schleswig-holsteinische Krieg nicht zum Ausbruche gekommen und es sähe jetzt wohl ganz anders in Deutschland aus! Wer möchte leugnen, was die drei Feldzüge von 1848 bis 1851 für die Entwickelung des Nationalgefühls gethan haben, weniger durch Siege, als durch politische und militairische Niederlagen, — im Schatten künftiger Begebenheiten?

Ich betrachte Willisen als ein Werkzeug der Vorsehung, die uns durch Trübsal der höheren Bestimmung entgegenführte.

Mögen die Deutschen nie vergessen, was die Bewohner des meerumflossenen Landes für sie gethan und gelitten haben! Diese werden aber selbst schon dafür sorgen, denn keiner unserer deutschen Stämme darf sich besser dünken, als die edlen Schleswig-Holsteiner!

In Kiel,
vom Januar 1851 bis April 1854.

Die Tage der Trübsal kamen. Am 2. Januar 1851 trafen die Bundescommissarien in Hamburg ein, welche dem Kriege ein Ende machen sollten. Dies war das Resultat der Conferenzen zu Olmütz, welche am 28. und 29. November 1850 zwischen Oesterreich, Preußen und Rußland stattgefunden hatten. Am 6. Januar 1851 wurde die Statthalterschaft in Kiel mit den Forderungen der Commissarien bekannt gemacht. Am 8. Januar kamen die beiden Statthalter Graf Reventlow und Beseler nach Rendsburg, um einem Kriegsrathe die Frage vorzulegen, ob der Krieg noch fortzuführen sei, da derselbe jetzt auch gegen den deutschen Bund unternommen werden müsse. General von der Horst und seine Stabschefs, die Generale von

Baudissin und von Wissel, Major Heinrich von Gagern, die angesehensten und tapfersten Männer des Heeres, fanden es unmöglich, den Krieg fortzuführen.

Am 10. Januar 1851 fand die denkwürdige Sitzung der Landesversammlung in Kiel statt, welche bis 5 Uhr Morgens dauerte, und damit endete, daß die Bedingungen der Bundescommissarien angenommen wurden. Nur mit großer Mühe gelang es der besonnenen Partei, die Hoffnungen derer niederzuschlagen, welche von einer Fortsetzung des Krieges das Heil des Landes erwarteten. Der Statthalter Beseler legte sein Amt nieder und überließ dem Grafen Reventlow das peinliche Geschäft, sein geliebtes deutsches Land unter dänische Herrschaft zurückzuführen.

Am 15. Januar 1851 kehrte ich nach Kiel zurück. Die Armee wurde jetzt reducirt, sie war mit 860 Officieren noch 42,000 Mann stark, nur das deutsche Bundescontingent mit 113 Officieren blieb davon übrig. Die Invaliden erhielten Pension, die Officiere entweder nichts, oder die Gage für einige Monate als Abfindung. General von der Horst war unter den Verabschiedeten. Man bedurfte meiner noch zur Regelung des Invalidenwesens, ich mußte also mit in das holsteinische Contingent treten und an meiner Pickelhaube eine neue Cocarde befestigen lassen.

Die schleswig-holsteinischen Militairärzte theilten das Schicksal der Officiere, auch die älteren, zum Theil Leute von fünfzig bis sechszig Jahren, wurden ohne Pension entlassen. Sie erregten mein großes Bedauern, da sie während des dreijährigen Krieges große Anstrengungen machen mußten und dabei ihre Praxis vernachlässigt oder verloren hatten. Für die jüngeren Militairärzte suchte ich nach Kräften zu sorgen, indem ich sie gegen Ende des Krieges in Garnisonen versetzte, wo sie Aussicht hatten, gut fortzukommen. Sie sind auch meistens da geblieben, wohin ich sie dirigirt hatte. Seit der Schlacht von Idstedt hatte ich selbst alle Hoffnung verloren, daß mit Willisen noch ein guter Ausgang möglich sei.

Invalide Officiere untersuchte ich selbst, für die zum Theil noch in vielen Hospitälern zerstreuten Unterofficiere und Gemeinen wurde eine Commission gebildet, welche im Lande umherreiste. Der Oberarzt Kirchner, welcher als Mitglied derselben das Protocoll führte, stellte das Resultat der Invaliden-Untersuchung in so genauer Weise zusammen, daß sein Bericht für mich von großem wissenschaftlichen Werthe war. Am 1. Februar 1851 erhielt ich von der abtretenden Regierung als Cassenrest noch 1200 Mark zugesendet, für welche ich künstliche Glieder machen ließ.

Meine eigene Entlassung aus dem Militairdienste erfolgte erst 1852, und wurde am 18. Februar von dem damals als Kriegsminister fungirenden Oberstlieutenant Seveloh, einem früheren hannoverschen Artillerieofficier, ausgefertigt.

Mittlerweile hatten sich meine Verhältnisse schon auf eine Art gestaltet, welche meine Zukunft sicher stellte. Meine Freunde in Freiburg wünschten mich wieder unter sich zu sehen. Im Frühjahr 1851 schrieb der damalige Rector, Professor Ecker, an mich und machte mir Anerbietungen, welche ich abzulehnen nicht in der Lage war. Die von mehreren Seiten geführten Unterhandlungen waren so weit gediehen, daß es nur meiner Zustimmung bedurfte, aber man wollte mich gern in Kiel behalten.

Durch Vermittelung von Etatsrath Olshausen, der noch als Curator fungirte, erhielt ich ein Schreiben der am 2. Februar 1851 eingesetzten obersten Civilbehörde zur Verwaltung des Herzogthums Holstein, welche an die Stelle der am 1. Februar mit der Statthalterschaft abgetretenen Departementschefs getreten war. Ich schalte dies Schreiben hier ein, weil es zeigt, wie die Sachen damals behandelt wurden. Von den beiden Unterzeichneten war der Freiherr Adolph von Blome-Heiligenstedten Präsident dieser Behörde, der Etatsrath Heinzelmann Departementschef für geistliche und Unterrichts-Angelegenheiten.

„Herrn Professor Dr. Stromeyer in Kiel.

Der obersten Civilbehörde ist unter dem 23. d. M. ein Schreiben des landesherrlichen Commissairs Grafen von Reventlow-Criminil vom selbigen Dato zugegangen, wonach Seine Majestät mittelst Rescripts vom 19. d. M. den landesherr-Commissair zu der Erklärung ermächtigt haben, daß dem Professor Dr. Stromeyer in Kiel, wenn derselbe den nach Freiburg an ihn ergangenen Ruf ablehnen würde, nach vollständiger Wiederherstellung Seiner Majestät landesherrlicher Autorität im Herzogthume Holstein, eine Bestallung als Professor der Chirurgie und Augenheilkunde an der Kieler Universität allergnädigst werde verliehen werden und daß bei dem Wegfall einer von demselben bezogenen anderweitigen Gage von 2500 Mark das bisher von ihm als Professor genossene Gehalt von 3750 Mark auf 5400 Mark jährlich werde erhöht werden.

Von Vorstehendem ermangelt die oberste Civilbehörde nicht, den Herrn Professor Dr. Stromeyer hierdurch in Kenntniß zu setzen.

Kiel, den 26. August 1851.

Die oberste Civilbehörde für das Herzogthum Holstein.

Adolph Blome.   Heinzelmann."

Meine Seele war noch so erfüllt von der allgemeinen Trauer, daß die günstige Wendung meines eigenen Geschicks weniger Eindruck auf mich machte, als man erwarten sollte. Ich konnte mich nicht freuen, selbst geborgen zu sein, während so viele Familien mit den größten Sorgen kämpften. Hätte man mich in Kiel nicht zu fesseln gesucht, so wäre ich wieder nach Freiburg gezogen, keinesweges ungern, aber nicht mit freudigem Gefühl. Ich konnte mich von Esmarch nicht trennen und hatte wohl eine Ahnung davon, daß wir so bald nicht auseinandergehen durften, um unser Schicksal zu erfüllen, welches uns die Aufgabe stellte, in kriegerischen Zeiten zu denselben Zwecken zusammenzuwirken.

Es sprachen aber auch andere Gründe für mein Bleiben in Kiel. Ich konnte das deutsche Element dort verstärken, an meine Stelle wäre vielleicht ein Däne gekommen; es wurden zwei dänische Professoren angestellt, Panum für Physiologie und Molbeck für dänische Sprache. Da ich keiner politischen Partei und jedenfalls nicht den Ultras angehörte, war ich eine zur Vermittelung geeignete Persönlichkeit, und würde großen Einfluß gewonnen haben, wenn ich es darauf angelegt hätte. Es wurde mir sogar angeweht, man wolle mich zum dänischen Generalstabsarzt machen, wenn ich Dänisch lernen wollte. Esmarch wäre mir nach Freiburg gefolgt, wenn ich dazu gerathen hätte, aber ich hielt es für bedenklich, diesen jungen Eichbaum zu verpflanzen. Er hatte während der drei Feldzüge schon ein Ansehen gewonnen, welches weit über seine Jahre ging. Er mußte womöglich seinen Landsleuten erhalten werden, damit er blieb wie diese, treu und wahr, hülfreich und gut. Mein Bleiben in Kiel kostete mich 1851 kein Kopfbrechen, obgleich ich damals wie später Heimweh nach dem schönen Freiburg hatte. Es wurde mir auch gar nicht verdacht, daß ich in die Dienste des Königs-Herzogs trat, die Sympathie für deutsche Zustände war nach dem traurigen Ausgange des schleswig-holsteinischen Krieges auf dem Gefrierpunkte.

Nach dem am 24. April 1852 erfolgten Tode des Etatsraths Pfaff, wurde ich zum Director des holsteinischen Sanitäts-Collegiums ernannt, mit einer Besoldungszulage, durch welche meine früheren Einnahmen als Professor und Generalstabsarzt fast wieder hergestellt wurden. Meine Lage hatte sich jedenfalls verbessert, da ich für ein einziges Amt nur 164 Thaler weniger erhielt, als früher für zwei. Auf die Geschäfte im Sanitäts-Collegium durfte ich nichts rechnen, weil mir diese auch schon vorher in fast gleicher Weise oblagen.

Leider hörte 1852 Olshausen's Wirksamkeit als Curator auf. Er wurde nebst den Professoren Meyn, Nitzsch, Chalybaeus, Scherck, Ravitt, Pelt und Stein seines Amtes entsetzt. Diese Männer hatten beim Ausbruche der Erhebung im März 1848 die Schiffe hinter sich verbrannt und dem Könige ihre Orden zurückgeschickt. Im Herbste 1853 ging Olshausen als Universitäts-Bibliothekar nach Königsberg, von wo er 1858 als vortragender Rath für Universitäts-Angelegenheiten im Cultus-Ministerium nach Berlin berufen wurde, wo er bis 1874 gewirkt hat. Das Letzte, was Olshausen für mich that, war, daß er mir ein schönes Gebäude, welches früher als Cadettenhaus für die schleswig-holsteinische Marine gedient hatte, für die chirurgische Klinik anbot. Die Verbesserung wäre für den Augenblick sehr erheblich gewesen, aber sie hätte die Zukunft der Kliniken präjudicirt. Es mußte für die medicinische Klinik so gut, wie für die chirurgische gesorgt werden, und ein durchaus wünschenswerthes Gebäude für chirurgische Klinik war das an einer lebhaften Straße in der Nähe des Bahnhofs gelegene Haus ohne Garten keineswegs. So schlug ich dieses und ebenso ein anderes großes Gebäude aus, welches mitten in der Stadt lag. In einem Orte mit so reizenden Umgebungen, wo es der guten Plätze viele giebt, wäre es eine Schande gewesen, durch eine Abschlagszahlung das System zu verewigen, alte Häuser zu Kliniken herzurichten, statt neue zu bauen.

Frerich's Gegenwart in Kiel war mir äußerst erfreulich. Mit dem Abgange des Etatsraths Meyn konnten seine Verhältnisse auf eine für ihn befriedigende Weise geordnet werden.

Er erhielt die stehende Klinik, eine Official=Wohnung und 2000 Thaler Gehalt. Seine wissenschaftliche Richtung war mir durchaus zusagend, weil er die Praxis nicht minder hoch anschlug, als die Theorie; seine Art zu examiniren war vortrefflich, seine Vielseitigkeit belebend. Er paßte damals für die Schleswig=Holsteiner und fühlte sich gemüthlich unter ihnen. Wir sahen uns im Winter alle vierzehn Tage in einem Kreise von ärztlichen Kriegskameraden, wo wir von 8 Uhr Abends an oft bis tief in die Nacht beisammen saßen, unter ernsten und heiteren Gesprächen. In der schönen Jahreszeit hatten wir einen Verein zum Scheibenschießen, der jeden Sonnabend Nachmittags in Dorfgarten zusammenkam und dort mit einem Abendessen endigte. Dieser Verein bekam eine gewisse Celebrität und führte uns oft fremde ärztliche Gäste zu.

Esmarch übernahm wieder die Stelle eines ersten Assistenten der chirurgischen Klinik und habilitirte sich als Privatdocent. Er ordnete unsere Sammlung von Knochenpräparaten aus dem Felde, die ihm nebst den von mir gesammelten Hospitalbüchern dazu diente, sein Werk über Resectionen bei Schußwunden zu schreiben. Es erschien Ostern 1852 und fand als erste Monographie über einen für die Kriegschirurgie wichtigen Gegenstand allgemeinen Beifall. Mr. Statham übersetzte dasselbe, nebst meiner ersten Abhandlung über Schußfracturen in das Englische, und trug auf diese Art wesentlich dazu bei, unsere Erfahrungen in England und Amerika bekannt zu machen. Guthrie sagt in seinen Commentaren: Während große Kriege der neueren Zeit nur bekannte Lehrsätze bestätigten, haben die Streitigkeiten und Gefechte der Dänen und Schleswig=Holsteiner ganz wider Erwarten günstige Resultate für die Wissenschaft geliefert. Nach Vollendung seiner Schrift ging Esmarch Ostern 1852 auf Reisen, um Deutschland und Frankreich kennen zu lernen. Wir sahen uns wieder im September 1852, wo ich mit meiner ältesten Tochter zum Naturforschervereine nach Gotha ging. Wir trafen dann in Frankfurt mit meinem kranken Schwager Banks zusammen, den Esmarch an den Genfer See begleitete. Von dort ging er nach Paris, wo der Staatsstreich Louis Napoleon's vom 2. December 1852 mit seinen blutigen Folgen ihm Gelegenheit gab, Vergleiche zwischen deutscher und französischer Kriegschirurgie anzustellen. Ostern 1853 kam er von Paris nach Kiel zurück, um dort zu practisiren und Vorlesungen zu halten.

Ich fing in Kiel sehr bald an, mich ernsthaft mit dem Neubau der medicinischen und chirurgischen Kliniken zu beschäftigen, wobei ich ganz auf eigene Erfahrungen und Ansichten angewiesen war, denn es fand sich dort Niemand, der jemals über den Bau eines Hospitals nachgedacht hätte. Die erste wichtigste Sorge dabei ist immer die Wahl des Platzes. Ich speculirte überall herum, wenn ich ausritt, und fand endlich, was ich suchte.

Mit dem Bauplane beschäftigte ich mich den ganzen Winter 1852/53, und kam nicht ohne große Mühe damit zu Stande, einen Riß zu entwerfen, in welchem die nöthigen Räume auf passende Art vertheilt waren. Mein Entwurf wurde von dem Baumeister Ehbets architektonisch gezeichnet und fand Beifall. Unter einem Dache sollten die medicinischen und chirurgischen Kliniken vereinigt sein; die innere Einrichtung erlaubte es, das Haus der Länge nach so zu theilen, daß beide Abtheilungen völlig getrennt waren. Leider hatte Frerich's uns im Herbste 1851 verlassen, um nach Breslau zu gehen. Sein Nachfolger war Dr. Emil Götz aus Danzig, ein liebenswürdiger, kenntnißreicher Mann, der aber schon als Invalide zu uns kam und mir durch seine Unentschlossenheit große Schwierigkeiten machte. Da es jedenfalls schwer war, ein so kostbares Unternehmen, wie den Bau von zwei Kliniken, durchzusetzen, so hatte ich den Gedanken gefaßt, wir dürften nicht darauf antragen, daß uns Officialwohnungen gebaut würden, weil man uns sonst nachsagen konnte, wir betrieben die Angelegenheit nur aus persönlichem Interesse und nähmen bei der Wahl des Platzes mehr Rücksicht auf unsere eigene Annehmlichkeit, als auf die Institute. Meine Uneigennützigkeit ist mir nie schlechter bekommen, als bei dieser Gelegenheit. Professor Götz, der mir in meiner Anschauung völlig Recht gab, fand, im Grunde genommen, doch keinen Geschmack daran, und der Departements-Chef Heinzelmann sagte mir in Bezug auf die Officialwohnungen: Er begreife es wohl, daß man nicht Lust habe, einem Krankenhause nahe zu wohnen, wenn man älter werde. Ich hätte aus der Haut fahren mögen, als ich diese Kritik meiner Bemühungen hörte, ließ mich aber nicht irre machen. Man konnte ja Häuser für Professoren bauen, wenn man wollte, ohne daß diese es für durchaus nothwendig erklärten.

Im Sommer 1853 kam der sehr angesehene Staatsbaumeister Koch aus Kopenhagen auf einige Tage nach Kiel. Ich benutzte seine Anwesenheit, um ihn auf alle die Plätze zu führen, welche bei dem Bau der Kliniken in Betracht kommen könnten, ohne ihm zu sagen, welchen ich für den besten hielt; er erklärte sich ohne weiteres für den von mir bevorzugten, damit waren alle übrigen außer Frage gestellt. Dieser Platz lag aber nicht auf städtischem Gebiete; ich gerieth dadurch in Conflict mit der Bürgerschaft von Kiel. Es gab darunter noch immer Leute, welche die mit Schwefelwasserstoff geschwängerte Umgebung des kleinen Kiels für sehr gesund hielten, während ich weit davon, achtzig Fuß über dem Hafen, hinter dem Schloßgarten, bauen wollte.

Als ich meinen Plan dem akademischen Senate vorlegte, kam ich auch übel an. Wie sollen wir Zulagen erhalten, sagten die Theologen, wenn so viel Geld für die Kliniken ausgegeben wird? Ueberall fand ich Widerstand, nirgends aufrichtige Unterstützung. Ich beschloß, in den Herbstferien nach Kopenhagen zu gehen, um mit den Ministern über meinen Plan zu verhandeln und den König dafür zu gewinnen. Während ich mit diesem Reiseplane beschäftigt war, erschien ein königlich hannoverscher Kriegsrath in Kiel, welcher mir das Anerbieten machte, als Generalstabsarzt in königlich hannoversche Dienste zu treten. Ich konnte dasselbe ohne weiteres ablehnen, weil die Anerbietungen mit 2400 Thaler Gehalt meinen Verhältnissen in Kiel nicht entsprachen. Ich hoffte, die Sache sei damit abgemacht und reiste nach Kopenhagen. Die Minister Graf Moltke und Graf Reventlow-Criminil empfingen mich sehr freundlich und versprachen, meinen Wünschen wo möglich nachzukommen. Ich hatte eine Audienz bei König Friedrich VII. in Skowsborg, einem kleinen Lustschlosse, eine Stunde von Kopenhagen entfernt, und trug ihm meine Wünsche vor. Er versprach, die Angelegenheit in Erwägung zu ziehen, und unterhielt sich dann noch längere Zeit mit mir auf sehr originelle Art, indem er mir die politische Lage des Landes deutlich zu machen suchte. Dänemark, sagte er unter anderm, befindet sich zwischen Rußland und England, wie die Laus zwischen zwei Nägeln. Diese Ansicht dürfte in Kopenhagen jetzt nicht mehr getheilt werden, sie beweist aber, daß Friedrich VII. im Jahre 1853 von Deutschland nichts befürchtete. Er war damals fünfundvierzig Jahre alt, ein kleiner corpulenter Mann, dessen Kopf etwas an seinen schönen Vater, Christian VIII., erinnerte. Er hatte eine blasse, kränkliche Gesichtsfarbe; während meiner Unterredung mit ihm störte es mich, daß ich durch seinen meistens offen stehenden Mund die Zunge sehen konnte, welche sehr belegt war.

Kopenhagen und seine Umgebungen gefielen mir sehr, besonders Thorwaldsen's Museum, in dessen Mitte, umgeben von allen seinen Werken, der große Mann begraben liegt, den ich in München persönlich kennen gelernt hatte. Ich ging einmal in das dänische Theater, wo Shakespeare's Loves labours lost gegeben wurde, verstand aber gar nichts, obgleich ich das Stück sehr gut kannte.

Nach vier Tagen reiste ich sehr zufrieden ab; bestimmte Versprechungen waren mir nicht gemacht, aber ich hoffte, das Uebrige werde sich finden.

Gleich nach meiner Rückkehr kam der Professor der Geburtshülfe zu mir, um mir zu sagen, daß er auch nach Kopenhagen gehen wolle, um eine neue Anstalt zu erhalten. Ich bat ihn, doch so lange zu warten, bis der Bau der Kliniken genehmigt sei, aber er war fest entschlossen. Ich fragte ihn dann, ob er, wie ich es gethan, einen Plan und Kostenanschlag vorlegen könne. Er erwiederte mir, es sei ein Plan vorhanden, den sein Vorgänger gemacht habe, welchen er jetzt benutzen könne und holen wolle. Es war ein Rattenkönig von ineinandergehenden Zimmern, ohne Corridor, in duplo, um die zweite Abtheilung benutzen zu können, wenn die erste inficirt sei. Ich erbot mich, ihm einen besseren Plan zu zeichnen, den er am folgenden Tage abholen könne. Auf zwei Receptstreifen zeichnete ich den Grundplan von zwei Etagen. Am folgenden Tage lief der Herr Professor damit ohne alles Besinnen zu dem Baumeister Ehbets, der binnen acht Tagen nach meinen Ideen einen schönen großen Riß nebst Kostenanschlag zu Stande brachte. Als der Professor kam, mir diesen Plan zu zeigen und mir Adieu zu sagen, war ich gerade damit beschäftigt, einen Brief aus Hannover zu lesen, in welchem mir sehr annehmbare Bedingungen mit 3000 Thaler Gehalt angeboten wurden, wenn ich Generalstabsarzt werden wollte. Ich zeigte dem Herrn Collegen diesen Brief, indem ich dabei bemerkte, daß ich doch lieber in Kiel bleiben würde, wenn ich sicher wüßte, daß man neue Kliniken bauen wolle. Nach acht Tagen kam der Herr College von Kopenhagen zurück und rühmte sich gegen Andere, wie er es dort wohlweislich verschwiegen habe, daß ich schon zum zweiten Male nach Hannover berufen sei; Aufträge, für mich zu wirken, habe ich ihm ja nicht gegeben. Damit hatte es seine Richtigkeit; ich hätte ja selbst nach Kopenhagen schreiben können, aber ich wollte den Collegen auf die Probe stellen, und hatte, ungefähr wie wenn man seinen Entschluß an den Knöpfen abzählt, mein Bleiben in Kiel davon abhängig gemacht.

Niemand rührte sich für mich! Der College von der medicinischen Klinik nicht, weil er gern ein schönes Haus haben wollte; der Senat nicht, weil ich Geld verlangte; die Bürgerschaft nicht, weil ich außerhalb des städtischen Gebietes bauen wollte. Habeant sibi, dachte ich, und nahm den Ruf nach Hannover an. Ich hatte mir die Sache allerdings auch reiflich überlegt. Es war nicht gerade mein Wunsch, in Kiel mein Leben zu beschließen; ich liebte es nicht. Es beherrschte mich auch die Idee, neue Kriege würden nicht ausbleiben, und ich könne dadurch in eine schiefe Stellung kommen, wenn ich in Diensten des Königs von Dänemark stand. In Hannover konnte ich auf das Militair=Sanitätswesen wirken; man hatte dort die besten Absichten, Alles neu und gut zu ordnen. Endlich machte ich durch meinen Abgang für Esmarch Platz; ich war fest überzeugt, daß er mein Nachfolger sein werde. Ich hütete mich wohl, ihn zu empfehlen; er mußte sich selbst geltend machen; aber ich zweifelte nicht daran, daß er es könne und werde. Am meisten bedauerte ich das Verlassen der akademischen Laufbahn; sie ist jedenfalls die angenehmste und giebt mehr Gelegenheit, der Wissenschaft zu nützen, als die Stellung eines Generalstabsarztes in Friedenszeiten. Ich war aber mittler=

weile fünfzig Jahre alt geworden und durfte nicht darauf hoffen, noch an eine mir zusagende Professur berufen zu werden. Meine gute Frau mischte sich gar nicht ein; ich wußte aber, daß ihr Hannover sehr angenehm sein werde.

Es war immerhin ein gewagtes Spiel, die Universität zu verlassen, um Esmarch nützlich zu sein, dessen Schicksal ich in den Händen übelwollender Collegen ließ, die, wie auch die Folge lehrte, gegen ihn so gesinnt sein würden, wie gegen mich, aber, wie Shakespeare den Brutus sagen läßt:

> Es wechselt, wie im Weltmeer, Ebb' und Fluth
> Im Menschenleben; wer die Fluth benutzt,
> Erreicht das Glück; wer träge sie versäumt,
> Der muß an Klippen elend untergehn.
> Auf einer hohen Fluth sind wir jetzt flott
> Und müssen ihrer Strömung, die uns dient,
> Nun folgen oder Alles ist dahin.

Ich folgte der Fluth, und Esmarch konnte in Kiel der Humanität Dienste leisten, wie sie an keinem andern Orte möglich gewesen wären.

Meine Bemühungen um die Kieler Kliniken, welche mich dem Ostracismus der Zeitgenossen preisgaben, sind nicht ohne Erfolg geblieben. Nach meinem Abgange von Kiel wurde der von mir ausgewählte Platz gekauft, eine Million Steine wurde angefahren, die Fundamente wurden ausgegraben. Dann ruhte der Bau Jahre lang, bis die Steine verdorben oder gestohlen waren, wurde wieder aufgenommen und 1862 beendigt. Mein ursprünglicher Plan für die Kliniken wurde beibehalten, aber nicht seinem ganzen Umfange nach ausgeführt; vier große Säle wurden weggelassen, die man 1868 durch Baracken ersetzt hat, weil sie nicht zu entbehren waren. Die geburtshülfliche Anstalt wurde, ebenfalls nach meinem Entwurfe, auf einer Linie mit den Kliniken im Schloßgarten gebaut. Die drei klinischen Professoren erhielten schöne Häuser mit großen Gärten.

Meine schriftstellerische Thätigkeit war in Kiel nicht so bedeutend, wie ich wünschte; ich habe dort nichts drucken lassen, als die im Winter 1849/50 verfaßte Abhandlung über Schußfracturen. Ich hegte die ernsthaftesten Absichten, mein Handbuch fortzusetzen, es wollte mir aber nicht gelingen, die Erfahrungen im Felde waren so lebendig in mir, daß andere Capitel mich abstießen. Ich schrieb über Kopfverletzungen durch Schußwaffen, in der Hoffnung, damit die Bahn für das Handbuch zu brechen, aber was ich schrieb, paßte nicht für ein Handbuch der Chirurgie; durch dieses Capitel kam ich noch tiefer in die Kriegschirurgie. Ich schrieb in Kiel ungefähr die Hälfte meiner Maximen der Kriegsheilkunst, aber ohne Aussicht auf baldigen Abschluß. Unsere Knochenpräparate boten die Gelegenheit, einen wichtigen Theil der pathologischen Anatomie der Schußwunden anschaulich zu machen. Der Senior unter den Aerzten der schleswig-holsteinischen Armee, früher Oberarzt des zweiten Dragoner-Regiments, Kriegsrath Mencke in Itzehoe, kam mir mit seinem Zeichnengenie zu Hülfe. Wir suchten die der Abbildung fähigen, interessanten Präparate zusammen und er zeichnete sie in natürlicher Größe. Es war anfangs meine Absicht, diese schönen Tafeln in derselben Größe lithographisch nachbilden zu lassen, gab dies aber später wieder auf, weil das Werk mit Atlas zu kostspielig geworden wäre.

Am 4. Februar 1854 war Esmarch's Hochzeit mit meiner Tochter Anna. Wir waren an diesem Tage, wie am Vorabend, sehr heiter; die bald bevorstehende Trennung vermochte nicht, uns sentimental zu stimmen, da Hannover so nahe liegt, daß wir hoffen konnten, uns oft zu sehen. Für Esmarch's Gedeihen hielt ich die Trennung von mir durchaus nothwendig; wissenschaftliche oder praktische Anschauungen dürfen nicht unter den Einfluß freundschaftlicher Gefühle gerathen, sonst wird Copie oder Coterie daraus und Originalität wird abgeschwächt.

Ein langes Zusammenleben an einem Orte wäre für uns Beide deshalb unmöglich gewesen.

Kurz vor meiner Abreise von Kiel versammelte Etatsrath Hegewisch meine Freunde zu einem Diner in Brandt's Hôtel, wo man der schweren Zeiten gedachte, in denen ich den Schleswig-Holsteinern beigestanden hatte. Obgleich Hegewisch bei der Märzerhebung von 1848 gar nicht betheiligt war und dieselbe nicht durchaus billigte, so war er doch einer von den besten deutschen Patrioten in den Herzogthümern, der durch seine, theils anonym, theils unter dem Namen Franz Baltisch herausgegebenen schriftstellerischen Arbeiten den deutschen Geist zu wecken wußte. Sein Haus in Kiel und während des Sommers seine Villa am Eingange des Düsternbrooker Holzes waren der Sammelplatz interessanter Leute der verschiedensten Art. Seine Gattin, welche noch in vorgerückten Jahren die Spuren großer Schönheit trug, war von gräflichem Geschlechte und versammelte die Prinzen und Grafen um sich; Hegewisch, damals schon einundsiebzig Jahre alt, die Gelehrten und die Patrioten; die geistreiche Tochter Charlotte die junge Welt und die Künstler. Wir haben sehr angenehme Stunden in dieser Familie verlebt, nicht minder im Verkehr mit Dr. Steindorff, welcher sich 1850 in Kiel niedergelassen hatte, wo er bald einer der angesehensten und beliebtesten Aerzte wurde, wie früher in Schleswig. Er besaß außer gründlicher ärztlicher Bildung eine seltene Liebenswürdigkeit im Umgange, große Theilnahme für seine Patienten und die größte Redlichkeit des Charakters.

Von den Professoren der Universität, welche von 1848 bis 1854 in Kiel meine Collegen waren, habe ich nicht viel zu berichten; meine lange Abwesenheit im Felde und überhäufte Arbeiten entfremdeten mich der Gesellschaft mehr, als an irgend einem andern Orte. Es fehlte unter ihnen nicht an interessanten Persönlichkeiten. Die juristischen Professoren Planck und Ihering, sowie der Professor der Physik, Karsten, waren große Clavierspieler mit einer ganz classischen Richtung. Am meisten Umgang hatten wir mit den Familien Olshausen und Scherck, welcher durch die Freundschaft unserer Töchter unterhalten wurde. Scherck wurde als Lehrer der Mathematik in eine neu errichtete Gewerbeschule nach Bremen berufen, wo er noch jetzt wirkt. Dr. Steindorff ist 1869, im Alter von achtundfunfzig Jahren, allgemein betrauert, in Kiel gestorben. Hegewisch starb 1865; er erreichte das hohe Alter von zweiundachtzig Jahren. Der 1797 geborene frühere Statthalter Graf Friedrich von Reventlow ist 1874 gestorben.

In Hannover,
vom 1. April 1854.

Nach sechszehnjähriger Abwesenheit kehrte ich in meine Vaterstadt zurück, freilich unter ehrenvollen Verhältnissen, aber doch mit Verlust der akademischen Stellung, welche mein Endziel zu sein schien.

Mit meines Vaters Tode war das eigentliche militairärztliche Element für die Armee ausgeschieden. Wedemeyer, Spangenberg und Holscher waren nur kurze Zeit im activen Dienste gewesen und für sie waren die Arbeiten der Behörde ein Nebengeschäft, während mein Vater in den letzten Lebensjahren seine Thätigkeit darauf beschränkte; dies hatte sich dem Generalcommando fühlbar gemacht. Der Oberarzt des Garde-Jäger-Bataillons, Dr. Backmeister, welcher 1848 den ärztlichen Dienst bei der in Schleswig-Holstein kämpfenden Brigade leitete und der Zeit zum Oberstabsarzt mit dem Range von Oberstlieutenant ernannt war, übernahm bei seiner Rückkehr das Präsidium in der Medicinalbehörde für die Armee. In dieser Stellung ließ er es nicht an Mühe und Fleiß fehlen, verbesserte das Rapportwesen, sammelte die seit dem Erscheinen des Dienstreglements vom 29. November 1823 gegebenen Vorschriften über das Armee-Medicinalwesen, leitete eine neue Ausgabe der Instruction für die Rekruten-Aushebung ein und brachte 1853 eine Sanitäts-Compagnie zu Stande. Seine Thätigkeit hatte guten Eindruck gemacht, aber bei Einrichtung der Sanitäts-Compagnie hatte es sich gezeigt, daß er nicht der richtige Mann dafür sei. Eine von ihm entworfene Instruction für Sanitätssoldaten hätte diese zu einer Art von Halbärzten gemacht. Der Hofchirurgus Dr. Kohlrausch, als Mitglied der Medicinalbehörde für die Armee, hatte ihn vergebens davon abzubringen versucht; auch Andere hatten es bemerkt, daß Backmeister kein Talent habe, die Ausrüstung des Sanitätswesens zu besorgen, seine Erfindungen waren in hohem Grade unpraktisch. Jetzt wollte man eine Menge Geld dafür ausgeben, aber nicht für unbrauchbare Sachen wegwerfen. Backmeister, der ohnehin alt und kränklich war, wurde pensionirt und mit dem Titel Generalstabsarzt entlassen. Er war noch in Hannover anwesend, als ich dort ankam, zog dann aber nach Göttingen, wo er sein Leben beschlossen hat. Er war ein durchaus wackerer, aber sehr eigensinniger Mann. Als ich ihn damals besuchte, litt er an chronischen Durchfällen. Ich fragte ihn, ob er Wolle auf der Haut trüge. Er zeigte mir dann triumphirend seine Füße, welche ohne Strümpfe in den Stiefeln steckten. Als ich ihn zwei Jahre später in Göttingen besuchte, wiederholte sich dieselbe Geschichte, er trug keine Strümpfe und litt noch immer an Durchfall, mit einer Geduld, die einer besseren Sache würdig gewesen wäre. Trotz seiner Wunderlichkeiten, zu denen auch der 1848 eingesogene Widerwillen gegen Resectionen gehörte, habe ich ihn doch in Ehren gehalten, er hatte mir gerade in solchen Dingen vorgearbeitet, welche mir lästig gewesen wären.

König Georg V. von Hannover.

Ich hatte den König noch nie gesehen, als ich in den ersten Tagen des April 1854 Audienz bei ihm hatte. Er war damals fünfunddreißig Jahre alt und überraschte mich durch seine imposante Figur und seine edlen, freundlichen Gesichtszüge. Am 18. November 1851 hatte er den, durch den Tod seines Vaters Ernst August erledigten Thron bestiegen.

Er empfing mich sehr gnädig und drückte seine Freude darüber aus, daß ich nach langer Abwesenheit in mein Vaterland zurückgekehrt sei, sowie sein Bedauern, daß dasselbe meiner Dienste so lange habe entbehren müssen. Ich erwiederte darauf, daß ich nur durch diese längere Abwesenheit befähigt sei, in meiner gegenwärtigen Stellung von Nutzen zu sein. Der König war durch diese Antwort überrascht und wiederholte dieselbe gegen einige Herren seiner Umgebung. Dies erinnerte mich an seines Vaters Ansichten, der es nicht leiden konnte, wenn einer seiner Unterthanen einmal in fremde Dienste trat und es nie verzieh. König Georg ließ sich dadurch nicht abhalten, mich zu berufen, während sein Vater mich laufen ließ, als die Professur der Chirurgie in Göttingen erledigt war.

Ich wurde bald näher mit dem Könige bekannt, da er mich in den ersten Jahren öfter zu kleinen Diners einlud. Ich fühlte mich ihm gegenüber ganz unbefangen und faßte zu ihm bald eine herzliche Zuneigung, weil er bei jeder Gelegenheit seine menschenfreundlichen Gesinnungen an den Tag legte. Daraus entsprang bei ihm ein Wohlwollen für den ärztlichen Stand im Allgemeinen, sowie für die Militairärzte im Besondern, welches auch dadurch nicht abgeschwächt wurde, daß er der Homöopathie zugethan war. Sein Vater, welcher viel mehr Ursache hatte, der Heilkunst dankbar zu sein als König Georg, dachte darin ganz anders, er hatte den Militairärzten

die Hoffähigkeit genommen und nie etwas für sie gethan. König
Georg lud sie wieder zu seinen Festen und verbesserte ihre
Lage, indem er den Oberärzten hundert, den Assistenzärzten
fünfzig Thaler Zulage gab. Er suchte ihnen den Dienst an=
genehm zu machen, indem er bereitwillig auf die Wünsche derer
einging, welche von einem Truppentheile zu einem andern ver=
setzt zu werden wünschten. Er erinnerte sich nach Jahren
noch daran, wenn ein Oberarzt der Infanterie, welcher als
Assistenzarzt bei der Cavallerie gedient hatte, den Wunsch zu er=
kennen gegeben hatte, bei passender Gelegenheit wieder zur
Cavallerie zu kommen. Er betrachtete den ärztlichen Dienst
in der Armee als eine gute Bildungsschule und hatte gar
nichts dabei zu erinnern, wenn Assistenzärzte ihren Abschied
verlangten, sobald sie Gelegenheit für ihr besseres Fortkommen
fanden. Auch darin dachte sein Vater ganz anders und be=
förderte keinen Arzt im Civildienste, der den Militairdienst
verlassen hatte; gewiß nicht der rechte Weg, den Militairdienst
beliebt zu machen.

König Georg wollte aus Hannover in jeder Beziehung
einen Musterstaat machen, er freute sich, wenn seine Be=
mühungen Anerkennung fanden, wenn fremde Laien und Aerzte
das neue Generalhospital bewunderten, oder die Uebungen der
Sanitäts=Compagnie interessant fanden. Er that auch das
Seinige, einen guten Geist unter den Aerzten zu erhalten.
Nichts hat mir besser von ihm gefallen, als ein wohlverdienter
Verweis, den er einem älteren Oberarzte ertheilte. Dieser
hatte sich geweigert, einen kranken Officier zu besuchen, welcher
eine halbe Stunde von der Garnisonstadt entfernt lag. Der
Officier verklagte ihn, der Arzt hatte sich damit zu verthei=
digen gesucht, daß er nicht gewußt habe, der Patient gehöre
zur hannoverschen Armee. Der König hatte den Verweis
selbst dictirt, es war ein bewunderungswürdiges Schriftstück,

ich würde es hier abdrucken lassen, wenn ich eine Abschrift davon besäße. Er erinnerte daran, daß ein Militairarzt auch zu den Officieren gehöre und als solcher kameradschaftliche Gesinnungen gegen jeden Officier hegen müsse, er möge angehören, welcher Armee es sei!

König Georg besann sich nie, Militairärzte zu verabschieden, deren Conduite Anstoß erregte. Er ließ mich einmal fragen, ob ein zum Avancement stehender Assistenzarzt nicht so ausgezeichnete Kenntnisse habe, daß man deshalb über seine wenig lobenswerthe Conduite wegsehen könne. Ich erwiederte ihm, nach meiner Ansicht gäbe es keine Art von geistiger Begabung, bei welcher eine gute Conduite entbehrt werden könne.

Es kam mir bei meinem Verhältnisse zu Seiner Majestät dem Könige zu statten, daß ich für mich selbst nie etwas zu suchen hatte, nicht einmal Urlaub. Ein älterer hannoverscher Militairarzt schrieb mir bei meinem Dienstantritte: „Sie können viel bei uns bewirken, weil Sie keine Söhne haben. Man fühlt sich unter solchen Umständen unabhängiger und kann fester auftreten." König Georg nahm es mir nicht übel, daß ich einen jungen Arzt für unfähig erklärte, in der Armee zu dienen, den er auf seine Kosten erzogen hatte, er erlaubte mir auch, ihm zu widersprechen, wo es darauf ankam, die Wissenschaft zu vertreten, oder gegebene Vorschriften in Erinnerung zu bringen. Man kann von einem Könige nicht erwarten, daß er sich derselben jeder Zeit erinnere, es ist deshalb die Schuldigkeit der Untergebenen, dieselben ins Gedächtniß zurückzurufen. Ich hatte die Ehre, Seiner Majestät bei einer Gelegenheit zu sagen: „Ich sehe wohl ein, daß die Staatsraison es erfordert, bestehende Vorschriften mitunter außer Acht zu lassen, aber ohne Ew. Majestät ausdrücklichen Befehl werde ich mir dies nie erlauben!" Es handelte sich dabei nur um die Aufnahme eines jungen Mannes von vornehmer Familie in die Cadettenanstalt, welcher dafür in körperlicher Beziehung nicht ganz geeignet war und schließlich auch nicht aufgenommen wurde. Durch Nachgiebigkeit in solchen Fällen verscherzt man die Achtung, welche man nie wieder erringen kann und schädigt auch den, welchem man gefällig sein möchte.

König Georg ist mir während meiner zwölfjährigen Dienstzeit ein gnädiger Herr gewesen, er suchte mir Freude zu machen durch mehrfache Ordensertheilungen und dadurch, daß er mir den Generalsrang ertheilte; noch in der letzten Stunde, wo er es vermochte, sandte er mir ein theures Zeichen seiner Huld.

Meine Sympathie für König Georg beruhte nicht blos auf meinen dienstlichen Beziehungen, sondern auch auf seinen Eigenschaften als Mensch. Er war eine ganz poetisch angelegte Natur, voll tiefer Empfindung für Musik und Poesie. Unter seiner Regierung waren mit Joseph Joachim's Hülfe unsere Concerte die schönsten der Welt, das Schauspiel blühte mit Carl Devrient, Kaiser, Marie Seebach, Fräulein Bauermeister; die Oper unter den Capellmeistern Marschner und Fischer mit Niemann, Günz, Frau Nottes, Frau Amalie Joachim, Fräulein Geistharbt, Ubrich und Garthe. Otto Heinrich Lange konnte seinen Domchor stiften und Bewunderungswürdiges damit leisten.

Mit einer Geistesrichtung, welche mehr der idealen Welt zugewendet ist, verträgt sich die Politik nicht sonderlich, wie ich meine. Man verläßt sich auf seine guten Absichten, auf die göttliche Fürsorge, welche uns die Eigenschaften mit auf den Weg gab, die über unser Schicksal entscheiden und beachtet die Hindernisse nicht, welche uns Andere in den Weg legen.

Möge der edle Dulder seine Ruhe wiederfinden in dem Gedanken, daß es eine bessere Welt giebt, in welcher man keine Politik zu treiben nöthig hat.

Instruction für die Rekrutenaushebung.

Meine erste Arbeit in Hannover war die Redaction einer neuen Ausgabe der Instruction für die Rekrutenaushebung. Backmeister hatte sehr zweckmäßiger Weise das Gutachten sämmtlicher mit der Rekrutenaushebung beschäftigten Militair= ärzte eingezogen, das Generalcommando hatte einige neue Be= stimmungen über Fingerverletzungen und deren Einfluß auf Dienstfähigkeit gegeben. Die Arbeit schien fertig zu sein. Ich fand aber noch vierundfunfzig Fehler darin, welche fast alle die wissenschaftlichen Ausdrücke betrafen. Sie kamen mir sehr zu Statten. Kohlrausch, der es liebte, sich auf einen etwas hohen exacten Standpunkt zu stellen, hatte sie übersehen, ver= zichtete nun mir gegenüber auf Unfehlbarkeit und war stets liebenswürdig und bescheiden. Ich hätte ihn als eine be= deutende geistige Capacität, als ausgezeichneten Anatomen und Examinator gern in der Medicinalbehörde für die Armee be= halten, aber es war darüber schon vor meinem Dienstantritte entschieden; die Medicinalbehörde für die Armee sollte nur aus Militairärzten zusammengesetzt sein. So mußte Kohlrausch nach einigen Monaten ausscheiden und die Behörde bestand außer mir als Präses aus zwei älteren Oberärzten, an denen ich gar keine geistige Stütze hatte. Erst nach dem Tode des einen zog ich den Assistenzarzt Dr. Schmidt in die Behörde, welcher wirkliche Dienste zu leisten im Stande war.

Die neue Instruction erschien unter dem 30. November 1854. Ich bemühte mich während meiner ganzen Dienstzeit ihre Wirksamkeit dadurch zu erhöhen, daß ich ausführliche statistische Zusammenstellungen über das Ergebniß der Rekruten= aushebung bei den Militairärzten circuliren ließ. Diese hatten den guten Erfolg, daß die betheiligten Aerzte in größerer Ueber= einstimmung hinsichtlich der temporär Zurückgesetzten verfuhren, während vorher große Verschiedenheiten darin stattfanden. Aengstliche Aerzte können sich oft nicht entschließen, einen Mann für dienstunfähig zu erklären, und bekommen Muth dadurch, daß sie erfahren, wie viel geringer bei ihren Kameraden die Zahl der Zurückgesetzten ausfällt.

Instruction für Sanitätssoldaten.

Meine zweite Arbeit war die Entscheidung über eine den Sanitätssoldaten in die Hände zu gebende Instruction. Es lagen zwei Arbeiten vor, die eine von Backmeister, die andere von dem bei der Sanitätscompagnie beschäftigten Assistenzarzte Dr. Oelker. Die letztere fand ich sehr gut, sie wurde gedruckt und eingeführt. Backmeister war darüber sehr ungehalten und ließ seine Instruction auf eigene Kosten drucken. Mit niedlichen Bildern ausgestattet, war sie für das Auge sehr bestechend. Er versuchte es auch später, deren Einführung bei Sr. Maj. dem Könige durchzusetzen, so daß ich daran erinnern mußte, wir besäßen schon eine Instruction, mit der man allgemein zufrieden sei. Dr. Oelker hatte es sehr gut verstanden, den richtigen Ton und Mittelweg zu finden, während Backmeister die Sanitätssoldaten unter anderm darin unterrichtete, wie sie Wunden mit dem Finger zu untersuchen hätten. Ich war nicht dafür, der Instruction Abbildungen beizufügen; sie müssen sehr gut und groß sein, um verstanden zu werden. Dr. Riegler's Instruction hat eine Menge sehr charakteristischer Bilder, die man ebenfalls hätte nachahmen können, aber für die österreichische Armee mit sehr verschiedenen Idiomen kam es darauf an, Manches verständlich zu machen, was der Sanitätssoldat nicht lesen kann. Ich sorgte dafür, daß zum Unterrichte Skelette angeschafft wurden.

Sanitäts=Material der Armee.

Meine dritte Arbeit war die Theilnahme an einer Commission, welche die Ausrüstung des Armee=Medicinal= Wesens im Felde zu berathen hatte. Das Kriegsministerium hatte wohlweislich dafür gesorgt, daß dieselbe nicht aus Figuranten bestehe, sondern aus einsichtsvollen Männern, die von dem besten Willen beseelt waren. Der Chef des Generalstabs, Generallieutenant von Prott, war Präses. Er verstand es in seltener Weise, jede Frage zu beleuchten und die Debatte so zu beleben, daß jede Ansicht zu Tage kommen mußte. Man verließ keine Sitzung, ohne das Gefühl, weitergekommen zu sein. Ein nicht minder vorzügliches Mitglied war der Director des Armee=Materials, Generalmajor Pfannkuche, ein Mann von großer Erfahrung in Krieg und Frieden, der aber stets bereit war, auf die Ideen Anderer einzugehen, auch wenn sie ihm nicht gleich behagten. Kriegsrath Oldekop, vortragender Rath des Kriegsministeriums in Medicinalangelegenheiten, war der dritte treffliche Mann in der Commission, zu welcher schließlich auch die beiden anderen Mitglieder der Medicinalbehörde gehörten. Wir haben lange miteinander berathen und schieden endlich mit den Gefühlen gegenseitiger Achtung und mit der Ueberzeugung, nichts Unzweckmäßiges vorgeschlagen zu haben.

Gegen das Ende unserer Sitzungen schien das Kriegsministerium über die Kosten besorgt zu werden und weigerte sich, für den Transport der Feldlazareth=Utensilien neue Wagen machen zu lassen. Doch gelang es meiner persönlichen Fürsprache bei dem Generalsecretair, Oberst Schomer, die schwerfälligen alten Wagen zu beseitigen, welche an Bespannung vermuthlich mehr gekostet hätten, als die neuen Wagen. Am meisten Mühe machten uns die Wagen für den Transport von Verwundeten. General Pfannkuche gab dafür die Idee der Prot=Verbindung zwischen Vorder= und Hinterwagen, wodurch das Fuhrwerk im Stande ist, auf dem Flecke zu wenden; ich gab das Uebrige. Ich halte es für unnütz, diese Wagen, von denen fünfundvierzig angefertigt wurden, hier näher zu beschreiben, sie existiren nicht mehr, bis man sie einmal wieder erfindet, was ich ihrer einfachen Construction wegen für wahrscheinlich halte. Der norwegische Generalstabsarzt Dr. Heiberg, welcher mich besuchte, um die Sanitäts-Compagnie kennen zu lernen, sagte mir, daß auch in Norwegen die Protz-Verbindung bei Sanitätswagen in Anwendung gezogen sei.

Unsere Vorschläge wurden rasch zur Ausführung gebracht, so daß die neuen Requisiten schon 1855 bei der Concentration der Sanitätscompagnie zum Vorschein kamen. Im Sommer 1854 mußten noch die von Backmeister angeschafften Geräthe benutzt werden, der König war einmal selbst bei den Uebungen zugegen und gab eine überraschend gute Kritik. Backmeister hatte Tragbahren machen lassen, auf denen zwei Verwundete zugleich getragen werden sollten. Der König hatte kaum die Hand an eine dieser Bahren gelegt, als er bemerkte, die Beine der Verwundeten müßten darauf doch sehr ins Gedränge kommen. Noch auffallender war eine Aeußerung des Königs über einen Fractur-Verband des Vorderarms, nach dessen Berührung er gegen mich aussprach: „Der Verband scheint doch sehr fest zu sein!" „Allerdings, Ew. Majestät", erwiederte ich, „die Hand ist schon ganz blau."

In den ersten Jahren gab ich mir selbst sehr viele Mühe bei den vierwöchentlichen Concentrirungen der Sanitätscompagnie, bis dieselben nichts mehr zu wünschen übrig ließen und den Beifall vieler Abgeordneten anderer Staaten gewonnen hatten. Preußen schickte auf mehrere Wochen den damaligen Stabsarzt Dr. Roth, welcher jetzt Generalarzt des königlich sächsischen Armeecorps ist und über seine Wahrnehmungen in einer Druckschrift berichtet hat.

Bau des neuen Generalhospitals.

Bei meinem Dienstantritte wurde noch das alte General=
hospital benutzt, in welchem ich meine ersten Studien gemacht
hatte. Ich verbesserte dasselbe durch eine Menge Luftscheiben
und Löcher in den Thüren, welche um so nöthiger waren, da
ich schon 1855 eine kleine Typhus=Epidemie zu bekämpfen hatte.
Ein neues Generalhospital war 1854 schon im Bau begriffen,
die Keller und ein Theil des Erdgeschosses war bei meiner An=
kunft schon fertig. Der Kriegsbaumeister Ebeling, dem ich
1834 bei dem Plane geholfen hatte, lebte nicht mehr. Ein
nicht minder genialer Mann, der Kriegsbaumeister Hunaeus,
hatte dem Ebeling'schen Plane noch eine dritte Etage hinzuge=
fügt, der Ingenieur=Hauptmann Jüngst leitete den Bau. Mit
beiden Herren hatte ich gleich nach meiner Ankunft die noch
möglichen Veränderungen zu besprechen, welche mir wünschens=
werth erschienen: sie betrafen zunächst die Ventilation durch
Luftscheiben und verticale Dunströhren. In Hinsicht auf diese
Röhren war mir eine Reise nach Bremen von Nutzen, wo ich
mich in dem neuen städtischen Krankenhause von ihrer großen
Wirksamkeit überzeugen konnte.

Die wesentlichsten Dienste, welche ich damals dem neuen
Generalhospitale leistete, bestanden darin, daß ich für den An=
kauf eines dicht anliegenden, zwei Morgen großen Gartens
sorgte, welcher mit 22,000 Thalern bezahlt werden mußte,
dessen anderweitige Benutzung dem Hospitale großen Schaden
hätte bringen können, und durch Unterbrechung der directen
Communication zwischen der Küche und dem Innern des Ge=
bäudes. Die im Keller liegende Küche erhielt einen neuen
Eingang in der Außenwand, dicht daneben führte ein anderer
Eingang in das Hospital, beide Thüren wurden durch eine
offene Veranda verbunden. Diese Einrichtung erfüllte auf

das Vollständigste ihren Zweck, die Essensgerüche vom Hause abzuhalten; sie verdient allgemeine Nachahmung, wo man sich genöthigt sieht, Kellerküchen anzulegen; selbst in Privathäusern würde sie oft von großem Nutzen sein und auch in oberen Etagen anwendbar, wenn man eine kleine Altane zu Hülfe nimmt.

Im Jahre 1856 konnte das neue Generalhospital bezogen werden, welches sich in Bezug auf Größe und Lage der Krankenzimmer, das Verhältniß größerer und kleinerer Räume und deren Ventilation vortrefflich bewährte. Weniger gut gelungen waren die Bäder und die Waterclosets, sowie die Anlegung der Dampfmaschine unter bewohnten Räumen. Die letztere wurde später in einen Anbau verlegt; die Fehler der Waterclosets ließen sich nicht gut beseitigen, es mußte ein eigener Mann angestellt werden, sie in Ordnung zu halten.

Rundreise.

Im Herbste 1854 machte ich eine Reise durch alle Garnisonen, welche fast vier Wochen dauerte, sah dabei sämmtliche Truppentheile, Mann für Mann, lernte die Commandeurs, die Militairärzte und viele Civilärzte kennen, inspicirte Casernen, Hospitäler, Gefängnisse und Wachen. Ueber Alles, was ich gesehen, stattete ich dem Kriegsministerio einen ausführlichen Bericht ab und machte eine Menge Verbesserungsvorschläge, welche sofort ausgeführt wurden. Ich fand schon vieles Gute vor; das Kriegsministerium hatte sehr zweckmäßigerweise erst die kleinen Hospitäler in den Provinzen gebaut, ehe das große Generalhospital in Angriff genommen wurde. Es blieb aber noch viel zu thun übrig, um eine gewisse Gleichförmigkeit herzustellen. Auf großartige Verbesserungen einzelner Casernen mußte ich warten, bis die dringende Nothwendigkeit derselben sich durch Störungen im Dienste zweifellos herausstellte; solche

Vorfälle suchte ich stets nach besten Kräften zu benutzen, und war dann nicht mit Palliativen zufrieden, sondern verlangte gründliche Abhülfe. Es machte sich in Hannover, wie in anderen Staaten, mitunter das Verlangen geltend, Neubauten zu unternehmen, ohne den Generalstabsarzt zu Rathe zu ziehen; dies fiel aber meistens zum Verdrusse der Betheiligten aus. Der König selbst schickte mich hin, das Gebäude zu inspiciren, ehe es bezogen wurde, und dann mußte das Versäumte nachgeholt werden. In hygienischer Beziehung waren einzelne Commandeurs aufmerksam und einsichtsvoll, andere nachläßig und unerfahren. Man kann sich über gewisse, stets zu befolgende Principien einigen, aber Manches muß nach den örtlichen Verhältnissen auf passende Art modificirt werden; dazu gehört Talent und Erfahrung. Es würde sich empfehlen, den regelmäßigen Rundreisen des inspicirenden Arztes einen im Dienste des Kriegsministeriums stehenden Baumeister beizugeben, damit einer von dem andern lernen könnte und die gemachten Erfahrungen nicht verloren gehen. Da ich bei besonderen Anlässen häufig in die einzelnen Garnisonen kam, so habe ich nach 1854 keine Rundreisen mehr zu machen gehabt, halte sie aber für ebenso nützlich, als nothwendig.

Dienst im Generalhospitale.

Bei Uebernahme meines Amtes hatte ich es zur Bedingung gemacht, daß ich die Direction des Generalhospitals in Händen haben solle. Das Kriegsministerium befürchtete, ich würde keine Zeit dazu haben. Ohne Dirigent des Generalhospitals zu sein, hätte ich nichts für die praktische Ausbildung der jungen Militairärzte thun können; ich wußte, was Wedemeyer darin geleistet hatte, und wollte es ihm gleich thun. Die längst bestehenden Einrichtungen im Generalhospitale waren sehr zweckmäßig. Der Dienst wechselte alle zwei Monate unter den in der Residenz befindlichen Militairärzten; nur einige der ältesten und jüngsten Herren waren davon ausgeschlossen. Der Dienst habende Arzt besuchte die Patienten dreimal täglich, zweimal allein, um 11 Uhr Vormittags aber in meiner Begleitung, der sich viele ältere und jüngere Militairärzte freiwillig anschlossen, so daß das Ganze einer Klinik sehr ähnlich war. Ich beschäftigte mich vorzugsweise mit den schweren Fällen, behielt aber die Uebersicht aller. Consultationen am Krankenbette, bei welchen die anwesenden Herren ihre Meinung abgaben, fanden täglich statt; nach der Visite Besprechungen im Conferenzzimmer. Wir stifteten einen eigenen Journalzirkel und ließen die Novitäten im Conferenzzimmer ausliegen. Für die meisten war der Dienst im Generalhospitale, zu welchem Jeder ungefähr alle zwei Jahre gelangte, eine angenehme Abwechselung. Da die älteren Militairärzte alle aus Wedemeyer's Schule stammten, so fand ich unter den therapeutischen Ansichten keine große Verschiedenheiten, und es machte mir keine Mühe, eine noch größere Uebereinstimmung herbeizuführen, indem ich nur darauf hielt, das vorhandene Gute nicht fallen zu lassen. Ich vermied es dabei auf das Sorgfältigste, mich selbst als Autor einer Curmethode hinzustellen, sondern betrachtete Alles, was wir thaten, als gemeinschaftliche Errungenschaft. Alle unter meiner Direction vorkommenden Wandlungen der Therapie lagen auf dem Wege der exspectativen Heilkunst; die Behandlung wurde allmählich immer milder. Brechweinstein, Salpeter, Salmiak, drastische Purganzen, Vesicatore kamen fast in Vergessenheit, Heftpflaster wurde gar nicht angewendet. Es erregte mitunter große, allgemeine Heiterkeit, wenn einmal einer den Dienst übernahm, der unsere Methoden noch nicht kannte und mit Heftpflastern, Vesicatoren und heroischen Arzneien debütirte; er wurde dann bald von den Kameraden eines besseren belehrt.

Nachdem im Jahre 1856 das neue Generalhospital bezogen war, kam der König, um dasselbe kennen zu lernen. Er orientirte sich überall, verweilte aber am längsten in der Apotheke, wo er sich erkundigte, was am meisten verschrieben werde. Der Apotheker nannte dies und das, ich fügte hinzu: Ew. Majestät, die meisten Patienten werden mit Hafergrütze behandelt. Der König verstand mich nicht gleich, und ich mußte es erklären, daß unser Verfahren vorzugsweise diätetisch-exspectativ sei. Die Homöopathen gestehen es natürlich nicht ein, daß ihre Minimal-Dosen gar nicht in Betracht kommen.

Es gehört gewiß zu den wünschenswerthen Errungenschaften einer Armee, daß darin eine große Einfachheit des ärztlichen Verfahrens herrsche und nützlich befundene Grundsätze nicht aus bloßer Neuerungssucht beseitigt werden. Ein Militairhospital eignet sich weniger zu neuen Versuchen, als eine medicinische Klinik. Der Professor ist dazu angestellt, die Wissenschaft weiter zu fördern, und man darf voraussetzen, daß er dazu befähigt sei; ein junger Militairarzt soll mehr nach erprobten Erfahrungen handeln. Neue Versuche müssen in Militairhospitälern so vorsichtig gemacht werden, daß sie kaum merklich sind und dadurch den Charakter des Experiments verlieren. Man wählt dazu den besonders geeigneten Fall und geht dann zu anderen über. Dies ist offenbar rationeller und humaner, als das Experimentiren im Großen an Hunderten, die man gleichzeitig oder hintereinander verschiedenen Methoden unterwirft, oft ohne genügendes Resultat, weil die besonderen Umstände nicht beachtet wurden.

In der zweiten Ausgabe meiner Maximen der Kriegsheilkunst habe ich unsere Heilmethoden bei den vorzüglichsten Soldatenkrankheiten kurz geschildert und deren Erfolge in einer Statistik über 10,000 Fälle angegeben. Die betreffende Tabelle umfaßt die im Generalhospitale Aufgenommenen von sechs Jahren

(1853 bis 1859). Diese Tabelle habe ich für den Naturforscherverein in Hannover bis zum Ende des Jahres 1864 weitergeführt; sie betrifft dann 18,406 Kranke mit 141 Todesfällen.

Ich glaube, daß es gut sein würde, wenn in jedem Staate eine jährliche Statistik der Hospitalbehandlung kranker Soldaten mit kurzen therapeutischen Bemerkungen veröffentlicht würde. Alle zehn Jahre sollten die Resultate kurz zusammengestellt und mit kritischen Bemerkungen über die Heilerfolge begleitet werden. In diesen Actenstücken würde sich die Erbweisheit der Väter auf die Söhne fortpflanzen; sie würden den Träumen von unermeßlichen Fortschritten ein Ende machen, denn auch der Rückschritt würde gelegentlich mit Zahlen belegt werden. Darin läge ein Präservativ gegen die Ansicht, auch die heilbaren Uebel, innere wie äußere, hätten ihren von der Natur vorgezeichneten Verlauf, den der menschliche Verstand nicht fähig sei abzuwenden, während doch die ganze Heilkunst darauf beruht, dies fertig zu bringen, und damit den Unterschied zwischen Wissen und Nichtwissen darzuthun.

In größeren Staaten können die jährlichen statistischen Nachweise über die Erfolge der Krankenbehandlung nur nach den einzelnen Provinzen gegeben werden. Dadurch würde aber ein edler Wetteifer unterhalten werden, und wissenschaftliche Stagnation würde ausgeschlossen. In Friedenszeiten hat die Divergenz der ärztlichen Ansichten weniger Nachtheil, als im Kriege. Die Patienten bleiben unter derselben Behandlung, deren etwa fehlerhafte Richtung der Arzt schließlich selbst begreift, aber im Kriege gehen die Kranken von einer Hand in die andere über und laufen Gefahr, das Opfer immer neuer Versuche zu werden.

Kampf mit der Homöopathie.

Eines schönen Tages erhielt ich ganz unerwartet vom Kriegsministerium den Auftrag, einen Voranschlag zur Errichtung einer homöopathischen Heilanstalt für Soldaten in der Residenz zu machen. Der König, welcher kurz vorher unter der homöopathischen Behandlung seines Leibarztes, Dr. Weber, eine Lungenentzündung glücklich überstanden hatte, wollte, daß auch die Armee von den Segnungen der Homöopathie profitiren solle. Die Geschichte machte großes Aufsehen; meine Freunde meinten, ich würde nun wohl meinen Abschied fordern. Ich lachte dazu und sagte, mit den Homöopathen würde ich schon fertig werden, und könnte ihnen gewiß keinen größeren Gefallen thun, als wenn ich abginge. Ich ließ eine genaue Kostenberechnung machen, aus welcher sich ergab, daß, abgesehen von der Verpflegung der Kranken und dem Gehalte der Aerzte, die jährlichen Unkosten sich auf circa 2000 Thaler belaufen würden. Ganz am Schlusse meines langen Berichtes bemerkte ich mit wenigen Worten, daß, wenn Seine Majestät nicht ausdrücklich befohlen hätten, die Heilanstalt solle in Hannover selbst eingerichtet werden, so würde ich mir erlauben, vorzuschlagen, daß die Soldaten, welche homöopathisch behandelt zu werden wünschten, in die Heilanstalt der barmherzigen Schwestern in Hildesheim geschickt würden, welche damals unter der Direction eines Homöopathen stand. Dieser Vorschlag, welcher, mit Ausnahme des Transportes der Patienten, gar keine Kosten verursachte, wurde angenommen und damit dem ganzen Projecte die Spitze abgebrochen, welche nur dahin zielte, der Homöopathie in der Residenz zu größerem Ansehen zu verhelfen. Die Faiseurs hatten nun kein Interesse mehr daran. Es wurde bekannt gemacht, daß jeder kranke Soldat auf sein Verlangen nach Hildesheim geschickt werden solle. Es wurden auch wirklich zwei Patienten dahin geschickt; der eine litt an einem Schnupfen und wurde glücklich curirt, der zweite an einem Ekzem des Kopfes, er blieb in Hildesheim ungeheilt und mußte nachträglich erst im Generalhospitale von seinem Uebel befreit werden. Damit war die homöopathische Episode zu Ende. Hildesheim war in ärztlicher Beziehung vorzüglich durch seine Irrenanstalten bekannt; nach Hildesheim geschickt zu werden, hatte einen unangenehmen Beigeschmack. Ich kam in Verdacht, dies benutzt zu haben; es war mir aber nicht eingefallen. Ich kannte die Anstalt der barmherzigen Schwestern und wußte, daß die Leute dort gut verpflegt wurden. Die barmherzigen Schwestern hatten auch dicht unter ihrer homöopathischen Apotheke eine Menge Schubläden mit Sennesblättern, Chamillen-, Flieder-, Brust-Thee ꝛc., um in Fällen nachzuhelfen, wo die Homöopathie im Stiche läßt. Ich hatte einmal in der Familie eines homöopathischen Arztes einen chirurgischen Fall zu behandeln, und fand dabei Gelegenheit, abführende Pillen zu verschreiben. „Warum verschreibst Du nicht auch solche Pillen", sagte die Frau, „dann brauchten wir nicht jährlich so viele Centner Pflaumen zu verzehren?" Was ist das für eine Heilkunst, die nicht einmal Oeffnung machen kann? —

Ich habe König Georg seine Vorliebe für die Homöopathie nie verdacht; er hatte mit der Allopathie üble Erfahrungen gemacht.

Hospitalbau in Stade.

Der Kriegsbaumeister Hunaeus hatte für ein in Stade zu bauendes neues Hospital einen vortrefflichen Plan gemacht; ein guter Platz dazu war vorhanden; es fanden nur noch Differenzen über die Orientierung des Gebäudes statt, zu deren Beseitigung ich nach Stade beordert wurde. Der Ingenieur-Officier, welcher den Bau zu leiten hatte, wollte das Hospital solle seine Façade einer vorbeilaufenden Chaussee zuwenden; dadurch wären aber die Krankenzimmer an die Westseite zu liegen gekommen. Dies fand ich sehr unzweckmäßig und verlangte, das Gebäude solle im rechten Winkel zu der Chaussee gebaut werden. Dadurch kamen die Krankenzimmer nach Süden, der Corridor nach Norden, wie es sich gehört. Wir konnten uns natürlich nicht vereinigen; ich veranlaßte den betreffenden Officier, mich nach Bremen zu begleiten, wo wir den Baurath Schröder, den Erbauer des neuen städtischen Krankenhauses, consultiren wollten. Dieser sprach sich für meine Ansicht aus, und es wurde dann beschlossen, meinen Wünschen gemäß zu bauen. Ehe dies aber geschah, gelang es dem Ingenieur, nochmals vom Kriegsministerium die Zustimmung zu seiner Ansicht zu gewinnen. Ich protestirte jedoch und bewirkte, daß der Kriegsbaumeister Hunaeus nach Stade geschickt wurde, um den Ausschlag zu geben. Dieser erklärte die ästhetischen Gründe meines Antagonisten für völlig unzutreffend, weil das schöne Gebäude viel mehr Effect machen werde, wenn man die Façade schon von weitem sähe, als wenn man derselben erst gegenüberstehe. So wurde denn das Interesse der Kranken dem Schönheitsgefühle eines Bauverständigen vorangestellt. Ich würde diese Geschichte kaum erzählt haben, wenn es nicht so viele Hospitäler gäbe, bei denen dies nicht geschehen ist, weil man über den Werth der Hospital-Hygiene noch sehr dunkle Begriffe hatte.

Bau der Welfen-Kasernen.

König Georg hatte den richtigen Grundsatz, daß man eine Armee nicht in vielen kleinen Garnisonen verzetteln dürfe, weil ihre Ausbildung darunter leidet, wenn man jeder kleinen Stadt die gewünschte Garnison giebt. Es sollten deshalb neue Kasernen in Hannover gebaut werden, um die Garnison zu vergrößern. Das Kriegsministerium hatte bereits einen sieben Morgen großen Platz gekauft, der sich aber bei genauer Erwägung als unpassend auswies, weil er zu klein war, kein gutes Wasser hatte und einen sumpfigen Baugrund zeigte. Man wollte den gemachten Fehler wieder gut machen und ich sollte dabei behülflich sein. Man gab mir den Auftrag, meine Ideen über den Bau einer guten Infanterie-Kaserne zu Papier zu bringen, ich dictirte ohne langes Besinnen meinem Adjutanten den Aufsatz, welchen ich später fast unverändert der zweiten Ausgabe meiner Maximen einverleibt habe. Auf Grund meiner Forderungen wurde der unpassende Platz verworfen, ein sehr passender, funfzig Morgen groß, wurde gekauft und zur Entwerfung eines Bauplans eine Commission von höheren Officieren zusammengesetzt, welche einen ganzen Winter über ihre Sitzungen hielt. Hauptmann Jüngst war ihr technischer Beirath. Die Commission einigte sich zuerst darüber, daß man nach meinen Forderungen keine Kaserne bauen könne, daß man davon also abstrahiren müsse. Hauptmann Jüngst machte successive sechs Baupläne, bis er mit dem letzten den Wünschen der Commission genügte. Dieser sechste Plan wurde dem Kriegsministerium zur Annahme empfohlen und kam so in die Hände des Kriegsbaumeisters Hunaeus. Dieser machte die Bemerkung darüber, der Plan werde große Kosten verursachen und genüge nicht einmal den Ansprüchen des Generalstabsarztes. Hauptmann Jüngst erhielt den Auftrag, einen Plan mit Zugrundelegung meiner Forderungen auszuarbeiten; einige von dem Kriegsbaumeister gegebenen Erläuterungen hatten die Schwierigkeiten beseitigt, welche die Commission gegen die Erfüllung meiner Forderungen vorgebracht hatte. Der nach meinen Ideen entworfene Plan wurde angenommen und kostete erheblich weniger als der andere. Es wurden in gleicher Weise drei Kasernen am Welfenplatze erbaut, die eine für ein Jägerbataillon, die mittlere für ein Infanterie=Regiment, die dritte für ein Artillerie=Bataillon. Die von mir vertretenen Principien waren sehr einfach und denen für Hospitäler anwendbaren nachgebildet, eine Orientirung welche die natürliche Ventilation begünstigt, Corridore an der Außenwand, Schlaf= und Wohnräume der Mannschaft dicht neben einander, so daß man sie Nachts verbinden kann, um die Fenster im Wohnraum offen zu lassen. Das Schlafen bei offenen Fenstern, obgleich es nie befohlen wurde, kam sehr bald in Uebung; zuerst fingen es die munteren Jäger an, dann die Infanteristen, zuletzt die Artilleristen. Ich wünschte sehr, daß man die Kasernen in der Zeitschrift für Architecten und Ingenieurs beschreiben und abbilden möge, konnte es aber nicht erreichen; die Entstehungsgeschichte derselben würde vermuthlich Anstoß gegeben haben. Ich zweifle übrigens nicht daran, daß man die von mir vertretenen Principien auch auf andere Art zur Geltung bringen könne, als wie es hier geschehen, eine Art Pavillonsystem würde sich vermuthlich gut dazu eignen.

Man ist es gewohnt die Kasernen als lästige Attribute des Militairstaats anzusehen und mit geringer Vorliebe zu behandeln. Sie gehören aber zu den Erziehungsanstalten des Volks, man sollte sie so gut als möglich einrichten, damit unsere Söhne es gut darin haben.

Während des Krieges von 1866 und 1870/71 haben diese Welfencasernen auch den geheimen Zweck erfüllt, welchen ich ihnen mit auf den Weg gegeben hatte, in Kriegszeiten als Hospitäler verwendet zu werden. Im Jahre 1866 ging dies sehr gut; so viel ich weiß auch 1870 und 1871, wo sie in viel größerem Umfange benutzt wurden. Will man Kasernen diese doppelte Benutzung vindiciren, so müssen sie in Friedenszeiten sehr sauber gehalten werden und ihr ganzes Mobiliar muß wirklich beweglich, nicht niet= und nagelfest sein. Schränke, welche an den Wänden festsitzen, machen üble Gerüche, die weder für Kasernen, noch für Hospitäler wünschenswerth sind. Dr. Bobemeyer, mein früherer Adjutant, welcher während des großen Krieges hier fungirte, erzählte mir, daß er festsitzende Schränke dadurch unschädlich gemacht habe, indem er sie vollständig mit Papier bekleben ließ.

Anstellung und Beförderung der Militairärzte.

Die ersten beiden Assistenzärzte, welche ich zur Beförderung vorschlug, hatten schon vierundzwanzig Jahre gedient. Man ließ die Oberärzte möglichst lange im Dienst, weil die Pensionen ungenügend waren. Die während meiner zwölfjährigen Dienstzeit vorkommenden particellen Rüstungen brachten es mit sich, daß die nicht mehr Feldbdiensttüchtigen ausgeschieden werden mußten, so kam ein rascheres Avancement zu Stande. Damit mehrten sich die Meldungen zum Eintritte. Für das neue Generalhospital wurden zwei Stellen für Hausärzte geschaffen, deren Inhaber zwei Jahre im Dienste bleiben sollten, um dort eine Vorschule durchzumachen, ehe sie zur Anstellung als Assistenzärzte vorgeschlagen werden konnten. In ruhigen Zeiten würden die beiden Hausärzte fast hinreichend gewesen sein, den Abgang zu decken. Diese waren mir aber nicht beschieden, es konnten bei weitem nicht alle Assistenzärzte erst Hausärzte werden. Die Einrichtung war jedenfalls sehr zweckmäßig, weil sie Gelegenheit gab, die jungen Männer sehr genau kennen zu lernen; es ist mir zweimal vorgekommen, daß ich einen jungen Mann nicht zur definitiven Anstellung vorschlagen konnte, weil die Conduite Anstoß erregte. Im Allgemeinen aber hatte ich große Freude an den jungen Männern und wählte mir aus ihnen meine Adjutanten. Bei denen, welche ich zur Anstellung in der Armee vorschlug, ohne

daß sie Hausärzte waren, zog ich Erkundigungen über ihr
Benehmen während der Studien in Göttingen, theils bei den
Professoren, theils bei den Commilitonen, ein. Es fand deshalb
auch hier eine Art von Wahl statt, wie sie in einer kleinen
Armee leicht möglich ist, wo jeder den Andern kennt, wenn
er auf derselben Universität studirt hat. Vor der Beförderung
zum Oberarzte fand ein Examen vor der Medicinalbehörde
statt. Diejenigen, welche dem Avancement nahe standen,
wurden citirt und mußten vorher eine Abhandlung einreichen,
zu welcher das Thema gegeben wurde. Wer seiner Conduite
wegen nicht geeignet erschien, befördert zu werden, wurde nicht
zum Examen citirt, übergangen und schließlich pensionirt. Von
allen meinen Bemühungen in Hannover wurde keine offener aner=
kannt, als meine Sorge für den neuen Nachwuchs von Militair=
ärzten. Sie wurden bei allen Truppentheilen freundlich aufge=
nommen und fanden ihre Stellung dadurch angenehm, daß man
ihre Conversation und ihren Umgang suchte, wie er sich leicht
gestaltete bei der gemeinschaftlichen Mittagstafel der Officiere,
welche den Einrichtungen der englischen Armee nachgebildet war.

Kriegsministerium und Generaladjutantur.

Ich erhielt meine Befehle von beiden und war stets be=
müht, freundliche Verhältnisse zwischen beiden hinsichtlich der
ärztlichen Angelegenheiten, die bei einem Conflicte sicher zu
kurz gekommen wären, aufrecht zu erhalten.

Mit dem Kriegsminister Generallieutenant von Brandis, so=
wie mit dem Generalsecretair Schomer hatte ich nur selten münd=
liche Verhandlungen, da ich in meinem Nachbar, dem Kriegsrath
Oldekop, einen stets aufmerksamen und hülfreichen Freund fand.
Mit dem Generaladjutanten, Generallieutenant von Tschirschnitz,
dagegen hatte ich sehr häufige Unterredungen, fast über jeden
irgend wichtigen Gegenstand. Da ich mich vor jeder Eingabe

mit den Grenzen des Erreichbaren bekannt machte, so erinnere ich mich während meiner ganzen Dienstzeit keiner einzigen, welche nicht den beabsichtigten Erfolg gehabt hätte.

Ein Generaladjutant der die blauen Briefe vertheilt, welche die Aufforderung enthalten, um Entlassung einzukommen, ist wohl in keiner Armee eine beliebte Persönlichkeit; so war es auch mit General von Tschirschnitz. Er wurde vielfach angefeindet, genoß aber das volle Vertrauen S. M. des Königs, und, so weit ich es beurtheilen kann, mit Recht! Er war dem Könige treu ergeben und hatte das lebhafteste Interesse für das Wohl der Armee, die ihm bei Langensalza gewiß keine Schande gemacht hat. Er sorgte stets dafür, daß jede Vacanz im militairärztlichen Dienste sofort wieder besetzt wurde und strebte dahin, das Personal auch felddiensttüchtig zu erhalten. Meine Bemühungen für die Salubrität der Kasernen und Hospitäler, fanden bei ihm stets bereitwillige Unterstützung. Zwei nützliche Principien habe ich von ihm gelernt: in zweifelhaften Fällen hat man sich nur die Frage vorzulegen, was ist besser für den Dienst, das eine oder das andere? und wo das Interesse des Dienstes es gestattet, soll man diesen den Betheiligten angenehm zu machen suchen! Gegen Ende seiner dienstlichen Laufbahn hatte General von Tschirschnitz vielen Verdruß durch eine Schmähschrift aus der Feder eines geisteskranken Lieutenants, der, früher ein schöner gewandter Mann, seiner Extravaganzen wegen ohne Pension entlassen war. Er hatte sich dann auf allerlei Kreuz- und Querzügen ein schweres Leiden an einem Fußgelenke zugezogen, welches ihn, seiner Verabschiedung ungeachtet, dem Generalhospitale zuführte. Da das Uebel schließlich nur die Amputation übrig ließ, wurde auf meinen Wunsch mein Freund Professor Baum in Göttingen von S. M. dem Könige veranlaßt, den Patienten zu sehen. Er sprach sich für Amputation aus, nachdem er ihn dreimal besucht hatte. Nach seiner Heilung fing derselbe, mit einem künstlichen Gliede, sein früheres Leben wieder an und gab dadurch Veranlassung, daß die Medicinalbehörde für die Armee über seine Zurechnungsfähigkeit befragt wurde. Sie wurde von uns verneint und die Aufnahme in die Hildesheimer Anstalt empfohlen. Diese hatte aber keine Neigung, den unbequemen Gast aufzunehmen.

Eines Abends 10 Uhr wurde ich noch zu S. M. dem Könige nach Herrenhausen befohlen und eilte dahin mit der Besorgniß, es sei S. M. etwas zugestoßen. Unterwegs kam ich auf den Gedanken, es handle sich vielleicht um den unglücklichen Lieutenant, der gerade von sich reden machte, weil er aus seinem Fenster an der Friedrichstraße Uebungen im Pistolenschießen anstellte; so kam ich ziemlich vorbereitet zum Könige. Den Generaladjutanten, welcher auch citirt war, hatte man nicht zu Hause gefunden, er kam erst eine halbe Stunde später. Mittlerweile erzählte mir der König in Gegenwart des Kronprinzen die letzte Geschichte des Lieutenants und die Veranlassung meiner Herbeirufung. Im Laufe des Tages hatte der Geisteskranke einen bei der Generaladjutantur beschäftigten Major, mit welchem er nie Streit gehabt hatte, gefordert und mit Thätlichkeiten bedroht, wenn er sich nicht stelle. Der König recapitulirte dann mit bewunderungswürdiger Klarheit und Gründlichkeit das vergangene Leben des Mannes und fragte mich schließlich, ob die Medicinalbehörde nicht ein neues Gutachten ausstellen könne, welches auf Grund neuer Thatsachen seine Aufnahme in Hildesheim rechtfertigen werde. Ich erwiederte, daß mir der Erfolg eines zweiten Gutachtens zweifelhaft erscheine, weil der Dirigent der Irrenanstalt vielleicht bei seiner Meinung beharren werde. Ich gab aber anheim, den Patienten als einen gemeingefährlichen Menschen zunächst arretiren zu lassen, das andere werde sich dann finden.

Es sei jetzt unzweifelhaft die Aufgabe, Andere gegen Beschädigung ihrer Ehre und ihrer Person zu schützen. Der König war ganz meiner Ansicht und ertheilte dem später gekommenen Generaladjutanten Befehl, die Arretirung des Lieutenants bewerkstelligen zu lassen. Sie kam leider nicht zur Ausführung. Der Polizeidirector bestellte den Lieutenant in seine eigene Wohnung, dieser zog es aber vor, mit einer Droschke nach der nächsten Eisenbahnstation und von dort nach Berlin zu fahren, wo er seine Schrift publicirte. Dort wurde er später verhaftet, der Physicus von Berlin erklärte ihn für geisteskrank und bezeichnete sein Leiden als Querulanten-Wahn. Er wurde dann nach Hannover ausgeliefert, auf die Marktwache gesperrt, wo er sich während der gegen ihn angestellten Untersuchung das Leben nahm. Der praktische Arzt Dr. Esberg von hier, welcher gerufen war, fand ihn sterbend und entdeckte sogleich das Instrument, womit er sich die Radial-Arterien und die linke Carotis angeschnitten hatte. Es war ein anderthalb Zoll langes sogenanntes Trennmesser, wie die Damen es gebrauchen.

Soviel zur Erwiederung auf eine Aeußerung in Brockhaus Conversations-Lexicon, Supplement von 1872, Artikel Hannover, worin es heißt: „Die nachher gerechtfertigten Angriffe eines Officiers N. auf die mangelhafte Leitung der Armee durch den geadelten Generaladjutanten von Tschirschnitz fanden ihren dunklen Abschluß durch den angeblichen Selbstmord des inhaftirten N."

Der unglückliche Geisteskranke war hier für Jedermann nur ein Gegenstand nicht des Hasses, sondern des Mitleids, da er eine ganze Reihe von Jahren bemüht war, sich selbst zu Grunde zu richten und bei diesem Treiben zuerst eine schwere Verletzung des Angesichts davon trug, welche seiner Schönheit ein Ende machte, dann den Verlust des Fußes und endlich des Lebens. Seine Schmähschrift, die ich übrigens nie gelesen habe, würde schwerlich so viel Aufsehen gemacht haben, wenn die Katastrophe von 1866 nicht ein Opfer verlangt hätte. Der greise Tschirschnitz sollte den Untergang des Königsreichs verschuldet haben! Er ist 1873 in Dresden gestorben und hat geschwiegen bis zum letzten Hauche, getreu seinem Diensteide und seiner Liebe für den König! Ich weiß aber aus einem Briefe von ihm vom 31. October 1866, daß er gegen den Krieg mit Preußen war, daß er keinen Antheil an dem Zuge nach Göttingen hatte und erst eine Stunde vor der Ausführung die Aufforderung erhielt, den König dahin zu begleiten. Diesen Ehrenkranz glaubte ich seinem Grabe schuldig zu sein.

Schriftstellerische Arbeiten,

Maximen der Kriegsheilkunst. Hannover bei Hahn, 1855 und 1866.

Nach meiner Uebersiedelung kam ich in Hannover zu der Ueberzeugung, daß wenn ich die in Kiel angefangenen Maximen der Kriegsheilkunst nicht jetzt in Angriff nähme, deren Vollendung überhaupt zweifelhaft sei und daß meine Arbeit, welche ich eigentlich fertig im Kopfe trug, durch längeres Zuwarten nicht gewinnen könne, weil neue Eindrücke die früheren verwischen würden. So faßte ich den muthigen Entschluß, im Winter 1854/55 daran zu gehen und führte ihn glücklich aus. Mein damaliger Adjutant, Assistenzarzt Dr. Schmidt, kam jeden Abend 7 Uhr zu mir und ich dictirte ihm oft bis spät in die Nacht hinein. Da er sich für den Gegenstand interessirte und eine sehr fließende Hand schreibt, so wurde er nicht leicht müde. Ich brachte zu diesen Arbeiten, außer einigen statistischen Notizen nichts mit, als die Reihenfolge der Capitel, corrigirte zuerst das Concept, ließ es dann copiren und erhielt zu weiteren Verbesserungen eine Reinschrift, welche einem gedruckten Werke nichts nachgab. Die erste Auflage erschien

1855; für die zweite, welche 1862 herauskam, schrieb ich größere Zusätze und gab ihr die Holzschnitte der Knochenpräparate bei. Diese Zusätze und Abbildungen erschienen auch in Separat-Abdrücken für die Besitzer der ersten Ausgabe. Ende 1872 waren von meinen Maximen 2092 Exemplare verkauft.

Diesem Werke, welches mich verhinderte, mein Handbuch der Chirurgie rechtzeitig zu vollenden, habe ich mehr als zwölf Jahre meines Lebens gewidmet, ich versuchte es so gut zu machen, wie ich konnte. Bei der zweiten Auflage corrigirte ich den früheren Text sieben Mal und merzte dabei gegen dreitausend kleine Fehler aus, die ein flüchtiger Leser gar nicht bemerkt.

In der Vorrede zur ersten Auflage sagte ich am 6. März 1855: „Eine große, tapfere Nation muß Werke der Art, wie das vorliegende, haben, und wenn das meinige nichts taugt, so möge doch bald ein besserer Mann sich die Mühe geben, eins zu erleben und zu schreiben, ich habe nicht des Beifalls meiner Zeitgenossen wegen gearbeitet, sondern mit dem Wunsche, meinem Vaterlande zu dienen."

Jetzt sind wir eine große Nation geworden, der Particularismus ist niedergeworfen, aber er blüht noch in der deutschen Chirurgie, während die englische ihn längst abgestreift hat, das wird auch bei uns geschehen.

Auf den großen Krieg von 1870/71 wird ein langer Frieden folgen; bis dahin, daß Deutschland wieder zu den Waffen greifen muß, wird die Friedenschirurgie und mit ihr die Kriegschirurgie eine andere Gestalt angenommen haben, man wird meiner Maximen nicht mehr bedürfen, aber sie vielleicht doch noch zu Rathe ziehen, um nicht das zu vergessen, was frühere Kriege gelehrt haben.

Zwischen den beiden Auflagen der Maximen liegen drei

schriftstellerische Arbeiten, welche als Vorbereitung zur zweiten gelten können.

Ueber den Verlauf des Typhus unter dem Einflusse einer methodischen Ventilation. Hannover bei Hahn, 1855.

Eine kleine Typhus-Epidemie, welche vom 1. August 1854 bis zum letzten Juli 1855 dem Generalhospitale siebenundsiebzig Fälle zuführte, gab mir die Veranlassung zu dieser nur achtundvierzig Seiten langen Schrift. Ich hatte aller Orten die Bemerkung gemacht, daß die Typhus-Behandlung noch sehr schwankend sei. Unsere Resultate waren günstig, obgleich sie in dem alten, schon zum Abbruche bestimmten Hospitale gewonnen werden mußten, es starben von siebenundsiebzig nur fünf verschleppte Patienten. Ich empfahl möglichst frühe Diagnosen, den inneren Gebrauch der Phosphorsäure und einer Oelemulsion bei beständiger Ventilation während der Fieberzeit. Ich suchte den Nutzen der Ventilation in dem Wegspülen der Effluvien des Kranken und nicht in der Abkühlung, welche im Sommer gar nicht eintritt. Die Fieberhitze suchte ich durch Waschungen, durch Eiskübel, welche ich im Krankenzimmer stehen ließ, durch Eisbeutel auf dem Kopfe, auf dem Coccum oder der Milz zu mäßigen. Bei entschiedenem Pneumotyphus ließ ich in sechszehn Fällen am Thorax schröpfen.

Ich hatte diese kleine Schrift uno tenore dictirt, feilte aber sechs Monate daran. Es sind 785 Exemplare davon verkauft. Sie wurde von der Kritik im Allgemeinen gut aufgenommen. Ein Recensent meinte, die Typhuspatienten müßten warm gehalten werden. Ein zweiter war zornig darüber, daß ich von Liebig's Infusum carnis frigide paratum nichts wissen wollte. Ein Dritter sagte, ich habe mit dieser Schrift der Humanität einen größern Dienst geleistet, als mit der Tenotomie, war aber der Ansicht, die Ernährung der Patienten während der Fieberperiode mit Hafergrütze sei ungenügend und werde die Reconvalescenz verzögern. Für gewisse Verhältnisse mag eine bessere Ernährung anwendbar sein, unsere Patienten, bei denen der Darmcanal immer in Mitleidenschaft gezogen war, vertrugen keine andere Nahrung, selbst dann nicht, als ich später die kalten Bäder zu Hülfe nahm, die ich bei Professor Bartels in Kiel kennen lernte. Ich hatte wohl einigen Antheil daran, daß er sich dieses Gegenstandes bemächtigte. Ich las ihm in Hannover aus dem Manuscripte eine Stelle meiner Chirurgie (Vol. II, pag. 133, Heft 1 von 1864) vor, wo ich die bis dahin so unfruchtbaren Thermometer-Untersuchungen bespöttle. Er verstand natürlich gleich die Aufforderung, welche darin liegt, die Thermometrie auch zu praktischen Zwecken anzuwenden. Einem etwas vernagelten Recensenten war sie völlig entgangen. Ich finde die von Bartels zuerst gebrauchten Regenbäder besser, als die der größern Bequemlichkeit wegen später gebrauchten Vollbäder. Regenbäder thun dieselben Dienste und sind den Patienten weniger unangenehm, weil sie Hände und Füße nicht so dauernd erkälten.

Es interessirte mich im höchsten Grade, als ich im October 1870 in Rheims zwei dicht neben einander liegende Typhus-Hospitäler, jedes mit ungefähr dreißig bis vierzig Patienten, sah. In dem einen, der sehr geräumigen Halle einer Champagner-Fabrik, wurden sie mit kalten Vollbädern behandelt. In dem andern lagen sie bei reichlichem Zutritte frischer Luft unter Zeltbaracken und wurden nicht gebadet. Die Resultate waren in beiden gleich gut. Die Diät bestand in einer schwachen Fleischbrühe und in einigen Unzen eines so sauern Weins, daß derselbe die Phosphorsäure allenfalls ersetzen konnte.

Durch meine Typhus-Schrift wurde hier die Phosphorsäure sehr populär, man lernte bald ihren großen Nutzen bei Magenkatarrhen kennen, so wie ihre gute Wirkung als kühlendes Mittel bei fast allen entzündlichen Krankheiten, Pneumonien,

Exanthemen u. s. w. Sie verdrängte das Kali und Natrum nitricum, den Salmiak, die Saturationen, so daß sich ihr Verbrauch in den Apotheken hundertfältig steigerte.

Das General-Militair-Hospital in Hannover, Zeitschrift des hannoverschen Vereins für Architecten und Ingenieure von 1859.

Die Beschreibung unseres Generalhospitals gab mir Veranlassung, die Principien der Hospitäler im Allgemeinen zu beleuchten. Mein damaliger Aufsatz, den ich theilweise in meine Maximen aufnahm, wird noch jetzt oft verlangt. Bei meiner Anwesenheit in Rheims 1870 sagte mir der Großherzog von Mecklenburg, daß er danach ein Militairhospital in Schwerin habe bauen lassen, mit dem er sehr zufrieden sei. Diese Schrift ging unmittelbar der Zeit vorher, wo man anfing, für künstliche Ventilation zu schwärmen und, statt eigener Einsicht in das Hospitalwesen, Pettenkofer für sich reden ließ, der mir über meine Arbeit einen sehr freundlichen Brief schrieb, worin er mich daran erinnerte, daß er in München mein Schüler gewesen sei und seine Freude darüber aussprach, daß sich doch endlich einmal ein Arzt herbeigelassen habe, über Dinge nachzudenken, welche für den ärztlichen Stand vorzugsweise wichtig sein müßten. Dann kam die Zeit, wo man sich für Baracken und Pavillons enthusiasmirte. Sie dauert noch fort und es wird eine Zeit lang währen, ehe man sich wieder zu dem von mir empfohlenen verbesserten Corridor-Systeme bequemt.

Ueber granulöse Augenkrankheit.
Göschen's deutsche Klinik 1859 im Juni, mit Abbildungen.

Dieser Aufsatz war die Frucht langer Untersuchungen über das Trachom beim Menschen und bei Thieren, zahmen und wilden, besonders bei den Hausthieren. Sie sollten dazu dienen, den Einfluß der Umgebungen auf das Vorkommen des Trachoms bei Hausthieren zu zeigen und mit den beim Menschen vorkommenden ähnlichen Verhältnissen zu vergleichen. Ich hatte die Absicht, über denselben Gegenstand mehrere Artikel folgen zu lassen, zog es aber später vor, meine Erfahrungen über die Behandlung der granulösen Augenkrankheit der zweiten Auflage meiner Maximen einzuverleiben. Am Schlusse des Aufsatzes heißt es, das miliare Trachom, Miliar-Tuberkeln und die im Typhus anschwellenden Follikel der Darmschleimhaut sind in histiologischer Beziehung identisch. Ihr ätiologischer Zusammenhang ergiebt sich daraus, daß die Ventilation der Kasernen nicht blos das Trachom vertreibt, sondern auch den Typhus und die Tuberculose seltener macht.

Ich hatte Grund genug, mich mit der granulösen Augenkrankheit zu beschäftigen, sie war bei meinem Diensteintritte in der hannoverschen Armee verbreitet und hatte schon oft große Störungen im Dienste veranlaßt. Als 1855 das Leibregiment in Hannover davon heimgesucht wurde, kam der Generaladjutant auf den Gedanken, das ganze Regiment cantoniren zu lassen. Ich sagte ihm jedoch: „Wenn es uns gelingt, die Krankheit hier zu bezwingen, so wird dies für die Zukunft der Armee von größtem Nutzen sein; man weiß dann, wo der Fehler liegt und kann dem Uebel vorbeugen." Die Kaserne des Leibregiments am Waterlooplatze wurde theils durch stellbare Jalousies in einigen der obersten Fensterscheiben, theils durch Löcher in den Thüren, theils durch verticale Dunströhren ventilirt. Die Kosten beliefen sich auf 1200 Thlr., der Erfolg war glänzend, die Krankheit hörte auf. In den alten Kasernen von Stade und Osnabrück ließen sich ähnliche Vorrichtungen nicht mit demselben Erfolge anbringen, sie mußten schwächer belegt werden. Bei einem späteren Auftreten der Krankheit in Osnabrück wurde die dortige Kaserne einer großartigen Verbesserung unterworfen, wodurch sie die bis dahin ganz fehlenden Corridore erhielt.

Im Jahre 1857 nahm ich Theil an dem Congreß der Oculisten in Brüssel, wo die granulöse Augenkrankheit der Hauptgegenstand der Verhandlungen sein sollte. Die Debatten darüber waren sehr unerquicklich, die belgischen Herren Doctoren wußten doch eigentlich nicht viel von der Sache, kramten sehr obsolete Ansichten aus und ließen die Fremden kaum zu Worte kommen. Ich habe dort nur einen einzigen Satz vertreten und zur Anerkennung gebracht: die Grundlage der granulösen Augenkrankheit, das Trachom, entsteht bei Ueberfüllung und muß durch fortdauernde Ventilation bekämpft werden. An diesen Brüsseler Congreß, wo Albrecht von Gräfe uns seine ersten Mittheilungen über die Glaucom-Operation machte, schloß sich der Naturforscherverein in Bonn, wo es mir auch nicht sonderlich gefiel, bis auf einen Besuch, den ich mit Esmarch dem alten Arndt machte. Als dieser erfuhr, wer wir seien und daß wir den Schleswig-Holsteinern geholfen hatten, richtete er sich hoch auf, seine Wangen glühten, seine Augen leuchteten und er sprach prophetische Worte über die Folgen des Kampfes in den Herzogthümern. Diese Reise, welche mit einigen Abstechern drei Wochen dauerte, war der einzige Urlaub, den ich mir während meiner zwölfjährigen Dienstzeit genommen habe. Man kann daraus schließen, daß es angenehmer ist, Professor zu sein als Generalstabsarzt, wenn man es mit seinen Pflichten sehr genau nimmt.

Handbuch der Chirurgie. II. Band.
Freiburg bei Herder, von 1864—1868.

Mit der zweiten Auflage meiner Maximen hatte ich den Gegenstand vorläufig erschöpft und wußte, daß ich ihn vor neuen Kriegen nicht wieder aufnehmen werde. Meine Seele wandte sich jetzt dem so lange verlassenen Handbuche der Chirurgie zu; mein Verleger hatte schon die Hoffnung aufgegeben, daß ich es noch fortsetzen werde. Erst nach Vollendung eines

Heftes schrieb ich ihm, um zu fragen, ob er auch geneigt sei, es drucken zu lassen. So folgte nach vierzehnjähriger Unterbrechung 1864 das erste Heft des zweiten Bandes, Verletzungen und chirurgische Krankheiten des Kopfes; 1865 das zweite über den Hals. Das dritte über den Rumpf, welches 1867 herauskam, hatte ich bis pagina 811 vollendet, als der Krieg von 1866 ausbrach. Das vierte und letzte Heft erschien 1868. Im zweiten Bande meiner Chirurgie habe ich die Schußwunden so berücksichtigt, wie es bis dahin in solchen Büchern nicht üblich war, in Zukunft aber gewiß allgemein geschehen wird, nachdem die meisten Professoren Gelegenheit gehabt haben, im Kriege mitzuwirken.

Zwischen den beiden letzten Heften meines Handbuchs erschienen meine:

Erfahrungen über Schußwunden im Jahre 1866, als Nachtrag zu den Maximen der Kriegsheilkunst. Hannover bei Hahn, 1867.

worin ich mich bemühte, die chirurgische Statistik weiter auszubilden, welche in den Maximen nur rudimentär erscheint. Meine Tabellen fanden vielen Beifall und wurden von Anderen zum Vorbilde genommen. Von dieser Schrift wurden 1340 Exemplare verkauft.

Nach dem großen Kriege erschien meine Uebersetzung der:

Notizen und Bemerkungen eines Ambulanz-Chirurgen, von William Mac Cormac. Hannover bei Hahn, 1871,

denen ich die Statistik von Dr. Frank und meine eigenen in Frankreich gemachten Erfahrungen hinzufügte. Mac Cormac's Schrift mit meinen Zusätzen wurde von Professor Morache zu Paris ins Französische übersetzt, der von mir herrührende Theil leider in ganz blödsinniger Weise. Morache nennt zum Beispiel Esmarch's Schnitt bei der Schulterresection: l'incision en φ de Schnitt. Sehr gut gelungen ist dagegen die italienische Uebersetzung des Dr. Eugenio Bellina, des Adjutanten von Cortese. Seine Arbeit hatte in Italien großen Erfolg.

Die letzte von mir erschienene Schrift war:

Erfahrungen über Local-Neurosen.
Hannover bei Rümpler, 1873.

Sie war angeregt worden durch Esmarch's Schrift über denselben Gegenstand und enthält außer einer Einleitung siebenundvierzig Krankengeschichten aus meiner Praxis.

Bei der Erinnerung an diese schriftstellerische Thätigkeit kann ich mich eines gewissen Mitleids mit mir selber nicht erwehren. Es kostete mich viele Mühe zu produciren, meine fertigen Sachen gefielen mir nicht und machten mir immer neue Feinde; vielleicht auch Freunde, aber sie pflegen sich bei uns nicht zu melden. Ich verstand die Kunst nicht, welche Bardeleben einst von Billroth rühmte mit den Worten, er habe seine chirurgische Pathologie und Therapie fertig gebracht, ohne einem seiner Zeitgenossen wehe zu thun. Ich war immer so naiv zu glauben, es käme mehr darauf an, den Patienten nicht wehe zu thun, wenn man den Collegen auch einmal durch den Sinn fährt.

Häusliches Leben und Leiden.

Nachdem wir ein Jahr in Hannover gelebt hatten, kauften wir das Haus Nr. 8 an der Marienstraße, wo wir unsere Tage zu beschließen dachten.

Wir haben Freude und großes Leid darin erlebt. Uns gegenüber, auf dem jetzt eingegangenen Gartenkirchhofe, liegt unsere jüngste Tochter Ottilie begraben, welche 1856 am 18. April nach einer Krankheit von drei Wochen im neunzehnten Lebensjahre starb. Ich hatte sie Nachmittags noch vollkommen wohl und blühend gesehen, Abends fand ich sie an arterieller Hämoptoe leidend. Sie war eins von den Kindern, von denen man zu sagen pflegt, sie sind zu gut und schön für diese Welt, an Charakter, Verstand und Talent gleich ausgezeichnet. Ihr Verlust übte einen dauernden Einfluß auf mein Gemüth, es war mir seitdem zu Sinne, als gehöre ich der irdischen Welt nur zur Hälfte an, als gingen mich ihre Kämpfe eigentlich nichts mehr an. Eine Stimmung dieser Art ist gerade nicht beglückend, aber sie hat doch auch ihr Gutes, man kann allenfalls sagen: si fractus illabatur orbis, impavidum ferient ruinae! Fahrt hin, ihr Güter dieser Welt, meine Seele lebt zur Hälfte in einer besseren.

Der Tod der geliebten Schwester übte einen nicht minder tiefen Eindruck auf meine zweite Tochter Helene. Sie entsagte der Welt und widmete sich der Landschaftsmalerei, machte langjährige Studien in Düsseldorf und Carlsruhe, wo sie das Glück hatte, Rudolph Jordan und Hans Gude ihre Lehrer zu nennen. Sie fühlt sich glücklich in ihrem Berufe, und hat als Künstlerin einen ehrenvollen Namen erworben.

Mit dem Tode der jüngsten Tochter waren unsere Trübsale nicht zu Ende, wir hatten auch die älteste, Esmarch's Gattin, hier zu beerdigen, wo sie nach langen Leiden am 31. Mai 1870 ein sanftes gottseliges Ende fand, während ihr Gatte selbst krank darnieder lag. Sie war eine seltene Frau, schön und geistvoll. Der große Krieg, welcher mich gleich darauf von Hannover entführte, ließ mir keine Zeit, diesem zweiten großen Schmerze lange nachzuhängen. Das Leben forderte gebieterisch des alten Mannes ganze Kraft.

1866.
Salus rei publicae suprema lex esto.
Das höchste der Gesetze sei des Volkes Heil.

Als ich die Berufung nach Hannover annahm, hatte ich großes Zutrauen zu dem weißen Pferde, es springt so muthig in die Welt hinein. Ich zweifelte freilich nicht, daß man es mit der Zeit einfangen werde, aber glaubte nicht, es erleben zu müssen. König Ernst August vergaß nie die geographische Lage seines Landes und lebte mit Preußen auf gutem Fuße; eine seiner ersten Regierungshandlungen war die Abschaffung der rothen hannoverschen Uniform. Ich setzte bei seinem Nachfolger dieselbe Politik voraus, und glaubte mich nicht getäuscht zu haben, da ich sehr bald die Bemerkung machte, daß König Georg in der schleswig-holsteinischen Frage auf Preußens Seite zu stehen schien. Von meinem Dienste in der schleswig-holsteinischen Armee war nie die Rede, die für alle deutschen Kleinstaaten so wichtigen Ansprüche der Augustenburger fanden am hannoverschen Hofe keinen Vertreter.

Ich hatte damals nicht mehr Veranlassung, mich um Politik zu bekümmern als früher, das Kriegsministerium blieb während meiner ganzen Dienstzeit in denselben Händen, doch war ich nicht mehr so arglos unbefangen wie sonst und folgte mehr den Begebenheiten, die, wie ich seit 1848 überzeugt war, zu großen Kriegen führen mußten.

Der im August 1863 in Frankfurt abgehaltene Fürstentag, auf welchem Preußen nicht erschien, brachte mir zuerst die Ueberzeugung, daß der Kampf um die deutsche Hegemonie unvermeidlich sei.

Schleswig-Holstein war wiederum dazu ausersehen, die deutschen Angelegenheiten in Fluß zu bringen. Friedrich VII., König von Dänemark, starb am 15. November 1863 auf Schloß Glücksburg im Herzogthum Schleswig. Sein durch den Londoner Vertrag von 1852 bestimmter Nachfolger, der Herzog von Glücksburg, welcher als Christian IX. den dänischen Thron bestieg, sah sich durch die Kopenhagener Bevölkerung gezwungen, schon am 18. November eine Gesammtverfassung zu genehmigen, welche die vollständige Incorporation Schleswigs aussprach und die 1852 stipulirten Rechte Lauenburgs und der beiden Herzogthümer verletzte. Der deutsche Bund intervenirte; schon um Weihnachten 1863 wurden Lauenburg und Holstein von einer hannoverschen und einer sächsischen Brigade als Executionstruppen besetzt, während die Dänen sich ohne Kampf zurückzogen.

Da diese Execution die Dänen nicht zur Nachgiebigkeit in der Verfassungsfrage vermochte, nahmen Preußen und Oesterreich, nicht als Mitglieder des deutschen Bundes, sondern als Großmächte und Mitunterzeichner des Vertrages von 1852, den Kampf mit den Dänen auf, welcher diesen beide Herzogthümer und Lauenburg kostete.

Obgleich die in Holstein stehende hannoversche Brigade keine Gelegenheit fand, sich an den Kämpfen von 1864 zu betheiligen, so war dieses Jahr doch von Wichtigkeit für die hannoverschen Militairärzte.

Esmarch eilte nach dem blutigen Tage von Oeversee am 6. Februar 1864 von Kiel nach Schleswig, wo er mit seinem Assistenten, dem jetzigen Professor Völkers, und seinen Schülern den verwundeten Oesterreichern die erste Hülfe leistete. Die österreichischen Ambulanzen waren weit hinter den kämpfenden Truppen zurückgeblieben. Erst nach vier Tagen erschien Neudörffer, von Prag berufen, und übernahm die Leitung der Krankenpflege, während Esmarch und Völkers noch wochenlang fortfuhren, die von ihnen mit Hülfe der Einwohner Schleswigs errichteten Hospitäler zu dirigiren.

Ich veranlaßte es, daß die jüngeren Militairärzte der hannoverschen Brigade sich, soweit es der Dienst gestattete, mit Urlaub nach Schleswig und Flensburg begaben, um Schußwunden zu sehen, und stellte ihnen dabei die Aufgabe, mir über ihre Wahrnehmungen Berichte abzustatten. Sie waren zum Theil sehr interessant und lauteten durchgängig nicht zu Gunsten Neudörffer's, der viel zu ehrgeizig ist, um den nüchternen Mittelweg einzuhalten, namentlich in Hinsicht auf seine ganz negative Hospitalhygiene und seine Art, den Gyps zu benutzen. Ich hatte Neudörffer 1863 persönlich kennen gelernt, als er in Hannover war, um mit Genehmigung des Königs hannoversche Militairärzte für Mexico anzuwerben. Es gelang ihm nicht, auch nur einen einzigen zu engagiren, was ihn sehr zu betrüben schien. Er hatte mir persönlich gefallen, seine Erscheinung verrieth durchaus nicht den ikarischen Jüngling der Kriegschirurgie.

Langenbeck fungirte 1864 zum ersten Male als consultirender Chirurg, was mir nicht sonderlich gefiel, weil ich seine Befugnisse zu beschränkt fand, um etwas Großes zu erreichen.

Esmarch übernahm während der Kämpfe bei Düppel im April 1864 eine ähnliche Rolle, freiwillig und unentgeltlich, in Flensburg, zur großen Freude der jüngeren Aerzte. Es giebt eine Idee von der Stellung eines consultirenden Chirurgen, daß ihm nach der ersten Resection des Ellenbogengelenks, die er dort machte, ein Hospitaldirigent sagte: „Wir wollen jetzt erst den Erfolg dieser Operation abwarten, ehe wir die noch übrigen sechs bis sieben zerschossenen Ellenbogengelenke vornehmen!" Unter solchen Verhältnissen darf man sich nicht wundern, wenn die Gelenkresectionen von 1864, über welche Löffler berichtet hat, weniger gut ausfielen, als die von 1848, 1849 und 1850, welche Esmarch in seinem Buche über Resectionen bei Schußwunden so genau geschildert hat. In Amerika hatten unsere Mittheilungen von 1848 bis 1850 für den großen Revolutionskrieg den gewünschten Erfolg, in Deutschland wollte man 1864 erst einmal sehen, wie die erste Resection ausfiel.

Durch den Vertrag zu Gastein vom 14. August 1865 verständigten sich Preußen und Oesterreich provisorisch über die den Dänen entrissenen deutschen Provinzen, aber diese Ab=

machungen vermochten es nicht, den Frieden zwischen Beiden aufrecht zu erhalten, die gemeinsamen ruhmvollen Kämpfe von 1864 hatten keine dauernde Sympathien geweckt. Oesterreich sah ein, daß es in Schleswig-Holstein seinem Rival in die Hände gearbeitet hatte und trieb dem Kampfe mit Preußen entgegen.

Der Erbprinz Friedrich von Schleswig-Holstein war am 30. December 1863 nach Holstein gekommen, hatte aber nicht versucht, die Regierung auf Grund seiner Erbansprüche zu übernehmen, sondern es für correcter gehalten, sich unter den Schutz des deutschen Bundes zu stellen. Esmarch war dazu ausersehen, Generalstabsarzt der zu bildenden schleswig-holsteinischen Armee zu werden; er beabsichtigte, die hannoversche Armee für das Sanitätswesen zum Muster zu nehmen. Ich besuchte ihn 1865 in Kiel und fand den Erbprinzen Friedrich noch guten Muthes. Seine Schicksale von 1863 bis 1866 geben den Maßstab für die Wandlungen in der Politik der Großmächte. Die Aussichten zu seiner Thronbesteigung waren eine Zeit lang sehr günstig, aber schließlich mußte er beim Ausbruche des preußisch-österreichischen Krieges am 11. Juni 1866 mit der österreichischen Besatzung Holstein verlassen.

Im Jahre 1866 kam der entscheidende Augenblick für Deutschlands Kleinstaaten mit der Abstimmung am deutschen Bunde vom 14. Juni, wo auf Oesterreichs Veranlassung die Bundesfürsten erklären mußten, ob sie sich Preußens Hegemonie anvertrauen oder zu Oesterreich und dem alten Bunde halten wollten. Hannover stellte sich mit den friedlichsten Versicherungen auf Oesterreichs Seite. Aber mit solchen Versicherungen war Preußen nicht gedient. Wer nicht für mich ist, der ist wider mich, war die Losung.

In dieser kritischen Zeit war König Georg weniger als je in der Lage, sich auf bewährte Rathgeber stützen zu können, er hatte sich erst am 21. October 1865 ein neues Ministerium gegeben.

Preußens Entschlüsse wurden mit der größten Energie zur Ausführung gebracht. Schon am Tage nach der Abstimmung in Frankfurt rückten am 15. Juni von Minden her preußische Truppen in das Königreich Hannover. Es war zum Kriege nicht gerüstet, hatte nur seine gewöhnliche Herbstconcentration verfrüht; es erwartete auch allem Anscheine nach keinen Krieg, wie die mir schriftlich vorliegende Erklärung des Generaladjutanten, daß er den Krieg nicht gewollt habe, vermuthen läßt. Die von dem Generaladjutanten noch angeordneten, aber von anderer Seite bald zurückgezogenen Detachirungen einzelner Truppentheile hatten keinen aggressiven Charakter. Sie geschahen, wie die Aerzte sagen, ut aliquid fecisse videamur. Oberstabsarzt Dr. Schmidt, welcher den Dienst als Oberarzt beim Leibregimente versah, fragte den Generaladjutanten, ob er das Regiment, welches nach Wunstorf geschickt wurde, nicht begleiten solle; erhielt aber die Antwort, daß dies nicht nöthig sei.

König Georg war offenbar nicht darauf gefaßt, daß die Abstimmung in Frankfurt den Krieg zur Folge haben müsse, aber fest entschlossen, sich einer Mediatisirung nicht zu unterwerfen, hatte er keine andere Wahl, und konnte den Bitten des Magistrats von Hannover und Rudolphs von Bennigsen in der Nacht vom 15. Juni kein Gehör geben. Man hat gesagt, er habe auf Oesterreichs Sieg gehofft, ich bezweifele dies; einer seiner Flügeladjutanten und sein beständiger Begleiter sprach gegen mich kurz vor der Krisis die Ueberzeugung aus, daß Oesterreich unterliegen werde. Er kannte die österreichische Armee besser, als irgend ein Anderer. Es zeigte weder sonderliches Zutrauen zu Oesterreichs Macht, noch die sichere Erwartung ausbrechender Feindseligkeiten, daß der König die aus Holstein zurückkehrende österreichische Brigade Kalik nicht zu halten suchte und den General von Gablenz sehr kalt in Hannover aufnahm. Ich bin überzeugt, daß König Georg mehr auf Gottes Hülfe baute, als auf Oesterreichs Macht.

Am 16. Juni, Morgens 2 Uhr, verließ der König seine Residenz, um sich nach Göttingen zu begeben, wo die Armee sich jetzt concentriren sollte. In seiner Begleitung befanden sich der Kriegsminister und der Generaladjutant. Da ich ganz ohne Befehle war, ging ich zu General Schomer, dem Generalsecretair des Kriegsministeriums, um diesen namentlich wegen Absendung der Feld-Sanitäts-Requisiten zu befragen. Er konnte nur dazu rathen, Befehle abzuwarten. In Voraussicht meiner baldigen Abreise mit den wenigen noch in Hannover befindlichen Militairärzten veranlaßte ich, daß der Sanitätsrath Dr. Grumbrecht die Direction des Generalhospitals übernehmen konnte.

Am 17. Juni, Morgens 2 Uhr, als ich mich eben zur Ruhe gelegt hatte, erhielt ich ein Telegramm aus Göttingen, gezeichnet Oberst Dammers, Generaladjutant, mit dem Auftrage, die Requisiten der Sanitäts-Compagnie und der Feldhospitäler abzusenden. Ich ließ sogleich meinen Nachbar, den Kriegsrath Oldekop, wecken und führte mit dessen Hülfe den erhaltenen Befehl aus. Mein alter Freund, der Fabrikant Georg Egestorff, unterstützte uns mit vierzig Pferden. Bis 11 Uhr Morgens war, zuletzt im strömenden Regen, Alles auf der Eisenbahn. Auf meinem Heimwege besuchte ich noch den mir näher bekannten bayerischen Gesandten Graf Quadt-Isny, der sich mit mir darüber freute, daß unsere mit so vieler Mühe zu Stande gebrachten Sanitätswagen und andere unentbehrliche Geräthe der Armee nicht verloren gingen. Einige der werthvollsten Instrumente in funfzehn Kästen ließ ich in meine Wohnung tragen, um sie selbst zu transportiren.

Um 2 Uhr Nachmittags rückten preußische Truppen in die Residenz ein; alle Straßen waren bald davon angefüllt, so daß die Communicationen schwer wurden. Ich war noch ohne Befehl, nach Göttingen zu kommen, dieser erschien erst Nachmittags 5 Uhr mit einem Telegramm, welches mich wunderbarer Weise noch erreichte. Oberstabsarzt Dr. Schmidt, Assistenzarzt Dr. Bodemeyer, mein Adjutant, und ich beschlossen, um bei unserer Abreise kein Aufsehen zu erregen, den Abend zu erwarten, wo die sehr ermüdeten Preußen ihre Quartiere aufgesucht haben würden. Noch um 8 Uhr waren die Straßen so voll, daß mein Miethwagen nicht durchkam, um Dr. Bodemeyer abzuholen. Dr. Schmidt, welcher eine halbe Stunde früher aufbrechen konnte, erreichte die Station Elze gerade rechtzeitig, um den letzten Eisenbahnzug bis zu meiner Ankunft aufzuhalten. Er war in der Nähe von Elze durch preußische Cavallerie angehalten worden, aber man ließ ihn ziehen, da er sich als Arzt zu erkennen gab, der zu einer Consultation gerufen sei. Ich selbst erreichte mit Dr. Bodemeyer und meinem Diener Elze um Mitternacht, ohne alle Anfechtung, obgleich von Hannover bis Laatzen, eine Stunde Weges, auf der Chaussee preußische Truppen aufgestellt waren, die sich aber nicht um uns bekümmerten. Für den Fall, daß man mich anhalten würde, hatte ich einen preußischen Orden mitgenommen, der mir vielleicht durchgeholfen hätte.

Der Eisenbahnzug, mit welchem wir um Mitternacht von Elze abfuhren, war derselbe, welchen ich bis 11 Uhr Morgens mit Sanitäts-Requisiten beladen hatte, eine unendlich lange Reihe von Wagen, an der ich, da man absichtlich den Bahnhof nicht erleuchtete, in völliger Dunkelheit hintappen mußte, um vorn ein Coupé zu finden. Beim Einsteigen fehlte der Mann, welcher mir die Instrumente nachtrug; er hatte sich entfernt, nachdem er dieselben in dem ersten besten Güterwagen abgesetzt hatte. Sie kamen erst nach einigen Tagen in Göttingen wieder zum Vorschein und beunruhigten mich sehr. Meine Gefährten schliefen während der Fahrt, mich hielt der Gedanke an die Instrumente wach.

Wir kamen gegen 4 Uhr Morgens, am 18. Juni, nach Göttingen, wo mich auf dem Bahnhofe Oberst Dammers, der neue Generaladjutant, empfing. Er war Commandant von Rendsburg zur Zeit, als die hannoversche Bundesbesatzung dort der Großmacht Preußen weichen mußte. Vielleicht hatte dies die Wahl des Königs auf ihn gelenkt. Nachdem er mir Einiges über die veränderte Sachlage, den Abgang des Generals von Tschirschnitz und anderer hoher Officiere erzählt hatte, sagte er mir: „Sie werden hier zunächst Hospitäler in großem Umfange anlegen müssen, denn muthmaßlich kommt es hier zum Schlagen!" Nachdem ich mit meinen Gefährten in dem gastlichen Hause von Professor Hasse Unterkommen gefunden hatte, setzte ich mich alsbald in Bewegung, um die für Hospitäler möglichen Localitäten in Augenschein zu nehmen. Sie waren trostlos bis auf das schöne neue Collegienhaus.

Nachmittags kam der Prorector zu mir, um gegen dessen Benutzung als Hospital zu protestiren. Es würde ihm wenig geholfen haben, falls die Umstände es erfordert hätten, davon Gebrauch zu machen. Während ich mit dem Prorector unterhandelte, kam eine Deputation der Studenten, welche sich erboten, Verwundete aus dem Gefechte zu tragen. Ich dankte ihnen für ihre gute Gesinnung mit gerührtem Herzen und verwies sie an den Hauptmann Ziermann, den Chef der Sanitätscompagnie, um sich Tragbahren zu verschaffen und deren Gebrauch kennen zu lernen.

Da unsere Armee nicht zum Kriege gerüstet war, mußte ich in Göttingen Candidaten der Medicin engagiren, um die Lücken zu füllen, welche durch Abcommandirung von Aerzten für die Sanitäts-Compagnie und das fliegende Hospital entstanden, und um die einzelnen Batterien mit Aerzten zu versehen. Professor Baum erlaubte mir, die von ihm empfohlenen jungen Männer in seiner Klinik am Krankenbette zu examiniren, weniger um den Umfang ihrer Kenntnisse zu erforschen, als um sie etwas näher von Angesicht zu Angesicht kennen zu lernen. Sie wurden mit einem Holster ausgerüstet, der eine Verbandtasche und einige Medicamente enthielt.

Die großen vierspännigen neuen Hospitalwagen hatten nicht aus Hannover fortgeschafft werden können; sie standen auf einem Boden, von dem sie ohne besondere Vorrichtungen nicht entfernt werden konnten. Es waren aber zweispännige Requisitenwagen in hinreichender Anzahl vorhanden, um ein Feldlazareth von vierhundert Betten vollständig auszurüsten. Auch die Sanitäts-Compagnie hatte alle ihre Requisiten, darunter sechszehn Transportwagen für Verwundete. Es waren außerdem noch so viele dieser Wagen in Göttingen, daß jedes Bataillon einen derselben erhalten konnte, aber nicht jedes fand es möglich, die dazu erforderlichen beiden Pferde aufzutreiben. Ich selbst hatte in Göttingen keine Zeit, mich um meine Equipirung zu bekümmern und mußte den Feldzug in einem Sanitätswagen antreten.

Der in Göttingen anfangs gefaßte Entschluß, dort die Schlacht anzubieten, machte bald anderen Plänen Raum; ich hatte mich um Anlegung von Hospitälern nicht mehr zu bekümmern.

Am 21. Juni, Morgens 4 Uhr, rückte ich mit der Armee aus zu dem Zuge, welcher in Langensalza sein blutiges Ende fand. Ich kann ihn nicht mehr beschreiben. Was ich davon erinnere, war große Hitze, wenig zu essen, aber guter Muth, der mitunter aufgefrischt wurde durch Fama, die alte Lügnerin. Ein abenteuerlich gekleideter junger Mann auf einem herrlichen

Pferde fliegt an uns vorbei; er hat die Nachricht gebracht, daß die Bayern uns zu Hülfe rücken. Von Hannover kommt die Botschaft, England und Rußland interveniren zum Schutze Hannovers, ihre Flaggen wehen auf dem Schlosse von Herrenhausen, wo die Königin mit den Prinzessinnen zurückgeblieben ist.

Ich hatte mir für den Dienst bei der Sanitäts-Compagnie und das fliegende Hospital eine interessante Gesellschaft ausgesucht, lauter jüngere Männer, jeder von ihnen ein Charakter, keiner unter ihnen, dem man nicht ein Hospital voll Verwundeter anvertrauen könnte, mit der festen Ueberzeugung, er werde menschenfreundlich und unermüdlich seinen Dienst thun. Dazu eine in dreizehn Jahren völlig ausgebildete Sanitätsmannschaft, die vor Begierde brannte, das Erlernte auch einmal an wirklichen Verwundeten zu erproben.

Unsere Nachtquartiere waren in Heiligenstadt am 21., in Mühlhausen am 22. und in Langensalza am 23. Juni.

Wir waren natürlich alle der Meinung, unser Vormarsch werde uns zu den Bayern führen, kamen aber bald dahinter, daß zwischen den beiden Armeen gar keine Verbindung bestehe und erst zu suchen sei. Am 25. Juni, wo wir von Langensalza wieder aufgebrochen waren, sahen wir die Wartburg nahe vor uns liegen und hofften, in den nächsten Stunden bei Eisenach den Schienenweg zu überschreiten. Wir mußten aber wieder umkehren und zum zweiten Male in Langensalza Quartier nehmen, während wir mit der Hoffnung getäuscht wurden, es sei jetzt Alles auf dem friedlichsten Wege und wir würden binnen einigen Tagen nach Hannover zurückkehren. Es sollte nicht sein; dasselbe Haus in Langensalza, wo wir zuerst Quartier fanden, sollte uns für länger als drei Monate zur Heimath dienen. Es lag dem Rathhause schräg gegenüber und gehörte einem wohlhabenden Ackerbürger, der von seinem alten Patricierhause nur das Erdgeschoß benutzte. Es hatte eine schöne breite Treppe und im ersten Stock einen so großen Vorplatz, daß während einer Nacht einmal vierzig Jäger darauf ein bequemes Strohlager fanden. An Mobilien war es nicht reich, ich schlief drei Wochen lang auf einem harten, alten Sopha, bis es mir einfiel, ich könnte mir auch wohl ein Bett besorgen lassen, nachdem alle Verwundeten damit längst versehen waren. Oberstabsarzt Dr. Schmidt, Dr. Bodemeyer und mein Registrator, Hospitalverwalter Meyer, wohnten mit mir zusammen, der Hausherr beköstigte uns gegen Zahlung.

Am 26. Juni, Abends, erhielten wir den Befehl, um Mitternacht in möglichster Stille mit der Sanitäts-Compagnie abzurücken. Es geschah, ohne unsere Hausleute im Schlafe zu stören. Die Compagnie lagerte sich auf den hinter Merxleben befindlichen Höhen; meine jungen Aerzte legten sich in ein Kornfeld und schliefen bald ein. Ich brachte die Nacht damit hin, sie wie eine Schildwache zu umschreiten und mich an ihren blühenden Gesichtern zu erfreuen, als der Tag anbrach. In geringer Entfernung von uns brachte der König, wie wir, die Nacht auf freiem Felde zu und erging sich am Arme des Kronprinzen.

Die Armee nahm ihre Schlachtordnung ein. Jede der vier Brigaden erhielt einen Zug der Sanitäts-Compagnie, aus einem Officier, einem Arzte und dreißig Sanitäts-Soldaten bestehend, mit vier Transportwagen für Verwundete, einem Requisitenwagen für Instrumente, Bandagen und Erfrischungsmittel. Vierzig Sanitäts-Soldaten blieben bei dem fliegenden Hospitale.

Unsere Avantgarde hatte Befehl, Langensalza erst beim Anrücken des Feindes zu verlassen. Gegen 10 Uhr sahen wir ihn in hellen Haufen die Chaussee von Gotha nach Langensalza herabrücken; die ersten Kanonenschüsse ließen sich hören. Das fliegende Hospital erhielt den Befehl, sich bis zum

nächsten Dorfe zurückzuziehen. Es fand sich, daß dieses Kirch=
heilingen sei, welches eine Stunde vom Schlachtfelde entfernt
liegt. Dort wurden die passenden Localitäten zur Aufnahme
von Verwundeten hergerichtet. Mittlerweile entbrannte die
Schlacht; gleich nach Mittag kamen die ersten Verwundeten.
Ich dirigirte die Operationen in dem vorn im Dorfe liegenden
Wirthshause mit einem großen Tanzsaale; es wurde aber auch
in anderen Localen operirt.

Um 6 Uhr Abends erschien der Generaladjutant Oberst
Dammers, welcher uns zuerst die Nachricht brachte, daß der
Feind zurückgeworfen sei. Er ersuchte mich, jetzt nach Langen=
salza zu kommen, wo man meiner bedürfen werde. Oberstabs=
arzt Dr. Schmidt und Dr. Bodemeyer begleiteten mich. Als
ich im Begriffe war, den Wagen zu besteigen, entdeckte ich
unter den zuletzt angekommenen Verwundeten meinen eigenen
Neffen, Lieutenant Hautelmann vom Leibregimente, dem der
rechte Radius zerschmettert war, und nahm ihn mit nach
Langensalza. Auf dem Rückwege besuchte ich die Verwundeten
in Merxleben, auf dem Schwefelbade, den größeren Localen in
Langensalza, und zählte über 1000 Verwundete. Aerztliche
Hülfe war überall vorhanden; im Café Heinemann operirten
hannoversche und gothaische Militairärzte zusammen; die Letz=
teren hatten schon während der Schlacht einen Verbandsplatz
etablirt, aber bei der großen Zahl von Verwundeten nicht viel
ausrichten können.

In Kirchheilingen hatten dreihundert Verwundete Platz
gefunden; die übrigen wurden nach Langensalza zurückdirigirt.
Unsere sechszehn Sanitätswagen hatten binnen fünf bis sechs
Stunden über dreihundert Verwundete eine Stunde Weges
transportirt.

Zwischen 10 und 11 Uhr, als ich eben mein Quartier
aufgesucht hatte, kam der Generaladjutant, um sich mit mir

zu besprechen. Ich schilderte ihm die Ueberfüllung aller Locale mit Verwundeten und äußerte meine Besorgnisse für den kommenden Tag, falls die Feindseligkeiten sich erneuern sollten.

Er rieth mir, sie dem Könige selbst vorzutragen, und zwar Morgens 7 Uhr, wo ich ihn wecken lassen könne. Es war offenbar nicht sein Wunsch, daß von neuem gekämpft werde; er wollte vermuthlich, daß der König auch von mir hören solle, welche Schwierigkeiten damit verbunden sein würden. Ich betrachtete den Wunsch des Generaladjutanten als Befehl. Mit dem Schlage 7 Uhr war ich im Schützenhause, wo der König wohnte. Er schlief, hatte aber Befehl gegeben, ihn nöthigenfalls zu wecken. Ich traf ihn eben beim Erwachen; er empfing mich gnädig und freundlich. Ich stattete meinen Bericht ab und knüpfte daran die Hoffnung, daß die Feindseligkeiten sich nicht erneuen würden. Die Erwiederung des Königs war: „Was Sie wünschen, ist bereits im Werke; binnen drei Stunden erwarte ich Antwort auf meine Vorschläge." Der König erkundigte sich dann nach einigen, ihm bekannten Verwundeten; er hatte sich Abends vorher in einige Hospitäler führen lassen.

Seit dieser denkwürdigen Stunde habe ich Se. Majestät nicht wieder gesehen.

Im Fortgehen traf ich im Vorsaale den Kriegsminister, der mit dem Inhalte meiner Mission nicht sehr zufrieden war und äußerte: „Schon manche Armee hat am zweiten Tage gesiegt, nachdem sie am ersten geschlagen war, und wir haben ja gestern gesiegt." Ich hatte mich nicht unterfangen, Rathschläge zu geben, sondern einen Auftrag erledigt.

In meinem Quartiere erwarteten mich schon die Tischlermeister, welche ich bestellt hatte, um Bettstellen zu machen. Sie wollten nicht! Der treffliche Zimmermeister Walter kam mir zu Hülfe, fing sogleich an und lieferte schon am andern

Morgen zwanzig Stück, die ich nach Merxleben dirigirte, wo sie am nöthigsten waren; andere hundert kamen in wenigen Tagen.

Um 9 Uhr Morgens fingen die Operationen in verschiedenen Hospitälern für mich an, die mich den ganzen Tag und den folgenden beschäftigten.

Am 28. Juni erfolgte die Capitulation. Meine jungen Aerzte waren sehr niedergeschlagen; ich tröstete sie mit den Worten: „Es ist keiner unter Euch, der nicht auf eigenen Füßen stehen könnte."

Da den nach Hannover zurückkehrenden Truppen die meisten Aerzte entbehrlich waren, konnten dreiunddreißig an die Hospitäler commandirt werden.

Aus der Kriegscasse erhielt ich fünfhundert Thaler zur Verwendung für die Verwundeten; dreihundert wurden nach Kirchheilingen geschickt.

Am dritten Tage nach der Schlacht kam der preußische Generalstabsarzt nach Langensalza, mit ihm einige Militairärzte, Professor Volkmann aus Halle, Professor Gurlt und Generalarzt Wilms aus Berlin. Meine Direction war vorläufig zu Ende; ein Schreiben des Generalstabsarztes machte mich zum consultirenden Chirurgen, den man zu Rathe ziehen konnte, wenn man wollte. Die größeren Hospitäler in Langensalza gingen in die Direction preußischer Aerzte über, und ich war, da man mich nicht consultirte, davon ausgeschlossen. Dieser Zustand dauerte aber nicht lange. Wilms wurde nach drei Tagen, Volkmann nach zehn Tagen schon wieder abberufen, um nach Böhmen zu gehen; ich hatte dann wieder Zutritt zu den von ihnen dirigirten Stationen, welche von hannoverschen Aerzten übernommen wurden. Die Lazarethcommission machte mir aber Schwierigkeiten in der passenden Verwendung der hannoverschen Aerzte. Ich telegraphirte an den Generalstabsarzt in Berlin: „Bitte um Befehl an Königliche Lazareth= commission, daß es mir gestattet sei, von den hannoverschen Aerzten die geeigneten hier zu behalten, die übrigen successive zurückzuschicken." Die Antwort ließ nicht auf sich warten; sie war von dem Chef des Armee=Medicinalbureaus, Generalarzt Dr. Schiele, unterzeichnet, und lautete: „Sagen Sie der Lazarethcommission, daß Sie allein berufen sind, die hanno= verschen Aerzte zurückzubehalten oder zu entlassen."

Dieses Telegramm, welches ich der Lazarethcommission zuschickte, hatte eine magische Wirkung; es kam Alles in das gewünschte Geleise, und zwischen der Lazarethcommission und mir herrschte das beste Einvernehmen; wir kannten unsere Befugnisse. Ich war auch glücklicherweise in der Lage, die Commission mit Anforderungen verschonen zu können, da mir in der kürzesten Frist bedeutende Mittel zuflossen. Göttingen schickte zuerst einen großen Transport von Victualien. Eine der ersten Geldgaben erhielt ich von einem Gutsbesitzer aus der Nachbarschaft, der mir hundert Thaler einhändigte, aus Dankbarkeit gegen Gott dafür, daß seine Felder von dem Kampfgewühle verschont blieben. Die gleiche Summe gab er dem preußischen Oberstabsarzt, welcher Präses der Lazareth= commission war. Von Hannover kam Herr Emil Meyer mit großen Summen, die mir aber kaum so werthvoll waren, als sein persönlicher Beistand. Er wußte für Alles Rath, kannte gar keine Schwierigkeiten, schaffte uns gleich Eis und andere nothwendige Dinge. Da ich ihm klagte, die Tischler hätten nicht für mich arbeiten wollen, ließ er um Mittag eine große eiserne Geldkiste in unser Haus schaffen, die er irgendwo ge= miethet hatte. Sie verschaffte mir unbegrenzten Credit, obgleich sie nur zur Aufbewahrung von Weinflaschen diente. Ich legte mir, vielleicht ganz unnützer Weise, die Verpflichtung auf, dem= nächst über die Verwendung der Gelder, welche sich schließlich auf 4000 Thaler beliefen, Rechnung abzulegen, und bürdete mir dadurch eine große Last auf, denn leider wurde mein trefflicher Registrator Meyer krank, für den das Rechnungswesen eine Kleinigkeit gewesen wäre.

Die mit Hülfe des Zimmermeisters Walter von mir erbauten Baracken im Garten zum blauen Hause erregten Nacheiferung; die Lazarethcommission ließ im Café français, die Ritter ließen neben Café Heinemann Baracken bauen. Hospital-Utensilien kamen von Erfurt; meine Bemühungen, sie durch Kriegsrath Oldekop von Hannover zu erhalten, waren ohne Erfolg gewesen.

Die in Kirchheilingen zurückgebliebenen sieben Aerzte wußten sich trefflich zu helfen. Sie ließen auch gleich Bettstellen machen, mietheten ein großes Schützenzelt, bauten Zeltbaracken und organisirten die Verpflegung auf eigene Regie.

Die Erfolge in Kirchheilingen waren sehr befriedigend; sie lassen sich bekanntlich am sichersten nach dem Resultate der primären Oberschenkel-Amputationen beurtheilen. In Kirchheilingen starb nur einer von neun Oberschenkel-Amputirten, in Langensalza fünf von zehn. In Kirchheilingen wurde nur eine secundäre Oberschenkel-Amputation gemacht, welche tödtlich verlief; in Langensalza mußten zwanzig vorgenommen werden, von denen vierzehn tödtlich verliefen. In Kirchheilingen lagen dreihundert Verwundete, die Zahl der primären Oberschenkel-Amputationen betrug also drei Procent. In Langensalza kamen auf achthundert Verwundete nur zehn primäre Oberschenkel-Amputationen, während vierundzwanzig hätten gemacht werden müssen, wenn dies caeteris paribus in derselben Weise, wie in Kirchheilingen, geschehen wäre. Daher die große Zahl secundärer Amputationen in Langensalza. Dies war, den Umständen nach, nicht wohl zu vermeiden.

Das erhöhte, durch die Unstrut gedeckte Terrain, auf

welchem die hannoversche Schlachtordnung entwickelt war, erlaubte es, den Anprall der feindlichen Streitkräfte ruhig abzuwarten und erst dann zur Offensive überzugehen, nachdem sich dieselben durch vergebliche Angriffe erschöpft hatten. Unsere Sanitäts-Compagnie konnte auf vier Verbandsplätzen ruhig arbeiten, sogar Listen der Fortgeschickten entwerfen. Die in Kirchheilingen ankommenden Verwundeten fanden ausreichende ärztliche Hülfe. In Langensalza lagen die Sachen ganz anders; die Preußen mußten offensiv verfahren, wobei selbst eine wohlausgerüstete Sanitätsmannschaft viel weniger ausrichten kann. Die Verwundeten wurden in zehn größeren Localen und mindestens hundert Privatquartieren zerstreut. Die ärztliche Thätigkeit war während der Schlacht nur schwach vertreten und konnte sich auch nach derselben nicht leicht concentriren. Die primären Amputationen in Langensalza wurden meistens erst am Tage nach der Schlacht vorgenommen, und gaben deshalb ein viel weniger günstiges Resultat, als in Kirchheilingen.

Man ist leider auch nach dem Kriege von 1870/71 noch geneigt, die Bedeutung des Erfolges der primären Oberschenkel-Amputation als Maßstab für den Werth der chirurgischen Thätigkeit zu unterschätzen. Kleine Statistiken, wie die von Kirchheilingen, hält man für werthlos, weil ihnen große traurige Erfahrungen entgegenstehen. Man darf sich dadurch nicht irre machen lassen, und nicht aufhören, günstige Verhältnisse zu benutzen und womöglich herbeizuführen. Schlimmsten Falls vermag die Amputation wenigstens ein qualvolles Ende zu vermeiden.

Die ganze hannoversche Sanitäts-Compagnie blieb anfangs in Langensalza und Kirchheilingen; es fehlte uns also nicht an geeigneter Hülfe, da unsere Sanitäts-Soldaten nicht blos Krankenträger, sondern auch Lazarethgehülfen und Krankenwärter waren. Nichtsdestoweniger kamen uns die barmherzigen Schwestern protestantischer und katholischer Confession sehr erwünscht, da sie es verstehen, den Patienten viele kleine Dienste zu leisten, an die ein Mann kaum denkt. Mit dem Verbinden der Verwundeten habe ich sie stets verschont. Sie kamen anfangs aus verschiedenen Staaten; es blieben aber bald nur die von Hildesheim und Hannover angelangten barmherzigen Schwestern und Diaconissen.

Wenige Tage nach der Schlacht erfreute mich Professor Baum aus Göttingen durch seinen lieben Besuch.

Im August kamen zu unserer Erheiterung die Damen Frau Dr. Schmidt und Bodemeyer, mit ihnen meine Tochter Helene, welche ihren vierwöchentlichen Aufenthalt in Langensalza zu Studien nach der Natur benutzte, welche später photographisch veröffentlicht worden sind.

Im September kam ein sehr unerwünschter Gast, die Cholera, welche unter den Einwohnern der Stadt über hundert Opfer forderte. Unsere Verwundeten blieben ganz verschont. Die in weniger gesunden Stadttheilen liegenden Hospitäler waren bereits eingezogen. Ihre Majestät, die Königin von Hannover, schickte mir aus Herrenhausen bittere Orangen, aus denen ich durch unsern Feldapotheker eine Tinctur bereiten ließ, von welcher jeder Verwundete täglich zwei Unzen erhielt.

Auf seiner Rückreise von Böhmen nach Berlin kam Generalarzt Wilms mit dem Auftrage, die auf seinem Wege liegenden Hospitäler zu inspiciren. Er fand die Zustände bei uns idealisch; in Böhmen hatte er nach achtwöchentlicher Beschäftigung mit achthundert Verwundeten nur funfzig Bettstellen aufzutreiben vermocht. Wir waren in Langensalza eine Zeitlang in Gefahr, neue Verwundete von der Mainarmee aufnehmen zu müssen; es unterblieb vermuthlich nur, weil Langensalza damals nicht an der Eisenbahn lag. Wilms kehrte sehr ernüchtert über den Nutzen der Gypsverbände aus Böhmen zurück.

Auch Professor Esmarch, der auf besondern Wunsch der Königin für die Dauer des Krieges nach Berlin berufen war, um die Hospitäler für Verwundete zu dirigiren, besuchte mich in Langensalza und erfand dort eine neue Schiene für Ellenbogen-Resecirte, die ich in meiner Schrift von 1866 veröffentlicht habe, nachdem sie bei unseren vielen Resecirten gute Dienste geleistet hatte.

Ende September kehrte ich mit dem Oberstabsarzt Dr. Schmidt nach Hannover zurück, wo wir am 1. October ankamen.

Das dankbare Herz eines meiner Patienten von Langensalza hat meiner dortigen Thätigkeit ein freundliches Andenken geweiht. Der durch seine publicistische Thätigkeit allgemein bekannte und geschätzte Dr. Georg Hirth, welcher, auf preußischer Seite kämpfend, gleich zu Anfang der Schlacht eine Schußfractur des Oberschenkels erlitt und schließlich gut geheilt wurde, erzählte auf höchst originelle Weise, zuerst in der „Gartenlaube" und dann in einem besondern Büchlein zum Besten der Victoria-Stiftung, seine Leidensgeschichte. Sie verdient, von jedem Feldarzte gelesen zu werden; man hat sie todtgeschwiegen, weil sie dem Gypsverbande nicht günstig ist. Aber gewirkt hat sie doch wohl so gut, wie meine Bemerkungen, die Billroth Gypswitze nennt, obgleich sie sehr ernsthaft gemeint sind. Man ist 1870/71 doch vorsichtiger gewesen, als 1866, wo man blindlings Pirogoff folgte, der sogar bei Brustschüssen gypsen will.

Der letzte hannoversche Arzt, welcher Langensalza verließ, war Dr. Lauenstein, der über sechs Monate dort blieb. Für den Fleiß und die Treue, mit welcher er einen großen Theil der Tabellen für meine Schrift: „Erfahrungen über Schußwunden im Jahre 1866" ausgearbeitet hat, ist ihm die Mitwelt gewiß zu Dank verpflichtet. Die Form derselben war Gegenstand langer Berathungen unter uns, wobei sich auch

Professor Gurlt betheiligte, welcher unter den uns zu Hülfe gekommenen preußischen Aerzten am längsten blieb.

Gleich nach meiner Rückkehr hatte ich die schon in Langensalza vorbereitete Begutachtung der Invaliden fortzusetzen. Die von dort entlassenen Reconvalescenten hatten größtentheils in der zum Hospitale eingerichteten Kaserne des dritten Jägerbataillons am Welfenplatze Unterkommen gefunden und waren von Civilärzten weiter behandelt worden. Von allen in Langensalza evacuirten achthundertzweiundachtzig verwundeten Hannoveranern waren nur zwei in der Heimath gestorben, Kopfverletzte, deren Wunden für so leicht gehalten waren, daß sie schon mit den Truppen gleich nach der Capitulation zurückkehrten.

Die Gesammtzahl der begutachteten Leute betrug fünfhundertundachtzig. Es war mir angesonnen, die Begutachtung allein zu übernehmen, aber da ich dies für ein zu verantwortliches Geschäft hielt, gestattete man mir, die Mitglieder der Medicinalbehörde für die Armee zu diesem letzten Dienste heranzuziehen.

Seit der Schlacht von Langensalza war es keinem einsichtsvollen Hannoveraner zweifelhaft, was das Schicksal des Königreichs sein werde. Jeder hatte sich sein zukünftiges Loos auszumalen; glücklich wer, wie wir in Langensalza, keine Zeit fand, darüber zu grübeln. Für die baldige Ordnung der Verhältnisse war es hinderlich, daß die der hannoverschen Armee angehörenden Officiere, mit Einschluß der Aerzte, vor Entbindung von ihrem Fahneneide nicht in der Lage waren, in anderweitige Dienste zu treten. Diese verzögerte sich bis zum Ende des Jahres; meine eigene Verabschiedung erfolgte erst am 28. December 1866 durch den Generallieutenant von Arendtschild, der bei Langensalza die Armee commandirte. Gegen Weihnachten erschien eine Bekanntmachung des commandirenden

Generals des zehnten Armee-Corps, worin die hannoverschen Militairärzte aufgefordert wurden, bis zum 1. Januar 1867 zu erklären, ob sie in der preußischen Armee zu dienen wünschten. Es wurde ihnen ihr bisheriger Rang, aber weder ihre Einnahme, noch ihre dienstliche Stellung gewährleistet.

Ich hatte mir auch die Frage vorzulegen, ob ich mich zum Dienste melden solle oder nicht, und fand es schwer, mich zu entschließen. Erst am letzten December 1866 reichte ich die Erklärung ein, daß ich bereit sei, weiter zu dienen, wenn man mich auf eine meinen Antecedentien entsprechende Weise anstellen wolle. Ich hielt es für wahrscheinlich, daß man mich zum Generalarzt des X. Corps in Hannover ernennen werde. Als solcher konnte ich dazu mitwirken, die mit großer Sorgfalt gewählten und ausgebildeten Aerzte der Armee zu erhalten, konnte diesen nützlich sein und mit ihrer Hülfe in dem sicher zu erwartenden französischen Kriege etwas Ersprießliches leisten.

Zu meinem Entschlusse, mich zum Dienste zu melden, mag es beigetragen haben, daß ich unter dem 6. November 1866 durch Dr. Velten, Leibarzt J. M. der Königin von Preußen, die ehrenvolle Einladung erhielt, an den Conferenzen in Berlin Theil zu nehmen, welche J. M. schon Ende November über Verbesserung des Kriegssanitätswesens veranstalten wollte. Das Kriegsministerium hatte seine Mitwirkung dabei zugesagt. Die ursprüngliche Idee war, die Mitglieder der Conferenz sollten Berichte über ihre Wahrnehmungen im Felde schreiben, dann zusammentreten, um gemeinsame Vorschläge zu machen. Berichte und Vorschläge sollten dann der Oeffentlichkeit übergeben werden.

Die von J. M. der Königin vorgeschlagenen Mitglieder erhielten, d. d. 28. November 1866, vom Kriegsministerium den Auftrag, ihre Berichte und Verbesserungsvorschläge bis zum

1. Januar 1867 einzureichen. Da mir das preußische Militair-Medicinalwesen nicht genau bekannt war, gab ich in meinem Berichte, welchen ich im December 1866 verfaßte, eine Schilderung von dem, was mir in der hannoverschen Armee gut und nachahmungswerth erschienen war. Nur in der Einleitung machte ich einige Vorschläge, welche nicht unberücksichtigt blieben. Sie lauteten dahin 1) das Kriegsministerium möge eine Instruction entwerfen lassen, worin die der Conferenz vorzulegenden Fragen präcisirt würden; 2) der preußische Generalstabsarzt möge an den Conferenzen Theil nehmen; 3) desgleichen ein Beamter des Kriegsministeriums; 4) daß die Publication der Berichte vorläufig unterbleiben möge.

1867.

Die Mitglieder der Conferenz wurden durch Schreiben des Kriegsministeriums vom 9. März 1867 auf den 18. März nach Berlin eingeladen. Esmarch, welcher auch zu den Erwählten gehörte, holte mich von Hannover ab, und wir erschienen zur bestimmten Stunde, 11 Uhr Morgens des 18. März, in dem für unsere Sitzungen bestimmten Saale des Kriegsministerial-Gebäudes, ohne vorher Besuche machen zu können. Dort traf ich den königlich preußischen Generalstabsarzt, welcher sich beeilte, mir anzuzeigen, daß ich auf seinen Vorschlag am 16. März von Sr. Maj. zum Generalarzt des IV. Corps in Magdeburg ernannt sei. Ich erwiederte ihm sogleich, daß ich diese Stelle nicht annehmen werde, weil meine Versetzung von Hannover nach Magdeburg nicht durch politische Gründe motivirt sein könne, da man den früheren Generalstabsarzt der kurhessischen Armee als Generalarzt in Cassel angestellt habe, eben so wenig sei sie aus dienstlichen Rücksichten zu erklären, da ich bei einem bevorstehenden Kriege unter bekannten Aerzten mehr leisten könne, als unter denen eines mir noch ganz fremden Corps; ich könne diese Versetzung deshalb nur so ansehen, als wünsche man, daß ich um meine Pensionirung einkäme, wozu ich bereit sei. Meine Erklärung, weiter dienen zu wollen, sei weniger aus persönlichen, als aus patriotischen Motiven hervorgegangen. Während dieses Gesprächs hatten sich die Mitglieder der Conferenz eingefunden, der Kriegsminister kam, uns zu begrüßen und aufzufordern, unsere Präsidenten und Schriftführer zu wählen. Bei der Präsidentenwahl entschied meine Stimme für Langenbeck, die übrigen waren zwischen uns Beiden getheilt. Ich wurde Vicepräsident, Generalarzt Loeffler Schriftführer und Professor Wagner aus Königsberg dessen Stellvertreter.

Außer den Commissarien der Regierung, dem Generalstabsarzte Dr. Grimm, dem Oberstlieutenant Hartmann und dem Geheimen Kriegsrathe Kriens, bestand die Conferenz aus funfzehn Mitgliedern, darunter vier Generalärzte, den Herren von Lauer, Böger, Loeffler (gest. 1874) und Steinberg; sieben Professoren: von Langenbeck, Frerichs, Bardeleben, Esmarch, Busch, Middeldorpf (gest. 1868) und Wagner (gest. 1871); außerdem Dr. Wilms, Dr. Velten und Charitédirector Esse. Später trat als sechszehntes Mitglied noch der Generalarzt Wegener ein.

Unsere Conferenz vom 18. März dauerte nur bis 12 $\tfrac{3}{4}$ Uhr, da wir Befehl erhielten, uns um 1 Uhr Sr. M. dem Könige und J. M. der Königin vorzustellen. Der Empfang bei Sr. M. war in sofern ein denkwürdiger Moment, weil der König uns sagte, die Luxemburger Verwickelung mit Frankreich könne möglicher Weise zum Kriege führen und unsere Arbeiten unterbrechen.

Am 20. März hatte ich mit dem Kriegsminister eine von diesem gewünschte Zusammenkunft, worin ich erklärte: ich würde die Stelle als Generalarzt in Hannover angenommen haben, vorzüglich um mich noch an dem bevorstehenden Kriege mit Frankreich zu betheiligen, jetzt sei sie mir nicht mehr erwünscht, weil ich es nicht für rathsam hielte, unter einem Chef zu dienen, der mich zum Gegenstande einer Maßregel machen wolle, die weder im Interesse des Dienstes, noch in dem meinigen liege. Sollte man dennoch meine Dienste verlangen, so sei ich bereit, neben dem Generalstabsarzte, aber nicht unter ihm zu dienen.

Am 21. März erhielt ich von dem Generalstabsarzte die schriftliche Anzeige von meiner Ernennung zum Generalarzt des IV. Corps, wobei er mir auftrug, mich mit diesem in dienstliche Beziehung zu setzen, durch die Anzeige meines durch die Berliner Conferenzen verzögerten Dienstantritts. Ich antwortete darauf unter demselben Datum durch meine Bitte um Pensionirung, wobei ich zugleich ersuchte, mich für den Fall eines Krieges zur Disposition zu stellen.

Nach Monatsfrist erhielt ich die Anzeige von meiner Pensionirung, mit der ich unter Ertheilung eines Ordens zur Disposition gestellt wurde.

Ich fand mich sehr bald in diesen Ausgang, weil ich dadurch der Gefahr entging, durch zu langes Dienen der Welt lästig zu werden, Gelegenheit gehabt hatte meinen guten Willen zu zeigen, nicht nöthig hatte, an einem fremden Orte mein Leben zu beschließen und doch die Aussicht behielt, im Falle eines Krieges noch thätig zu sein. Die Stelle eines Generalarztes hatte gar keinen Reiz für mich, weil sie mit der Heilkunst wenig zu schaffen hat.

Unsere Conferenzen nahmen achtunddreißig, meistens vierstündige Sitzungen in Anspruch, von denen die letzte am 8. Mai stattfand. Da meine Freunde gehört hatten, welche Eröffnungen mir vor der ersten Sitzung gemacht waren, äußerten sie ihre Besorgniß, ich möchte mich jetzt von der Conferenz zurückziehen. Ich fand aber gar keinen Zusammenhang zwischen meinen persönlichen Angelegenheiten und so wichtigen Berathungen im Interesse des Staates und der Humanität. Die stenographirten Protocolle der Sitzungen würden allenfalls beweisen, daß ich mich für jede Frage lebhaft interessirt habe, obgleich sie meine Worte selten treu wiedergeben. Ich versäumte die Vorsicht, sie vor ihrer Vervielfältigung zu revidiren, wie dies von Anderen ohne Zweifel geschehen ist. Ich bedauere, daß sie damals nicht veröffentlicht wurden, man hätte sie dann mehr vervollständigt und sie würden ein redendes Zeugniß dafür abgelegt haben, mit welchem Eifer und mit welcher Gründlichkeit jede Frage unseres Programms erwogen wurde. Es war in der That viel guter Wille und viele Intelligenz bemüht, das Beste zu erreichen, was in unseren Kräften stand.

Die Erfolge der Sitzungen für das Feldsanitätswesen sind in der darüber ausgearbeiteten Instruction, sowie im Kriege von 1870/71 zu Tage getreten und haben wenigstens hinsichtlich ihrer Principien bei den Vertretern anderer Völker, Engländern, Italienern und selbst Franzosen, volle Anerkennung gefunden. Wäre die betreffende Instruction in den Buchhandel gelangt, so hätte sie noch mehr Lob errungen. In Betreff des Sanitätsdienstes kann man doch nur wünschen, daß der Feind auf derselben Stufe stehe, und so liegt kein Grund vor, die darüber bestehenden Anordnungen geheim zu halten.

Hinsichtlich des ärztlichen Personals sind die 1867 bei unseren Conferenzen angestrebten Verbesserungen in der unter dem 6. Februar 1873 von Sr. M. dem Könige genehmigten Verordnung über die Organisation des Sanitäts=Corps, durch den gegenwärtigen Kriegsminister, General von Kameke, ins Leben getreten und von den königlich preußischen Militairärzten mit Freuden begrüßt worden, besonders wegen der huldvollen

Anerkennung ihrer Leistungen während des Krieges von 1870/71.

Die Mitglieder der Conferenz wurden in Berlin mit vieler Aufmerksamkeit behandelt und durch zahlreiche Feste geehrt.

Am 27. März waren wir von Sr. M. dem Könige zur Tafel befohlen. Nach derselben dankte mir J. M. die Königin für meine Thätigkeit in Langensalza. Der König zeichnete mich aus durch eine längere Unterhaltung, worin er sein Bedauern äußerte, daß König Georg auf bekannte Weise die Wendung seines Geschicks selbst herbeigeführt habe. Ich fühlte mich sehr geehrt durch das Vertrauen, welches Se. M. dadurch zu erkennen gaben. Der König wußte, daß ich die mir angebotene Stelle ausgeschlagen hatte und hielt mich doch für fähig zu begreifen, daß es im Leben eines mächtigen Regenten Augenblicke giebt, wo Rücksichten gegen Familienglieder, gegen die Gefühle und Hoffnungen anderer Fürsten nicht in Betracht kommen. Dies sind die Wendepunkte in der Geschichte, welche nur beurtheilt werden dürfen nach dem unermeßlichen Nutzen für Millionen des eigenen Volkes und für die Fortschritte der Cultur in fernen Ländern. Wer nicht selbst bereit ist, so hohen Zielen Opfer zu bringen, darf nicht gehört werden. König Wilhelm brachte der Größe Deutschlands das Opfer seiner persönlichen Gefühle. Was er 1866 glücklich ausgeführt hatte, war der erste nothwendige Schritt, um die 1849 durch das Frankfurter Parlament ausgesprochenen Wünsche des deutschen Volkes zu erfüllen. Ein deutsches Kaiserthum, mit Einschluß von Oesterreich und ohne genügende Hausmacht, wäre eine Schöpfung von geringer Dauer gewesen. Heinrich von Gagern's kühner Griff, womit er Deutschland seinen Kaiser geben wollte, war aber doch kein Mißgriff. In trüben Zeiten, wo uns wenig Hoffnung blüht, möchten wir in die

Wolken greifen, um den fliehenden Kranz zu erringen, und bewahren uns so den kühnen Sinn, der das Rechte erkannt hat, wenn es für den Augenblick auch nicht erreichbar ist. Die Geschichte rechnet nicht nach Tagen oder Monaten, große Gedanken gehen nicht unter, wenn auch die Zeit davon schweigt. König Wilhelm war der würdige Erbe seines Bruders und setzte durch den Kampf mit Oesterreich und durch Einverleibung der kleinen Staaten, ohne deren Besitz eine großartige Action nicht möglich war, Preußen in den Stand, die Führung zu übernehmen.

Ich scheue mich nicht, dies mein politisches Glaubensbekenntniß niederzuschreiben, weil ich nichts zu hoffen und nichts zu fürchten habe.

Se. K. H. den Kronprinzen sah ich zuerst bei der Vorstellung der Conferenzmitglieder, dann bei einer großen Soirée im kronprinzlichen Palais, wo die Berliner Gelehrten zahlreich vertreten waren. Ich freute mich, dort die Gräfin Fanny Reventlow, Tochter des früheren Statthalters von Schleswig-Holstein, als Obergouvernante der kronprinzlichen Kinder wieder zu finden. Sie wird das Interesse für die mir so theuren Schleswig-Holsteiner in einem Hause wach erhalten, auf dem die Hoffnungen Deutschlands beruhen. Der Kronprinz beehrte eine unserer Conferenzen mit seiner Gegenwart, wo von Baracken und Zelten die Rede war. Ich suchte die Vorzüge der Baracken durch die dabei mögliche First-Ventilation zu beweisen. Generalarzt Wegener, der Leibarzt des Kronprinzen, war der Ansicht, diese lasse sich auch bei Zelten erreichen. Es wurde nach acht Tagen im Garten des Kriegsministeriums ein Zelt aufgeschlagen, welches diese Verbesserung zeigte.

Ich kannte den Kronprinzen aus Bildern, die ich nicht sehr gelungen fand, als ich ihn selbst sah. Es war mir, als habe ich ihn längst gekannt und sann darüber nach, wie dies

möglich sei. Ich dachte an schöne Bilder von Rittern, die
einen Drachen bezwingen, aber sie glichen ihm nicht; ich mußte
bei den Dichtern, nicht bei den Malern zu Rathe gehen. Wer
ist der Prinz, der Liebling seines Volkes, den der größte
Dichter aller Zeiten so in sein Herz geschlossen hat, daß er
ihn in drei Schauspielen besungen hat? Wer ist der tapfere
Sohn, der seinem hartbedrängten Vater auf dem Schlachtfelde
zu Hülfe kam, der das stolze Frankreich niederschlug, den
unter allen Gefahren nie der glückliche Humor verließ, welcher
nur in einem reichbegabten Herzen wohnt? Jeder gebildete
Mann kennt ihn, aber wenige werden es wagen, die Aehnlich=
keit auszusprechen, weil das wolkenlose Bild unseres Kron=
prinzen noch heller strahlt, weil er keiner Folie bedarf, um
seinen sprudelnden Geist leuchten zu lassen. Mögen ihm nach
den großen Kriegsthaten seiner blühenden Jugend ruhigere
Zeiten beschieden sein! Er kann von einer Kaiserkrone sagen,
wie Shakespeare's Held von einer Königskrone:
> My gracious liege!
> You won it, wore it, give it me,
> Then plain and right must my possession be,
> Which I, with more, than with a common pain,
> Gainst all the world, will rightfully maintain.

Der Drache der Zwietracht in Deutschland ist besiegt,
möge er nie wieder zu Kräften kommen! Möge jedes böse
Wort, welches von Frankreich zu uns herüberschallt, dazu
dienen, uns um so fester zu verschmelzen! Wenn die Franzosen
nicht schon wären, müßte man sie erfinden, um die Deutschen
einig zu machen!

Am 8. Mai, wo unsere letzte Sitzung stattfand, waren
wir zur Abschiedsaudienz bei J. M. dem Könige und der
Königin befohlen. Die Königin verehrte jedem Mitgliede als
Andenken ein Taschenbuch mit rothem Kreuz, die Bildnisse
beider Majestäten enthaltend. Wir schieden mit tiefem Dank=

gefühl gegen die edle, königliche Frau, deren menschenfreundliches Herz unsere Zusammenkunft veranlaßt hatte. Gegen Se. M. den König, der mir noch einige freundliche Worte widmete, konnte ich die Hoffnung aussprechen, demnächst einmal in anderer Weise nützlich zu sein.

Was mir 1867 den Aufenthalt in Berlin verschönerte, war das lange entbehrte Zusammenleben mit Esmarch. Er war in den Sitzungen mein Nachbar, wir unterstützten uns, wo wir gleicher Ansicht waren und trösteten uns gegenseitig, wenn wir in der Minorität blieben. Man hat doch nicht immer Unrecht, wenn in größeren Conferenzen ein Gedanke zu Boden fällt. So war es mit Esmarch's Vorschlag, das amerikanische Eisenbahn-Transportsystem bei uns einzuführen. Er fand keine Beachtung, nachdem ein mit dem Eisenbahnwesen sehr vertrautes Mitglied erklärt hatte, dergleichen sei in Deutschland mit seinen zahllosen Eisenbahngesellschaften gar nicht möglich. Esmarch ließ sich dadurch nicht irre machen. Er consultirte Herrn von Unruh, der die Sache gar nicht schwierig fand, und eine schöne große Zeichnung eines Transportwagens für Verwundete anfertigen ließ. Damit ausgerüstet, ging Esmarch zu dem Handelsminister Grafen Itzenplitz, der sich sehr für den Gegenstand interessirte und siebzig solcher Wagen in Hannover bestellte. Sie waren Ostern 1868 fertig, wurden versucht und gut befunden. Leider waren sie 1870 in Vergessenheit gerathen und zerstreut worden. Es bedurfte Virchow's Energie, sie wieder sammeln zu lassen und am 8. October 1870 selbst den ersten Zug von Metz nach Berlin zu führen. Mittlerweile waren schon k. bayrische und württembergische Sanitätszüge in Thätigkeit gewesen.

Obgleich die Luxemburger Verwickelung beigelegt war, blieb ich mit Esmarch der Ansicht, der Krieg mit Frankreich sei nur eine Frage der Zeit. Während ich mein Handbuch der Chirurgie vollendete, in welchem ich auch die Kriegschirurgie berücksichtigte, ließ Esmarch 1868 sein in zwei Auflagen erschienenes Werk: Verbandplatz und Feldlazareth vom Stapel laufen, in welchem er die Bemühungen fortsetzte, für amerikanisches Transportwesen und Barackenhospitäler zu wirken. Im Jahre 1869 hielt er in Kiel und Hamburg seine berühmte durch den Druck weit verbreitete Rede: Ueber den Kampf der Humanität mit den Schrecken des Krieges. Man könnte sie eben so gut nennen: Kampf der Humanität mit dem Zopfe, sie hat manche Perrücke in die Luft gesprengt. In demselben Jahre erschien auch seine kleine Schrift: Der erste Verband auf dem Schlachtfelde, mit welcher er jedem Soldaten das Mittel dazu, ein dreieckiges Tuch, in die Hand geben wollte.

Deutsch-französischer Krieg,
1870 und 1871.

Im Juli 1870 kam der verhängnißvolle Augenblick, wo Napoleon III., um seinen schwankenden Thron zu befestigen, in einem Kriege mit Deutschland Rettung suchte. Am 13. Juli Morgens mußte der französische Gesandte am preußischen Hofe, Graf Benedetti, in Ems die Rolle spielen, welche den Krieg unvermeidlich machen sollte. Er stellte König Wilhelm auf der Brunnenpromenade das Ansinnen, sich wegen der bereits aufgegebenen Candidatur des Prinzen Leopold von Hohenzollern um den spanischen Thron bei Napoleon zu entschuldigen. Diese Art, einen Krieg anzuzetteln, erinnert daran, wie Anno 1415 der französische Dauphin dem Könige von England, Heinrich V., ein Faß mit Federbällen schickte, als dieser seine Ansprüche auf französisches Gebiet geltend machte, worauf Heinrich mit der Schlacht bei Azincourt antwortete. Den Franzosen war Deutschland im Jahre 1870 ein geographischer

Begriff, sie glaubten nicht an ein deutsches Volk, in dessen Herzen die dem ehrwürdigen Könige angethane Beleidigung fiel, wie Funken in ein Pulverfaß. Eine allgemeine Begeisterung für den Krieg war die Wirkung französischer Frivolität. Die Könige von Baiern und Würtemberg zeigten ihre deutsche Gesinnung und hoben damit jeden Zweifel über den endlichen Sieg unserer guten Sache. Auch Oesterreich muß es nachgerühmt werden, daß es jeden Rachegedanken für 1866 unterdrückte.

Ich konnte mich leider der allgemeinen Begeisterung nicht freudigen Herzens anschließen. Am 31. Mai 1870 war meine älteste Tochter gestorben und Esmarch kränkelte infolge einer 1869 bei einer Operation erlittenen Verletzung. Meine Aussichten, im Kriege mitzuwirken, waren zweifelhaft. Ich stand zur Disposition und mußte warten, ob man mich wolle oder nicht, bitten mochte ich nicht. In Hannover wurden Hospitäler für 4000 Betten angelegt, Herr Emil Meyer war dabei im Auftrage der Intendantur sehr eifrig bemüht, alle Rollen waren vertheilt. Esmarch war wieder nach Berlin gerufen; er wäre lieber mit zu Felde gezogen, aber seine Gesundheit war noch so schwankend, daß er darauf verzichten mußte.

Leute, die mir ganz fern standen, kamen, mich zu fragen, ob ich denn nicht auch helfen werde? Zeitungsartikel forderten dazu auf. Als das zehnte Armeecorps im Begriffe war, auszurücken, kam dessen Generalarzt zu mir, der beauftragt war, mich zu fragen, ob ich es vorzöge, in Hannover oder im Felde mitzuwirken? Ich bat darum, mich der Armee des Kronprinzen als consultirenden Chirurgen zuzutheilen. Am 18. August erhielt ich das Decret über meine Anstellung als consultirender Chirurg der dritten Armee, welche der König auf dem Kriegstheater selbst genehmigt hatte. Jetzt brannte mir der Boden unter den Füßen. Da ich längst Alles vorbereitet hatte, konnte ich schon am 19. abreisen, nachdem ich

Pferde requirirt, Wagen und Geschirre gekauft hatte und mein früherer Diener, Wilhelm Wieters, als Trainsoldat eingekleidet war. Er stand schon in Amt und Würden als Theaterrequisiteur, brachte mir aber das Opfer, mich nach Frankreich zu begleiten und sorgte nicht minder gut für mich, wie für die beiden herrlichen Füchse, welche General von Lehwaldt mir in Hannover anvertraut hatte.

Der bekannte Schriftsteller Dr. Georg Fischer war mir auf seinen Wunsch als Adjutant beigegeben worden.

Wir erreichten am 19. Cassel, wo wir übernachten mußten, gingen am 20. bei Mannheim über den Rhein und brachten die Nacht im Eisenbahn-Coupé zu. Am 21., Morgens 6 Uhr, sahen wir bei Sulz die ersten Verwundeten von der Schlacht bei Wörth, welche in sechs zeltförmigen Bretterbuden lagen. Der Leibarzt des Kronprinzen, Generalarzt Wegener, hatte sie errichten lassen. Jede derselben hatte guten Platz für sechs Verwundete.

Wir kamen an diesem Tage nicht weiter als bis Wesenheim, von wo aus man das Straßburger Münster sehen kann und mußten in einem kleinen Hospitale übernachten, welches unter der Oberaufsicht meines früheren Assistenten, des jetzigen Generalarztes Dr. Beck, stand. Es lagen sechs Typhuskranke darin, gut und lustig, wenngleich auf dem Fußboden gebettet. Jeder derselben hatte eine phosphorsaure Mixtur neben sich stehen. Ich hoffte Dr. Beck am andern Morgen zu sehen, mußte aber abreisen, ehe er erschien. Am 22. gelangten wir nach dem schönen Luneville, am 23. nach dem noch schöneren Nancy, sahen aber nur wenig von beiden Städten, da wir spät ankamen und früh abreisten. In Nancy hatten wir uns zu erkundigen, wo das Hauptquartier des Kronprinzen sei. Unter dem Siegel der tiefsten Verschwiegenheit gab mir der Etappen-Commandant die Nachricht, daß wir dasselbe in Colombey treffen würden. Wir hatten von Nancy keine Eisenbahn mehr zu benutzen, fanden das Hauptquartier nicht in Colombey, übernachteten in Vaucouleurs von wo aus wir am Vormittage 11 Uhr in Ligny das Hauptquartier der dritten Armee erreichten. Unsere Pferde zeigten sich gleich als durchaus tüchtig, obgleich sie hundert Stunden in ihrem Eisenbahncoupé hatten stehen müssen. Man wunderte sich über die Schnelligkeit unserer Reise, die mir, unter beständigen unüberwindlichen Hindernissen, so langsam vorgekommen war. Ligny war sehr voll von Truppen, wir fanden nach langer Mühe Quartier bei dem frühern Maire, einem feinen alten Herrn. Bei dem Armeearzte Dr. Böger fand ich freundliche Aufnahme, nicht minder bei dem Chef des Generalstabs, General von Blumenthal, den ich 1849 als Hauptmann in gleicher Eigenschaft bei General von Bonin kennen gelernt hatte. Ich traf Wilms, der seit Anfang des Krieges als consultirender Chirurg thätig gewesen war. Sr. K. H. dem Kronprinzen konnte ich mich nicht vorstellen, weil derselbe, an einem leichten Ruhranfalle leidend, das Bett hüten mußte. Doch wurde ich auf 6 Uhr Abends zur Tafel befohlen, bei welcher Seine Königliche Hoheit sehr blühend aussehend erschienen. Aber er genoß nichts als Hafergrütze, was mir von der Einsicht und dem Einflusse seines Leibarztes eine sehr vortheilhafte Meinung beibrachte. Ich hatte meinen Platz bei Tische dem Kronprinzen gegenüber, dem zur Rechten der Herzog Friedrich von Schleswig-Holstein saß. Es war ein erfreulicher Anblick! So ergeben sich edle Seelen in ihr Schicksal, wenn ihnen das Wohl des großen Vaterlandes die schwersten Opfer auferlegt; sie fügen sich ohne Groll und Zögerung dienstbereit dem großen Ganzen ein, wie jetzt Herzog Friedrich. Zur Linken des Kronprinzen saß Prinz Leopold von Hohenzollern, ein schöner junger Mann mit sehr gewinnenden Manieren. Er erinnerte sich, daß ich seinem Großvater in

Sigmaringen bei einer complicirten Fractur zu Hülfe gekommen war. Mein Tischnachbar war General von Blumenthal, mit dem ich unsere gemeinschaftlichen Erlebnisse von 1849 wachrufen konnte. Ex ungue leonem, sagte ich ihm, am 5. Juli 1849 wußten Sie besser Bescheid, als der commandirende General, und hätten die schleswig-holsteinische Armee gerettet, wenn Sie an seiner Stelle gewesen wären. Nach Tische fragte mich der Kronprinz, was er Abends essen dürfe, und ich empfahl Hafergrütze. Es wurde beschlossen, daß ich zum elften Corps gehen solle, welches damals unter dem Commando des Generals von Gersdorff stand, nachdem dessen erster Führer, General von Bose, bei Wörth verwundet war. So kam ich wieder zu einem Bekannten von 1849, wo von Gersdorff in der schleswig-holsteinischen Armee diente.

Wir konnten erst um 10 Uhr Morgens des 26. August von Ligny aufbrechen, um das Hauptquartier des elften Corps zu suchen, welches in Heiltz l'Eveque liegen sollte. Der gute Exmaire, dem ich durch Uebersetzung eines von ihm verfaßten Schreibens gefällig gewesen war, schickte mir eine Specialkarte der Umgegend von Ligny, die mir in den nächsten Tagen sehr nützlich war. Wir kamen nach .... rochenen Fahrt erst um 7 Uhr Abends nach .... wir das Hauptquartier des elften Corps glücklich ....

General von Gersdorff erkannte mich ..... undzwanzig Jahren gleich wieder; er erhielt durch .... ist die erste Nachricht von meiner Anstellung beim elften ..... ps. Ich mußte ihm den Unterschied eines consultirenden und eines Corps-Generalarztes auseinandersetzen, denn er fragte mich, was wird jetzt aus unserm bisherigen Generalarzte? Dieser war der frühere Generalstabsarzt der churfürstlich-hessischen Armee, Dr. Kuckro, ein sehr freundlicher Mann. Es war eine interessante Gesellschaft in diesem Hauptquartier, als Chef des Generalstabs der

General von Stein, ein kluger und energischer Mann; als Commandeur der Artillerie General Hausmann, ein feuriger unermüdlicher Soldat, der Sohn vom Hofrath Hausmann in Göttingen. Der Chef der Ingenieure, Major Krieger, erregte meine Bewunderung durch die Hingebung, mit welcher er, an der Ruhr leidend, die Schlacht bei Sedan mitmachte, während er von Hafergrütze und Champagner leben mußte. Der junge liebenswürdige Fürst von Wied theilte das Strohlager mit den jüngeren Officieren.

Ich erhielt in Heilz l'Eveque die mir noch fehlenden Reitpferde und einen zweiten Diener.

Wir folgten dem Hauptquartier am 27. bis Givry en Argonne, am 28. über St. Menehould, wo am 21. Januar 1793 Ludwig XVI. sein unglückliches Schicksal ereilte, indem der Postmeister Drouet ihn erkannte und in Varennes verhaften ließ, nach Contremont; am 29. bis Montbois. Der Anblick des Landes wurde immer kriegerischer. Wir mußten an diesem Tage drei Stunden auf einem Flecke halten, um das ganze fünfte Corps an uns vorüberziehen zu sehen. Es war das schlechteste Wetter, aber die wackeren Truppen marschirten durch Dick und Dünn. Wir kamen an einem französischen Lager vorüber, todte Pferde lagen am Boden, vielhafte Bauern, in deren Dorfe auf unsere Truppen gefeuert war, wurden von Cavallerie fortgeführt. Wir sahen in der Nähe den Kronprinzen zu Pferde, sehr wohl und heiter aussehend.

In Montbois erhielt ich den Befehl, mich den Feldlazarethen anzuschließen, die wir Nachmittags in Quatre Champs antrafen. Es that mir leid, das Hauptquartier verlassen zu müssen, doch gab mir dies Gelegenheit, die Aerzte der Feldlazarethe kennen zu lernen, mit denen ich demnächst zusammenwirken sollte. Wir fanden fast Alle Unterkommen in einem schönen großen Hause, wo wir bei Tische Bekanntschaft machten.

Am 31. August rückten wir mit den Feldlazarethen aus und gelangten Nachmittags nach Tannay, wo wir weitere Befehle abzuwarten hatten. Auf dem Wege dahin bei le Chene erregte ein großes Holzlager meine Aufmerksamkeit, ich stieg aus und sah, daß es an einem Canale lag, also leicht zu transportiren war. Wir erfuhren, daß am 30. bei Beaumont mit Erfolg gekämpft sei und eine Entscheidungsschlacht nahe bevorstehe. Ein Zug hübscher junger Franzosen, welche der Gesellschaft der freiwilligen Hülfe angehörten, kam unter dem Schutze des rothen Kreuzes durch Tannay.

Am 1. September hörten wir den fernen Kanonendonner der Schlacht von Sedan, dem wir gern entgegengerückt wären. Einige Chefs von Feldlazarethen wollten dies auf eigene Verantwortung thun. Der uns begleitende Trainrittmeister sagte aber: „Meine Herren, ich kann Sie nicht abrücken lassen, bis ich Befehl dazu habe, meine Estafetten sind unterwegs, ihn einzuholen." Nachmittags 6 Uhr kamen vierzig leicht verwundete Bayern. Ein verwundeter Officier sagte mir, sie hätten schon 2 Uhr Morgens angegriffen und seien mit Verlust zurückgeworfen worden. Sie wurden im Schulhause untergebracht und ihre Kugeln ausgezogen. Dann kam, zuerst unsicher, endlich sicher, die Nachricht von dem Gewinn der Schlacht und Napoleon's Gefangenschaft.

Um 10½ Uhr Abends erschien der Befehl für die Feldlazarethe, vorzurücken, wir brachen sogleich auf. Unser langer Zug bewegte sich die ganze Nacht durch im Schritt über Berg und Thal dem Schlachtfelde von Sedan zu. An der Brücke von Donchery, wo wir 7 Uhr Morgens anlangten, hatten wir einen längeren Aufenthalt, weil Moltke, wie man uns sagte, erst die Erlaubniß geben müsse, sie zu passiren, da dieselbe für unsicher gehalten wurde. Der große Schachspieler, welcher gestern zum zweiten Male einen Kaiser matt gemacht hatte, war über Nacht mit Bismarck in Donchery geblieben. Auf einem Felde dicht hinter Donchery sahen wir 18,000 französische Gefangene eingepfercht.

Der erste Verwundete, welchen ich am 2. September sah, war leider General von Gersdorff, der gegen Ende der Schlacht durch die Brust geschossen war. Er lag in einem kleinen Fabrikgebäude von St. Albert, zwischen Donchery und Sedan. Ich konnte einen befreundeten Arzt bei ihm zurücklassen, Dr. Krüger von Wildungen, der sich in Nancy mir angeschlossen hatte. Die Freundschaft für den General hatte ihn nach Frankreich geführt, wo es sein Loos war, ihm die Augen zuzudrücken.

Der Ort unserer Bestimmung war Floing, ein Dorf, welches von Sedan nur eine Viertelstunde entfernt liegt und die Scene eines langen, erbitterten Kampfes gewesen war, welcher dort 1200 Verwundete zurückließ, zur einen Hälfte Deutsche, zur andern Franzosen; sieben Feldlazarethe waren herangezogen worden. Wir brachten den 2. und 3. September mit Operationen zu, daneben wurde so fleißig evacuirt, daß am 5. September die Zahl der Verwundeten schon auf die Hälfte vermindert war.

Ich besuchte den schwerverwundeten commandirenden General täglich. Als ich am 3. September von St. Albert nach Floing zurückkehren wollte, konnte mein Wagen den Hof nicht verlassen, weil ein Zug preußischer Husaren die Straße passirte. Dieser Escorte folgte im Wagen der Kaiser Napoleon auf dem Wege nach Wilhelmshöhe. Der ganze Zug kam ins Stocken, weil ein Theil der erbeuteten französischen Geschütze die Straße von St. Albert kreuzte. Ich konnte den Kaiser aus meinem Wagen genau beobachten, er sah besser aus, als ich erwartete. Ich zählte gegen 100 schöne Pferde des kaiserlichen Trains.

Als derselbe Floing passirte, wurde dem Kaiser von den Bauerweibern „Maudit!" entgegengeschrien. Noch war er Kaiser, am 4. September wurde die Republik in Paris ausgerufen, dem ersten Kriege mit dem Kaiser folgte der zweite mit der Republik, der Gefangene konnte keinen Frieden schließen. Wenn es irgend ein örtliches Uebel giebt, welches den Menschen zu entnerven vermag, so ist es ein Blasenstein, an dem der Kaiser schon litt, als er in den Krieg mit Deutschland willigte. An solchen Dingen hängt das Geschick der Völker. Der Kaiser war weit entfernt, die Deutschen zu hassen, Italien hatte er selbst groß und frei gemacht, jetzt wollte er mit seiner kraftlosen Hand in das Rad der Weltgeschichte greifen, Deutschlands Einheitsbestrebungen rückgängig zu machen und wurde dabei zermalmt.

General von Gersdorff starb am 13. September in Bringy aux bois, wohin er, der besseren Pflege wegen, gebracht war. Er lag dort in einem schönen Schlosse, wo kurz vorher Napoleon's Anwesenheit durch Illumination des Parkes gefeiert war. Die Kugel war rechts durch die fünfte Rippe eingetreten und nach Durchbohrung von zwei Lungenlappen durch die achte ausgetreten. Es ergab sich, daß eine Insufficienz der Aortenklappen und eine vollständige Verknöcherung aller Rippenknorpel stattfand, welche auf den Verlauf großen Einfluß gehabt haben mußten. Es war tröstlich für die zur Pflege herbeigeeilte Generalin, daß der ruhmvolle Tod ihres Gatten späteren langwierigen Leiden vorgebeugt hatte. Dr. Krüger geleitete sie in die Heimath zurück.

Wir hatten in Floing anfangs in einer Spelunke Unterkommen gefunden, bis der Maire sich unserer annahm und uns bat, bei ihm zu wohnen. Monsieur de la Brosse war Tuchfabrikant in Sedan, ein Mann von funfzig Jahren, von großer Activität und sehr menschenfreundlicher Gesinnung. Seine

Villa war während des Kampfes der Zufluchtsort für achtzig Menschen gewesen. Er hatte seinem Dorfe einen großen Dienst damit geleistet, daß er die kurz vor der Schlacht befohlene Vertheilung von Waffen nicht zur Ausführung brachte. Es lagen vier schwerverwundete Officiere, darunter ein Brigadegeneral, in seinem Hause, denen meine Hülfe sehr willkommen war. Nach einigen Tagen ließ er seine einzige Tochter aus Belgien zurückkommen, welche durch ihr musikalisches Talent den häuslichen Kreis verschönerte. Ich war erstaunt, eine junge Französin Bach und Beethoven spielen zu hören; der einzige Sohn diente in der Armee und war in Mezières eingeschlossen.

Ein Hauptverdienst erwarb sich der Maire, indem er unter seiner Aufsicht die schlecht beerdigten Pferde tiefer eingraben ließ und Explosivgeschosse auf ähnliche Art unschädlich machte.

Da wir unsere Rationen in natura erhielten, fielen wir der Familie nicht sehr zur Last. Unsere Pferde waren übel daran, der Hafer ging aus; ohne Wilhelm's Eifer wären sie schlecht weggekommen. Er nährte sie Wochen lang mit Weizenähren, wobei sie gut im Stande blieben.

Dicht neben der Villa des Maire lag ein kleines Schloß, welches der Besitzer, als er mit Frau und Kindern nach Belgien flüchtete, ehe der Kampf ausbrach, zum Hospitale angeboten hatte. Es war mit deutschen und französischen Verwundeten, Officieren und Soldaten angefüllt. In dem schönen Parke dieses Besitzthums wurden durch meine Bemühungen drei Baracken, jede zu zwanzig Betten, gebaut. Das große Holzlager, welches ich bei le Chene gesehen hatte, mußte einen kleinen Theil seines Vorraths dazu hergeben. Die Patienten lagen übrigens in der Mairie, in zwei Schulhäusern und in zahlreichen Privathäusern.

Sedan ist eine mit hohen Wällen umgebene Stadt von

15,000 Einwohnern; mit Ausnahme einiger hübschen Plätze eng gebaut. Vor dem Rathhause steht die Statue des in Sedan geborenen Marschalls Turenne. Es sah anfangs entsetzlich in der Stadt aus. Todte Pferde, zerbrochene Armaturstücke lagen überall umher. Die Bürger, reich und arm, legten selbst Hand an, sie zu reinigen; man sah sie mit Schaufel und Besen in den Händen zu Hunderten beschäftigt. In der Umgegend irrten gegen tausend herrenlose Pferde umher, welche die Straßen von Floing unsicher machten, indem sie Nahrung suchend sich den Häusern näherten und dann plötzlich wieder die Flucht ergriffen. Es giebt Pferde, die es nicht verstehen, zu grasen, und auf einer Wiese verhungern können. Es war ein trauriger Anblick, wie die armen Thiere, in die Maas gehend, um zu trinken, vor Schwäche nicht mehr umkehren konnten und ertrinken mußten. Ungefähr acht Tage nach der Schlacht wurden die Thiere eingefangen und von Händlern fortgeführt. Die Umgegend von Sedan ist sehr schön; bewaldete Hügel umgeben das breite Thal, durch welches sich die Maas windet. Dicht neben der Stadt erheben sich steile Felsen, die man erklimmen muß, um das nach Bazeilles führende Plateau zu erreichen. Selbst die am höchsten liegenden Befestigungswerke von Sedan werden durch Berge so überragt, daß Sedan ein gefährlicher Platz für eine große Armee zu sein scheint, welche in Gefahr ist, von einer noch größeren umfaßt zu werden. Sie muß entweder siegen oder ganz untergehen, wie es am 1. September geschah. Auf einem großen Platze am linken Ufer der Maas standen 446 eroberte französische Feldgeschütze und Mitrailleusen; auf einer von der Maas gebildeten Halbinsel lagen im Bivouak 100,000 Gefangene, welche allmählich in großen Zügen nach Deutschland abgeführt wurden.

Bei den Franzosen waren die Gefühle gemischt; sie beklagten die Niederlage, aber freuten sich, daß das Reich der Napoleoniden jetzt für immer vorbei sei. Bei den Preußen äußerte sich die Freude ohne Ueberhebung, mit Aeußerungen des Dankes gegen die Bundesgenossen, Sachsen, Bayern, Würtemberger, welche ihnen 1866 noch feindlich gegenüberstanden und jetzt geholfen hatten, einen Sieg zu erfechten, der in der Weltgeschichte nicht seines Gleichen hat. Was die unter Mac Mahon's Befehl stehende Armee mit dem Kaiser nach Sedan geführt habe, blieb Deutschen und Franzosen ein Räthsel; ich habe oft darnach gefragt, aber nie eine befriedigende Antwort erhalten. Meine eigene Meinung war, daß die Franzosen von der energischen deutschen Kriegsführung gar keinen Begriff hatten und eine Schlacht bei Sedan nicht voraussahen.

Am 11. September marschirte das elfte Corps in der Richtung von Paris ab.

Am 24. September kam Herr Emil Meyer aus Hannover, als Delegirter des dortigen Hülfsvereins, mit einer reichen Sendung von Geld und werthvollen Sachen, chirurgischen Geräthen, Decken, Kleidungsstücken, Lebensmitteln, welche um so mehr Anerkennung verdiente, weil die Hannoveraner bei Sedan nicht betheiligt waren. Seine erste That in Floing war, daß er mir aus Sedan sechszig gute Matratzen verschaffte und am folgenden Tage sechszig Betttischchen von gewöhnlichen Arbeitern unter seiner Aufsicht zimmern ließ. Ich war so glücklich gewesen, mit Hülfe des freundlichen Curé von Floing einige französische barmherzige Schwestern zu engagiren, welche in den Baracken für Comfort sorgten. Sie waren sehr gebildete, geschickte Damen, die den besten deutschen ihres Standes nichts nachgaben, und gar keine nationale Vorurtheile zeigten.

Als der Drang der Geschäfte nachließ, besuchte ich die Collegen in der Umgegend; Dr. Wilms war in Donchery, wo anfangs auch Professor von Bruns aus Tübingen thätig gewesen war; Professor Thiersch aus Leipzig, consultirender Chirurg der sächsischen Armee, stand in Doucy, nicht weit von dem unglücklichen Bazeilles, von welchem nur noch ein Trümmerhaufen vorhanden war. Thiersch hatte mit Hülfe seines Landsmannes, Generals von der Tann, eine Baracke für sechszig Betten gebaut, in welcher er mit seinen eigenen Assistenten dirigirte. Die Intendantur der sächsischen Truppen bezahlte Alles baar, so daß es an reichlichem Zufluß von Lebensmitteln nicht fehlte. Herrn Leguest, welchen ich 1857 in Brüssel kennen gelernt hatte, suchte ich mehrmals vergebens in Sedan, wo er die Behandlung der französischen Verwundeten dirigirte. Dagegen sah ich in Olly, eine Stunde von Floing, eine Ambulance der französischen freiwilligen Hülfe mit fünf Pariser Aerzten, die sich mit ungefähr sechszig Verwundeten in einem gut gelegenen Fabrikgebäude etablirt hatten. Ihre Patienten lagen auf Tragbahren; große Operationen waren mit Erfolg gemacht worden. Sie nahmen mich sehr freundlich auf, ohne mich zu kennen, und ich machte ihnen dann das Vergnügen, mich als Mitglied der Pariser Akademie der Medicin in ihr Journal einzutragen.

Die interessanteste Bekanntschaft, welche ich von Floing aus machte, war die von William Mac Cormac, den ich in seinem Hospitale zuerst aufsuchte. Der große, schöne Mann lag blaß und erschöpft von den Anstrengungen der letzten Wochen im Bette. Während einer längeren Conversation mit mir kehrte das Blut allmählich in seine Wangen zurück; er stand auf und zeigte mir mit der größten Lebhaftigkeit alle seine Kranken. Er war am 30. August nach Sedan gekommen mit der englisch-amerikanischen Ambulance, welche aus sechszehn Aerzten, acht Engländern und acht Amerikanern bestand, zu denen auch der berühmte Amerikaner Marion Sims gehörte, welcher lange in Paris practisirt hat. Diesen Ausländern hatte man das beste Hospital von Sedan, die Caserne d'Asfeld, anvertraut, wo sie unter dem Feuer der deutschen Geschütze während der Schlacht schon thätig waren. Eine Abtheilung dieser Ambulance hatte sich unter der Direction des in Deutschland gebildeten Dr. Frank in Balan und Bazeilles nützlich gemacht. Ich sah Herrn Mac Cormac dann öfter in Floing, wo er Gelegenheit fand, seine eminente chirurgische Technik zu zeigen. In Floing sah ich auch zuerst den Surgeon=General Innes mit seinem Begleiter Dr. Becker, Surgeon=Major, welche vom englischen Gouvernement abgesandt waren, um auf dem Kriegstheater Erfahrungen zu sammeln und Nachrichten über deutsches Kriegsmedicinalwesen einzuziehen. Ein schwarzer Doctor Davies führte sich bei mir durch eine Kiste Cigarren ein, ein feiner liebenswürdiger junger Mann. Aus Barbadoes gebürtig, war er den Franzosen zu Hülfe gekommen. Leider ist er im December in Sedan an den Blattern gestorben.

Am 4. October gaben mir die Aerzte und Beamten des letzten, noch in Floing befindlichen Feldlazareths, welches in den nächsten Tagen aufgehoben werden sollte, ein Abschiedsdiner, ich wollte am folgenden Morgen abreisen. Ich hatte mir einen leichten Transportwagen verschafft, um den Rest der von Hannover gekommenen chirurgischen Sachen mitzunehmen.

Am Abend vor meiner Abreise erschien mein Neffe, Hauptmann Albert Schmidt, der kurz vorher mit seiner Batterie nach Sedan gekommen war. Er hat sich durch den wesentlichen Antheil, welchen er an der Einnahme der Festung Peronne hatte, das eiserne Kreuz erster Classe erworben, war aber schwer verwundet worden. Auch sein jüngerer Bruder, Artillerie=Lieutenant Adolph Schmidt, hat sich im Felde ausgezeichnet, aber ebenfalls eine schwere Wunde davongetragen. Beide Brüder wurden von Granatsplittern getroffen, dem älteren wurde die linke Ulna zerschmettert, dem jüngeren die rechte Achselhöhle aufgerissen. *)

Wir verließen Floing in Begleitung von Herrn Emil Meyer am 5. October, Morgens 10 Uhr, und kamen erst bei Dunkelheit nach Rethel, wo wir mit Mühe ein Unterkommen in dem Hause eines wohlhabenden Bürgers fanden. Monsieur war nicht zu Hause, Madame machte ein sehr saures Gesicht und ging gleich zu Feindseligkeiten über, indem sie uns einen abgenagten Schinkenknochen vorsetzte. Monsieur, der darüber zukam, übersah sogleich die ganze Situation; mit einem wüthenden Blicke auf seine spindeldürre Frau eilte er in den Keller, um uns seinen besten Wein vorzusetzen. Wir unterhielten uns mit ihm dabei und schieden am andern Morgen als gute Freunde, mit dem Bewußtsein, beiden Eheleuten einen Dienst geleistet zu haben, der Frau, indem wir ihr Gelegenheit gaben, ihrem Nationalgefühle Luft zu machen, dem Manne, daß er seine liberalen Gesinnungen zeigen konnte. Ein Mann, der so feine Weine im Keller hat, ist nicht engherzig, sollte aber den Schlüssel nicht in der Tasche tragen, damit auch die Frau ihren Charakter verbessern kann.

Am 6. October Mittags kamen wir nach Rheims, wo wir in einem schönen, der Kathedrale Notre Dame gegenüber liegenden Hotel abstiegen. Unser erster Weg war in diese Kirche, deren Inneres durch Schönheit und Größe einen unauslöschlichen Eindruck macht, auch die drei Portale sind herrlich, im Uebrigen ist die Kirche durch Nebenbauten zu sehr versteckt. Seit achthundert Jahren wurden die Könige von

---

*) Mein beklagenswerther Neffe Albert Schmidt, welcher den activen Dienst als Invalide verlassen hatte, wurde am 30. Juni 1874 von den Carlisten ermordet, in deren Hände er, als Berichterstatter für deutsche Zeitungen beim Heere der Republik, gefallen war. Surgat ex ossibus ultor!

Frankreich in Rheims gekrönt, seit sechshundert in dieser Kathedrale. Die Jungfrau von Orleans, Jeanne D'Arc, ließ darin am 17. Juli 1429 den thörichten Dauphin als Karl VII. krönen, welcher an Heinrich V. von England die Federbälle schickte. Karl X. war der letzte französische König, welcher 1825 in Notre Dame gekrönt wurde. Welcher wird der nächste sein? Vielleicht keiner, da die letzte Krönung so wenig dauernden Effect gehabt hat und die Macht der Kirche nicht im Zunehmen begriffen ist. Rheims hat jetzt 60,000 Einwohner und ist, abgesehen von einigen Gebäuden, eine unschöne Stadt in reizloser Gegend.

Ich besuchte den Generalarzt des in Rheims organisirten XIV. Corps, Dr. Schilling, welcher mir rieth, seinem Chef, dem Großherzoge von Mecklenburg, meine Aufwartung zu machen. Derselbe wohnte neben dem Dome, im erzbischöflichen Palais, empfing mich sehr freundlich und lud mich auf 6 Uhr zu Tische. In der Zwischenzeit hatte Dr. Schilling die Güte, mich in den sehr guten Hospitälern herumzuführen. Das Diner beim Großherzog fand in dem Hotel statt, wo wir wohnten und war heiter und angenehm. Ich hatte nach Tische eine längere Unterredung mit dem Großherzoge, der zu meiner Ueberraschung mit meinen Schicksalen und Bestrebungen genau bekannt war und Esmarch sehr hoch schätzte. Wie schön wäre es auf Erden, wenn wir alle Diejenigen kennten, die uns wohl wollen! Am 7. October nahm mich Generalarzt Schilling mit nach Epernay, um mir die dortigen Anstalten zu zeigen. Wir trafen mit Dr. Appia zusammen und suchten nach neuen Localen für Patienten. Dabei sahen wir die Fabriken und Paläste der Champagner=Fabrikanten, welche vor der Stadt auf einem Hügel liegen, mit schönen terrassirten Gärten dahinter. Champagner=Fabriken eignen sich für Kranke, weil der Schaum=wein wie diese der Luft und der Wärme bedarf. Die Reben=

hügel auf dem Wege von Rheims nach Epernay sahen sehr reizlos aus, die Trauben von 1870 waren sauer. Der bei Epernay erzeugte Wein ist von geringer Güte und verdankt seinen Ruhm nur der Geschicklichkeit der Champagner-Fabrikanten. Ich hätte gern das berühmte Lager von Chalons gesehen, aber die Zeit fehlte, es war auch nicht die Absicht, dasselbe in größerem Umfange für Kranke zu benutzen.

Am 8. October hielt es die Commandantur in Rheims für nöthig, uns eine Escorte mitzugeben, bestehend aus dreißig Reconvalescenten unter der Führung eines Sergeanten. Sie hatten die Erlaubniß, unterwegs Fuhrwerke zu requiriren und thaten es anfangs mit geringem Erfolge, bis sie mehr strategisch dabei zu Werke gingen, indem sie ein Dorf erst umgingen, ehe sie einrückten, so daß die Bauern sich mit ihren Pferden nicht aus dem Staube machen konnten. Sie zeigten dann auch nur mangelhafte Kenntnisse in der Naturgeschichte, indem sie, den Warnungen der Bauern zum Trotz, vor einen Hengst, der in der Gabel einer Karre ging, eine Stute spannten. Der magere kleine Hengst bekam sehr bald Anwandlungen wie Don Quichote's Rossinante und stülpte die Karre nach hinten um, indem er der Stute seine Huldigungen darbrachte. Der Erfolg war, daß die ganze aus acht Mann bestehende Ladung herauspolterte. In dieser Gesellschaft kamen wir sehr langsam vorwärts, aber diesmal zu unserm Glücke, denn wir fanden in dem kleinen Orte Fère-en-Tardenois ein vortreffliches Quartier bei freundlichen reichen Leuten. Die Generäle von Stein und Hausmann hatten, als sie kürzlich mit dem XI. Corps nach Paris zogen, dort gewohnt und angenehme Erinnerungen hinterlassen. Am folgenden Tage, den 9. October, war Château Thierry unser Ziel. Auf der Hälfte des Weges bereitete Herr Emil Meyer unserer ganzen Escorte ein frugales Frühstück. Diesen Augenblick benutzten die Bauern, sich mit ihren Pferden davon zu machen, unsere Beschützer mußten pferdelos weiter zu kommen suchen. Wir waren ihrer überdrüssig und ließen sie im Stiche.

Am 10. October übernachteten wir in Meaux bei einem reichen Nudelfabrikanten.

Am 11. hofften wir das Hauptquartier des XI. Corps zu erreichen, welches in Boissy St. Leger liegen sollte, kamen aber nur bis Poutauld, wo wir die Nacht in einem ganz einsam liegenden, völlig unbewohnten Schlosse zubringen mußten. Der Besitzer desselben, Herr Langeois, hatte dasselbe seinem Schicksale überlassen, als die Pariser Machthaber aus der Umgegend der Hauptstadt eine Wüste machen wollten, in der die Deutschen verhungern müßten, eine Art von Moskau. Ihre Befehle auszuwandern wurden nur allzu pünktlich befolgt, in vielen kleinen Ortschaften um Paris waren nur die Katzen zurückgeblieben. Dies hatte für die deutschen Truppen den Vortheil, daß sie Platz fanden und die von ihren Besitzern verlassenen Gegenstände als herrenloses Gut betrachten durften. Herr Langeois war dabei schlecht weggekommen, sein Château lag zu weit seitwärts, um dauernd occupirt zu werden, Officiere mit Pferden hatten sich zuweilen dort einquartiert, bis das leicht bewegliche Hausgeräth allmählich in der Nachbarschaft in Gebrauch gezogen war. Park und Obstgarten waren im besten Zustande, aber im Schlosse, welches uns ein alter Gärtner öffnete, sah es entsetzlich aus, Alles war zerschlagen oder sonst beschädigt, sogar das Spielzeug in den Kinderstuben; kostbare Bücher lagen zerrissen auf dem Fußboden umher und hatten als Feuerung gedient. Wir brachten eine sehr ungemüthliche Nacht zu, die Kamine rauchten und wir hatten, außer dem mitgebrachten Thee, nichts zu leben. Unsere Diener mußten Wache halten, damit die Pferde nicht gestohlen werden konnten.

Am 12. erfuhren wir in Boissy, daß das XI. Corps in Versailles liege, und kamen dort auf sehr schlechten Wegen erst in der Dunkelheit an. Es hielt schwer, Unterkommen zu finden, unsere müden Pferde mußten noch stundenlang auf der Straße stehen. Wir nahmen für die Nacht vorlieb mit einem Hotel garni, Rue des Tournelles. Herr Emil Meyer ruhte nicht, bis er am andern Morgen ein gutes Quartier ausfindig gemacht hatte, und führte uns zu einer grämlichen alten Wittwe, Boulevard de la Reine, auf welche unser Quartierbillet lautete. Sie hatte es bis dahin verstanden, Einquartierung von sich abzuwehren und versuchte ihre Künste auch mit uns. In den Zimmern ihres großen Hauses, welche sie uns abtreten sollte, war vor zehn Jahren ihr Mann gestorben. Sie hielt uns für so feinfühlend, daß wir nicht verlangen würden, diese zu betreten. Da sie aber einsah, daß sie sich über die Sentimentalität der Deutschen im Irrthum befinde, wußte sie einen Ausweg und verwies uns in ein allerliebstes Nebenhaus mit besonderm Eingang, welches sonst von ihrem Sohne und dessen Schwiegereltern bewohnt wurde. Es war durch seine comfortable Einrichtung ein wahres Bijou, vom Himmel dazu ausersehen, uns fünf Monate lang zu beglücken. Der Sohn, ein Domainenpächter in der Nähe von Versailles, war in Paris, seine Frau und Schwiegereltern waren nach der Insel Jersey geflüchtet. Sie hatten ihr Haus der Obhut ihrer achtundsechszigjährigen Köchin, Madame Frenot, und eines sechsundsiebzigjährigen Kochs, Monsieur Clair, welcher bei dem Finanzminister Magne in Diensten gestanden hatte, überlassen. Die beiden alten Leute hatten eine für ihre Jahre ganz ungewöhnliche Activität, und freuten sich, daß ihre Langeweile unterbrochen wurde, indem sie für uns sorgten. Im ganzen Hause steckten die Schlüssel an vollen Commoden und Schränken; ich bat Madame Frenot, sie zu verschließen, sie ging aber nicht darauf ein, weil ihre junge Herrin es so befohlen hatte. Der größte Schatz unseres kleinen Hauses war in dem strengen Winter ein guter Ofen, welcher zwei Zimmer, aber theilweise auch das übrige Haus erwärmte. Die Kamine waren mit ihren Schornsteinen an der Außenwand nicht gut angelegt und zogen schlecht.

Zu den werthvollen Attributen des Hauses gehörte für mich ein alter Tischler, der in den schlechten Zeiten die Stelle eines Hausknechts übernommen hatte, dessen Genie ich aber gleich entdeckte. Er machte mir die Modelle für chirurgische Geräthe, die dann von seinen Freunden in großer Zahl ausgeführt wurden. Er war eine ehrliche Seele, mit dessen Hülfe ich in Versailles billiger und besser arbeiten lassen konnte, als in Hannover; Alles war accurat gearbeitet und wurde prompt geliefert.

Ich besuchte den commandirenden General des XI. Corps, von Schachtmeyer, Generalarzt Kuckro und den Armeearzt Vöger, von welchem ich die Weisung erhielt, an dem Hospitale im Schlosse mitzuwirken. Dr. Wilms, welcher dieselbe Bestimmung hatte, führte mich dort ein und stimmte mir darin bei, daß wir Alles gemeinschaftlich thun und uns nur gelegentlich vertreten wollten. Wir trafen uns Morgens 9 Uhr im Schlosse, meistens gesellte sich Generalarzt Wegener zu uns und wir machten in Begleitung des Hospitaldirigenten unsere Visite. Einer von uns untersuchte, wir beriethen uns einige Augenblicke und Wilms war dann unser Sprecher. Da er sehr freundlich und übrigens sehr wortkarg ist, war er zu diesem Amte besonders geeignet. Ich habe ihn nur einmal in Versailles eine Rede halten hören; sie kam aus einem menschenfreundlichen Herzen und fiel sehr gut aus, so daß ich mir dachte, er hätte doch auch Professor werden sollen. Unsere therapeutischen Ansichten gingen nicht weit auseinander, Wilms hatte mehr Zutrauen zu der Resection des Fußgelenks als ich und bevorzugte überall die directe Unterbindung großer verwundeter Arterien, weil er die Venen dabei weniger fürchtete als ich.

Das große, hochgelegene, im Innern so prachtvolle Schloß, von Louis Philipp als Nationalmuseum à toutes les gloires de la France geweiht, war kein wünschenswerthes Hospital. Eine Bildergallerie wird es vermuthlich nie sein. Bilder müssen den atmosphärischen Einflüssen möglichst entzogen werden und vertragen, hoch an den Wänden hängend, keine Temperaturen, wie sie für Kranke nöthig sind, die um so Vieles tiefer in ihren Betten liegen. Alle Säle laufen in einander, man konnte nicht isoliren, nicht gut ventiliren noch heizen. Die Bilder litten stellenweise unter den atmosphärischen Einflüssen; ihr Firniß löste sich auf und floß an einigen in Gestalt von Milchstraßen herab, andere wurden wie von einem dichten Nebel angehaucht, und doch konnte man weder Behaglichkeit noch gute Erfolge erzielen. Man hielt das Haus für inficirt, obgleich die Zahl der Aufgenommenen verschwindend klein war gegen die Größe des Gebäudes, in welchem früher, wie man sagte, zweitausend Menschen gewohnt hatten. Vom 19. September 1870 bis Ende Februar 1871 wurden, inclusive 400 Passanten, 2003 Verwundete im Schlosse aufgenommen, von denen 195 starben, von 75 Operirten starben 50.

Die ungünstigen Resultate waren nicht dem Schlosse allein zuzuschreiben, sondern theilweise den weiten Transporten. Die großen Amputationen konnten oft nicht am Tage der Verletzung vorgenommen werden. Es war öfter davon die Rede, das Hospital aufzuheben, aber es kam nicht dazu. Für leicht Verletzte und Passanten wäre es sehr nützlich gewesen, für schwer Verwundete und Operirte hätten ein paar kleine Schlösser mehr in der Nähe der kämpfenden Truppen bessere Dienste geleistet. Wir consultirende Chirurgen hatten auf diese Dinge keinen Einfluß, man erwartete von uns eigentlich nur die Assistenz bei Operationen.

Wilms und ich waren auch darin einig, daß wir unsere Stellung nicht beneidenswerth fanden. Er hatte sich schon in Langensalza am 17. September 1866 in ähnlichem Sinne gegen mich ausgesprochen, und meinte jetzt, es sei das Beste, die consultirenden Chirurgen zu Chefs von Feldlazarethen zu machen, die jeder consultiren könne, wenn er wolle. Die Schöpfung der consultirenden Aerzte und Chirurgen war ein schöner Gedanke, scheinbar ganz entsprechend dem Geiste eines Volksheeres, in welchem alle Stände vertreten sind, Kraft und Intelligenz mit einander wetteifern sollen. Ich vermuthe, daß meine Thätigkeit in den Feldzügen 1849 und 1850 etwas dazu beigetragen hat, ihn ins Leben zu rufen. Man fand es gut, daß ich den jüngeren Aerzten bei ihren Operationen assistirte, anstatt selbst zu operiren und glaubte damit sei Alles abgethan, aber ich hatte die Aerzte für die Hospitäler auszuwählen und übte damit einen Einfluß, welcher dem consultirenden Chirurgen fehlt. Wer im Kriege nichts zu befehlen hat und doch eine Autorität vorstellen soll, thut am besten, zu Hause zu bleiben. Hätte ich in Frankreich die Macht gehabt, nur ein paar Aerzte zu ihren Truppentheilen zu schicken und andere dafür heranzuziehen, so würde das mehr gefruchtet haben, als meine Theilnahme an Operationen. In Langensalza hatte ich fast allen Einfluß verloren, als ich die Aerzte nicht mehr placiren durfte, und nachdem dies wieder möglich war, fand ich willige Gemüther. Es ist durchaus unnöthig, wissenschaftlichen Ueberzeugungen Zwang anzuthun, aber Mißbräuchen, die damit nichts zu schaffen haben, muß man steuern können und es darf kein principieller Widerstand, der das Wohl der Kranken nicht mehr achtet, Platz greifen. Dieser bleibt nicht aus, wenn der esprit de corps einer Einrichtung widerstrebt.

Er läßt sich nicht regeln, man muß ihn zum Guten zu lenken suchen.

Nach meiner Ansicht ist der Armee mit consultirenden Chirurgen nicht zu helfen, sondern dadurch, daß man dieselben entbehrlich zu machen sucht. Die Armee muß ihre eigene Heilkunst hegen und pflegen und ihre Erfahrungen wie den Kriegsschatz betrachten, der seiner Zeit reiche Zinsen trägt. Die Aerzte einer Armee müssen befähigt sein, ehrgeizigen Neuerungen entgegen zu treten, welche durch die Trompete der Reclame eine vorübergehende Geltung erlangten. Wirkliche Militairärzte müssen die Führer der im Kriege herangezogenen Civilärzte sein, nicht umgekehrt! Um sie dazu in den Stand zu setzen, müssen alle Militairhospitäler gut eingerichtet sein und das Recht haben, eine Anzahl Betten für schwer Verletzte aus dem Stande der Beurlaubten zu benutzen. Je besser die Militairärzte Chirurgie erlernen, desto menschenfreundlicher werden sie die Verwundeten behandeln. Wer ihnen nicht zu helfen versteht, sucht sie möglichst bald wieder los zu werden.

Es ist das Gute im militairärztlichen Stande, daß der Ehrgeiz der Einzelnen weniger Nahrung findet und das Bestreben Aller dahin geht, gute Resultate zu erzielen, ohne daß irgend ein Name dabei genannt wird. Darin liegt ein Patriotismus, den man auch in seinem speciellen Berufe zeigen kann.

Aehnliche Aeußerungen über consultirende Chirurgen hörte ich schon 1867 in Berlin von Professor Middeldorpf, der 1866 als solcher mitgewirkt hatte. Professor Thiersch machte als consultirender Chirurg der königlich sächsischen Truppen im letzten Kriege gleichfalls die Wahrnehmung, daß die ganze Einrichtung den Militairärzten ein Dorn im Auge sei. Wenn Esmarch 1864 in Flensburg gut wirken konnte, so lag dies darin, daß er es freiwillig that und daß Niemand verpflichtet war, ihn zu Rathe zu ziehen. Solche Erfahrungen sollten un

vergessen bleiben. Die in der Instruction über das Sanitäts=
wesen der Armee im Felde enthaltenen Bestimmungen über
den Wirkungskreis der consultirenden Chirurgen sind nach
meiner Ansicht so gut abgefaßt, wie es menschlichem Scharf=
sinne möglich ist. Wenn sie, wie ich meine, ihren Zweck doch
nicht erfüllt haben, so muß man auf die Vermuthung kommen,
die ganze Einrichtung sei nicht praktisch. Es würde schwerlich
Jemand auf die Idee kommen, consultirende Generalstabsoffi=
ciere, Artilleristen oder Ingenieure ins Feld zu schicken und
jeder würde sich bedanken, dem man ein solches Amt über=
tragen wollte. Selbst ein Moltke vermochte durch seine Rath=
schläge nicht, 1839 in Syrien den Verlust der Schlacht von
Nisib zu verhindern, weil die Türken auf seinen Rath nicht
hörten.

Da es aber jedenfalls wünschenswerth ist, daß die Pro=
fessoren der Chirurgie Schußwunden aus eigener Anschauung
kennen lernen, so ist der Vorschlag von Wilms, sie zu Chefs
von Feldlazarethen zu machen, wohl zu beherzigen. Sie würden
dadurch der Armee nahe sein, näher, als wenn sie sich bei der
freiwilligen Hülfe im Inlande betheiligen, wo sie kaum Ge=
legenheit finden, frische Schußwunden zu sehen und die Wichtig=
keit primärer Operationen gehörig zu würdigen. Wer nie zur
rechten Zeit am Platze war, sie zu machen, hat darüber gar
kein Urtheil.

Schloß und Stadt Versailles, obgleich nicht ohne Schön=
heit, machten den melancholischen Eindruck vergangener Größe,
welche auch die Kunst nicht wieder zu bringen vermochte. Die
Reiterstatue Ludwig's XIV. auf dem Schloßhofe schwitzt Grün=
span, daß er an dem Postamente herabläuft, als ob sie sich
über eine Zeit ärgerte, in der kein Regent mehr sagt: l'état
c'est moi! In den breiten langen Straßen, welche zum Theil
mit herrlichen Bäumen besetzt sind, herrschte nur das Leben,

welches die Truppen brachten, von den Einwohnern sah man nur wenige, Damen gar nicht. Eine oder zwei große Hammelheerden begegneten mir jeden Morgen, wenn ich zum Schlosse fuhr. Sie gaben die Zuversicht, daß es der Armee an Fleischnahrung nicht fehle, das von den Feldbäckereien gelieferte Brod war vortrefflich. General Vogel von Falckenstein sagte mir später in Hannover, daß er sich dessen Verbesserung habe angelegen sein lassen, gewiß ein großes Verdienst bei so vollkommenem Resultate.

Nach beendigter Visite kam Wilhelm mit den Reitpferden nach dem Schlosse, wir ritten dann im Park, der meistens ganz einsam war; es hatte außer mir Niemand Zeit, spazieren zu reiten oder zu gehen. Der Garten ist 18,000 Morgen groß, man hat also Platz und Abwechselung, meistens wendeten wir unsere Pferde zuletzt dem Park des kleinen Trianon zu, der durch immergrüne Pflanzen auch im Winter sein Kleid nicht ganz einbüßt.

Mein Wilhelm, der durch seine Beschäftigung am Theater das Verlangen nach classischer Bildung eingesogen hatte, fragte mich oft nach der Bedeutung der vielen Statuen, ich suchte ihm die alte Mythologie beizubringen, aber mit geringem Erfolge; die Namen der Götter und Göttinnen wollten gar nicht haften. So gaben wir diese Studien wieder auf und sprachen von Hannover. Die Franzosen lernen die Mythologie leichter als Wilhelm, dem ich nichts von den scandalösen Geschichten der alten Götter erzählen mochte, die Molière ohne Scheu benutzte, wie Offenbach und Comp. in unserer Zeit.

Bei unserer Heimkehr erwartete uns Mad. Frenot mit dem Dejeuner, wie man es dort nannte, dem aber bei uns kein Diner folgte. Sie hatte den Gedanken, daß wir zu Hause speisen wollten, um so lebhafter ergriffen, weil die alte Dame dagegen war. Monsieur Clair, der alte Koch, lieferte uns für einen mäßigen Preis eine einfache, aber sehr gute Mahlzeit, wobei das vortreffliche Geflügel eine Hauptrolle spielte. Wir hätten alle Tage Fasanen essen können, sie kosteten nur vier Francs das Stück. Dagegen war guter Wein schwer zu haben, weil die Leute ihre Vorräthe geheim hielten.

Nachmittags kamen oft Besuche, Generalarzt von Lauer, Generalarzt Wegener, Inspector general Innes und Andere erfreuten mich durch ihre Gegenwart. Ich hätte gern noch eine Abendvisite im Schlosse gemacht, sie wäre aber nicht gut angebracht gewesen. Ich besuchte dafür Abends oft kranke Collegen. Wilms war im November und December leidend an den Folgen einer nach der Schlacht bei Wörth erhaltenen Fingerverletzung. Ein Operateur, dem er bei einer Amputation assistirte, hatte ihm das Nagelglied des Zeigefingers der rechten Hand mit der Säge gestreift. Man besorgte, der Finger möge steif werden; es geschah aber nicht, weil Wilms in einem gut warmen Zimmer im Bette lag und die von dem Exacten im Schlosse perhorrescirten Kataplasmen sorgfältig anwandte. Professor Roser von Marburg, der als consultirender Chirurg in der Umgegend von Metz gewirkt hatte, kam im November an der Ruhr leidend nach Versailles. Wir verhandelten oft darüber, wie man die Extreme in der Behandlung der Schußwunden vermitteln könne und wollten es versuchen, eine Reihe von Aphorismen abzufassen. Es wurde aber nichts daraus, weil Roser nicht dazu gelangte, das Schloß zu besuchen, wo in den einzelnen Abtheilungen sehr verschiedene Grundsätze zu Tage traten. Er reiste noch leidend ab, wurde unterwegs von acutem Rheumatismus befallen, der seine Verwandtschaft mit der Ruhr dadurch zeigt, daß er derselben bei neuer Erkältung oft nachfolgt. Erst nach langem Krankenlager ist der treffliche Chirurg in der Heimath wieder genesen.

Der im Februar 1871 erfolgte Tod des Professors

Wagner aus Königsberg, welcher in Dole dem Typhus erlag, betrübte mich sehr. Nächst Esmarch war er mir der liebste unter allen Mitgliedern der Berliner Conferenzen von 1867. Seiner gewissenhaften Feder wurde die Abfassung des Berichts an Se. M. den König anvertraut. Während des Krieges von 1866 hatte er, wie er mir sagte, Aufzeichnungen gemacht, die er veröffentlichen wollte. Sie sind leider nicht erschienen, wären jetzt aber vielleicht noch unverloren und gewiß lehrreich für alle Zeiten, nicht wie das Machwerk flüchtiger Autoren, die zum ersten Male Schußwunden gesehen haben und dann Alles auf den Kopf stellen wollen. Wagner war eine treue Seele, voll Feuer für Humanität und Heilkunst, dabei von seltener Bescheidenheit. Die deutsche Chirurgie hat viel an ihm verloren.

Nicht minder betrübend waren die Verluste, welche die Aerzte an ihren auf dem Schlachtfelde gefallenen Söhnen erlitten. Generalstabsarzt Grimm verlor seinen einzigen Sohn und seinen einzigen Schwiegersohn, Generalarzt von Lauer verlor einen Sohn, ebenso Generalarzt Steinberg, Oberstabsarzt Dettmer, B. von Langenbeck und viele Andere, deren Namen mir entfallen sind.

Am 18. October, dem Geburtstage des Kronprinzen, war große Cour. Bei schönem warmen Wetter fand der Empfang im Freien vor der von Sr. Königl. Hoheit bewohnten Villa statt. Auf dem sanft abfallenden Rasen hatten sich die zahlreich Erschienenen versammelt, man konnte sie gut übersehen, es waren viele ausdrucksvolle Köpfe darunter. Viele sind weltbekannt. Ich brauchte Niemand zu fragen, welcher ist Bismarck oder Moltke, die ich dort zuerst sah.

Kein Staatsmann, kein Feldherr hat in unserer Zeit solche Erfolge gehabt wie diese beiden Männer; sie haben sich gegenseitig viel zu danken.

Im Anfang war das Wort, sagt Faust, indem er versucht, die Bibel zu übersetzen, und verbessert sich dann, indem er schreibt: im Anfang war die That!

Das Wort, der Gedanke und die That sind also nahe verwandt und liegen doch oft so weit auseinander. Die That ist nichts ohne den leitenden Gedanken, dieser nichts ohne große Thaten. Der Gedanke muß lebendig werden durch die That.

Die Aerzte streiten sich oft um das Verdienst des ersten Gedankens und wollen den nicht gelten lassen, der das Wort zur That machte. Sie mögen sich zunächst darüber einigen, wer an Deutschlands Umgestaltung größern Antheil hat, Bismarck oder Moltke?

Bismarck grüßte mich von weitem, wie einen alten Bekannten, er verwechselte mich wohl mit einem andern, denn ich habe nie mit ihm gesprochen und ihn auch nur dieses eine Mal gesehen.

Unter den vielen hohen Gestalten ragte die des Kronprinzen weit hervor, er bewegte sich unter der Gesellschaft mit der ihm eigenen Würde und Heiterkeit. Der Kriegsminister von Roon erzählte mir dort von Langenbeck, der noch in Gorze bei Metz war. Ich hatte überall vergebens nach ihm gefragt, aber mich doch gefreut, daß er nicht in den Zeitungen von sich reden ließ, wie die Leute vom Geschlecht der Strebelinger.

In der Nacht vom 21. auf den 22. October kamen zweihundertundfunfzig Verwundete in das Schloß, welche von dem Ausfalle der Franzosen am 21. bei Bougival herrührten, es wurde den ganzen Tag operirt. Die Idee von Wilms und mir, in zwei verschiedenen Localen zu operiren, fand keinen Beifall, sonst würde der halbe Tag mehr als hinreichend gewesen sein, um elf große Operationen zu machen. Ich überließ es Wilms, in die Wunden einzugehen, Indicationen zu stellen und die Operationen zu dirigiren. Mittags zwei Uhr wurde eine kurze Pause gemacht. Ich nahm ein Dutzend

Stearinkerzen mit ins Schloß, welche gute Dienste leisteten, da die Operationen erst 8 Uhr Abends beendigt waren.

Am 28. October erfuhren wir die am 27. erfolgte Capitulation von Metz, welche großen Jubel verursachte; 173,000 Gefangene waren in unsere Hände gefallen. Endlich waren unsere braven Truppen von dem beschwerlichen Dienste befreit, um Metz zu liegen und Bazaine unschädlich zu machen, der in den Kämpfen vom 14., 16. und 18. August so viel edles deutsches Blut gekostet hatte.

Als wir im Schlosse den Saal durchschritten, wo die Bildnisse der Marschälle von Frankreich hängen, sagte von Lauer zu mir: „In früheren Zeiten kam ein Marschall von Frankreich sehr bald nach unserm lieben Herrgott und jetzt sind schon vier davon in deutscher Gefangenschaft."

Am 31. October erhielt ich von dem Senior Bödeker in Hannover vierunddreißig Thaler, welche eine Gesellschaft kleiner Mädchen gesammelt und mir zur Verwendung bestimmt hatte. Ich kaufte dafür vierundfunfzig Paar sehr schöner wollener Socken, die ich für Reconvalescenten im Lycee bestimmte, wo vorzüglich Ruhr= und Typhuskranke lagen. Von anderen Privatpersonen, die ich nicht nennen darf, kamen viele größere Geldsendungen zu meiner freien Verfügung, die ich vorzugsweise zum Ankauf wollener Unterkleider für Gesunde verwendete. Die von dem hannoverschen Hülfsverein erhaltenen achthundert Thaler wurden nur für Verwundete und Kranke verausgabt, zweihundert davon konnte ich schließlich wieder zurückgeben. Die freiwillige Hülfe war in Versailles gut vertreten. Dicht neben dem Schlosse waren zwei reiche Depots, ein englisches und ein deutsches. Das letztere stand unter der Direction des vortrefflichen Jerusalem=Reisenden Herrn Stangen, der mir Alles zu geben bereit war, dem ich aber auch von meinen Effecten mittheilte, was in Versailles weniger nöthig war, als in den Hospitälern der Umgegend. Er war der rechte Mann am rechten Platze. Im Versailler Schlosse selbst wohnte ein interessanter Mann, Herr van der Velde, der ein berühmtes Buch über Jerusalem geschrieben hat und bei der Einschließung von Paris als holländischer Delegirter mit drei Aerzten nach Versailles gekommen war. Einer der jungen Doctoren war bald nachher an Pyämie nach einer unbedeutenden Fingerverletzung gestorben, die beiden anderen fungirten unter Direction eines freundlichen und geschickten preußischen Stabsarztes im Schlosse. Herr van der Velde hatte außer vielen Sachen 15,000 Gulden mitgebracht und hätte Geld erhalten können, so viel er wollte.

Am 13. November fuhr ich mit Surgeon general Innes und Surgeon major Becker nach St. Germain, um die sogenannte Woolwich-Ambulance zu sehen, welche vom englischen Gouvernement für die freiwillige Hülfe ausgerüstet war. Ein Deputy Surgeon general, ein Surgeon major, zwölf Assistenzärzte, dreißig Krankenwärter nebst Trainmannschaft bildeten das Personal, dreißig Fuhrwerke und hundertundzwanzig Pferde den Train. Man hatte sie nach St. Germain gewiesen, wo sie ein Haus zum Hospitale einrichteten. Es stand noch leer. Die Herren zeigten mir ihre reiche Ausrüstung; ihre Instrumente waren beneidenswerth. Sie hatten Lebensmittel, Bettstellen mit Zubehör, dazu das große Personal. Ich hätte sie gern im Versailler Schlosse gehabt. Generalarzt Wegener, der sehr gut englisch spricht, und ich hätten die Vermittler sein können, es wäre sehr interessant gewesen, deutsche und englische Chirurgie dicht neben einander zu haben. Aber daran war nicht zu denken, die Stimmung gegen England war nicht günstig wegen des von Privatpersonen unterhaltenen Waffenverkaufs an die Franzosen, welcher gesetzlich nicht zu hindern war.

Wir konnten nicht so lange in St. Germain bleiben, wie

wir wünschten, unsere Vorposten wurden allarmirt, wir mußten eiligst nach Versailles zurückkehren. Der Aufenthalt der Woolwich=Ambulance in St. Germain war nicht von langer Dauer. Sie erhielt keine Verwundete, nur innere Kranke, über deren Behandlung sich ihre Aerzte nicht mit den deutschen verständigen konnten, wie man sich leicht denken kann, wenn man weiß, wie die Engländer den Typhus behandeln. Sie zogen in die Gegend von Orleans, wo der Großherzog von Mecklenburg sich ihrer annahm, doch bestand ihre Thätigkeit vorzugsweise darin, die Verwundeten von den Schlachtfeldern einzuholen; von Kriegschirurgie werden die jungen Leute nicht viel gelernt haben.

Die mißlungene Expedition der Woolwich=Ambulance bildet einen Contrast mit dem Erfolge der englisch=amerikanischen Ambulance in Sedan. Diese wurde von den Franzosen vertrauensvoll angenommen und von den Autoritäten kräftig unterstützt. Nach meiner Ansicht sollte man sich schlüssig machen, ob man die freiwillige Hülfe von fremden Nationen annehmen wolle oder nicht? Es kann Zeiten geben, wo es das Nationalgefühl kränkt, Gefälligkeiten von Ausländern anzunehmen, aber dann sollte man sie nicht zulassen. So viel ist gewiß, daß die freiwillige Hülfe des eigenen Volkes nicht verschmäht werden dürfe und daß jeder Arzt zu tadeln sei, der sie abweist.

Am 16. November sah ich zwei Hospitäler, welche vorzugsweise Typhuspatienten enthielten. Das eine hatte gute Localitäten, aber 26 Procent Mortalität. Das andere hatte schlechte Locale, in einer alten Cavallerie=Kaserne über Pferdeställen, deren Dünste bis in die Krankenzimmer drangen. Hier waren in den letzten Monaten nur 2 Procent gestorben. Ich konnte mir den großen Unterschied nicht anders erklären, als dadurch, daß in dem einen Truppentheile ein strammerer Dienst herrschte und deshalb die Leute sich nicht so bald krank melbeten, als in dem andern. Ich sah mir fast alle Patienten genau an, es waren wirklich Typhuskranke.

Generalarzt Wegener schenkte mir heute ein Paquet Ballonbriefe, die mit dem Luftballon in deutsche Hände gefallen waren. Sie waren wegen kleiner Schrift schwer zu lesen und schienen mir theilweise Attrapen zu sein, um die Deutschen über Pariser Zustände zu täuschen. Kürzlich sah ich einen Ballon so tief über die Straßen von Versailles hinziehen, daß man ihn mit einer Pistole hätte herunterschießen können.

Am 17. November besuchte mich der Herzog Friedrich von Schleswig-Holstein, um mir eine Sendung für die Verwundeten von seiner Schwester, der Prinzessin Henriette in Primkenau, anzukündigen. Sie kam nach einiger Zeit mit dem königlichen Courier, und bestand in fünf großen Kisten voll von lauter sehr nützlichen Sachen, besonders Verbandstücken der besten Art. Auf demselben Wege erhielt ich eine Kiste voll Esmarch'scher Schienen aus Berlin. Zwei Sendungen des Kieler Hülfsvereins, welche mir angezeigt waren, kamen nicht in meine Hände.

Am 21. November, dem Geburtstage der Frau Kronprinzessin, sprangen die Wasser im Park von Versailles. Das Wetter war ungünstig, als aber 4 Uhr Nachmittags der König und der Kronprinz auf der großen Terrasse erschienen, brach die Sonne durch, und die Feier endete ganz unerwartet schön.

Am 26. November war ich beim Kronprinzen auf 7 Uhr zum Diner befohlen. General von Blumenthal war wieder mein Tischnachbar. Ich freute mich über die Einfachheit der Tafel, sie zeigte den kameradschaftlichen Geist des Kronprinzen, der es verschmäht, in Ueppigkeit zu leben, während Hunderttausende nur das Nothwendige finden. Nach Tische wurde geraucht und musicirt.

Am 27. November gab Herr van der Velde ein kleines Abschiedsfest im Schlosse, zu dem, außer den holländischen Aerzten und ihrem Chef, nur die Herren vom englischen Depot geladen waren. Er ist ein Maler wie sein berühmter Namensvetter, und schenkte mir zum Andenken ein Bild der von mir in Floing gebauten Baracken, nach einer Photographie componirt. Von dem Erfolge seiner Mission war er nicht sehr erbaut.

Am 30. November war ich zur Tafel um 4 Uhr bei Seiner Majestät dem Könige befohlen. Die Mairie, wo Seine Majestät wohnten, ist ein splendides Gebäude mit sehr geschmackvollen Räumen. Ich saß Seiner Majestät gegenüber, General von Blumenthal war wiederum mein Nachbar. Es herrschte fast dieselbe Einfachheit, wie beim Kronprinzen. Nach Tische hatte ich eine längere Unterredung mit dem Prinzen Carl, Bruder des Königs, der sich sehr für ärztliche Angelegenheiten interessirt. Der König gesellte sich zu uns, ließ sich von mir aus dem Schlosse erzählen, dessen üble Erfolge bei großen Operationen ihm wohl bekannt waren. Er erwähnte dann, daß meine Landsleute daheim noch sehr unfreundliche Gesinnungen zeigten. Ich erwiederte, diese könnten nicht allgemein sein, weil ich sowohl bei Sedan, als in Versailles sehr reichliche Gaben für Verwundete erhalten habe, obgleich dabei gar keine Hannoveraner in Betracht kamen. Das war dem Könige angenehm zu hören, er berichtigte mich aber in sofern, daß ein hannoversches Ulanen-Regiment in St. Cyr bei Versailles liege.

Am 1. December war Graf Bismarck im Schlosse, wo er ganz allein die Verwundeten besuchte. Sie klagten über die Verpflegung, er theilte dies dem Hospitaldirigenten mit, der sich ihm noch auf dem Hofe vorstellen ließ. Es war davon die Rede, wegen dieser Klagen eine Untersuchung anzustellen, man wußte aber nicht gegen wen.

Am 2. December fand ich die Teiche im Park zugefroren, daneben blühten aber noch Rosen und Veilchen.

Am 3. December war Versailles mit Schnee bedeckt, der den ganzen Tag liegen blieb.

Am 12. December erhielt unser guter alter Koch Herr Clair den ersten Brief seit dem Kriege von seinen in die Normandie geflüchteten Kindern, Sohn und Frau, die Fortschritte der deutschen Waffen hatten dies möglich gemacht. Er war außer sich vor Freude, aber sie kostete ihm sein schwaches Leben. Er ging bei dem kalten Wetter zu allen seinen Freunden, um den Brief zu zeigen, erkältete sich, bekam eine brandige Rose an beiden Beinen, an der er am 24. December starb. Da er in seiner Krankheit nur wenig Bewußtsein hatte, so war sein Ende nicht leidenvoll, die Hoffnung auf ein baldiges Wiedersehen war sein letzter klarer Gedanke.

Madame Frenot zeigte bei dieser Gelegenheit kein großes Mitgefühl, sie schalt auf den thörichten alten Mann, der bei dem schlechten Wetter ganz unnützer Weise so lange umhergelaufen sei. Es lag dabei etwas Neid zu Grunde. Sie hatte seit der Einschließung von Paris keine Nachricht von ihren Kindern, ebenfalls Sohn und Frau. Außerdem war sie etwas eifersüchtig auf den Ruhm, den sich Herrn Clair's Kochkunst bei uns erworben hatte. Sie war sich bewußt, dasselbe leisten zu können, und in der That, wir merkten keinen Unterschied, im Gegentheil, sie war noch vielseitiger als Herr Clair und kochte gern deutsche Gerichte, die sie uns abfragte. So ist Keiner auf Erden unentbehrlich, nicht einmal der Koch eines Finanzministers.

Trotz ihrer scheinbaren Gleichgültigkeit bei seinem Tode hatte Madame Frenot ihren alten Freund doch unermüdlich gepflegt. Sie zeigte dabei entschiedenes Talent für die Heilkunst, so daß ich ihren Rathschlägen folgte, als ich bald darauf die

Grippe bekam. Die Ptisane, welche sie mir verordnete, verdient allgemein bekannt zu werden. Sie wird aus getrockneten Kirschenstengeln bereitet, deren ersten Aufguß man wegschüttet. Der zweite ist noch von schön rother Farbe und, mit Zucker versetzt, von angenehmen, leicht abstringirendem Geschmack nach Kirschen.

Die Ptisane Frenot sollte ihren Namen auf die Nachwelt bringen, wenn man ihr in Frankreich die Priorität nicht streitig macht. Deutschland ist großmüthig in solchen Dingen; wir haben den Franzosen die Heister'sche Lade zurückgegeben, weil J. E. Petit sie schon kannte. Hoffentlich finden sie darin einen Ersatz für Elsaß und Lothringen. Sie müssen es lernen, ideale Güter so hoch zu schätzen, wie dies von uns geschieht.

Am 1. Januar 1871 war große Cour im Spiegelsaale des Schlosses, welcher, 300 Fuß lang, doch sehr gefüllt war. Der König hielt eine kurze Anrede, in welcher er der großen Thaten des vergangenen Jahres rühmend erwähnte, aber zugleich äußerte, der Krieg sei noch lange nicht vorbei. Er ging dann unter der Gesellschaft umher, reichte auch mir die Hand und fragte mich, ob mir das Leben im Felde gut bekäme.

Das Bombardement von Paris sollte jetzt seinen Anfang nehmen; ich hatte mich lange mit der Hoffnung getragen, es werde nicht nöthig sein, aber die Pariser waren den Umständen nach gut verproviantirt und entschlossen, das Aeußerste abzuwarten. Es wäre thöricht gewesen, die Pariser Häuser zu schonen und die deutschen Truppen, welche die Stadt einschlossen, eine Stunde länger als nöthig leiden zu lassen. Am 3. Januar Abends kam Generalarzt Kuckro zu mir, um die Mittheilung zu machen, der Armeearzt wünsche, daß ich mich der Verbandplätze von drei Batterien bei Ville d'Avray, Meudon und Clamart annehme. Ich hatte schon vorher davon gehört und mich beim Generalstabe des XI. Corps erkundigt, wie dies auszuführen sei, ob ich in der Nähe dieser drei Batterien meinen Wohnsitz aufschlagen könne? Da dies nicht anging, fuhr ich am 4. früh Morgens nach Jouy, welches ein für zweihundert Betten eingerichtetes Hospital besaß und den Batterien am nächsten lag. Ich nahm einen ganzen Transportwagen voll Sachen mit; die noch gar nicht benutzten Geschenke der Prinzessin Henriette und andere. Der Dirigent des Hospitals, Oberstabsarzt Frauenfeld, empfing mich sehr freundlich, die guten Sachen kamen sehr gelegen und haben auch gute Dienste geleistet, wie ich bei einem späteren Besuche in Jouy erfuhr. Er rieth mir, in Versailles zu bleiben, und versprach, jedesmal früh Morgens eine berittene Ordonnanz zu schicken, wenn meine Gegenwart wünschenswerth sei. Abends kam Generalarzt Kuckro wieder, um mir zu sagen, der Armeearzt habe seine Ansicht geändert, ich sollte im Schlosse weiter fungiren und Wilms den Dienst in Jouy übernehmen. Dieser blieb in Versailles, kam aber einige Wochen lang nicht in das Schloß.

Am 18. Januar 1871 war der unvergeßliche Tag, wo König Wilhelm im Spiegelsaale des Schlosses als deutscher Kaiser proclamirt wurde. Ich war durch ein Schreiben des Generals von Stein auf 9 Uhr Morgens zum Kronprinzen befohlen worden und stellte mich pünktlich ein. Se. K. H. überreichten mir in huldvoller Weise das eiserne Kreuz zweiter Classe, eine Decoration, deren Träger mir in meiner Jugend immer der Gegenstand besonderer Verehrung gewesen waren. Außer mir wurden drei höhere bayrische Officiere in gleicher Weise erfreut. Ich fuhr dann zu dem commandirenden General des XI. Corps, von Schachtmeyer, da ich gehört hatte, daß dieser mich in Vorschlag gebracht habe. Bei der Kaiserproclamation konnte ich leider nicht anwesend sein, obgleich ich im Schlosse war; seit zwei Tagen litt ich an der Grippe und mußte besorgen, zur unpassenden Zeit einen Hustenanfall zu bekommen.

Am 19. Januar machten die Pariser Truppen den letzten großen Ausfall, den sie die Schlacht von Mont Valerien nennen. Sie hatten ungeheure Verluste, man sprach von 7000 Todten und Verwundeten, während sich unser Verlust nur auf 500 belaufen sollte.

Es kamen 315 Verwundete in das Schloß, 40 wurden nach St. Cyr geschickt. Die Anzahl derselben belief sich an diesem Tage im Schlosse auf 400, der große Spiegelsaal, welcher gestern noch als Scene für die Kaiserproclamation gedient hatte, mußte belegt werden. Ich hatte die Operationen zu leiten, welche von 3 Uhr Nachmittags bis 11 Uhr Abends dauerten. Der Hospitaldirigent war mit der Aufnahme der noch immer Ankommenden beschäftigt, Wilms und Generalarzt Wegener waren abwesend. Am andern Morgen kam Wilms wieder, er hatte sich in der Nähe des Schlachtfeldes nützlich zu machen gesucht, aber, wie er mir sagte, nichts ausrichten können. Auch Generalarzt Wegener nahm wieder Antheil und besorgte eine Abtheilung für sich, kehrte aber nach einigen Tagen zu Wilms und mir zurück, weil er gefunden hatte, daß die frühere Weise vorzuziehen sei.

Am 26. Januar schwiegen die Geschütze, nachdem sie Monate lang einen selten unterbrochenen Donner unterhalten hatten. Der Ausfall am 19. hatte die Pariser vollends entmuthigt.

Am 28. capitulirte Paris, am 29. wurde Mont Valerien, der die Stadt beherrscht, von unseren Truppen besetzt.

Am 6. Februar kam Herr B., der Besitzer des Hauses, in welchem wir wohnten, ein schöner, liebenswürdiger junger Mann, mit einer eben so schönen Frau. Er selbst hatte die ganze Belagerung von Paris mit ausgehalten und sagte, es habe zuletzt nur an Brod gefehlt.

Am 7. Februar kam Monsieur Frenot fils, ein Bronze=

arbeiter, mit seiner Gattin aus Paris. Unsere alte Köchin war ganz glücklich. Ihre Kinder sahen aus, als ob sie bei der Eruption eines Vulcans einige Stunden in einem feinen Aschenregen gestanden hätten, obgleich die gute Mutter ihnen die Hälfte ihrer Ersparnisse zum Opfer gebracht hatte, um sie vor Noth zu schützen. Es war diesen schüchternen Leuten wenig abzufragen, sie hatten nichts von der Beredsamkeit oder den kosmopolitischen Gesinnungen der Alten.

Am 8. Februar besuchte mich ein englischer Militairarzt, Surgeon major Wyatt, der während der Belagerung in Paris gewesen war und uns Vieles erzählte. Er hatte durch schlechte Nahrung sehr gelitten und war schwach und scorbutisch; er ist 1874 gestorben.

Am 9. Februar rückte das V. Corps von Versailles ab und nahm die ihm gehörenden Aerzte und Krankenwärter mit, welche im Schlosse beschäftigt gewesen waren. Dies war das Signal der baldigen Auflösung des Hospitals. Es wurden noch neue Passanten von Orleans aufgenommen, aber die Evacuation schritt unaufhaltsam vorwärts, am 13. Februar waren noch 75 Verwundete im Schlosse, von denen am folgenden Tage 35 evacuirt werden sollten. Wir consultirenden Chirurgen wurden bei den Evacuationen Einzelner oder Vieler nicht zu Rathe gezogen.

Am 14. Februar machte ich bei dem schönsten Frühlings=wetter einen Ritt nach St. Cloud, am 15. nach Sevres und zurück über St. Cloud. Das Schloß von St. Cloud war eine Ruine, der anliegende Theil der Stadt sehr zerschossen. Mich dauerten die schönen Orangenbäume, welche im Park überwintert hatten, wo sie noch in Reih und Glied standen. Ob sie wohl je wieder grün werden, wir hatten einige Tage lang 15 Grad Kälte in Versailles? St. Cloud machte trotz großer Zerstörungen doch nicht den schrecklichen Eindruck wie

Bazeilles; man sah, daß sie zu militairischen Zwecken beider streit=
führenden Nationen nothwendig gewesen waren. Die schöne
neue gothische Kirche von St. Cloud war unversehrt, die Ar=
tilleristen wissen, wo sie treffen wollen. Ich freute mich, in
Sevres die Victualien=Handlungen voll guter Lebensmittel zu
sehen. Die Pariser kamen schaarenweise über die Brücke von
Sevres, wo ihre Pässe nachgesehen wurden; sie machten Ein=
käufe von Lebensmitteln, andere aus den Umgebungen Geflohene
zogen mit ihren Habseligkeiten in die Heimath zurück, zum
Theil recht armselige Figuren. Ich sah eine Familie von
Mann, Frau und zwei Kindern, die einen mageren Hund am
Bande führten; das Thier erzählte ihre Leidensgeschichte und
verrieth ihre Gutmüthigkeit.

Am 18. Februar wurde der am 19. ablaufende Waffen=
stillstand bis zum 24. verlängert. Friedensgerüchte ziehen mit
den Frühlingsdüften durch die Luft.

Am 19. Februar fanden wir es so warm, daß unsere
Pferde, wie wir selbst, in Schweiß gebadet von unserm Ritte
zu Hause kamen. Wir waren in Meudon gewesen, wo es mir
1828 gut gefallen hatte. Das Schloß war Ruine, ausge=
brannt, der Boden umher aufgewühlt durch die Schanzarbeiten
unserer tapferen Truppen; die Aussicht auf Paris war sehr klar.

Am 21. Februar sah ich den ersten Berliner Sanitäts=
zug in Versailles, die Züge gingen früher vor der Capitulation
von Paris, nur bis Lagny, was die Evacuation erschwerte.
Ich freute mich über die gute Einrichtung der Sanitätswagen.
Sie bilden den wahren Fortschritt der Kriegsheilkunst unserer
Zeit, alles Andere ist dagegen Bagatelle. Man soll dies nicht
vergessen und auch im Frieden Alles thun, sie zu vervoll=
kommnen. Dies hat die Kaiserin Augusta glücklicherweise zu
ihrer Aufgabe gemacht. Möge ihr Talent und guter Wille
entgegenkommen, wie auf der internationalen Wiener Conferenz

im October 1873, welche nächst der Kaiserin den Bemühungen der Wiener Doctoren von Mundy, Wittelshöfer und Billroth ihr Gedeihen verdankt. Aber das Problem ist noch nicht gelöst, der beste Sanitätswagen ist, wie es scheint, noch nicht erfunden. Gebt Euch Mühe, Ihr Herren, die Ihr jung und menschenfreundlich seid, es ist der Mühe werth. Jede Generation muß die Erbschaft ihrer Vorgängerin übernehmen und die alten Ideen mit neuen Mitteln nützlicher zu machen suchen.

Am 25. Februar Nachmittags fuhr ich nach Issy, um ein Fort zu sehen. General Hausmann hatte mir einen sehr intelligenten Officier, Lieutenant Kaiser, mitgegeben, dessen Erklärungen mir sehr interessant waren. Es sah noch schrecklich darin aus, obgleich die Reparaturen schon fortschritten. Die Deutschen krempelten das Fort um, so daß es seine Feuerschlünde gegen Paris wenden konnte. Demontirte und gesprengte französische Geschütze lagen in Menge umher. Besonders interessant war mir die mathematische Sicherheit, mit welcher das Geschütz der Deutschen Bresche zu schießen angefangen hatte in geraden Linien, ein Schuß neben dem andern, so daß schließlich ein Stück Mauerwerk fallen muß, groß wie ein Scheunenthor. Paris scheint dem Fort ganz nahe zu liegen, das Bois de Boulogne wie zu seinen Füßen.

Am 25. Februar Vormittags bewillkommnete ich mit dem übrigen Stabe des XI. Corps den eben angekommenen Commandeur desselben, General von Bose, der noch rechtzeitig von seiner bei Wörth erhaltenen Wunde geheilt war, um den Einzug in Paris mitzumachen. Mein früherer Assistent, Oberstabsarzt Schmidt, hatte ihn in Hannover behandelt. Er schickte mir nach einigen Tagen seinen Sohn, Rittmeister von Bose, der, ebenfalls bei Wörth verwundet, noch nicht ganz geheilt war, um mich zu fragen, ob er den Einzug mitmachen könne. Ich sagte ihm: Für Ihre Wunde wird es nicht sehr gut sein, aber nicht so schlimm, um einen solchen Ehrentag zu versäumen.

Am 26. Februar kam eine Dame zu mir, die ich im Schlosse täglich sah, wo sie ihren verwundeten Bruder pflegte. Dieser hatte am 19. Januar eine Schußfractur des rechten Oberschenkels dicht über dem Kniegelenk erlitten. Das durchgehende Projectil hatte die Bursa extensorum, die obere Ausbuchtung des Kapselbandes, geöffnet, es floß zeitweise etwas Synovia aus. Er war einer der letzten, welche am 19. spät Abends ankamen. Auf meinen Rath war die Amputation unterblieben und bei großer Ruhe und Geduld war bis dahin Alles gut gegangen, das Innere des Kniegelenks zeigte keine Betheiligung, die aber bei dem geringsten Anlasse leicht eintreten konnte. Heute war diesem Officier, der sich durch seine Tapferkeit beide eiserne Kreuze erworben hatte, angezeigt, er müsse das Schloß verlassen und sich nach Deutschland transportiren lassen. Die Schwester wußte, daß dies sein Tod sein würde und wollte sich, wenn ich keinen Rath wisse, an den Kaiser selbst wenden. Sie würde es gewiß gethan haben, denn sie vertheidigte ihren Bruder wie eine Löwin, kein Arzt, dem sie nicht traute, durfte das verletzte Glied sehen, geschweige denn berühren. Ich rieth ihr, den Generalarzt Dr. von Lauer aufzusuchen, der die Sache gewiß gleich in Ordnung bringen werde, da er sich sehr für den Patienten interessire. So geschah es; als ich am folgenden Tage in das Schloß kam, hieß es, es sei gar keine Schwierigkeit für das Verbleiben des Patienten. Es wurden aber doch noch Versuche gemacht, ihn zur Abreise zu bewegen. Ich schrieb für ihn einen offenen Empfehlungsbrief an Baron Larrey, worin ich meine Ansicht über den Fall aussprach. Larrey hat ihn nicht gesehen, ein guter alter französischer Militairarzt in Versailles nahm sich seiner freundlichst an und behielt ihn noch fünf Monate im

Schlosse, wo er dieselben schönen Zimmer behielt wie früher, die sogenannte Marine=Station, wo die Bilder von Gudin hängen. Er ist schließlich glücklich geheilt worden und geht mit einem wenig verkürzten Beine.

Am 27. Februar kam von Langenbeck nach Versailles, wo ich das Vergnügen hatte, ihm die im Schlosse befindlichen Verwundeten zu zeigen. Während des ganzen letzten Krieges hatte ich keine so eingehende Theilnahme an chirurgischen Zuständen erlebt. Es ist doch ein Unterschied zwischen denen, die blos empfangen, und Anderen, deren eigener Geist thätig ist, das Rechte zu finden, wo es nicht auf der großen Heerstraße der Gedanken liegt. Aber bei gleich großer Aufmerksamkeit werden zwei Aerzte doch nur selten zu den gleichen Resultaten gelangen, weil die besondere Geistesrichtung und frühere Erfahrungen andere Wege zeigen. Er war der jüngere, activere, ich der ältere, mehr expectative Chirurg, unsere Ansichten gingen oft sehr auseinander. Wir haben uns nicht deshalb angefeindet, aber es hat mir immer Leid gethan, daß wir in der Chirurgie nicht so gut harmonirten, wie im übrigen Leben. Ich meine, es hat der deutschen Kriegschirurgie Schaden gethan. Ich hätte Vieles mit ihm in Versailles zu besprechen gehabt, seine Erfolge im letzten Kriege, seine jetzigen Ansichten, aber die Zeit war zu kurz, er wollte schon am folgenden Tage nach Orleans zurückkehren, wo er seit der Uebergabe von Metz sein Lager aufgeschlagen hatte. Er besuchte mich bei seiner Rückkehr nach Berlin in Hannover; unterwegs hatte er alle großen Reservelazarethe gesehen und ihre interessanten Fälle studirt. Seine Stellung in Berlin ist für die Kriegschirurgie von großer Bedeutung; möge es ihm vergönnt sein, die Erfahrungen, welche er in den Feldzügen von 1848, 1864, 1866 und 1870/71 gesammelt hat, noch lange zu sichten und zum allgemeinen Besten zu verwerthen! Vielleicht kommt auch für ihn einmal die Zeit, wie für seinen Vorgänger Dieffenbach), seine Ansichten auch einem weitern Kreise, als dem seiner Schüler, zugänglich zu machen. Noblesse oblige!*)

*) Während des Druckes dieses Bandes erschienen B. von Langenbeck's Chirurgische Erfahrungen aus dem Kriege, Berlin 1874, mit äußerst werthvollen Nachrichten über die Endresultate seiner glücklich verlaufenen Gelenkresectionen aus den Feldzügen von 1848, 1864, 1866 und 1870/71.

Sie werden dazu beitragen, den wahren Werth dieser Operationen in das gebührende Licht zu stellen.

Ich halte es für unmöglich, die Gelenkresection im Kriege je wieder aufzugeben und damit anderen Völkern den Beweis unserer Impotenz zu geben. Die Officiere werden sie verlangen, und was würde die Welt dazu sagen, wenn wir nur diese reseciren wollten, gemeine Soldaten aber amputirten — um ihnen die Verstümmelungszulage zu verschaffen?

Man sollte den armen Leuten, welche jetzt in Versuchung gerathen, die Zulage einem brauchbaren Gliede vorzuziehen, damit helfen, daß man dem Gelenkresecirten dieselbe Pension, wie dem Amputirten zu verschaffen suchte. Langenbeck's ganze Schrift athmet diesen Gedanken, ohne ihn auszusprechen. Der von ihm ins Leben gerufene Chirurgen-Congreß könnte sich wohl mit diesem Gegenstande beschäftigen. Selbst im Falle des Mißlingens würde er der Resection einen wesentlichen Dienst leisten, und was in unserm Jahrhundert nicht geschieht, könnte im nächsten zu Stande kommen.

Langenbeck's Ansichten haben sich, wie er pag. 111 bemerkt, mit zunehmender Kriegserfahrung wesentlich geändert. Er läßt pag. 46 der Eisbehandlung Gerechtigkeit widerfahren und ist mit der primären Resection so befreundet, daß er diese, außer am Knie, für alle Gelenke verlangt. Er macht mir, pag. 218, sogar Vorwürfe darüber, daß ich nicht consequenter Weise die primäre Fußgelenkresection geradezu verlangt habe. Indem er pag. 1 schon hervorhebt, „daß man nicht für alle Gelenke dieselben Normen geben könne", verwahrt er sich selbst dagegen, ein Principienreiter zu sein. Nach der Schlacht von Sedan kam solch ein Cavalier angeritten und resecirte dreißig Kniegelenke, wobei nur der Operateur am Leben blieb. Vestigia terrent! Ich hielt bei schlimmen Fußgelenkschüssen die Amputation für sicherer und hatte keinen genügenden Grund, die primäre Resection zu empfehlen. Langenbeck selbst thut dies (pag. 240) nur sehr schüchtern, während er sogar die primäre Hüftgelenkresection (pag. 32) entschieden verlangt.

Ich könnte mich dadurch geehrt fühlen, daß Langenbeck bei mir, wie er pag. 218 sagt, auch zwischen den Zeilen liest, aber das hat seine

Die am 24. Februar abgeschlossenen Friedenspräliminarien wurden am 28. ratificirt, am 1. März von der Nationalversammlung in Bordeaux angenommen. Die Franzosen wehrten

Gefahren. Man findet dabei Dinge, an welche der Autor nicht im entferntesten dachte und übersieht andere. Die schriftstellerische Genauigkeit geht dabei zu Grunde, sie wird jetzt nicht für nöthig gehalten, muß aber über kurz oder lang wieder zur Geltung kommen. Vielleicht liest man nach hundert Jahren auch unsere Arbeiten, wie Langenbeck und ich den Aufsatz von Charles White vom Jahre 1770 jeder auf seine Art gelesen haben. Hätte Langenbeck meine Bemerkungen von 1868 (Handbuch der Chirurgie, Vol. II, pag. 1030) und von 1871 (Notizen von Mac Cormac, pag. 162) über Charles White's Resectionsfall nicht übersehen, so würde er die seinigen (pag. 94 und 95 der Chir. Erfahr.) gewiß gern unterdrückt haben.

Langenbeck sagt (pag. 218), ich habe schon nach 1866 und dann wieder nach 1870/71 über die Fußgelenkresection ein Verdammnißurtheil ausgesprochen. Ich wüßte in der That nicht, wo ich derselben alle Zukunft im Felde abgesprochen habe. Hätte ich es gethan, so könnte ich mich jetzt auf Langenbeck berufen, der sich (pag. 87) so muthlos ausdrückt, daß Volkmann darüber sehr erstaunt sein muß. Ich möchte Langenbeck aber erwiedern: Rom wurde nicht in einem Tage gebaut und nicht mit Gyps! Schulter- und Ellenbogengelenkresection haben sich eingebürgert ohne Gyps. Langenbeck sagt uns (pag. 193) freilich: „Der Gypsverband allein spart den Ellenbogengelenkresecirten die greulichen Schmerzen, welche sonst jeder Verband mit sich führt", und macht damit seinen Assistenten ein schlechtes Compliment. Schmerzlose Verbände bei complicirten Fracturen und Resecirten, auch ohne Gyps, gehören bei mir zu den Anfangsgründen der klinischen Chirurgie. Wer sie nicht zu machen weiß, kann meine Grundsätze in der Behandlung der Schußfracturen gar nicht verstehen, ihr ganzer Erfolg hängt davon ab. Sie werden erst wieder zur Geltung kommen, wenn die Gypsherrschaft aufhört. Diese hat der Gelenkresection im Kriege vermuthlich großen Schaden gethan, wenn ich auch gern zugestehe, daß der Gypsverband in vorsichtigen Händen auch da sehr nützlich sein kann. Man sollte nur nie vergessen, daß die Chloroformnarcose nicht im Stande sei, die Nachtheile zu verhindern, welchen ein verletztes Glied während der Anlegung des Gypsverbandes ausgesetzt ist. Der Patient fühlt nichts davon, aber die kleinen inneren Verletzungen und Blutungen dabei haben doch ihre Folgen. Schlimmer als diese wirkt dann aber die nach Aufhören der Narcose wieder eintretende Resich lange gegen den Einzug der Deutschen in Paris, zu ihrem größten Schaden, wie die Folge lehrte. Herr B., unser Hausherr, war sehr unglücklich darüber, daß Paris nicht für längere Zeit von uns besetzt werden solle. Er sagte den Bürgerkrieg voraus, der so bald ausbrach. Es wurde der französischen Empfindlichkeit so weit nachgegeben, daß die deutschen Truppen nur einen Theil von Paris betraten und auch diesen nur auf wenige Tage.

Am 1. März fand der Einzug statt, wobei die deutschen Truppen bis zum Louvre gingen, das ganze übrige Paris blieb ihnen verschlossen. Auf dem Longchamp hielt der Kaiser Heerschau über einen Theil seiner siegreichen Truppen. Ich hatte keine Neigung, dieser etwas lange dauernden Feier beizuwohnen und fuhr am 2. März allein hin, wie ich Pag. 408 Vol. I. erzählte. Es war mein Abschied von Paris und Frankreich. Die Franzosen würden mir nichts zu Leide thun, wenn ich nach Paris käme, ich könnte mich dort allenfalls unter den Schutz eines kleinen Kreuzes stellen, welches sie mir zugeschickt haben als Anerkennung für meine Bemühungen um französische Verwundete. Ich hätte früher nach Paris gehen sollen, um mich zu bedanken für den Preis, welchen mir 1844 die Akademie der Wissenschaften für Erfindung der Schieloperation ertheilt hatte.

Das Hospital im Schlosse wurde leer gemacht, ich hatte in Versailles nichts mehr zu thun, verabschiedete mich bei General von Blumenthal, General von Bose und den übrigen Herren vom Stabe des XI. Corps, und konnte am 6. März die Heimreise antreten.

---

flexaction der Muskeln, welche durch den Gypsverband gespannt bleiben. Wir haben eine Pathologie erlebt, welche Nerven und Gefässe ignorirt, aber auch eine Chirurgie, welche auf das Muskelleben keine Rücksicht nimmt. (Vide Vol. II, pag. 82 Anmerkung.)

Madame Frenot sagte beim Abschiede: „Wenn ich jünger wäre, würde ich Sie bitten, mich mitzunehmen, denn wir gehen einer elenden Zukunft entgegen." Wilms reiste am gleichen Tage ab. Ich übernachtete am 6. in Lagny, am 7. in Metz, am 8. in Frankfurt, am 9. März kam ich in Hannover an. Wilhelm mit den Pferden kam erst drei Tage später, wir hatten uns in Lagny trennen müssen.

Ich fand die Meinigen wohl und heiter, Esmarch's vierjährige Tochter hatte während meiner Abwesenheit das Haus belebt. Das Erwachen ihres lebhaften Geistes gab oft den Stoff zu Briefen, welche mich in Frankreich erfreuten. Unsere Correspondenz war, Dank der vortrefflichen Feldpost, ununterbrochen, es ist kein Brief verloren gegangen. Esmarch kehrte über Hannover, wo er mit Langenbeck zusammentraf, nach Kiel zurück. Er hatte den ganzen Winter in Berlin an den Folgen seiner Verletzung zu leiden gehabt, aber seine anstrengende Thätigkeit nicht unterbrochen. Erst in den Herbstferien erholte er sich vollständig durch den Gebrauch der Seebäder in Helgoland.

Herr Emil Meyer, der uns in Versailles verließ, nachdem er sich überzeugt hatte, daß er dort keinen Wirkungskreis finden werde, machte sich in Hannover nützlich durch Theilnahme an dem Transportwesen der Kranken und Verwundeten. Er hatte sich eine bessere Benutzung der Güterwagen zu diesem Zwecke ausgesonnen, welche in Berlin Beifall fand und dann benutzt wurde.

Im Mai hatte ich einen interessanten Besuch durch die dreitägige Anwesenheit des berühmten italienischen Arztes Francesco Cortese, früheren Professors in Padua, jetzt Generalarzt der italienischen Armee in Rom, der mit Dr. Eugenio Bellina von seiner Regierung abgeschickt war, um deutsche Einrichtungen kennen zu lernen. Wir hatten seit Jahren in Correspondenz gestanden und immer das Verlangen gehabt, uns persönlich kennen zu lernen. Cortese ist ein Siebziger, aber von ganz jugendlicher Lebendigkeit; er ging von Hannover nach Berlin und hat wie Bellina über seine deutschen Eindrücke sehr günstige Berichte herausgegeben.

Ich begrüßte diesen Besuch als das erfreuliche Zeichen einer neuen Zeit, wo das schöne Italien, welches uns seit Jahrhunderten nur als Unterdrücker kannte, dem geeinigten Deutschland frei gegenübersteht und uns seine freundlichen Gesinnungen entgegenträgt.

Reise nach England.
Mai 1872.

Es giebt im Menschenleben Augenblicke, wo einem zu Muthe ist, wie Zettel, dem Weber. Man möchte sich den Kopf befühlen, um zu erfahren, ob man wache oder träume. Zettel war kein Doctor der Medicin und sträubte sich doch, den Traum für Wahrheit zu halten. Unsereins ist dies noch weniger zu verdenken, man nimmt lieber an, die Anderen täuschten sich, nicht wir. Und doch bleiben wohl Zweifel! Um diese zu lösen, mischt man sich unter Leute, deren Intelligenz nicht angezweifelt wird und geht nöthigenfalls auf Reisen.

Um mich deutlicher auszudrücken; ich hatte im Laufe der letzten Jahre so manchen Widerspruch erfahren, in Dingen, die mir wie Evangelien erschienen, daß ich in der That zweifelhaft wurde, ob ich auf dem rechten Wege und nicht in colossalen Irrthümern befangen sei, von denen ich mich loszumachen habe.

Unter denen, die ich im großen Kriege kennen lernte, waren mir die Engländer besonders freundlich entgegen=

gekommen. Mac Cormac mußte ich schon in Sedan versprechen, ihn in seiner Heimath aufzusuchen. Er war gleich nach seiner Rückkehr von Sedan zum Wundarzte am St. Thomas-Hospitale in London erwählt worden und hatte seine frühere Stellung als klinischer Lehrer der Chirurgie in Belfast aufgegeben. So war er leicht zu erreichen, und ich entschloß mich, seinen Einladungen zu folgen.

Am 15. Mai 1872, Nachmittags 4 Uhr, ging ich über Ostende nach London, wo ich, trotz langem Aufenthalte in Köln, Brüssel und Dover, schon 6 Uhr Abends des 16. ankam. Es war herrliches Wetter, die See wie ein Spiegel, hellgrün in der Nähe des Landes, tiefblau weiter hinaus. Die felsige malerische Küste von Dover glänzte bei einem wolkenlosen Himmel im hellsten Sonnenschein, man glaubte sich auf das Mittelländische Meer versetzt. In Dover konnte ich zwei Stunden lang auf dem gigantischen neuen Molo die herrliche Seeluft genießen und nach Frankreich hinüberschauen; dann ging es auf der Eisenbahn mit rasender Schnelligkeit durch lange finstere Tunnels und durch ein heiteres Land bis in die Mitte von London. Mac Cormac und Frau, sowie Dr. Little waren am Bahnhofe. Dr. Little hatte schon einen Brief in der Hand, der in Hannover meine glückliche Ankunft melden sollte. Mac Cormac's Haus liegt in Harley-Street, einer der längsten Straßen von London, welche im Westende eine grade Linie von Cavendish Square bis Regents Park beschreibt. Es wohnen vierzig Aerzte darin, sie muß also wohl sehr gesund sein.

Das sehr geschmackvolle Haus wurde von M. Brummel, dem bekannten Genossen Georg IV., erbaut, welcher als Erfinder der gestärkten weißen Halsbinden von Keinem vergessen sein wird, der in seiner Jugend darunter zu leiden hatte. Das Zimmer, wo dieser Stutzer seine feinen Diners zu geben pflegte, ist jetzt Mac Cormac's Studirzimmer. Ein warmes Bad, dicht neben meinem Schlafzimmer, nahm mir alle Ermüdung von der Reise, so daß ich nach Tische meinen beiden Freunden die Rede vorlesen konnte, welche ich im St. Thomas-Hospitale halten sollte. Dies war Mac Cormac's Wunsch gewesen, der von meinem Englischen eine vortheilhafte Meinung hatte. Sie fand ihren Beifall; Dr. Little tadelte nur einen Ausdruck, den ich aber doch stehen ließ, weil er in der Bibel vorkommt und Astley Cooper ihn 1827 gebraucht hat (to look after the ewes).

Am folgenden Tage zeigte mir Mac Cormac das neue St. Thomas-Hospital, welches am Ufer der Themse, dem Parlamentsgebäude gegenüber, liegt. Eine prachtvolle neue, sehr breite Westminsterbrücke führt neben dem Parlamentsgebäude zum Hospitale, dessen äußere Architektur nicht bestechend ist. Sechs dreistöckige Pavillons, welche keinen Totaleindruck erlauben, springen nach der Themse zu daraus hervor. Ein Säulengang zur Promenade für Reconvalescenten verbindet die Pavillons. Die Haupteingänge in der Façade befinden sich an der von der Themse abgewendeten Seite. Der Baumeister hat seine ganze Aufmerksamkeit dem Innern zugewendet, um dasselbe den hygienischen Principien anzupassen. Die Grundidee war, Isolirung der großen Säle, die in den Pavillons liegen und unter sich keine directe Verbindung haben, auch nicht mit dem Corridor, welcher die Pavillons verbindet, es liegen Zimmer für einzelne Kranke, für Bäder und für das Wartpersonal dazwischen, welche man durchschreiten muß, ehe man in einen Saal gelangt. Es sind zwei große Operationssäle vorhanden, der eine für die männliche, der andere für die weibliche Abtheilung. In die Façade unsymmetrisch eingefügt ist ein Haus für die Schwestern, welche vorzugsweise die Krankenpflege besorgen. Im Parterre sind die Zimmer für die Administration, deren Seele der vortreffliche Schatzmeister Sir Francis Hicks ist, welcher sich um das Zustandekommen des neuen St. Thomas-Hospitals die größten Verdienste erworben hat. Außerdem sind dort die Räume für die großen Polikliniken, sowie Professor Liebreich's Operationszimmer.

Die Krankensäle in den Pavillons haben Raum für dreißig Betten, werden durch Kamine geheizt und erhalten von drei Seiten Luft und Licht. Außer den Treppen sind sogenannte Lifts vorhanden, mit deren Hülfe man schwer Verletzte in ihren Betten bis in die oberen Stockwerke heben kann.

Der Themse entlang über dem Hospitale liegen die geräumigen Gebäude der Schule für Anatomie, Physiologie, Chemie, Bibliothek und Vorlesungen.

Da in diesem ganz neuen Hospitale für sechshundert Betten bis jetzt die schwersten Fälle gedeihen, Ovariotomien, Kniegelenks-Resectionen, so kann man vorläufig nur günstig darüber urtheilen. Die jährlich erscheinenden Hospital-Berichte werden das Weitere lehren, aber schwerlich darüber entscheiden, ob das Pavillonsystem den unbedingten Vorzug vor dem Corridorsystem verdiene. Die individuelle Geschicklichkeit und Aufmerksamkeit der Aerzte hat an den Resultaten einen zu wichtigen Antheil. Ein guter Arzt kann selbst in schlechten Localen gute Resultate erlangen, ein Stümper wird sich über jedes, auch das beste Gebäude beklagen. Es war ein glücklicher Gedanke von Dr. Richardson, dies deutlich zu machen, indem er eine große Zahl englischer Hospitäler in der Medical-Times schilderte und ihre Resultate bei Steinschnitten und Amputationen angab. Das Hauptergebniß seiner dankenswerthen Untersuchungen war offenbar, man solle die Ursachen schlechter Resultate doch nicht blos in dem Gebäude suchen.

Da ich auf die Pfingsttage zu Professor Longmore in

Woolston bei Netley eingeladen war, verließ ich London am Sonnabend den 18. Mai, Mittags, um nach Woolston zu fahren, welches zwischen Southampton und Netley, von diesem eine Viertelstunde entfernt liegt. Professor Longmore, Surgeon general, empfing mich am Bahnhofe und führte mich in seine Villa, deren Schmuck eine schöne junge Frau und vier reizende Kinder sind. Der Contrast der ländlichen Einsamkeit von Woolston mit dem geräuschvollen London war so groß wie möglich und sollte mir zu Statten kommen. Nachdem man in Netley gehört hatte, daß ich in London reden werde, wünschte man mich dort auch zu hören, da ich ja die gleiche Rede benutzen könne. Dies stand mir aber nicht an, und so blieb mir nichts anderes übrig, als eine zweite auszusinnen, denn zum Schreiben war keine Zeit. Am Sonntag Morgen, wo die Familie in der Kirche war, hatte ich Ruhe, am Kamine zu meditiren, und fand sehr bald das passende Thema. Nachmittags machten wir eine angenehme Ausfahrt in der Umgegend, bei der ich Netley nur von weitem sah; es liegt an einer weiten flachen Bucht, vor dieser die Insel Wight. Dadurch kommt es, daß bei Netley Ebbe und Fluth doppelt sind; das aus einer Pforte abfließende Wasser fließt durch die andere wieder ein und so umgekehrt bei der Fluth. Abends bei Tische hatte Professor Longmore seine Collegen um uns versammelt.

Am Montage den 20. Mai wurde mir Netley gezeigt, eine Anstalt von imposanter Größe, welche im Hauptgebäude die Krankenzimmer enthält, in den Hintergebäuden sind die Räume für den Unterricht der Aspiranten des militairärztlichen Dienstes, welche dort ihre viermonatliche Vorbereitung finden. Ich traf sie sehr fleißig mit chemisch=mikroskopischen Untersuchungen beschäftigt, welche Professor Parkes leitet. Ich sah die reichen naturhistorischen, ethnographischen, pathologisch=anatomischen und Modell=Sammlungen. Mich interessirten be=

sonders die aus heißen Ländern importirten colossalen Leberabscesse und eine Anzahl lebensgroßer Bilder, welche Sir Charles Bell 1815 nach der Schlacht von Waterloo in Brüssel gezeichnet hatte, Schußverletzungen darstellend. Auch unter den Patienten sah ich einige, an großen Leberabscessen Leidende, deren Diagnose zum Theil auf der nicht fehlenden Temperatur-Steigerung beruht. Die vorkommenden Operationen machte damals Surgeon major Macinnon, welcher auf sieben Jahre nach Netley commandirt war.*) Er hatte eben einen sehr großen Blasenstein mit glücklichem Erfolge extrahirt. Die Patienten in Netley kommen meistens als Invalide aus den Colonien, um dort geheilt, gebessert oder eventuell pensionirt zu werden. Netley hat keinen Zufluß von acuten Fällen und frischen Verletzungen; man hielt diesen für unnöthig, weil die Aspiranten ihre gewöhnlichen Studien und Examina hinter sich haben. Aber man scheint es fast bereut zu haben, diese schöne Fortbildungs-Anstalt in die Einsamkeit verlegt zu haben. Näher bei London hätten die Professoren eine Medicinalbehörde für die Armee gebildet, welche leichter als jetzt zu Rathe gezogen werden konnte und die Kliniken wären reichhaltiger geworden. Netley-Hospital gilt auch nicht mehr als Muster in baulicher Hinsicht. Der britische Generalstabsarzt (Director general) Logan, welchen ich an Sir James Paget's Tafel kennen lernte, sagte mir, das nach dem Pavillonsysteme gebaute Hospital in Woolwich sei unendlich besser. Ich hatte leider nicht Zeit es zu sehen. Netley-Hospital ist nach dem Corridorsysteme gebaut, aber nicht so orientirt, daß die einfache Ventilation zur Geltung kommen könnte.

Um 12 Uhr erwartete man mich in dem großen Auditorio

---

*) Im April 1874 besuchte er mich in Hannover, er kam eben von der Goldküste, wo er als Deputy Surgeon general den ärztlichen Dienst während des Aschantee-Krieges dirigirt hatte.

der Anstalt, um meinen Vortrag zu hören. Ich sprach eine ganze Stunde über complicirte Fracturen, indem ich von den im Frieden vorkommenden zu den Schußfracturen überging. Ich betonte die Wahrnehmung, daß nach dem bald vorüber= gehenden ersten Choc die Muskeln in einen Zustand von Reizung verfallen, welcher ebenfalls meistens vorübergeht, wenn man das Glied passend lagert, so daß dasselbe, wenn auch anfangs sehr verkürzt, oft spontan seine natürliche Länge wieder gewinnt. Dieser Proceß wird aber gestört durch frühzeitige Bemühungen, dem Muskelkrampfe durch Extension entgegen= zuwirken, während dieselben mechanischen Eingriffe in einer späteren Zeit vertragen werden. Diese längst bekannten That= sachen sind für die Behandlung der Schußfracturen von ent= scheidender Bedeutung und erklären es, warum der Gyps= verband so verschieden beurtheilt wird und die permanente Extension, welche immer von neuem empfohlen wird, meistens bald wieder verlassen zu werden pflegt. Man verfuhr mehr nach mechanischen, als physiologischen Principien und sprach sich kaum darüber aus, was man mit dem Gypsverbande eigent= lich wolle. Viele denken an eine gleichmäßige peripherische Compression, die ein starrer Verband nur an einem noch an= schwellenden Theile ausüben kann, wo er gerade sehr gefährlich ist. Im Stadium der Abschwellung, wo der Gypsverband vertragen wird, übt er keine Compression mehr aus. Er kann aber nach der Art seiner Anlegung eine permanente Extension unterhalten und auch mit dieser zu früh kommen. Der Muskel= krampf hört während der Chloroformnarcose auf, kehrt aber nach derselben wieder, und die Neigung zu Dislocationen der Fragmente kann so groß werden, daß die Anstrengungen der Muskeln den Verband zerbrechen oder daß eine sehr heftige Reizung mit entzündlichen und nervösen Symptomen entsteht. Benutzt man den Gypsverband nur zur Lagerung der ver=

letzten Glieder, so kann er in jedem Stadio erträglich sein. Mit der Extension durch Gewichte ist es ungefähr ebenso. Große Gewichte, welche die Verkürzung aufheben, werden in keinem Stadio vertragen, kleine sehr oft; ohne die Verkürzung wesentlich zu vermindern, können sie dazu beitragen, die gerade Richtung des Gliedes zu erhalten.

Ich ging dann a capite ad calces, sprach von der expspectativen Behandlung der Kopfverletzten, von den Schußfracturen der oberen und unteren Extremitäten, wobei ich Gelegenheit fand, meine Erfahrungen bei Sedan einzuflechten, wo eine sehr einfache Behandlung durch bloße Lagerung ohne comprimirende oder extendirende Verbände und ohne Resection der Diaphysen gute Resultate gegeben hatte. Das Gebiet der Resectionen bei Schußfracturen der Gelenke beschränkt sich fast nur auf die oberen Extremitäten, nachdem die primären Resectionen des Hüftgelenks und Kniegelenks so traurige Resultate gegeben haben. Hinsichtlich der Fußgelenksresection suspendirte ich mein Urtheil bis auf nähere Nachrichten über die Resultate dieser Operation im Kriege von 1870/71. Ich äußerte aber meinen Zweifel darüber, daß dieselbe bei großen Zertrümmerungen die Amputation ersetzen könne und meine Vermuthung, daß sie oft in Fällen geübt sei, welche bei einem expspectativen Verfahren geheilt werden konnten.

Ich sprach mit völliger Unbefangenheit wie vor deutschen Studenten, und hörte nachher von allen Seiten, daß eine nicht zu eingreifende (meddlesome) Behandlung der complicirten Fracturen für die beste gehalten werde.

Nachmittags kam Mac Cormac, um an dem Diner Theil zu nehmen, welches mir zu Ehren mit ungefähr hundert Personen in Netley stattfand.

Vor und nach Tische fand ich Gelegenheit, mich mit den Aspiranten zu unterhalten, die in ihren rothen Jacken sehr schmuck aussahen. Ein paar junge Hindoo's erregten meine besondere Aufmerksamkeit. Sie sahen sehr intelligent aus, waren in ihrer Heimath ausgebildet und gaben mir sehr gute Antworten. Ich fragte einen derselben, ob die Reis-essenden Hindoo's bei chirurgischen Operationen geringere Sensibilität zeigten als Europäer, was er durchaus verneinte, auch die Reaction sei bei ihnen ganz wie bei uns. Ich saß bei Tische zwischen Surgeon general Innes, dem militairärztlichen Chef der Anstalt, welcher mit meinem Freunde gleiches Namens in Versailles nicht verwandt ist, und Professor Parkes, dem berühmten Hygieniker. Professor Longmore brachte in einer längeren schönen Rede meine Gesundheit aus. Ich erwiederte dieselbe mit meinem Danke für die freundliche Aufnahme, für den Einfluß, welchen England auf meine ärztliche Bildung gehabt habe, sowie mit dem Wunsche eines einigen Zusammengehens unter den Männern der Wissenschaft, auf welches die Politik keinen Einfluß üben dürfe.

Am 21., Morgens 8 Uhr, kehrte ich mit Mac Cormac nach London zurück.

Am Donnerstag den 23. Mai hatte ich meine Rede im St. Thomas-Hospitale zu halten. Mehrere hundert Personen, darunter viele der angesehensten Aerzte, waren in dem großen Auditorio versammelt. Ich hätte nach dem Versuche in Netley lieber frei gesprochen; da die Rede aber schon gedruckt wurde, ehe sie gehalten war, wollte ich dies nicht riskiren und blieb bei dem ursprünglichen Vorsatze, sie zu lesen. Dies ist schwerer als frei zu sprechen, es wurde auch bemerkt, ich hätte da am besten gesprochen, wo ich gelegentlich aufhörte zu lesen, um Zusätze zu machen.

Mein Thema: Englische Erinnerungen eines deutschen Arztes, war wohl nicht übel gewählt, um meine Zuhörer zu interessiren. Ich erzählte, daß mein Vater ein Schüler des

St. Thomas-Hospitals von 1792 bis 1793 gewesen sei, wie ich selbst von 1827 bis 1828. An die Namen der zu dieser Zeit in London glänzenden Chirurgen knüpfte ich einige Aeußerungen über den allgemeinen Eindruck, welchen mir die englische Chirurgie gemacht hatte. Ihre Vorzüge bestehen besonders in der würdigen Stellung des ganzen Standes, welche derselbe einer guten Erziehung, der Wahrheitsliebe und Humanität seiner Mitglieder verdankt, der Einfachheit des Verfahrens, der großen Selbstlosigkeit, welche der Eitelkeit keine Concessionen macht, sondern nur das Wohl des Kranken berücksichtigt. Damit hängt es zusammen, daß englische Wundärzte nicht neuerungssüchtig sind, aber durch ihre Charakterfestigkeit große Erfolge erzielen, wenn sie die Nützlichkeit einer Erfindung erst anerkannt haben. Sir Henry Thompson hat in der Steinzertrümmerung ihren Erfinder Civiale überholt, Sir William Fergusson durch seine Gelenkresectionen die meisten Wundärzte des Continents, Spencer Wells in der Ovariotomie alle lebenden Aerzte. Die Solidität der englischen Chirurgie ist um so werthvoller, weil London durch die große Zahl seiner Hospitäler und seiner ausgezeichneten Männer der chirurgische Mittelpunkt des ganzen Erdballs geworden ist.

Die Einfachheit der englischen Chirurgie spricht sich schon in ihren Schriften aus. Sterne verspottet den pomphaften Styl, indem er den Ausdruck seines Pariser Friseurs über die Solidität seiner Arbeit anführt: „Diese Perrücke können Sie in den Ocean tauchen!" Sterne meint, ein Engländer hätte gesagt: in einen Eimer Wasser! Vor diesem Perrückenmacher-Style habe ich mich stets sorgfältig gehütet.

Ich machte dann einige der Chirurgen von 1827 namhaft, deren Ideen ich im Leben weiter zu fördern gesucht habe.

Ich sprach zuerst von Guthrie, der mit Larrey, dem Vater, der Hauptvertreter frühzeitiger Operationen im Felde war.

In dieser Beziehung habe ich ihm stets nachgestrebt. Ich wich von ihm ab in der Beurtheilung der Schußfracturen des Oberschenkels, welche er eigentlich alle der Amputation weihen möchte, während ich die conservative Behandlung beharrlich verfolgte, anfangs nur funfzig Procent durchbrachte, im letzten Kriege aber, bei Sedan, siebenundsiebzig Procent. Dort waren die Bedingungen besserer Erfolge gegeben; die Patienten blieben an dem Orte, wo sie verwundet wurden, die Projectile waren kleiner als früher, die Behandlung war sehr wenig eingreifend und bestand größtentheils in passender Lagerung. Percivall Pott's Grundsätze kamen dabei zur Geltung, mit denen man unter günstigen Umständen Heilungen mit geringer Verkürzung erleben kann. Auch in der Trepanationsfrage stimmte ich nicht mit Guthrie überein, indem ich die von Dease und Brodie gegebene Lehre, bei Abwesenheit einer äußern Wunde nicht zu eleviren, auch auf die Fälle anwandte, wo der Schädel entblößt ist. Ich hatte gefunden, daß die Gegenwart einer äußern Wunde nicht mit Nothwendigkeit tiefliegende Eiterung zur Folge hat und kam allmählich dahin, Elevation und Trepanation ganz aus der Kriegschirurgie verbannen zu wollen, als unnütz in einigen, gefährlich und unnöthig in anderen. Pirogoff tadelt dies als Uebertreibung, aber es ist unmöglich, die Tragweite eines Verfahrens zu beurtheilen, ehe man dasselbe consequent angewandt hat. Meine Versuche im schleswig-holsteinischen Kriege fielen sehr günstig aus, von vierzig offenen Schädelverletzungen mit Depression endeten nur sieben tödtlich. Der comatöse Zustand der Kopfverletzten indicirt ebensowenig, directe Eingriffe, wie das Coma der Typhösen Reizmittel. Jahrhunderte lang glaubte man, diese wären im Typhus unentbehrlich, jetzt weiß man es besser und verfährt darnach zu Großen, wie ich während des letzten Krieges in Rheims sah. Sir W. Lawrence's Namen erinnert mich an die glücklichen

Erfolge, welche dieser ausgezeichnete Chirurg im phlegmonösen Erysipelas von den Einschnitten hatte, deren nützliche antiphlagistische Wirkung man noch jetzt anerkennt, während man sich sonst in dem Grade von der Antiphlogose abgewandt hat, daß Syme kürzlich sagen konnte, es gäbe keine Aderlaßlanzetten mehr. Nur lange vergleichende Beobachtungen können die Nützlichkeit oder Unentbehrlichkeit der Aderlässe nachweisen. Es wird jetzt wohl nicht mehr lange dauern, bis sie wieder in ihre Rechte tritt. Sie erhebt in den Journalen schon wieder, wenn auch schüchtern, ihr Haupt bei Erzählung von Fällen, in denen die Rettung ohne Aderlässe nicht gelungen wäre.

Tyrvell's Andenken lebt in mir, besonders durch seine glücklichen Cataract-Operationen mit dem oberen Hornhautschnitte ohne künstliche Pupillenbildung.

Liebreich liefert jetzt den Beweis, daß die Gräfe'sche Schule früher zu weit ging, indem sie nur mit Iridectomie extrahirte.

In Tyrvell's chirurgischer Klinik sah ich am 6. Juli 1827 den ersten Fall, welcher mir den Beweis lieferte, daß Venenthrombosen zu Blutungen führen, eine Wahrnehmung, welche mich später veranlaßte, dieselben unter dem Namen phlebostatische zu beschreiben.

Sir Benjamin Brodie bin ich sehr dankbar für das, was ich über die Gelenkkrankheiten von ihm gelernt habe, bei welchen er zuerst die Immobilisirung verlangte. Ich gebrauche seine ledernen Schienen noch bis auf den heutigen Tag, wenn auch nicht ausschließlich. Seine Lehren über Gelenkneurosen habe ich weiter zu verbreiten gesucht und Esmarch ist mir dabei zu Hülfe gekommen.

Von tiefem Danke erfüllt bin ich gegen Sir Charles Bell, den Schöpfer der Nervenphysiologie. Seine Forschungen über Facialis-Lähmung führten mich zuerst zu der Wahrnehmung, daß Abdominal Plethora und andere Abdominalleiden vielen Innervationsstörungen zu Grunde liegen und daß auch andere Uebel durch Leber- und Milz-Tumoren in ihrem Verlaufe so beeinträchtigt werden, daß Heilung erst eintritt, wenn diese Anschoppungen beseitigt sind. Es giebt kaum ein inneres oder äußeres Uebel, bei welchem man diesen Einfluß nicht beobachten könnte.*)

Marshall Hall's Lehre von der Reflex-Function war das Kind der Bell'schen Entdeckungen und leistete für das Nervensystem ungefähr das, was die Lehre vom Kreislauf für die Blutgefäße that. Sie gab mir Gelegenheit, meinen Scharfsinn zu üben an den Erscheinungen, welche man jetzt Reflex-Empfindungen nennt, die ich aber zuerst unter dem Namen Combination motorischer und sensitiver Nerventhätigkeit, 1836, beschrieb, in einem Aufsatze der Göttinger gelehrten Anzeigen, den Dr. Little für die Medical-Times übersetzt hat. Sie sind erstaunlich häufig die Quelle heftiger Schmerzen, welche man leicht beseitigt, wenn man die wahren Ursachen krampfhafter Zustände bekämpft, von denen die schmerzhaften Gefühle in einem entfernten Körpertheile abhängen.

Ich schloß mit dem Wunsche, daß meine jüngeren Zuhörer nach vierzig Jahren sich ebenso dankbar, wie ich, ihrer Studien in London erinnern möchten.

---

*) Folgender Fall, der als Nachtrag zu meiner Schrift über Local-Neurosen dienen mag, kann dies anschaulich machen. Ein berühmter dramatischer Sänger verlor seine Stimme während eines schwer zu unterdrückenden Wechselfiebers. Er consultirte die berühmtesten Kehlkopf-Specialisten, welche in den Stimmorganen nichts Krankhaftes fanden, aber nicht weiter untersuchten. Als ich consultirt wurde, dachte ich gleich daran, die Schwierigkeit in der Heilung des Wechselfiebers könnte mit einem Lebertumor in Verbindung stehen und jetzt mit der Kehlkopf-Neurose. Die Leber war sehr geschwollen. Nach einer Cur in Carlsbad kam das schöne Stimmorgan wieder zum Vorschein.

Mein Vortrag, den ich hier im Auszuge gegeben habe, dauerte eine volle Stunde. Dr. Eugenio Bellina hat davon eine schöne italienische Uebersetzung mit Anmerkungen herausgegeben.

Es ist sonderbar, daß ich nur zweimal in meinem Leben eine eigentliche Rede gehalten habe, zuerst 1838 bei Antritt der Erlanger Professur in lateinischer Sprache und dann 1872 in englischer. Beide hatten eigentlich dasselbe Thema, das Lob der englischen Chirurgie.

Dr. Henry Mac Cormac, der Vater meines Freundes, kam von Belfast, wo er als angesehener Arzt lebt, um meine Bekanntschaft zu machen. Er freute sich, daß ich derselbe sei, dessen Schrift über den Typhus ihm gefallen hatte. Wir verfolgen dieselbe Idee, mehr Luft in die Wohnungen und in die Hospitäler einzuführen. Dr. Henry hat dies zur Aufgabe seines Lebens gemacht und durch seine Schriften und durch sein Beispiel gewiß viel erreicht. Sein Buch über die Lungenschwindsucht ist durch eine deutsche Uebersetzung auch bei uns bekannt.

Am Sonntag den 26. Mai machten wir in heiterer Gesellschaft einen reizenden Ausflug nach Purfleet, einem kleinen, malerisch gelegenen Orte an der Themse, abwärts von London. Königin Elisabeth soll hier die Schiffe gemustert haben, welche gegen die spanische Armada ziehen sollten und rief dabei aus: "Poor fleet!" Arme Flotte! Bei unserm Diner lernte ich die kleinen Fische (white bait) kennen, welche durch die white bait dinners, die am Schlusse einer Parlaments-Session in Greenwich gehalten werden, berühmt geworden sind. Gut zubereitet sind sie sehr wohlschmeckend, aber nur zwei Zoll lang. Bei unserer Hinfahrt, welche zum Theil auf der Themse, zum Theil auf der Eisenbahn stattfand, wurde einer der Damen das Portemonnaie gestohlen. Ein künstliches Gedränge beim

Verlassen des Dampfschiffes gab dazu die Gelegenheit. Die Urheber desselben waren kenntlich genug, wurden aber nicht verfolgt. Die Herren lachten und empfahlen für die Zukunft größere Vorsicht.

Am Mittwoch den 27. Mai folgten wir der Einladung des Schwagers von Mac Cormac, Mr. Kirk, der uns am Derby-Tage zu dem großen Rennen nach Epsom fahren wollte. Auf der Mitte des Weges, die wir mit der Eisenbahn erreichten, erwartete uns Mr. Kirk's Drag, ein mit vier herrlichen Pferden bespannter Wagen nach der Art der früheren Stagecoaches, wie sie jetzt bei den Verehrern des Sport Mode sind, um ihre Freunde spazieren zu fahren. Die muntere Gesellschaft, das herrliche Gespann, machte mir bei dem schönsten Wetter großes Vergnügen. Wir fuhren bis zu dem inneren Kreise der Rennbahn, wo wir, sehr hoch sitzend, eine freie Aussicht hatten, uns gegenüber die großen Tribünen, deren jede viele tausend Zuschauer faßt. Es sollen gegen 500,000 Menschen dort versammelt gewesen sein. Ein großer Theil davon wogte zu Fuß auf dem Rasen umher; die kleine Industrie der Verkäufer und Bänkelsänger, letztere in Gestalt künstlicher Mohren, trieb sich zu unseren Füßen zwischen den Rädern der abgespannten Fuhrwerke umher. Das Rennen selbst flößte mir kein großes Interesse ein, die Sitte, dreijährige Pferde dazu zu verwenden, schien mir so unphysiologisch, eine Ansicht, die auch von Engländern getheilt wird, während Andere behaupten, es sei gut, daß die Schwächlinge unter den Pferden dabei zu Grunde gingen. Dies erinnert an Ruge's geringe Theilnahme für das scrophulöse Gesindel, welches in einem frischen fröhlichen Kriege zerstiebt. Nach jedem Rennen wurden Brieftauben in großer Zahl entsendet. Sie schwangen sich hoch auf, kreisten eine Zeit lang, bis sie die Richtung gefunden hatten, die sie in die Heimath führt, wo sie den Wettenden

Freud oder Leid zu verkünden hatten. Mr. Kirk, der auf Prinz Charley gewettet hatte, verlor seine 1000 Pfd. St. mit großer Gemüthsruhe. Er hatte bei der Hinfahrt dem Prinzen einen Besuch abgestattet und über dessen Befinden ungünstige Nachrichten eingezogen, so daß er schon vorbereitet war zu verlieren. Leider verlor der kräftige, liebenswürdige Mann 1873 mehr als das, sein kostbares Leben durch einen Sturz vom Wagen in der Nähe von London.

Am Freitag den 31. Mai machte ich mit Dr. Little eine Excursion nach Cambridge, um Professor Humphry kennen zu lernen. Cambridge ist ein reizender Ort, der mich durch gothische Architectur und große Sauberkeit an Freiburg erinnerte. Professor Humphry führte mich in einige der großen prachtvollen Collegienhäuser, in denen die Studenten wohnen und studiren, mit herrlichen Capellen und hohen, luftigen Refectorien. In King's College brieten in der riesigen Küche sechszig Hammelkeulen und zwanzig Rinderbraten. Ein deutscher Student würde schwerlich die glänzende Naturalverpflegung und die stattlichen Wohnhäuser, bei klösterlichem Zwange, gegen seine freiere Lebensweise vertauschen mögen. Am meisten interessirte mich Professor Humphry's eigenes Gebiet. Er bemüht sich in Cambridge das Fachstudium mehr emporzubringen, während früher nur classische Studien getrieben wurden, so daß die Professoren der Heilkunst und andere Fachmänner kaum in Betracht kamen. Es ist ihm damit allmählich immer besser gelungen, obgleich es dazu von seiner Seite großer Anstrengungen bedarf, denn er vertritt außer der Chirurgie auch Anatomie und Physiologie. Die dazu erforderlichen Institute hatte er selbst erst zu schaffen. Sie lassen an Bequemlichkeit und Sauberkeit nichts zu wünschen übrig; der Präparir-Saal könnte den Londoner Schulen zum Muster empfohlen werden. Sein Hospital ist in seiner Bauart das einfachste, welches ich je gesehen habe und besteht in zwei Etagen, eigentlich nur aus vier großen Sälen, mit einigen Zimmern in der Mitte des Hauses, die in den Flügeln liegenden Säle sind wie Pavillons mit Licht und Luft von drei Seiten und einem Doppel-Kamine in der Mitte, von welchem den Umständen nach nur eine oder beide Seiten geheizt werden. Das ganze Haus kann ungefähr sechszig Patienten fassen, die aus einer belebten Poliklinik herangezogen werden. Ich sah einen Mann dort, welchem vor fünf Wochen das Kniegelenk resecirt war. Er lag noch in dem ersten, sehr einfachen Verbande einer hinteren Schiene mit Gypsbinden, die Wunde war fast geheilt. Humphry ist in Cambridge ein berühmter Mann geworden, der auch in London in hohem Ansehen steht, ohne den Tumult und die krampfhaften Anstrengungen des Ehrgeizes erduldet zu haben. Für einen Mann der Wissenschaft kann es nichts Angenehmeres geben, als ein Leben zwischen Anatomie, Physiologie und Chirurgie! Ich hatte dies Alles ungefähr auch so in Freiburg, wo es doch noch viel schöner ist als in Cambridge und habe es verscherzt bis auf mein Tintefaß, aus dem ich Recepte schreibe und schließlich dies Buch. Ich glaube fast, Puck hat mir 1848 auch einmal einen Streich gespielt, wie Zettel dem Weber.

London hat sich seit 1844 wunderbar verbessert. Enge Straßen der City sind breiter geworden, andere besser nivellirt; durch Eindämmung eines Theils der Themse ist eine schöne Anlage entstanden. Die einsame, kleine Straße Norfolkstreet, wo ich 1827 wohnte, welche früher an der Themse aufhörte, ist eine belebte Durchfahrt geworden, die Hausthür des Eckhauses von Howardstreet ist von dieser an die Seite von Norfolkstreet verlegt worden. Nicht verschönert ist die Themse selbst durch die vielen häßlichen Eisenbahnbrücken, welche den Anblick der schönen steinernen Brücken stören. Die Waterloo=

brücke ist noch immer die schönste. Die Paulskirche ist wie früher, malerisch in der Ferne, sieht sie in der Nähe aus wie verschimmelt, halb vom Rauche geschwärzt, halb vom Regen weiß gewaschen. Westminster-Abtey, herrlich wie immer, ist um zwei theure Gräber reicher geworden. In dem Poetenwinkel ruhen die irdischen Reste von Macaulay, der 1860 und von Dickens, der 1870 starb. Wie viele dankbare Herzen werden sich, wie das meinige, ihrer von einem seltenen Geiste erfüllten Schriften noch jetzt erfreuen, wie viele noch nach Jahrhunderten. Mag die Eile der Zeit, in welcher man vor der Tagesliteratur kaum zu Athem kommt, für klassische Schriftsteller keine große Aufmunterung geben, so wird es doch nie an Männern fehlen, die den Beruf zu wetterbeständigen Schöpfungen in sich tragen und ihre Schriften zu einer Fundgrube für die Nachwelt machen, weil ihr Genius sie dazu zwingt. Was wären ohne sie die Tagelöhner der Literatur?

Es herrscht in London überall große Reinlichkeit, die Uebergänge der belebten Straßen sind erleichtert. Man hat hie und da in ihrer Mitte Candelaber angebracht mit Prellsteinen, zu denen man wie auf eine Insel flüchten kann, um dann den zweiten Anlauf zu nehmen. Die Polizei ist sehr aufmerksam, sie hat die Fuhrwerke unter strengem Commando, so daß sie auf einen Wink langsamer fahren oder halten, wenn Leute die Straße passiren wollen. Die Zahl der Fuhrwerke ist größer als je, die alten schwerfälligen Kutschen sind ganz verschwunden und haben leichterem Fuhrwerk Platz gemacht, mit dem man rasch von der Stelle kommt. In allen Hauptstraßen circuliren gute Omnibus, in denen man für wenig Geld weite Strecken zurücklegen kann. Auch die kleinen Themse-Dampfboote sind noch in Thätigkeit, haben aber an Kundschaft verloren. Dazu kommt noch die unterirdische Eisenbahn, welche am linken Themseufer einen weiten Bogen beschreibt, mit vielen Haltestellen, die sie leicht zugänglich und nützlich machen. Sie würde angenehmer zu benutzen sein, wenn man ohne Rauch fahren könnte, der für die weiße Wäsche nicht ohne Gefahr ist, da er sich oft in Gestalt eines feinen Regens von Kohle niederschlägt. Ich erinnerte mich dabei einer Fahrt durch einen langen Tunnel in den Vogesen, aus welchem wir mit ganz geschwärzten Gesichtern zum Vorschein kamen. Die Zahl der Eisenbahnen, welche in London zusammenlaufen, ist enorm, an einer Stelle sah ich drei Bahnen, welche sich an derselben Stelle kreuzen, eine über der anderen. Ungeachtet der vielen Fuhrwerke ist das Menschengewühl, besonders in der City, noch sehr bedeutend. Desto befremdender ist dort die Leere am Sonntage, es ist als sei die Pest plötzlich ausgebrochen und Alles sei geflohen. Ich hatte dies früher nie gesehen, weil ich die Sonntage selbst nie in der City zubrachte.

Zu den größten Merkwürdigkeiten von London gehört während der Saison die Vereinigung der Aristokratie der Geburt und des Reichthums im Hydepark, welche jeden Nachmittag zwischen 4 und 6 Uhr stattfindet und von den Mitteln des Landes und der Schönheit seiner Frauen ein lebendiges Zeugniß giebt. An der einen Seite des Weges für Fußgänger bewegen sich langsam zahllose, prachtvolle Equipagen, mit den herrlichsten Pferden bespannt, an der andern schöne Reiterinnen, mit ihren Vätern, Brüdern oder Gatten. Man ist den im offenen Wagen Sitzenden so nahe, daß man physiognomische Studien machen kann, welche eine dichterische Phantasie beleben würden. Da die Scene sehr wechselnd ist, so wird man ihrer nicht bald überdrüssig, sonst kann man sich an einsame Stellen des schönen Parks, mit seinem großen Wasserspiegel des Serpentine-River, zurückziehen. Ich war zweimal mit Mac Cormac dort, dessen patriotische Gefühle im Glanze der Schönheit und des Reichthums Nahrung fanden. Das zweite Mal der Wu... ...t freilich den Vortheil, daß man dabei keinen ...er machen kann, aber dies beweist nicht, daß in ...ichten Händen ein Verband, welcher die Heilung beschleunigt, von Nachtheil sei.

Professor Rose in Zürich, der auf das Nichtverbinden Werth legt, weil er dabei viel bessere Resultate hatte, wie sein Vorgänger Billroth mit Verbänden, erzielte diese vermuthlich durch bessere Ventilation (vid. Krönlein, Die offene Wundbehandlung in der chirurgischen Klinik zu Zürich, 1872). Seine Resultate sind aber nicht mit denen von Esmarch zu vergleichen, der bei Oberschenkel- und Unterschenkel-Amputationen (unter 24 Operirten) nur 9,3 Mortalität hatte, gegen 30,7 bei Rose (unter 39) und 72,2 bei Billroth (unter 72).

Esmarch's Erfolge werden ohne Zweifel neuen Eifer für die Gewinnung ähnlicher wecken und so dazu dienen, das Wesentliche von dem minder Wesentlichen zu scheiden. Gute Resultate zu haben, das ist doch zunächst unsere Aufgabe; Esmarch hatte Recht, in seinem Vortrage zuerst davon zu sprechen. Man sollte ihm darin folgen und es aufgeben, vom theoretischen Standpunkte aus große Fortschritte machen zu wollen.

Die Engel, welche sich die goldenen Eimer reichen, sind menschenfreundliche Seelen, welche am Krankenbette etwas Rechtes leisteten und dann darüber berichteten, wie sie es gemacht haben. So geschah es in dem Tempel zu Cos und so geschieht es noch heute.

Professor Czerny, den ich im Juni 1873 in Freiburg kennen zu lernen die Freude hatte, sagte mir: „Das Beste an dem Lister'schen Verbande sei, daß er die Leute zwinge, sich Mühe zu geben, wozu nicht Jeder geneigt sei."

Für solche wäre nach meiner Meinung die Statistik das beste Antisepticum. Psyche mit der Rechentafel in der Hand sollte sie in ihrer Klinik begleiten und an ihrem Schreibtische sitzen. Ohne die Tafel ist das geflügelte Kind sehr geneigt, durchzugehen.

Esmarch's blutlose Operation ist im Gebiet der Chirurgie die erste Gabe, welche das geeinigte Deutschland anderen Ländern geboten hat. Sie wurde freudig aufgenommen und belebte unsern friedlichen Verkehr mit den Nachbarn. Man wird es mir nicht verdenken, daß ich hier davon gesprochen habe. Man nennt es vielleicht eine oratio pro domo, aber ich dachte dabei nicht an ein enges Haus, sondern an einen großen, lichten Tempel, allen Völkern der Erde geöffnet, aus dem die Hand des Herrn die Krämer vertrieben hat.

Evang. Matthaei, Cap. 21, V. 12.

Ende.

sahen wir den Prinzen von Wales mit seiner schönen Gemahlin im Wagen.

Noch näher traten wir der eleganten Welt in der Ausstellung der Horticultural-Society. Die jungen Schönen wetteiferten mit den Rosen und Rhododendern; es waren aber viele weiße Lilien darunter, deren Blutarmuth ein Zeichen unserer Zeit zu sein scheint.

Eine mehr gemischte Gesellschaft fand ich in dem Kensington-Museum, welches außer seinen gewöhnlichen Kunstschätzen auch eine sogenannte Loan-Exhibition, eine Ausstellung geliehener Kunstwerke darbot. Die ausgewählten Bilder geben den besten Aufschluß über den herrschenden Kunstgeschmack, welcher mit dem unsrigen nicht sehr übereinstimmt, der im Allgemeinen feinere Farben verlangt. Ich fand diese übrigens in einem wohlgelungenen Portrait von Sir James Paget, der mir durch seine Aehnlichkeit mit Heinrich von Gagern eine doppelt interessante Erscheinung ist.

Eben so voll wie im Kensington-Museum fand ich es in der Ausstellung neuer käuflicher Kunstwerke in den prachtvollen Sälen von Burlington-House, wo mir besonders die Sculptur-Arbeiten gefielen. Da ich beide Ausstellungen nur einmal besuchen konnte, so habe ich nur ihren allgemeinen Eindruck behalten, der für die Bilder nicht sehr günstig war. Eine Bilderausstellung von Gustav Doré erinnerte mich an die Frage: Was ist schlimmer als ein Flötenconcert? Antwort: Ein Concert für zwei und mehr Flöten. In dieser Beziehung kann eine große Ausstellung von Doré den Geschmack verbessern. Seine Bibel leistet freilich dieselben Dienste.

Zu den bemerkenswerthen Gebäuden, welche ich sah, gehörte die Albert-Halle im Hydepark für große Concerte, welche achttausend Menschen faßt. Das mit einer Kuppel überwölbte Innere hat die Gestalt eines römischen Circus. Am Sonntag den 2. Juni hörte ich darin ein Orgelconcert, welches keine große Wirkung machte, die Orgel war nicht mächtig genug für den großen Raum. Vor dieser Halle steht das Monument, welches die Nation dem Prinzen Albert errichtet, es war noch unfertig, die Marmorstatue des Prinzen fehlte in der gemalten und vergoldeten Pagode, die um dieselbe angebrachten Gruppen waren bereits aufgestellt. Das Ganze verspricht keinen sonderlichen Effect.

Der Krystall-Palast in Sydenham gehört jedenfalls zu den sehenswürdigen Merkwürdigkeiten. Der Garten ist sehr schön, die große Glashalle reich an Nachbildungen berühmter alter Kunstwerke der Sculptur und Baukunst, an Sammlungen für Naturgeschichte, an Erzeugnissen der neueren Kunst und Industrie. Es war bei meiner Anwesenheit gerade ein großes Concert in der Mitte der Glashalle, dem Tausende zuhörten; ich schenkte ihm keine Aufmerksamkeit und hörte in den entfernteren Theilen des Hauses fast nichts davon. Am meisten interessirte mich eine Nachbildung von Shakespeare's Geburtshause in Stratford und eine große Rosenausstellung. Die Königin der Blumen gedeiht in England zu einer Pracht und Größe, von der man bei uns gar keinen Begriff hat.

Da Sydenham, dessen Glaspalast man schon in London sehen kann, mit der Eisenbahn sehr leicht zu erreichen ist, so hat diese Anlage die Zahl der Plätze vermehrt, wo die Londoner Luft schöpfen können und zugleich Belehrung finden. Der Regentspark leistet ähnliche Dienste, war aber früher viel schöner ohne seinen Thiergarten. Ich muß freilich gestehen, daß ich diese Art Gärten nicht liebe, die Luft ist nicht gut darin und die eingesperrten Thiere erregen Mitleid. Selbst unsere Vettern, die Affen, wären gewiß lieber unter sich, als unter uns. Sie sind gar nicht so entgegen=

kommend wie wir; ihre Grimassen verkünden nicht die mindeste Familienanhänglichkeit.

Da ich mit Mac Cormac das St. Thomas-Hospital öfter besuchte, blieb mir für die anderen nicht viele Zeit übrig.

Im Kings-College-Hospital sah ich Sir William Fergusson einen Halstumor exstirpiren und Herrn John Wood eine Amputation machen.

Sir James Paget hatte die Güte, mich zu dem Orte seiner früheren Wirksamkeit, St. Bartholomäus-Hospital, zu führen. Es hat sich sehr zu seinem Vortheile verändert, die alten Mauern stehen noch und umschließen denselben Hof, wo Abernethy den Shakespeare zu citiren pflegte, aber im Innern ist Alles heiterer geworden und neue Locale sind hinzugekommen. Die Schule ist noch sehr besucht. An die Stelle des benachbarten Viehmarktes von Smithfields sind große luftige Fleischhallen getreten.

Guy's Hospital hat auch sehr gewonnen. Das dahinter neu erbaute Haus, mit der Anatomie dicht davor, scheint nicht gut gelungen zu sein, der für die Ventilation erbaute Luftthurm ist dort eben so unwirksam, wie seit so vielen Jahren in München. Die Architekten versuchen dieses Experiment immer wieder, wie erst vor einigen Jahren bei der Entbindungsanstalt in Hannover. Ich lernte Herrn Birkett kennen; Mr. Durham zeigte mir einen Mann, den er durch Digitalcompression von einem Abdominal-Aorten-Aneurysma geheilt hatte. Ich entdeckte die ersten Spuren der wiederkehrenden Pulsation in den Femoralarterien.

Dr. Little führte mich nach London-Hospital, wo er so lange als Arzt und klinischer Lehrer gewirkt hat. Ich bedauerte, daß ich dort nicht mehr seinen Sohn fand, Dr. Louis Stromeyer Little, dessen Pathe ich bin. Er war schon full surgeon an diesem Hospitale, als er auf die Idee kam, nach

China auszuwandern, weil ihm die Carriere in London nicht schnell genug ging; seine beiden älteren Brüder waren ihm dahin als Kaufleute vorangegangen. Der vortreffliche Mr. Hutchinson zeigte mir die chirurgischen Fälle und die verbesserten Einrichtungen. London-Hospital hat den größten Zufluß an frischen Verletzungen, Wunden, Fracturen und Verrenkungen, es bildet deshalb für Fremde, die an kleinen Universitäten studirt haben, eine lehrreiche Schule. Die jüngeren Chirurgen dieser Anstalt trieben mit großem Eifer und mit einigem Erfolge die Cutisüberpflanzung, sogar bei Amputationsstumpfen. Ich wurde dort, mit Bezug auf meine Rede, über eine vor acht Tagen entstandene Schädeldepression befragt. Es war bis dahin Alles gut gegangen, jetzt waren Kopfschmerzen eingetreten. Sollte man eleviren oder nicht? Ich rieth, vor allen Dingen den Patienten im Bette liegen zu lassen, er hatte alle seine Kleider an und durfte aufstehen.

In dem kleinen sauberen North-London-Hospitale zeigten mir Dr. Little und Mr. Adams ein paar Fälle von subcutaner Osteotomie, bei angulärer Hüftgelenks-Ankylose, in dem einem mit sehr befriedigendem Erfolge. Mac Cormac zeigte mir im St. Thomas-Hospitale ein junges, kräftiges Mädchen, dem er bei winkelförmiger Ankylose des Hüftgelenks den Schenkelhals durchbrochen hatte. Es waren gar keine üble Zufälle eingetreten und das Resultat wurde vortrefflich. Dr. Little führte mich auch in das öffentliche orthopädische Institut, bei welchem er noch jetzt als consultirender Arzt mitwirkt. Die Tenotomie wird darin wie früher geübt.

Unter allen Hospitälern von London hat jetzt wohl das kleinste derselben die größte Anziehungskraft für Fremde, ich meine das Samaritan-Hospital von Spencer Wells. Es ist ein ganz gewöhnliches kleines Wohnhaus mit drei Fenstern Fronte mitten in der Stadt, hat gar keine künstliche Einrichtungen, aber aufmerksame Pflegerinnen und einen Arzt von den seltensten Eigenschaften, von einer Hingebung für seine Kunst, welche fast ohne Beispiel in der Geschichte der Chirurgie sein mag! Es hat wohl Andere gegeben, die ihr Leben lang Staare oder Blasensteine extrahirt haben, aber wer hätte sich wohl so viele Mühe gegeben, das auch andere Aerzte aller Nationen zu lehren und die Methode gegen jeden Tadel sicher zu stellen? Ich sage absichtlich nicht, seine Methode, Spencer Wells legt auf Priorität gar keinen Werth, er versucht Alles, was Andere Gutes bringen, und lobt es nach Verdienst. Ich sah ihn dreimal operiren. Am 22. Mai machte er im Samaritan-Hospitale die Ovariotomie in einem mit Abhäsionen complicirten Falle. Am 28. Mai machte er ebendaselbst die Operation des Fistula vesico-vaginalis, welche in seinen Händen nicht schwerer scheint, als eine gewöhnliche Hasenschart-Operation. Am 3. Juni sah ich ihn in der Privatpraxis die Ovariotomie in einem Falle ohne Abhäsionen machen. Alles, was er thut, ist vollkommen, Niemand könnte es besser machen, Kühnheit und Vorsicht gehen Hand in Hand bei ihm.

Am 8. Juni, zwei Stunden vor meiner Abreise von London, sah ich im St. Thomas-Hospitale eine Ovariotomie von Mr. Simon, dem berühmten Staatsarzte und jetzigen Senior der Chirurgen von St. Thomas. Er machte es genau so, wie Spencer Wells. In England sucht Niemand einen Triumph darin, das zu verändern, was keiner Verbesserung mehr bedarf, man sucht es erst zu lernen! Die Temperatur war in dem großen Operationssaale eben so hoch, wie in dem kleinen Locale des Samaritan-Hospitals, die Patientin eben so sorgfältig eingehüllt. „Ich hielt das Alles für Schwindel", sagte einer unserer deutschen Exacten, „bis ich allmählich dahinter kam, daß es seinen Nutzen hat." In Versailles hielt man es auch für Schwindel, wenn ich vor Kälte und Zugwind warnte! Ihr deutschen Chirurgen seid ohne Zweifel kluge Leute; die bildenden Künstler sind aber doch noch klüger, sie studiren die Antike und halten Raphael für einen großen Künstler, nicht für einen Schwindler, wie Ihr Herrn Spencer Wells! Alle drei Ovariotomien, sowie die Fistelnaht hatten einen guten Erfolg.

Die Augenklinik von Moorfields, welche ich 1827 und 1828 so fleißig besuchte, ist noch in ihrem alten, aber sehr verbesserten Locale. Der Zudrang der Ambulanten ist so groß, daß sie an drei Stellen abgefertigt werden. Ich sah die Herren Bowman und Critchett operiren, ihre Geschicklichkeit ist über alles Lob erhaben. Es wurden meiner Rede zu Ehren auch Extractionen ohne Iridectomie gemacht.

Liebreich's Klinik im St. Thomas-Hospitale ist auch sehr gesucht. Ich sah ihn mehrere Extractionen machen und konnte die Resultate seiner neuen Methode an früher Operirten beobachten. Sie ließen nichts zu wünschen übrig, die Harnhautnarben waren schwer zu entdecken. Liebreich hat schnell englisch gelernt, so daß seine Schüler ihn gut verstehen. Ich sah ihn später mit seiner Frau in einer kleinen Gesellschaft bei Mac Cormac, wo ich das schöne musikalische Talent dieses Paars kennen lernte. Liebreich unterhält noch die Verbindung mit Paris, und reist alle drei Monate hin, um zu operiren. Er sieht trotz seiner großen Erfolge melancholisch aus, ich glaube, er wäre doch lieber in Deutschland.

Ich besuchte das Hunter'sche Museum, wo das Collegium der Wundärzte seine Sitzungen und Examina hält, und freute mich der großen Verbesserungen in jeder Hinsicht; mehr Raum, bessere Aufstellung, Kataloge. Auf dieses Museum können die englischen Wundärzte stolz sein, es ist ihr Werk, sie lieben es, denn es ist das Sinnbild ihres hochgeehrten Standes. Wir haben Ursache, sie darum zu beneiden, nicht minder freilich um die großen Schulen der Heilkunst, welche ohne Beihülfe des Staats überall aus dem Boden wachsen, wo das Bedürfniß dazu vorhanden ist. Wie lange wird es dauern, bis dies auch bei uns geschehen kann? Jedenfalls nicht, so lange wir noch an Geheimrathstiteln Geschmack finden und Professuren oft durch Coterien ausgetheilt werden.

Mein alter Freund Curling examinirte gerade, ich hörte ihm eine Zeit lang zu; jeder Examinator prüft für sich. Curling ist der letzte Ueberlebende meiner Bekannten von 1827; von anderen sah ich die Marmorbüsten, wie Abernethy, A. Cooper, Travers, Lawrence, Brodie, Green. Die Köpfe sind sehr schön und sehr ähnlich, aber nicht gut aufgestellt, das würden wir Deutschen besser besorgen, es fehlen uns nur die Büsten.

Medico-chirurgical Society. Ich wohnte einer der gewöhnlichen Sitzungen dieser Gesellschaft bei, zu deren auswärtigen Ehrenmitgliedern ich gehöre. Die Vorträge waren interessant, wurden mit großer Aufmerksamkeit angehört; die darauf folgenden Discussionen waren kurz, die Engländer verstehen es dabei, den Nagel auf den Kopf zu treffen und sind keine Liebhaber von unnützen Redensarten, welche solchen Gesellschaften so gefährlich werden.

An einem andern Abend war ich bei einer Soirée, wo keine Vorträge gehalten wurden und nur Conversation stattfand, wobei Erfrischungen an einem Buffet gereicht wurden. Die Säle waren sehr hell erleuchtet und mit schönen Bildern geschmückt, welche kunstliebende Mitglieder zu diesem Zwecke liehen. Ich freute mich über den guten Geschmack des ärztlichen Standes, der sonst gerade kein allgemeines Eigenthum ist. Sir William Gull hatte eine große Anzahl von Mikroskopen aufgestellt mit Präparaten, welche eine bei der Bright'schen Krankheit vorkommende Erkrankung der Gefäße nachweisen sollten. Ich hatte eine längere Unterredung mit ihm, er sagte mir in Bezug auf meine Rede, Marschall Hall habe bei Lebzeiten nie so im Ansehen gestanden, wie er verdiente, weil er schwer umgänglich gewesen sei.

Ganz anderer Art war eine Soirée im London-University-College, bei welcher auch Damen erschienen und Musik gemacht wurde. Eine muntere Gesellschaft wogte in den geschmückten Sälen, wo die Sammlungen von Draperien verhangen waren, Professoren mit Frauen und Töchtern, Studenten mit befreundeten Familien. Die Wissenschaft war vertreten durch aufgestellte Mikroskope mit interessanten Präparaten. Ich hätte am liebsten den vierstimmigen Liedern zugehört, aber dies ging Anderen auch so; es war deshalb in dem Saale, wo gesungen wurde, zu voll, um es lange darin auszuhalten.

Ein sehr gelungenes, für gute Collegialität bedeutungsvolles Fest war am 28. Mai das Diner der alten Studenten von St. Thomas. In der herrlichen, antiken Halle von Cannon-Street waren hundertundfunfzig Gäste versammelt, unter denen ich vermuthlich der Senior war. Ich hatte meinen Platz zwischen dem ältesten und dem jüngsten Wundarzte von St. Thomas, Le Gros Clark und Mac Cormac, der erste ist 1873 abgegangen und hat Mac Cormac dadurch zum full surgeon gemacht. Als wir gegen Mitternacht zu Hause gingen, war ich erstaunt über das Leben, welches noch in den Straßen herrschte. Ich sah in dieser Nacht, wie man kostbare Läden gegen Diebe schützt, man erleuchtet sie, ohne die Fensterläden zu schließen, so daß die Polizei sehen kann, was darin vorgeht. Mac Cormac war sehr heiter, seine Rede hatte von allen den meisten Erfolg gehabt. Er dankte darin für den auf ihn ausgebrachten Toast in ausdrucksvoller, aber humoristischer Art; sie läßt sich deutlich nicht wiedergeben. Ich hatte den Toast auf die Gäste zu erwiedern.

Nachdem ich am 23. Mai meine Rede in London gehalten hatte, kamen eine Menge Besuche und Einladungen. In dem gastlichen England werden Fremde zuerst von den Einheimischen besucht, nicht umgekehrt, wie auf dem Continente. Es wurde beschlossen, nur wenige Einladungen anzunehmen, bei Dr. Little, Sir James Paget und Mr. Simon. Mac Cormac lud die Herren zu sich, deren Bekanntschaft ich gewünscht hatte. Auf diese Art habe ich viele Celebritäten gesehen, die ich auch gern in ihren Hospitälern aufgesucht hätte, wenn die Zeit und Mac Cormac es erlaubt hätten. Er sorgte wie ein guter Sohn für mich, und wollte nicht, daß ich die ganze Zeit den Hospitälern widme. Ich gebe die Liste der Herren, die ich kennen lernte, ohne den geringsten Versuch zu machen, ihre Verdienste zu würdigen oder die Eigenschaften zu schildern, welche sie im geselligen Leben auszeichnen.

Die als Consultirende bezeichneten Herren sind nicht mehr activ:

In Netley.

Surgeon general Innes; Surgeon general Maclean, Professor der Kriegsheilkunst; Surgeon general Longmore, Professor der Chirurgie; Professor Aitken für Pathologie; Professor Parkes für Hygiene; Deputy-Surgeon general Macinnon für Operativ-Chirurgie; Deputy-Surgeon general Gordon K. Hardie für die Reconvalescentenstation; Surgeon major Becker aus Albershott.

In Cambridge.

Professor Humphry.

In London.

St. Thomas-Hospital: Le Gros Clark, Cons., John Simon, Sydney Jones, William Mac Cormac, Liebreich, Wagstaffe.

Bartholomäus-Hospital: Sir James Paget, Cons., Chirurg der Königin, Callender, T. Smith.

Kings-College-Hospital: Sir William Fergusson, Chirurg der Königin, John Wood.

University-College-Hospital: Professor Erichsen, Christopher Heath.

St. Georges-Hospital: Cäsar Hawkins, Cons., G. Pollock, Chirurg des Kronprinzen, Prescott Hewett, Chirurg des Kronprinzen, F. Holmes.

Guy's Hospital: John Hilton, Cons., Chirurg der Königin, John Birkett, Arthur Durham.

London-Hospital: Dr. Billing, Cons., Dr. W. J. Little, Cons., G. R. Curling, Cons., Präsident des Collegiums der Wundärzte, Hutchinson.

North-London-Hospital: Carr Jackson, W. Adams.

Deutsches Hospital: Dr. Hermann Weber.

Samaritan-Hospital: Spencer Wells.

National orthopädic Hospital: Dr. Little, Carr Jackson und W. Adams.

Moorfield's Augenklinik: Bowman, Critchett, Soelberg Wells.

Außerdem: Director general (Generalstabsarzt) Sir Galbraith Logan*), Sir W. Gull, Leibarzt des Kronprinzen. Dr. Druitt.

Vielleicht erwirbt sich einmal ein deutscher Arzt das Verdienst, ein kleines Buch über das ärztliche London zu schreiben. Es läßt sich erwarten, daß in der nächsten Zeit, wo uns Paris verschlossen sein wird, unsere ärztlichen Touristen sich mehr nach Großbritannien und Irland wenden werden, wenn sie der Sprache mächtig sind, denn ohne diese ist es kaum rathsam. Es

---

*) 1874 abgegangen, der englische Generalstabsarzt bleibt nur sieben Jahre auf seinem Posten und erhält dann eine Pension von 1200 Pfd. St.

sollte weniger lang sein als Meding's Paris medical und sich nicht ganz auf London beschränken.

Ich hatte die Absicht, Miß Nightingale zu besuchen, die mich seit Jahren durch Zusendung ihrer Schriften beehrt hat. Sie konnte mich leider nicht annehmen, weil sie an das Bett gefesselt und sehr leidend war. Die freundliche Art, in der sie mir dies mittheilen ließ, wird mir unvergeßlich bleiben. Die Heilkunst ist ihr zu großem Danke verpflichtet für die Hingebung, mit welcher sie ihre körperlichen und geistigen Kräfte dem Wohle der Kranken gewidmet hat, wobei sie zeigte, wie weit Frauen auf diesem Gebiete gehen dürfen. Sie sollen den Männern helfen und die Wahrheit sagen, ohne in einen ihnen verschlossenen Berufskreis eintreten zu wollen. Nur auf diese Art können sie so dankbare Herzen gewinnen, wie es der edlen Dulderin vor vielen Anderen gelungen ist.

Man hat wohl gesagt, nur die Wissenschaft sei im Stande, die Fledermäuse aus den Hospitälern zu vertreiben, aber Miß Nightingale konnte es auch.

Am Sonnabend den 8. Juni, 12 Uhr Mittags, reiste ich von London ab; die ganze Familie Mac Cormac begleitete mich auf dem Dampfschiffe bis Gravesend, wo wir uns trennten. Es war sehr stürmisches Wetter, aber auf hoher See legte sich der Sturm, der Wind war zu unseren Gunsten, das Wasser ganz ruhig. Ich kam ohne Anwandlung von Seekrankheit um 4 Uhr Morgens des 10. Juni nach Altona, von wo ich um 7 Uhr nach Kiel weiter ging, um Esmarch auf einige Tage zu besuchen. Er hatte mich eigentlich nach England begleiten wollen, aber wichtige Pflichten verhinderten ihn. Am 28. Februar 1872 hatte er sich ein neues häusliches Glück gegründet durch seine Vermählung mit der Prinzessin Henriette von Schleswig-Holstein.

Esmarch's blutlose Operationen,
1873 und 1874.

Es war meine Absicht, dieses Buch mit der Reise nach England zu einem heiteren Abschlusse zu bringen. Sie hatte mich erfrischt durch den Anblick eines blühenden Landes, in welchem auch die Heilkunst Zeugniß giebt für den besonnenen Fortschritt, der in der Chirurgie auf den schwierigsten Gebieten glänzende Erfolge erringt, die in anderen Ländern Nacheiferung erregen und Verirrungen beseitigen.

Das Jahr 1873 hat diesen Entschluß wankend gemacht. Wer seinen Beruf liebt, findet darin ein zweites Vaterland, dessen Größe und Ansehen ihm nicht minder am Herzen liegt, als das Heil des Landes, in welchem er das Licht der Welt erblickte.

Ich hätte die Wiedergewinnung von Elsaß-Lothringen wohl auch übergehen können, wenn ich 1874 davon schweigen wollte, daß mein bester Freund, Friedrich Esmarch, der Chirurgie eine neue Provinz erobert hat, deren reiche Früchte allen Völkern zu Gute kommen. Ohne Blutvergießen gewonnen, trägt sie das Wort „blutlos" in ihrer Fahne. Was mich dabei besonders freute, war, daß dies Panier von einem Deutschen vorangetragen wurde und andere Völker uns einmal wieder folgen müssen.

Am 18. April 1873 theilte Esmarch dem in Berlin versammelten Chirurgen-Congresse seine Erfindung mit, an den Extremitäten blutlos zu operiren. Sein Vortrag erregte keine Aufmerksamkeit, er war der letzte kurz vor Tisch, bei der Sitzung am folgenden Tage war nicht davon die Rede. Der Gedanke hatte keine zündende Kraft gezeigt.

Dr. Iversen, ein Schüler von Esmarch, schrieb bald darauf seine Inaugural-Abhandlung über künstliche Ischämie bei

Operationen, worin er Esmarch's Verfahren schilderte und vom physiologischen und praktischen Standpunkte beleuchtete. Er machte Versuche an sich, an Anderen und an Thieren, welche die Ausführbarkeit des blutlosen Verfahrens erläutern und gab nützliche Winke über den Gebrauch der elastischen Binde und des Gummischlauchs. Im September 1873 erschien Esmarch's klinischer Vortrag über blutlose Operationen in der Sammlung von Volkmann. Im October 1873 zeigte er in Wien während des internationalen Privat-Vereins sein Verfahren bei einer Amputation des Oberschenkels und einer Resection des Ellenbogengelenks, wobei Demarquai aus Paris zugegen war.

Dr. Leisring in Hamburg und Dr. Brandis in Aachen schrieben in begeisterter Weise über Esmarch's Erfindung. Billroth und von Langenbeck sprachen sich günstig darüber aus.

In der Pariser Société de Chirurgie wurde Esmarch's Methode ausführlich besprochen. Es wurde dabei hervorgehoben, daß man durch Erhebung des Gliedes die Gummibinde entbehrlich machen könne; diese trug aber den Sieg davon, weil sie schneller und vollständiger wirkt. Die Gazette hebdomadaire vom 3. April 1874 giebt eine Abbildung der Kieler Schachtel mit Esmarch's Apparat, d'après les indications de M. Demarquai, wie M. Galante sie verkauft.

In England fand die Erfindung enthusiastische Aufnahme. Ich hatte Mac Cormac Nachricht davon gegeben, der sogleich im St. Thomas-Hospitale Versuche anstellte, die sehr gut ausfielen und allgemeine Nacheiferung erregten. Der berühmte Senior der Chirurgen am Thomas-Hospitale, Simon, sprach sich sehr liebenswürdig darüber aus: „Was für thörichte Leute sind wir doch gewesen, indem wir die langen Jahre hindurch Blut vergossen und unsere Operationen erschwerten, wo ein so einfaches Verfahren hinreichte, es zu vermeiden, wenn wir nur die Grütze (gumption) gehabt hätten, es zu finden."

Die Instrumentenmacher hatten Monate lang fast nichts zu thun, als Esmarch'sche Apparate zu versenden.*)

In Dublin fand Esmarch's Verfahren an Stokes einen begeisterten Verehrer.

In Edinburgh zeigte sich einige Opposition, wie dies bei Allem zu geschehen pflegt, was man in London bewundert. In Nordamerika wurde Esmarch's Erfindung 1873 bekannt und 1874 schon eifrig angewendet.

In der ersten Sitzung des 1874 zusammengetretenen Berliner Chirurgen-Congresses hielt Esmarch am 8. April einen zweiten Vortrag über sein Verfahren. Er schilderte zuerst den Einfluß, welchen dasselbe auf die Resultate gehabt hatte. Seit Februar 1873 hatte er über 200 blutlose Operationen gemacht. Die Erfolge lebensgefährlicher Operationen waren sehr befriedigend; unter

13 Oberschenkel-Amputirten	1 Todesfall;
11 Unterschenkel-Amputirten	1 desgl.;
4 Oberarm-Amputirten	kein desgl.;
1 Oberarm-Exarticulirter	genas;
1 Oberschenkel-Exarticulirter	starb; unter
3 Hüftgelenks-Resecirten	1 Todesfall;
3 Kniegelenks-Resecirten	kein desgl.;
2 Ellenbogengelenks-Resecirten	kein desgl.

Er erklärte die guten Erfolge: 1) durch die Blutersparung, weil Anämie die accidentellen Blutkrankheiten begünstigt;

---

*) Man sieht, die Engländer sind doch wohl befähigt, fremde Verdienste anzuerkennen. Virchow hat dies bestritten, indem er sie bei dem Naturforschervereine in Wiesbaden 1873 mit den Juden verglich, die sich für das auserwählte Volk hielten. Bei der kurz vorhergegangenen medicinischen Association in London hatte man es in Virchow's Gegenwart gewagt, einen Satz seiner Cellularpathologie anzuzweifeln.

2) durch die Schonung der großen Gefäße, welche bei Anwendung von Digitalcompression mehr gequetscht werden; 3) durch Entbehrlichkeit der Schwämme, welche die Wände reizen und inficiren können.

Nachtheile seiner Methode hatte Esmarch nicht entdeckt und weder Brand noch Lähmung darnach gesehen. Er legte das elastische Tourniquet aber immer selbst an.

Außer den 1873 bereits erwähnten Vortheilen der Methode fand er noch folgende:

1) die mitunter eintretende Anästhesie, welche es, vorzüglich an den Fingern, erlaubt, ohne Chloroform zu operiren; sie läßt sich durch Richardson's Aetherspritze beschleunigen, weil kein warmes Blut zugeleitet wird;

2) die Möglichkeit, kranke Theile vor der Operation anatomisch genau zu untersuchen;

3) die Leichtigkeit, fremde Körper aufzufinden und verletzte Arterien freizulegen;

4) die Entbehrlichkeit kunstgerechter Assistenz;

5) die Möglichkeit, bei Verbluteten das fliehende Leben durch Einwickelung der Extremitäten aufzuhalten.

Der Wirkungskreis der Methode umfaßt auch das Schultergelenk und das Hüftgelenk.

Esmarch's Vortrage folgte eine längere Discussion, in welcher die Anwesenden ihm Gerechtigkeit widerfahren ließen.

Esmarch's Grundgedanke war: Jede Operation an den Extremitäten, welche nicht den Zweck hat, Blut zu entziehen, muß blutlos gemacht werden. Dies ist dadurch möglich, daß menschliche Organe ohne Nachtheil lange genug blutleer gehalten werden können, um jede, auch die schwierigste Operation an ihnen vornehmen zu können. Bei Amputationen, welche ohnehin schnell vollendet werden, schneidet man die Theile weg, die man blutleer gemacht hat, bei den anderen Operationen sollen sie erhalten werden.

Um diese Lehre zu begründen, bedurfte es einer Erfahrung an menschlichen Körpern, welche vor Esmarch Niemand besaß. Es ist deshalb nicht zu verwundern, daß man ihn überall als den Erfinder des Grundsatzes betrachtet, an den Extremitäten blutlos zu operiren, sogar in Frankreich, wo man jetzt nicht geneigt ist, Deutsche zu begünstigen. Dieses Zugeständniß ist kein geringes, denn es handelt sich dabei um einen ewigen Gedanken, den man nie wieder aufgeben kann.

Die rasche Verbreitung der blutlosen Operation erinnert an die 1846 von Morton in Philadelphia erfundene Aetherisation, welche mit gleicher Schnelligkeit allgemeines Eigenthum wurde. Sie gab, wie diese, der operativen Chirurgie ein neues Fundamental-Princip und verspricht großen Einfluß auf die Mortalität der Operirten. Wie die Anästhesie vermag sie der Chirurgie neue Bahnen zu öffnen, an die man jetzt kaum denkt.

Da die von Esmarch erlangten Resultate bei großen Operationen kaum etwas zu wünschen übrig lassen, so ist jetzt vielleicht die Zeit gekommen, anstatt rastlos nach neuen Hülfsmitteln zu suchen, zuerst das gründlich zu erlernen, was sich als nothwendig gezeigt hat: frühzeitig, blutlos und gut zu operiren; gut heizen und ventiliren; passend nähren; aufmerksam verbinden!

Auch das Letztere muß ich betonen, weil ich es stets als rationell betrachtet und geübt habe und weil auch Esmarch verbindet.

Er wäscht die frische Wunde mit verdünnter Salzsäure (1 : 100), legt einige Nähte und dann eine in Carbolwasser befeuchtete Gazebinde an, welche liegen bleibt, bis der Eitergeruch sich bemerklich macht. Dies ist eben so weit entfernt von dem Lister'schen Verbande, wie von dessen Extrem, dem Offenlassen

Inhalt des zweiten Bandes

	Seite
In Hannover, vom October 1828 bis October 1838	3
Armendistrict und ärztliche Praxis	14
Meine Vorlesungen an der chirurgischen Schule in Hannover	17
Orthopädische Versuche	20
Naturforscher-Verein in Hamburg im September 1830. — Verlobung	25
Heirath am 11. Mai 1831	31
Cholerareisen:	
Erste Cholerareise, vom 5. August bis 9. October 1831	35
Zweite Cholerareise, vom 14. October bis 9. November 1831	44
Cholerabericht	47
Operative Orthopädik. — Schriftstellerische Arbeiten von 1833 bis 1838	55
Theorie der Skoliose	62
Physiologische Aufsätze	80
Beiträge zur operativen Orthopädik	87
Häusliche und persönliche Erlebnisse	110
Berufung nach Erlangen	113
Aufenthalt in Erlangen, vom October 1838 bis Januar 1841	116
Chirurgische Klinik in Erlangen	128
Häusliche und persönliche Erlebnisse in Erlangen	147
Aufenthalt in München, vom Februar 1841 bis October 1842	155
Chirurgische Klinik in München	166
Häusliche und persönliche Erlebnisse in München	170
Vocationen nach Tübingen und Freiburg	175
Aufenthalt in Freiburg, vom November 1842 bis October 1848	179
Chirurgische Klinik in Freiburg	188
Häusliche und persönliche Erlebnisse in Freiburg	199
1848	210
Professoren-Congreß in Jena. Berufung nach Kiel	220
Schriftstellerische Arbeiten in Freiburg	229

	Seite
In Schleswig-Holstein, vom November 1848	234
Feldzug von 1849, vom März bis August	248
Waffenstillstand vom 10. Juli 1849 bis zum 14. 1850	281
Der Tod meines Schwiegervaters, des Bürgermeisters Johann Heinrich Bartels in Hamburg, am 1. Februar 1850	283
Meine Erkrankung, vom 5. Februar bis Ende Juni 1850	294
Feldzug von 1850	298
In Kiel vom Januar 1851 bis April 1854	320
In Hannover, vom 1. April 1854	335
König Georg V. von H.	337
Instruction für die Refr.	341
Instruction für Sanität	342
Sanitäts-Material der Armee	343
Bau des neuen Generalhospitals	345
Rundreise	346
Dienst im Generalhospitale	347
Kampf mit der Homöopathie	351
Hospitalbau in Stade	352
Bau der Welfen-Kasernen	353
Anstellung und Beförderung der Militairärzte	356
Kriegsministerium und Generaladjutantur	357
Schriftstellerische Arbeiten	361
Häusliches Leben und Leiden	369
1866	370
1867	392
Deutsch-französischer Krieg, 1870 und 1871	400
Reise nach England, Mai 1872	446
Esmarch's blutlose Operationen, 1873 und 1874	476

www.ingramcontent.com/pod-product-compliance
Lightning Source LLC
Chambersburg PA
CBHW051233300426
44114CB00011B/722